bup
BERLIN UNIVERSITY PRESS

Martin Luther

Dass Jesus Christus ein geborener Jude sei

und andere Judenschriften

Neu bearbeitet und kommentiert von
Matthias Morgenstern

Berlin University Press

Inhaltsverzeichnis

Von den letzten Worten Davids

Vorwort

Nach den beiden Neuausgaben von Luthers judenfeindlichen Schriften des Jahres 1543 *Von den Juden und ihren Lügen* und *Vom Schem Hamephorasch und vom Geschlecht Christi* (veröffentlicht unter dem Titel *Martin Luther und die Kabbala*) folgt in diesem Band eine kommentierte Fassung seiner früheren *Judenschriften*: seine (meist etwas ungenau) als »judenfreundlich« eingeschätzte Frühschrift *Dass Jesus Christus ein geborener Jude sei* (1523), sein Text von 1538 *Wider die Sabbater* und die Schrift *Von den letzten Worten Davids*, mit der der Reformator im Jahre 1543 seine Reihe der *Judenschriften* abschloss. Als Nachtrag kommt noch Luthers im Anschluss an seine letzte Predigt am 14. (nach den Quellen vielleicht auch am 15.) Februar 1546 in Eisleben vorgetragene *Vermahnung wider die Juden* hinzu. Da es sich hier um die letzte Äußerung des Reformators zur »Judenfrage« handelt, in der alle finsteren Vorwürfe und Polemiken noch einmal zusammengefasst werden, handelt es sich hier um ein in besonderer Weise bedrückendes Dokument.

Wie in den beiden früheren Bänden werden die Texte auch hier wieder von jüdischen (und anderen) Quellen her kommentiert und in den historischen Kontext der jüdisch-christlichen Begegnung – oder eher »Vergegnung« (Martin Buber) – eingeordnet. Dabei spielen erneut Themen der Bibelauslegung eine zentrale Rolle. Bei der Kommentierung der beiden ersten Texte geht es daneben um die Frage, ob und inwieweit man dem Reformator in den unterschiedlichen Epochen seines Lebens judenmissionarische Hoffnungen zuschreiben kann – und inwieweit umgekehrt seine Furcht vor einem jüdischen »→Proselytismus« ernst zu nehmen ist. Die Erörterung beider in der Forschung umstrittener Streitfragen führt zu dem Schluss, dass zunächst geklärt werden muss, welches Bild vom zeitgenössischen Judentum der Autor eigentlich hatte. Anlass zur Behandlung dieses Problems bildet vor allem seine Schrift gegen die »Sabbater«, in der der Reformator vorgibt, sich mit einer Art »jüdischer Mission« auseinanderzusetzen: Diese habe dazu geführt, dass bestimmte Christen – eben die »Sabbater« – angefangen hätten, das jüdische Gesetz (oder Teile davon) als für sich selbst verbindlich zu betrachten und zu halten. Bei genauerem Zusehen stellt sich hier aber heraus, dass es sich bei dieser Frage für Luther nicht um ein Problem handelte, das das Verhältnis zu einer »anderen Religion« betraf. Das zeitgenössische Judentum war für den Reformator eben keine »andere Religion«, zu der man gegebenenfalls »übertreten« oder die man durch die Taufe verlassen konnte (s. dazu das Nachwort). Diese Einsicht, die spiegelbildlich auch Folgen für die Rekonstruktion von Luthers eigenem Missionsverständnis hat, verbindet sich des Weiteren mit Überlegungen zum politischen Sinn der *Judenschriften*. Anfangs erwartete er von den Juden ja »nur« die Anerkennung der Messianität Jesu und wollte ihnen die Auseinandersetzung mit seiner Gottessohnschaft und auch mit der Dreieinigkeitslehre ersparen. In dieser Hinsicht ist wohl die spannendste Frage, ob und inwieweit diese Texte Elemente einer Antwort auf die verschiedenen messianischen Aufbrüche im aschkenasischen Judentum des frühen 16. Jahrhunderts enthalten. Diese Bewegungen konnten, wie die Frankfurter Judaistin Rebekka Voß herausgestellt hat, von christlichen Zeitgenossen durchaus als »aktuelle Gefahr, als handfester Angriff auf die gottgewollte Ordnung« wahrgenommen werden (Rebekka Voß, Umstrittene Erlöser, 39). Die Bearbeitung dieser Texte versucht insofern, judaistische und reformationshistorische Forschungsergebnisse zusammenzuführen und auf diesem Wege zu neuen Einsichten für das Verständnis dieser weiterhin in hohem Maße ärgerlichen und anstößigen Texte zu kommen.

Die Bearbeitung fußt auf den Texten der Weimarer Ausgabe (Band 11, 314–336 [= Münchner Ausgabe, Band 3, 1–28]; Band 50, 312–337 [= Münchner Ausgabe, Band 3, 29–60]; Band 54, 28–100 [= Münchner Ausgabe, Band 3, 308–403] und Band 51, 195–196) und präsentiert einen orthographisch und stilistisch an die moderne Sprache angeglichenen Text. Im Zuge der Revision wurde die Wortstellung, wann immer möglich und sinnvoll, heutigen Gepflogenheiten angepasst. Mithilfe der Zeichensetzung konnten zudem viele der häufig überlangen Sätze Luthers verkürzt werden. Die modernisierte Fassung Walter Holstens wurde durchgehend zum Vergleich herangezogen, obgleich sie an vielen Stellen sprachlich und syntaktisch nicht immer hilfreich war.

Um den fast fünfhundertjährigen Abstand zum Ausgangstext sichtbar werden zu lassen, wurden Modernisierungen an markanten Punkten in den Fußnoten dokumentiert – dies freilich nicht überall, um den Anmerkungsapparat überschaubar zu halten. Hinzugefügt wurden, um heutigen Lesern beim Nachschlagen zu helfen, auch Überschriften und Zwischenüberschriften. Alle anderen Einfügungen des Bearbeiters sind in eckigen Klammern [] gekennzeichnet. Seitenangaben in geschweiften Klammern {} für die WA und doppelten Schrägstrichen // für die Münchner Ausgabe wollen den hier vorgelegten Bearbeitungstext mit der Weimarer und Münchner Ausgabe vergleichbar machen. Luthers Angaben zu den von ihm zitierten Bibelstellen wurden überprüft, gelegentlich korrigiert, ergänzt, aus dem Lateinischen übersetzt (aus »2. Reg. 7« wurde »2. Samuel 7, 12«) und in runden Klammern in den Haupttext eingefügt. Andere Verweise oder Anspielungen Luthers auf Bibeltexte finden sich in den Fußnoten. Ein Bibelstellen- und Personenregister sowie ein Register der rabbinischen Literatur sollen die Weiterarbeit erleichtern. Auf zusätzliche Informationen in einem Glossar am Ende des Bandes wird mit einem Pfeil (→) verwiesen.

Mein herzlicher Dank gilt meinem Straßburger Assistenten Sebastian Molter für Hilfe bei der Literaturbeschaffung, meinen Tübinger Mitarbeiterinnen Katharina Lewitz und Lisa Härlin für Korrekturarbeiten sowie Benjamin Schnabel für die Erstellung der Register. Gedankt sei schließlich der *Evangelischen Kirche in Deutschland* und der *Union Evangelischer Kirchen in der EKD* für einen namhaften Druckkostenzuschuss und dem Verlag *Berlin University Press* für die sorgfältige Betreuung dieses Textes und die Bereitschaft, diesen Band in sein Verlagsprogramm aufzunehmen.

Abkürzungen:

JL	Martin Luther, Von den Juden und ihren Lügen, Berlin 2016
LK	Martin Luther und die Kabbala. Vom Schem Hamephorasch und vom Geschlecht Christi, Berlin 2017
WA	Weimarer Ausgabe der Texte Martin Luthers
WADB	Weimarer Ausgabe, Deutsche Bibel
WATR	Weimarer Ausgabe, Tischreden
WABR	Weimarer Ausgabe, Briefe
MüA	Martin Luthers Ausgewählte Werke, Band 3, München 1936
Migne PL	Jacques Paul Migne (Hg.), 1844–1855, Patrologia Latina
Z. St.	Zur Stelle (Kommentar zur jeweils behandelten Bibelstelle), mittelalterlich-jüdische Autoren, die aus der Rabbinerbibel (Ha-Keter, Ramat-Gan 1992 ff.) zitiert werden

Stellen aus dem Babylonischen Talmud werden (gegebenenfalls in modifizierter Form) zitiert nach: Lazarus Goldschmidt, Der Babylonische Talmud, Band I–XII, Berlin 1967. Hinsichtlich der zitierten Sekundärliteratur, die in den Fußnoten nur mit einem Kurztitel zitiert wird, sei auf das Literaturverzeichnis am Ende des Bandes verwiesen.

Matthias Morgenstern Strasbourg/Tübingen im April 2019

Dass Jesus Christus ein geborener Jude sei

1. Lügen, die über Luther verbreitet werden

Eine neue Lüge[1] ist wieder über mich verbreitet worden: Ich soll gepredigt und geschrieben haben, dass Maria, die Mutter Gottes, vor und nach der Geburt [Jesu] keine Jungfrau war, sondern Christus von Josef empfing und danach [noch] mehr Kinder hatte.[2] Über das alles soll ich auch eine neue Ketzerei gepredigt haben, nämlich, dass Christus Abrahams Samen sei.[3] Wie sehr

---

1 Nach einem Brief, den Luther am 22. Januar 1523 an seinen Freund Spalatin schrieb, ging es um einen Vorwurf, den Ferdinand von Österreich, der Bruder Karls V., gegen ihn erhoben hatte; der Reformator soll diesen Vorwurf zunächst nicht ernst genommen haben. Nachdem Fürst Johann von Anhalt ihn aufgefordert hatte, die Sache aufzuklären, sah er sich aber gezwungen, Stellung zu nehmen; zu den Entstehungsbedingungen des Textes: Kaufmann, »Judenschriften«, 29–42; Von der Osten-Sacken, Martin Luther, 90; Brosseder, Luthers Stellung, 345.

2 Auf Marias fortdauernde Jungfernschaft geht Luther in *Vom Schem Hamephorasch* (WA 53, 640, 18 f. = LK, 151) erneut ein. Dort bezeichnet er die Vorstellung, Jesus habe leibliche Geschwister gehabt, in traditioneller Weise als Irrlehre des antiken arianischen Theologen Helvidius (ca. 340–390 n. Chr.). Zu dieser Frage vgl. unten Anm. 76 und das Nachwort.

3 Zwei Basler Drucke (von Adam Petri und Valentin Curio) verbessern diesen Satz und lesen »nit Abrahams samen sey«; wenn Luther sich gegen die ihm zugeschriebene Lehre wendet, dass Christus »Abrahams samen sey« (vgl. die Einführung in WA 11, 307; zu diesem Motiv vgl. auch Johannes 8, 33 und Luthers späte Genesisvorlesung: WA 42, 613, 8–10), so ist offenbar die Vorstellung einer natürlichen männlichen Vaterschaft gemeint (vgl. a. a. O., und Lewin, Luthers Stellung, 26–36). In der lateinischen Übersetzung von Justus Jonas (Libellus Martini Lutheri, CHRISTUM Ieum, verum Iudaeum et semen Abrahae, è Germanico versus, per I. Ionam, Augsburg: Simprecht Ruff 1524) heißt es: »En iterum novis mendacijs […] doctrina mea traducitur. Docuisse me causantur adversarij mei, Mariam matrem CHRISTI, ante et post partum non fuisse illibatam virginem, deinde tam ex semine Ioseph Christum concepisse, et alios enixam liberos. Postremo, quod illi (homines scilicet pro fide christiana mire soliciti) omnium minime ferendum existimant. Novam hanc haeresim spargere dicor, CHRISTUM Iudaeum ex genere, et semen Abrahae natum

kitzelt diese Lüge meine lieben Freunde, die Papisten! Weil sie nämlich das Evangelium verdammen, sind sie ja nichts Besseres wert, als dass sie ihres Herzens Freude und Lust mit Lügen auskosten[4] und [sich daran] weiden. Ich traue es mir aber zu, meinen Hals [dafür] zu verwetten, dass [nicht] einer dieser Lügner, die so groß damit tun, die Mutter Gottes zu ehren, einen dieser Artikel von Herzen glaubt. Mit solchen Lügen wollen sie doch nur so tun, als ob ihnen viel am christlichen Glauben gelegen sei. Es ist aber eine so arme, erbärmliche Lüge, dass ich sie verachte und nicht darauf antworten wollte, weil ich mich seit drei Jahren[5] sehr gut daran gewöhnt habe, Lügen zu hören, auch von unseren nächsten Nachbarn. Auch sie haben sich inzwischen an die edle Tugend gewöhnt und werden nicht rot und schämen sich nicht, selbst wenn sie öffentlich der Lügen überführt werden. Sie lassen sich als Lügner bezeichnen und lügen immer mehr. Dennoch sind sie die »allerchristlichsten Leute«, die den Türken fressen[6] und alle Ketzerei mit Leib und Gut vertilgen wollen.

---

esse.« (»Ich werde bezichtigt, diese neue Häresie zu verbreiten, Christus sei aus dem Stamm der Juden und als Same Abrahams geboren.«) Mein Dank an die Bibliothèque Nationale (Strasbourg) für den Zugang zu diesem Druck. Mit Blick auf den lateinischen Titel der Schrift fasst Bultmann zusammen (Kontroversgespräch, 156): »Dass […] Jesus Christus ein ›geborener Jude‹ ist, bedeutet nicht mehr und nicht weniger, als dass in Jesus Christus alle Verheißungen Israels ihre Erfüllung finden – die Verheißung über einen ›Samen Abrahams‹ nicht weniger als die Verheißung über einen ›Samen Davids‹.«

4 WA: bussen

5 Luther meint wohl die Publikation der Bannandrohungsbulle *Exsurge Domine* vom 15. Juni 1520, mit der Papst Leo X. auf seine 95 Thesen reagiert hatte.

6 Die Bedrohung durch die Türken war seit dem Fall Konstantinopels (1453) ein stets präsentes Thema europäischer Politik, das auch im Horizont der Erwartung des nahen Weltendes wahrgenommen und erörtert wurde. Vor diesem Hintergrund nimmt sich diese Bemerkung Luthers eher lapidar aus. Vor dem Hintergrund der Entstehungsgeschichte seiner ersten *Judenschrift* – die Auseinandersetzung mit den von Südosten her nach Mitteleuropa strebenden Osmanen gehörte zu

Aber ich muss um anderer willen[7] auf diese Lüge antworten; darum habe ich gedacht, daneben auch etwas Nützliches zu schreiben, um den Lesern nicht mit solchen faulen nutzlosen Zoten die Zeit zu stehlen. Ich will daher aus der Schrift die Ursachen nennen, die mich bewegen zu glauben, dass Christus ein von einer Jungfrau geborener Jude sei; viel//2//leicht kann ich damit auch einige Juden für den Christenglauben gewinnen.[8] Denn unsere Narren, die Päpste, Bischöfe, Sophisten und Mönche, die groben Eselsköpfe, haben die Juden bisher so behandelt, dass diejenigen, die gute Christen waren, wohl hätten Juden werden können. Und wenn ich ein Jude gewesen wäre {315} und hätte solche Tölpel und Grobiane gesehen, wie sie den Christenglauben regieren und lehren, wäre ich lieber eine Sau geworden als ein Christ.[9]

---

den bedrängenden Problemen, mit denen die Habsburger-Dynastie sich auseinanderzusetzen hatte – ist dieser Satz aber ein Indiz dafür, dass das »Türken-« und das »Judenproblem« im 16. Jahrhundert untrennbar zusammengehörten. Zum Kontext der »Turkisierung« des innerchristlichen Gegensatzes, d. h. der in verschiedenen Kontexten wahrnehmbaren Tendenz, Gegner in einen Zusammenhang mit der »Türkenfrage« zu bringen und so zu diskreditieren, vgl. Kaufmann, Türckenbüchlein.

7 Luther meint wahrscheinlich seine eigenen Anhänger, die sich ebenfalls mit dem Vorwurf auseinandersetzen mussten, Irrlehrer zu sein (so Brosseder, a. a. O., 346); offenbar stehen auch Luthers altgläubige Gegner im Blick, die ihn der Häresie beschuldigt hatten. Juden sind in dieser Schrift jedenfalls nicht direkt angesprochen. Auch weiter unten im Text (WA 11, 315, 25–29; 11, 336, 1416; 11, 336, 33–35) spricht Luther von ihnen immer in der dritten, von Christen in der ersten Person (»wir«); Sitz im Leben dieser Schrift ist also die »innerchristliche Reflexion« (Brosseder, a. a. O., 348). Zur Diskussion über die Frage, inwieweit in dieser Hinsicht dennoch sinnvollerweise von einer *Judenschrift* gesprochen werden kann, vgl. das Nachwort.

8 WA: tzum Christen glauben reytzen

9 Gleich zu Beginn der ersten *Judenschrift* Luthers steht dieser Tiervergleich – hier bezeichnenderweise bezogen auf den Autor selbst, der angibt, unter welchen Bedingungen *er selbst* eine Sau geworden wäre! –, der in den antijüdischen Traktaten des Jahres 1543, vor allem in sei-

Denn sie sind mit den Juden umgegangen, als wären sie Hunde[10] und keine Menschen. Sie haben nichts mehr tun können, als sie zu schelten und ihr [Hab und] Gut zu nehmen. Wenn man sie getauft hat, hat man ihnen weder christliche Lehre noch [christliches] Leben gezeigt, sondern sie nur dem Papsttum und dem Mönchswesen unterworfen. Wenn sie dann gesehen haben, dass die Sache der Juden die Schrift so stark auf ihrer Seite hat[11] und die Sache der Christen auf lauter Geschwätz beruhte ohne jede [Begründung in der] Schrift – wie konnten sie dann eine Erfüllung für ihre Sehnsucht finden[12] und gute, richtige Christen werden? Ich habe es selbst von frommen, getauften Juden gehört: Wenn sie nicht zu unserer Zeit das Evangelium gehört hätten, wären sie ihr Leben lang unter dem Christenmantel Juden geblieben. Denn sie bekennen es, dass sie bei denen, die sie getauft und unterrichtet haben, noch nie etwas von Christus gehört haben.[13]

---

ner Schrift *Vom Schem Hamephorasch*, zur Verunglimpfung der Juden erneut auftauchen sollte; vgl. WA 53, 600 (= LK, 52–54).

10 Zur Behandlung der Juden »wie Hunde« vgl. Kaufmann, »Judenschriften«, 158 f.

11 Im Vergleich zu seinen späten *Judenschriften* hält Luther hier offenbar noch große Stücke auf die jüdische Exegese, die seiner Ansicht nach der Schriftauslegung durch die römische Kirche überlegen ist.

12 WA: yhr hertz stillen

13 Zu den Juden in Luthers Umwelt vgl. Kaufmann, Luthers Juden, 33–38. Zu seinen (wenigen) persönlichen Kontakten mit Juden gehörte der aus Göppingen stammende ehemalige Rabbiner Jakob Gipher, der nach seiner Taufe den Namen Bernhard annahm. Ihn schrieb Luther 1523 an (vgl. WABR 3, Nr. 629, 101–104) und legte ihm ein Exemplar der Schrift *Dass Jesus Christus ein geborener Jude sei* bei. Auch hier beschuldigt der Reformator »die eselhafte Ignoranz, sodann das überaus verruchte und äußerst schamlos Leben der Päpste, Priester, Mönche und Studenten«, dafür verantwortlich zu sein, dass getaufte Juden kein wahres christliches Leben kennenlernten und alsbald wieder vom Glauben abfielen; vgl. Bienert, Luther, 72 f.

Ich hoffe, dass viele Juden rechte Christen werden[14] und wieder zum Glauben ihrer Väter, dem Glauben der Propheten und Patriarchen, zurückkehren, wenn man sie freundlich behandelt und sie sorgfältig[15] aus der Heiligen Schrift unterweist.[16] Wenn man ihre Sache verwirft und sie so gar nichts sein lassen will und sie nur hochmütig und mit Verachtung behandelt, werden sie davor nur weiter zurückschrecken. Wenn die Apostel, die ebenfalls Juden waren, uns Heiden so behandelt hätten wie wir Heiden die Juden, wäre kein Heide Christ geworden. Da sie mit uns Heiden so brüderlich umgegangen sind, sollen wir mit den Juden ebenfalls brüderlich umgehen. Vielleicht können wir so einige bekehren, denn auch wir haben das Ziel unseres Glaubens noch nicht erreicht und sind nicht vollkommen.[17]

Selbst wenn wir uns hoch rühmen, bleiben wir doch Heiden, die Juden sind hingegen aus dem Stamm[18] Christi. Wir sind Schwä//3//ger und Fremdlinge, sie sind Blutsverwandte, Vettern und Brüder unseres Herrn. Wenn man sich daher auf die Blutsverwandtschaft berufen[19] könnte, stünden die Juden Christus näher als wir, wie [es] auch der heilige Paulus in Römer 9, 5 sagt. Gott hat es denn auch mit der Tat bewiesen, denn eine solch große Ehre wie den Juden hat er keinem Volk unter den

14 Zur Interpretation dieser Textstelle vgl. das Nachwort und unten Anm. 172.

15 WA: seuberlich

16 Ein Aufruf zum freundlichen Umgang mit den Juden findet sich auch in Luthers Auslegung des *Magnifikat* WA 7, 600, 33–601, 1 (zu Lukas 1, 55 mit Bezug auf den dort erwähnten »Samen Abrahams«): »Drumb solten wir die Juden nit so unfruntlich handeln, denn es sind noch Christen unter yhn zukunfftig und teglich werden, datzu haben sie allein und nit wir heiden solch zusagung, das altzeit in Abrahams Samen sollen Christen sein, die den gebenedeyten samen erkennen.«

17 WA: wyr sind auch selb noch nicht alle hynan, schweyg denn hyn uber – Nach Chr. Bultmann (Wittenberger Kontroversgespräch, 173) sind diese Zeilen als eine »Demutsäußerung« zu verstehen, die sich an Philipper 3, 12–14 und 1. Korinther 9, 24–27 anlehnt.

18 WA: geblutt

19 WA: des bluts und fleyschs rhumen

Heiden angetan. Denn nie ist ein Erzvater[20], ein Apostel [oder] ein Prophet aus den Heiden gekommen, auch hat er wenige rechte Christen [zu solch einer Ehre] erhoben. Obwohl das Evangelium der ganzen Welt verkündigt wurde, hat er doch keinem anderen Volk als den Juden die Heilige Schrift, das heißt das Gesetz und die Propheten, anvertraut[21], wie Paulus in Römer 3, 2 sagt. Und in Psalm 147, 19–20 [heißt es]: »Er verkündigt Jakob sein Wort und Israel seine Gebote und sein Recht. So hat {316} er an keinem Volk getan; sein Recht kennen sie nicht.« Hiermit bitte ich meine lieben Papisten, zu sagen, ob sie es überdrüssig sind, mich als Ketzer zu beschimpfen; sie können dann anfangen, mich als einen Juden zu beschimpfen. Denn ich werde vielleicht auch noch ein Türke werden und was meine Junker nur wollen.

20 WA: Patriarch
21 WA: befohlhen

2. Die Geburt des Messias von der Jungfrau Maria

Das Protevangelium: Der Same der Frau

Erstens ist Christus gleich nach Adams Fall verheißen worden, als Gott zur Schlange sprach: »Ich will Feindschaft zwischen dir und der Frau setzen, zwischen deinem Samen und ihrem Samen; der [Same der Frau] wird dir den Kopf zertreten, und du wirst ihm in die Ferse beißen.«[22] Hier will ich darauf verzichten zu beweisen, dass die Schlange vom Teufel besessen geredet hat; denn kein unvernünftiges Tier ist so klug, in Menschensprache zu reden und [Menschensprache] zu verstehen; umso weniger kann es von so hohen Dingen sprechen und fragen, was Gottes Gebot ist, wie es hier die →Schlange tut; daher muss es sicherlich ein verständiger, hochvernünftiger und mächtiger Geist gewesen sein, der menschlich sprechen und so meisterhaft mit Gottes Geboten hantieren und die menschliche →Vernunft fangen und führen kann.[23]

Weil nun sicher ist, dass es ein Geist ist, der höher als Menschen steht, so ist auch sicher, dass es sich um einen bösen Geist und Feind Gottes handelt, denn er bricht Gottes Gebot und handelt entgegen seinem Willen; daher ist es sicherlich der Teufel. Daher muss das Wort Gottes, das von dem Kopfzertreten handelt, auf den Kopf des //4// Teufels bezogen sein, doch ohne

22 Vgl. Genesis 3, 15; auf diesen Text, in der christlichen Tradition als →Protevangelium (oder Protoevangelium) bezeichnet, geht Luther auch in seiner *Vorrede zum Neuen Testament* (WADB 6, 5, 29–35) und seiner Genesisvorlesung ein (WA 42, 141–147); vgl. auch *Von den Juden und ihren Lügen* (WA 53, 482, 23–25; 484, 11–23 = JL, 116, 118 und 296); *Von Schem Hamephorasch* (WA 53, 638, 29–639, 24 = LK, 145–147); *Von den letzten Worten Davids* (WA 54, 70f = unten); Asendorf, Lectura, 19, 32 und 68–82 sowie Spira, Paradies. Zum Protevangelium bei Luther vgl. auch Steiger, Bibelauslegung, 41–73.

23 Zum Teufel in Genesis 3 vgl. Genesisauslegung Luthers in WA 42, 107, 20 ff. und Asendorf, a. a. O., 74 f.

den Kopf der natürlichen Schlange auszuschließen, denn er redet mit einem Wort vom Teufel und von der Schlange als von einem Ding; darum meint er den Kopf beider. Der Kopf des Teufels bezeichnet aber seine Gewalt, mit der er regiert, das sind die Sünde und der Tod, wodurch er Adam und alle Adamskinder unterjocht[24] hat.

Darum kann der Same dieser Frau kein gewöhnlicher Mensch sein; schließlich soll er doch die Gewalt des Teufels, die Sünde und den Tod, zertreten. Alle Menschen sind doch dem Teufel durch die Sünde und den Tod unterworfen; daher muss dieser [Same] sicher ohne Sünde sein. Nun trägt die menschliche Natur einen solchen Samen oder eine solche Frucht nicht. Es heißt ja, dass sie alle unter dem Teufel mit der Sünde sind.[25] Wie soll das dann zugehen? Der Same muss das natürliche Kind einer Frau sein, sonst könnte er nicht der Same einer Frau heißen und sein. Wiederum trägt menschliche Natur und Geburt einen solchen Samen nicht, wie auch gesagt ist. So muss endlich das Mittel bleiben, dass dieser Same einen rechten, natürlichen Sohn einer Frau bezeichnet, der aber nicht auf natürliche Weise von einer Frau geboren wurde, sondern durch ein besonderes Werk Gottes, damit die Schrift erfüllt wird, dass er nur der Same einer Frau sei und nicht eines Mannes. Denn der Text lautet klar, dass er der Same einer Frau sein wird. {317}

Das ist also der erste Bibelvers, in dem die Mutter dieses Kindes als Jungfrau beschrieben wird. [Hier heißt es,] dass sie seine rechte, natürliche Mutter sein und doch übernatürlich, nur von Gott, ohne einen Mann, schwanger werden und gebären soll. Denn er muss ein besonderer Mensch sein, ohne Sünde, und doch wie alle anderen Menschen aus Fleisch und Blut bestehen. Das hätte nicht geschehen können, wenn er wie alle anderen Menschen von einem Mann gezeugt worden wäre. Denn das Fleisch ist mit böser Lust verbrannt und verderbt, und sein natürliches Werk und die Zeugung kann nicht ohne Sünde

24 WA: unter sich bracht

25 Vgl. Römer 2, 11–16 (freilich ist dort nicht vom Teufel die Rede).

geschehen. Was sich aber durch das Werk des Fleisches besamt und schwängert, das trägt auch eine fleischliche und sündhafte Frucht. Daher sagt der heilige Paulus in Epheser 2, 3[26], dass wir von Natur aus alle Kinder des Zorns sind.

Dieser Spruch ist nun das allererste Evangelium auf Erden gewesen //5//. Denn als Adam und Eva, verführt vom Teufel, gefallen waren und von Gott vor Gericht geladen wurden[27], waren sie in Todesnöten und Höllenangst. Denn sie sahen, dass Gott wider sie war und sie verdammte; ihm wären sie gern entflohen und konnten es nicht. Und wenn Gott sie in der Angst hätte stecken lassen, wären sie gar bald verzweifelt und gestorben. Aber als er nach der furchtbaren Strafe dieses tröstliche Wort hören ließ, dass er den Samen der Frau über dem Kopf der Schlange erwecken wollte, der ihn zertreten sollte, da wurde ihr Geist wieder erquickt, und sie schöpften aus diesem Wort Trost mit festem Glauben an den künftigen seligen Samen der Frau, der den Schlangenkopf, die Sünde und den Tod zertreten sollte, von dem sie zertreten und ins Verderben gestoßen waren.

Dieses Evangelium haben nun die Urväter[28] von Adam an gepredigt und getrieben. Dadurch haben sie auch den künftigen Samen dieser Frau erkannt und an ihn geglaubt. Dadurch sind sie auch wie wir durch den Glauben an Christus bewahrt worden, sie sind auch rechte Christen gewesen wie wir, nur dass dieses Evangelium in ihrer Zeit nicht in aller Welt öffentlich

26 WA: Ephe 1

27 Vgl. Genesis 3, 9–19.

28 WA: Veter – Zu diesem Motiv vgl. auch bereits Luthers *Magnifikat*-Auslegung (WA 7, 600, 2–3): Demnach ist anzunehmen, dass »alle veter ym alten testament mit allen heyligen propheten [...] eben den glauben unnd Euangelium gehabt [haben] das wir haben.« Vgl. auch unten in *Die letzten Worte Davids* (WA 54, 71, 28–29; vgl. in diesem Band unten S. 196) sowie Luthers Genesisvorlesung (dazu: Asendorf, Lectura, 87); das rabbinische »Pendant« zu Luthers Vorstellung von der »Predigt« der Erzväter ist die Konstruktion im Midrasch, die Abraham, Isaak und Jakob als Studierende im Talmud imaginiert; vgl. etwa Genesis Rabba 48, 7 und 64, 7 (zu Genesis 18, 1 und 28, 16).

gepredigt wurde, wie dies nach der Ankunft Christi geschehen sollte; es blieb vielmehr allein bei den heiligen Urvätern und ihren Nachkommen bis auf Abraham.

Die Abrahamsverheißung: Der Same Abrahams

Zum andern ist Christus Abraham in Genesis 22, 18 verheißen worden, wenn Gott sagt: »In deinem Samen sollen alle Heiden gesegnet werden.«[29] Wenn alle Heiden gesegnet werden sollen, so ist es gewiss, dass sie sonst – außerhalb dieses Samens Abrahams – alle ohne Segen bleiben und verflucht sind. Daraus ist nun wieder zu schließen, dass die menschliche Natur nur verfluchten Samen hat und ungesegnete Früchte trägt, sonst wäre es nicht nötig, dass sie alle durch diesen Samen Abrahams gesegnet würden. {318} Wer »alle« sagt, schließt keinen aus. Darum müssen alle, die von Menschen geboren werden, außerhalb von Christus verflucht, in Sünden und tot unter dem Teufel sein.

Hier wird nun abermals die Mutter Gottes als eine Jungfrau erwiesen.[30] Denn weil Gott nicht lügen kann, musste es geschehen, dass Christus Abrahams Samen wäre. Das heißt //6//, [er ist] sein natürliches Fleisch und Blut wie alle Abrahamskinder. Weil er wiederum der gesegnete Same sein soll, der alle anderen segnen sollte, konnte er nicht von einem Mann gezeugt werden. Denn solche Kinder können, wie gesagt, wegen des verderbten und vergifteten Fleisches, das sein Werk ohne Gift und Sünde nicht ausrichten kann, nicht ohne Sünde empfangen werden.

29 Zu diesem Vers vgl. auch Luthers Vorrede zum Neuen Testament: WADB 6, 6, 1–3 und 7, 1–3 mit dem Verweis auf die Abrahamssohnschaft Christi nach Galater 3, 19. Dort ist von dem *einen* »Samen« (»sperma«) des Erzvaters die Rede; vgl. auch Apostelgeschichte 3, 25 f.

30 Wie in *Von den Juden und ihren Lügen* ist Luther überzeugt, seine Auslegung »beweisen« zu können: vgl. WA 53, 465, 24 f. (= JL, 88): »So ist doch unser Glaube hie mit fest und starck beweiset, [...] Wir haben den hellen text.«

Das Wort [der Bibel ergibt] daher zwingend, dass Christus von einer Frau geboren und ihr natürliches Kind werden musste, weil Gott Christus als Abrahams Samen verspricht. Denn er ist nicht wie Adam aus der Erde und nicht wie Eva aus Adam gekommen, sondern so, wie das Kind einer Frau aus ihrem Samen kommt. Denn die Erde war nicht der natürliche Same für Adams Leib, so war Adams Rippe auch nicht der natürliche Same für Evas Leib. Aber das Fleisch und Blut der Jungfrau, aus dem sonst in allen Frauen Kinder entstehen, war der natürliche Same für den Leib Christi. So war sie [Maria] ja auch aus dem Samen Abrahams gekommen.[31]

Erneut [ergibt] das Wort [der Bibel], in dem Gott den Segen über alle Heiden in Christus verspricht, zwingend, dass Christus nicht von einem Mann oder aus der Tat eines Mannes kommen konnte; denn das Werk des Fleisches, (das verflucht ist), verträgt sich nicht mit dem [Werk], das nur Segen und gesegnet ist. Daher konnte diese gesegnete Frucht nur die Frucht eines weiblichen Leibes sein, nicht [die Frucht] eines Mannes, obwohl derselbe weibliche Leib [der Maria] von einem Mann, ja auch von Abraham und Adam herkommt.[32] [So ergibt sich also zwingend], dass diese Mutter eine Jungfrau ist und zugleich eine rechte, natürliche Mutter, dies aber nicht durch natürliches Vermögen oder Kraft, sondern durch den Heiligen Geist und Gottes Kraft allein.

Dieser Bibelvers ist nun [in der Zeit] von Abraham bis zu David und bis zu Christus das Evangelium gewesen; obwohl es ein kurzer Vers ist, enthält er ein reiches Evangelium, und es wurde durch die Väter danach sowohl schriftlich als auch in

31 Luther folgt den Genealogien Jesu in Matthäus 1, 1–16 und Lukas 3, 23–38; dieses Thema wird in *Vom Schem Hamephorasch und vom Geschlecht Christi* erneut aufgegriffen (WA 53, 610–644 = LK, 74–162).

32 Maria selbst wurde natürlich gezeugt und geboren; die spätmittelalterliche Kontroverse um die unbefleckte Empfängnis Marias (*immaculata conceptio*), nach der die spätere Gottesmutter durch göttliche Fügung von vornherein von der Erbsünde ausgenommen war, steht hier nicht im Blick.

Predigten wunderbar verwendet und eingeübt.[33] Es sind viele tausend Predigten über diesen Vers gehalten[34] und unzählige Seelen errettet[35] worden. Denn es ist ein lebendiges Wort Gottes, an das Abraham mit seinen Nachkommen geglaubt hat. Und dadurch ist er von den Sünden, vom Tod und von aller Gewalt des Teufels erlöst und errettet worden.[36] Freilich //7// wurde es damals noch nicht öffentlich vor aller Welt ausge{319}rufen, wie es nach Christi Ankunft geschehen ist, sondern blieb allein unter den Vätern bei ihren Nachkommen.

Aber siehe hier die verkehrten Verehrer der Mutter Gottes[37] an: Wenn man sie fragt, warum sie so hartnäckig an der Jungfernschaft Marias festhalten, könnten sie es nicht einmal sagen. Denn diese unverständigen Götzendiener tun dies nur der Mutter Gottes zu Ehren, um sie wegen der Jungfernschaft hochzuheben und gleichsam einen Abgott aus ihr zu machen.[38] Aber die Schrift preist diese Jungfernschaft gar nicht um der Mutter willen. Sie blieb auch nicht um ihrer [selbst] willen Jungfrau, ja diese und jede Jungfernschaft wäre verflucht, wenn sie [nur] um ihrer selbst willen da wäre und nichts Besseres wirken sollte als ihr eigenes Lob und [ihren eigenen] Nutzen.

Der [Heilige] Geist preist diese Jungfernschaft vielmehr deshalb, weil sie nötig war, diese gesegnete Frucht zu empfangen und zu gebären; denn aus dem verderbten Fleisch konnte eine solche gesegnete Frucht nicht kommen, nur durch eine Jung-

---

33 WA: getrieben und geubt

34 WA: geschehen

35 WA: erhalten

36 WA: behalten

37 In seiner Auslegung des neutestamentlichen Lobgesangs (*Magnifikat*) der Maria (vor allem zu Lukas 1, 48b: »von nun an werden mich selig preisen alle Kindeskinder«) setzt Luther sich kritisch mit der Marienverehrung im Mönchtum und in der monastischen Frömmigkeit auseinander: Vgl. WA 7, 552, 5–12; 559, 32 ff.; 565, 26 ff. In Lukas 1, 55 ist vom »Samen Abrahams« (Lutherrevision 2017: »seinen Nachkommen«) die Rede.

38 Ebenso in WA 7, 568, 27–29.

frau. Darum geht es dieser zarten Jungfrauschaft ganz um einen fremden Dienst zu Gottes Ehre, nicht um die eigene Ehre. Und wenn es hätte sein können, dass er [ohne Sünde] von einer Frau hätte können kommen, er hätte nicht eine Jungfrau dazu genommen, denn die Jungfernschaft widerspricht [eigentlich] der [von Gott] eingesetzten Natur und war vor Zeiten im Gesetz verdammt[39]; sie wird nun nur deshalb so hoch gepriesen, weil das Fleisch vergiftet ist und seine eingesetzte Natur nicht ohne verfluchte Werke ihre Frucht geben kann.

Daher sehen wir auch, dass der heilige Paulus die Mutter Gottes nirgendwo Jungfrau, sondern nur eine Frau nennt, wenn er in Galater 4, 4[40] sagt: »Der Sohn Gottes ist von einer Frau geboren.« Nicht dass er [sagen] wollte, sie sei keine Jungfrau [gewesen] – er wollte ihre Jungfernschaft vielmehr in höchsten Tönen loben und preisen, als wollte er sagen: Zu dieser Geburt hat kein Mann, sondern nur eine Frau beigetragen. Geblieben ist nämlich alles, was von einer Frau aus dazugehört, dass ein Kind empfangen, geboren, gesäugt und genährt wird – all dies kann kein Mann tun. Deshalb ist dieses [Kind] nur das Kind einer Frau; //8// daher muss sie sicherlich eine Jungfrau [gewesen] sein. Jungfräulich leben kann auch ein Mann[41], aber nur eine Frau kann eine Mutter sein.

Daher sagt und behauptet die Schrift auch nichts von der nachgeburtlichen Jungfernschaft der Maria – [ein Thema], das doch die Heuchler so sehr plagt und beschäftigt[42], als wäre es ihr Ernst und als läge alle Seligkeit daran. Immerhin {320} können wir uns damit begnügen anzunehmen, dass sie [auch] nach der Geburt [Jesu] Jungfrau blieb, weil die Schrift nichts [davon] sagt und [es keinen Anhalt dafür] gibt, dass sie danach [von

39 Nach Genesis 2, 24 sieht die Schöpfungsordnung das Zusammenwirken von Mann und Frau vor.

40 WA: Gal. 3.

41 WA: eyn jungfraw mag auch eyn man seyn

42 WA: hoch bekummern

einem Mann] berührt wurde.[43] Und zweifellos hat niemand die Kraft und Vollmacht[44], ohne einen Schriftbeleg aus eigenem Kopf zu beweisen, dass sie [danach] keine Jungfrau blieb. Aber die Schrift bleibt dabei, dass sie vor und bei der Geburt [Jesu] Jungfrau war[45]; denn insofern musste Gott sich ihrer Jungfernschaft bedienen[46], um uns den gesegneten, verheißenen Samen ohne alle Sünde zu geben.

Die Nathansweissagung: Der Same Davids

Der dritte Spruch ist zu David im 2. Buch Samuel 7, 12 gesagt: »Wenn deine Zeit aus ist und du bei deinen Vätern schläfst, will ich deinen Samen, der von deinem Leibe kommen wird, nach dir erwecken und will sein Reich auf ewig bestätigen. Er soll meinem Namen ein Haus bauen und ich will den Stuhl seines Reiches festigen auf ewig, ich will sein Vater sein, und er soll mein Sohn sein.«[47] Diese Worte können nicht von Salomo gesagt sein. Denn Salomo ist nicht von David gekommen[48] und nach seinem Tod auferweckt worden. Ebenso hat Gott nach Salomo, (der zu Davids Zeiten geboren und König wurde,[49]) nie einen

43 WA: das sie hernach verruckt sey

44 WA: niemant so mechtig tzu furchten

45 Diese Lehre entspricht am Ende der Reformationszeit (1580) dem Bekenntnis der *Konkordienformel*, wo es heißt, dass Jesus »seine göttliche Majestät auch im Mutterleibe« darin bewiesen habe, »daß er von einer Jungfrauen unverletzt ihrer Jungfrauschaft geboren« wurde (BSLK, 1024).

46 WA: hat Got yhrer jungfrawschafft nodlich bedurft

47 Vgl. Luthers Vorrede zum Neuen Testament (WADB 6, 6, 11–14).

48 Vielleicht ist gemeint, dass Salomo nicht *nach Davids Tod* geboren wurde (vgl. das Folgende), weshalb die Prophetie nicht in ihm erfüllt worden sein kann; oder der Satz ist so zu deuten, dass die Aussage, Salomo sei von David gekommen *und* nach seinem (Salomos) Tod wieder auferweckt worden, nicht zutrifft: Die Verknüpfung beider Aussagen (»und«) macht den ganzen Satz logisch problematisch.

49 Vgl. 1. Könige 1–2.

[König] seinen Sohn genannt und [ihm] ein ewiges Reich gegeben oder ein Haus bauen lassen. Darum ist diese [Weissagung] ganz auf Christus zu beziehen. Doch weil dieser Spruch zu weit führt und es viel kosten würde, ihn auszulegen, stellen wir ihn jetzt beiseite.[50] Denn man müsste hier zeigen, wie Christus dabei nur der Sohn einer Frau sein musste[51], um hier Gottes Kind genannt werden zu können, das nicht aus [einem] verfluchtem Werk kommen konnte oder sollte.

Die Jungfrauengeburt nach Jesaja 7, 14

Der vierte Spruch steht in Jesaja 7, 14: »Gott wird euch selbst ein Zeichen geben. Siehe eine Jungfrau ist schwanger und wird einen Sohn gebären.«[52] Dies kann nicht von einer Jungfrau gesagt sein, die noch eine Braut werden soll. Denn was wäre das für ein großes Zeichen; dass eine Jungfrau [nach ihrer Hochzeit] jetzt über ein //9// Jahr ein Kind trüge? Das ist ja der natürliche Lauf der Dinge, [der uns] täglich vor Augen steht. Wenn es daher ein Zeichen Gottes sein soll, so muss es etwas Besonderes und

50 WA: lassen wyr yhn itzt faren

51 D. h., er war nicht der Sohn eines menschlichen Vaters.

52 Bereits im April 1521 hatte Luther mit zwei Juden, die ihn während seines Aufenthaltes in Worms in seiner Herberge aufgesucht hatten, über das Verständnis dieses Verses disputiert (Lewin, Luthers Stellung, 15–16). Die zentrale Rolle, die dieser Vers im Hinblick auf die Deutung der Geburt Jesu als Jungfrauengeburt spielt, hängt mit der Tatsache zusammen, dass der griechische Septuagintatext das hebräische Wort עלמה (alma), das meist mit »junge Frau« übersetzt wird, mit παρθένος (parthénos, Jungfrau) wiedergibt; vgl. Matthäus 1, 23. Zur Deutung dieses Verses bei Justin dem Märtyrer vgl. Dialog, § 66, 1 ff. Nach neueren Erkenntnissen der alttestamentlichen Forschung wird man sagen können, dass der hebräische Text bei Jesaja zwar nicht direkt von einer Jungfrauengeburt spricht, aber wohl für eine solche Deutung durchaus offen ist; vgl. Holtz, Jungfrauengeburt, 20 f. und bereits Gese, Natus ex Virgine, 131.

Großes sein, das der natürliche Lauf der Dinge nicht geben kann, wie alle Zeichen Gottes zu sein pflegen.

Es hilft den Juden auch nichts, dass sie hier weglaufen und eine solche Ausflucht erdichten wollen: Es sei deshalb ein Zeichen, weil Jesaja genau sagt, dass es ein Sohn und nicht eine Tochter werden solle.[53] Denn damit wäre es kein Zeichen an der Jungfrau, sondern an dem Propheten Jesaja, der es [in diesem Fall] soeben erraten hätte, dass es keine[54] Tochter sein sollte. So müsste der Text auf Jesaja [bezogen werden und] so lauten: »Siehe, Gott wird euch selbst ein Zeichen geben, nämlich {321} dass ich, Jesaja, erraten werde, dass eine junge Frau einen Sohn und nicht eine Tochter trägt.« [Ein solches Verständnis] ist aber schimpflich und kindisch.

Nun aber bezieht der Text das Zeichen ganz deutlich[55] auf die Frau und sagt klar, dass es ein Zeichen sein soll, wenn die Frau einen Sohn trägt. Nun ist es aber überhaupt kein Zeichen, wenn eine [von einem Mann] berührte Frau ein Kind trägt, sei es Hiskias Mutter[56] oder auf welche Frau die Juden es auch deuten

53 So die Auslegung bei Mose Alscheich (ca. 1508–1593); vgl. Freimann, Mose ben Chajim Alscheich, 247; Luther kommt in *Vom Schem Hamephorasch* auf dieses Argument zurück (WA 53, 636, 17–19 = LK, 139).

54 WA: »ein tochter« – Nach Luthers Rekonstruktion der jüdischen Auslegung bestand das Zeichen darin, dass Jesaja die Geburt korrekt vorhergesagt hätte; demnach wäre ein »nicht« einzufügen: dass es »nicht« eine [= keine] Tochter sein sollte. Ohne diese Berichtigung wäre der Satz allenfalls so zu verstehen, dass das Zeichen darin bestünde, dass – entgegen der (in diesem Fall erschlossenen) vorherigen »Prophezeiung« des Propheten (»eyn tochter seyn sollte«) – nach Gottes Ratschluss ein Sohn (und eben keine Tochter) zur Welt kam.

55 WA: mechtiglich

56 Vgl. Justin der Märtyrer, Dialog, § 71, 3. Demnach wurde die Weissagung durch die Geburt des Königs Hiskia (725–697) erfüllt (1. Könige 16, 20 und 18; 2. Chronik 29–31). →Raschi weist diese Deutung in seinem Kommentar zu Jesaja 7, 14 als chronologisch unpassend zurück, weil dieser König dann vor der Thronbesteigung seines Vaters Ahas (741–725) hätte geboren werden müssen. Vielleicht, so Raschi, hätte das »Zeichen« nach Jesaja 7, 14 aber gerade in diesem »chronologischen Wunder« bestanden.

mögen. Es muss vielmehr etwas Neues und Anderes sein, ein großes, besonderes Werk Gottes, dass diese Frau schwanger ist. Die Schwängerung soll das Zeichen sein. So halte ich keinen Juden für so grob, dass er Gott nicht eine so große Macht zuspräche, dass er könne ein Kind von einer Jungfrau machen. Sie müssen ja auch bekennen, dass er Adam aus der Erde und Eva aus Adam geschaffen hat; dazu bedarf es keiner geringeren Macht.

Wenn sie aber geltend machen, es stehe im Hebräischen nicht, »es ist eine Jungfrau schwanger«, sondern »siehe eine *Alma* ist schwanger«, aber [im Hebräischen] heiße nicht *Alma*, sondern [vielmehr] *Bethula* Jungfrau, *Alma* aber heiße [im Hebräischen] ein junges Mädchen, [so schließen sie, dass in diesem Fall] ein junges Mädchen eine [von einem Mann] berührte Frau und Mutter eines Kindes genannt werden kann.[57]

Darauf können Christen aus [dem Evangelium] des heiligen Matthäus und des heiligen Lukas leicht eine Antwort geben.[58] Beide wenden den Spruch Jesajas auf Maria an und übersetzen das Wort *Alma* mit »Jungfrau«. Diesen [beiden Zeugen] ist mehr zu glauben als aller Welt, geschweige denn //10// den Juden. Auch wenn ein Engel vom Himmel spräche, es hieße nicht »eine Jungfrau«, sollten wir es dennoch nicht glauben.[59] Denn Gott, der Heilige Geist[60], redet durch den heiligen Matthäus und durch Lukas. Bei ihm können wir sicher sein, dass er die hebräische Sprache und die [hebräischen] Worte gut versteht.

Aber weil die Juden die Evangelisten nicht annehmen, müssen wir ihnen anders antworten. Erstens müssen wir wie vorhin sagen, dass man es kein Wunder oder Zeichen nennen kann, wenn eine junge Frau schwanger wird. Man könnte sonst den

57 So bereits der Einwand des Juden Trypho im Dialog Justins des Märtyrers (§ 67, 1).

58 Vgl. Matthäus 1, 23; Lukas 1, 31; vgl. auch Offenbarung 12, 1–5.

59 Vgl. Galater 1, 8.

60 In der lateinischen Übersetzung des Textes von Justus Jonas heißt es »Deus enim ipse et spiritus dei«.

Propheten Jesaja zu Recht verspotten und sagen: Welche Frauen sollen denn sonst schwanger werden als die jungen? Bist du betrunken? Oder ist es bei dir so seltsam, dass eine junge Frau einen Sohn trägt? Darum ist diese weit hergeholte Antwort der Juden nur eine vergebliche Ausrede, dass sie nur nicht stillschweigen.

Andererseits [können wir] zugeben, dass [im Hebräischen] nicht *Alma*, sondern *Bethula* Jungfrau heißt. Und Jesaja sagt hier nicht *Bethula*, sondern *Alma*. Dennoch sind das alles [von Seiten der Juden] ganz vergebliche Widerworte. Denn sie tun so, als wüssten sie nicht, dass *Alma* in der ganzen Schrift nirgendwo eine [von einem Mann] berührte {322} Frau[61] heißt (und sie wissen es doch herzlich wohl). Überall bezeichnet [dieses Wort] vielmehr ein junges Mädchen, das unberührt und nie eines Mannes schuldig geworden ist; eine solche [Frau] nennt man immer Jungfrau, wie hier der heilige Matthäus und Lukas den [Propheten] Jesaja übersetzen.

Und wenn sie nun so wortkriegerisch sind und hart an den →Buchstaben hängen, geben wir zu, dass *Bethula* ein anderes Wort ist als *Alma*. Aber damit haben sie nur so viel erstritten, dass diese Frau hier nicht *Jungfrau* genannt wird. Sie wird aber mit einem anderen Namen bezeichnet, der auch nichts anderes heißt als eine Frau, die noch jung und unberührt ist, nenne sie nun, wie du willst. Jedenfalls ist sie der Person nach eine Jungfrau. Es ist aber kindisch und schimpflich, sich so an Worte zu klammern[62], wenn die Bedeutung sich nicht ändert.[63]

Wir wollen daher den Juden zuliebe Jesaja nicht übersetzen »Siehe, eine Jungfrau ist schwanger«, damit sie ja das Wort *Jungfrau* nicht beirre, sondern so: //11// »Siehe, eine Magd ist

61 WA: eyn verruckt weyb – In *Vom Schem Hamephorasch* (WA 53, 634, 22–24 = LK, 134) bietet Luther dem, der ihm nachweist, dass *Alma* in der Schrift eine verheiratete Frau heißen kann, zur Belohnung hundert Gulden an.

62 WA: mit wortten sich behelffen

63 WA: wenn die deuttung eynerley ist

schwanger.« Denn wie im Deutschen *Magd* eine Frau heißt, die noch jung ist und mit Ehren den Kranz trägt[64] und im Haar geht, sodass man sagt: »Es ist noch eine Magd und keine Frau« (obwohl es ein anderes Wort ist als das Wort *Jungfrau*), so heißt auch im Hebräischen *Elem* [עלם] ein Jüngling, der noch keine Frau hat, und *Alma* [עלמה] eine Magd, die noch keinen Mann hat – nicht wie eine Dienstmagd, sondern [wie eine Jungfrau] die noch einen Kranz trägt. So werden auch Moses Schwester[65] und Rebekka Alma genannt, als sie noch Jungfrauen waren.[66]

Wenn ich nun im Deutschen sagte, Hans hat eine Magd geheiratet[67], und jemand wollte sagen, so hat er ja keine Jungfrau geheiratet, so würde ihn jedermann als unnützen Wortkrieger verlachen, der Jungfrau und Magd nicht dasselbe bezeichnen lassen will, weil es zwei Worte sind. So lautet es auch im Heb-

64 D. h. ein junges Mädchen, das noch die Zeichen der Jungfräulichkeit hat; vgl. WA 41, 479, 5 (Predigt vom 25. Dezember 1535); vgl. auch WA 11, 323, 7–20. – Das von Luther genannte Zeichen erinnert an die Merkmale der Jungfernschaft in Mischna Ketubbot 2, 11; dort gilt das Tragen offener Haare und des Brautschleiers (Luthers »Kranz«) während der Hochzeitsfeier als Zeichen der Jungfräulichkeit; vgl. Morgenstern, Ketubbot, 102.

65 Vgl. Exodus 2, 8.

66 Vgl. Genesis 24, 43. Die Jungfräulichkeit Rebekkas wird im Midrasch Genesis Rabba 60, 4 (zu Genesis 24, 15) diskutiert, obwohl der biblische Zusammenhang keinen Anlass dazu gibt, diese Frage zu stellen. Im Gegenteil: Die Unberührtheit Rebekkas zu bezweifeln, bedeutete ja, die rechtmäßige Genealogie Jakobs, d. h. Israels, anzutasten! Offenbar war den Rabbinen aber bewusst, dass das Beispiel der Erzmutter von christlichen Theologen in einen mariologischen Zusammenhang gestellt wurde. Im Midrasch steht bei der Nachzeichnung des Bildes Rebekkas offenbar ein gewisses Konkurrenzverhältnis zur Mutter Jesu im Hintergrund: Rebekka, das wird eigens betont, war ebenso »Jungfrau« wie die Mutter des christlichen Erlösers. Auch die wunderhaften Umstände der Niederkunft Rebekkas – d. h. der Geburt Jakobs und seines Zwillingsbruders Esau (Genesis 25, 19–26) – werden besonders herausgestellt. Vgl. Teugels, Wooing of Rebekah, 193–212; Morgenstern, Neukonfiguration, 37–53; *Vom Schem Hamephorasch* (WA 53, 634, 25–31 = LK, 134–135).

67 WA: Hans hat yhm lassen eyne magd vortrawen

räischen, wenn die Juden sich hier mit dem Vers Jesajas behelfen und sagen, Jesaja sage nicht *Bethula*, sondern *Alma*. Und ich berufe mich auf ihr eigenes Gewissen unter ihnen selbst, dass es so sei. So lass sie nun sagen, was sie wollen, *Bethula* oder *Alma*. Jesaja meint jedenfalls ein Mädchen, das heiraten kann[68] und noch im Kranze geht, das wir im Deutschen am treffendsten eine *Magd* nennen. Daher nennt man die Mutter Gottes auch zu Recht »die reine Magd«, das heißt die reine *Alma*.

Und wenn ich Jesaja zum Reden beauftragt hätte, hätte er mir ebenso reden müssen, wie er [tatsächlich] geredet hat: [Er hätte auch in diesem Falle] nicht *Bethula*, sondern *Alma* gesagt, da *Alma* hier besser passt als *Bethula*. Es ist auch deutlicher, wenn ich sage: »Siehe, eine Magd geht schwanger« als »eine Jungfrau geht schwanger«. Denn *Jungfrau* ist ein weitläufiges Wort, das auch {323} eine Frau von fünfzig, sechzig Jahren bezeichnen kann, die unfruchtbar ist. Aber *Magd* heißt eigentlich eine junge Frau, die heiraten kann, fruchtbar und unberührt ist. Der [Begriff] bezeichnet daher nicht nur die [physische] Jungfrauschaft, sondern auch die Jugend und ihre Fruchtbarkeit //12//. So nennt man auch im Deutschen normalerweise das junge Volk Maiden oder Maidenvolk und nicht Jungfrauenvolk.

Der Text Jesajas wird daher im Deutschen am treffendsten so übersetzt: »Siehe eine Magd geht schwanger.« Dass dies die Worte im Hebräischen sind, wird mir kein Jude leugnen, der Hebräisch und Deutsch versteht, denn wir Deutschen sagen nicht: »*concepit*, das Weib hat empfangen.«[69] Die Prediger[70] haben

---

68 WA: manbar; der Begriff bezeichnet die Geschlechtsreife.

69 Das Verb in Jesaja 7, 14 (הרה) steht in der Vergangenheit, was dem Lateinischen »concepit« entspricht; die Vulgata übersetzt futurisch: »virgo concipiet et pariet filium.« Zur Diskussion über diese Frage vgl. auch *Vom Schem Hamephorasch* (WA 53, 636, 20–31 = LK, 136–140).

70 Als »Prediger« wurden die Mitglieder des im 13. Jahrhundert gegründeten Dominikanerordens (*Ordo fratrum Praedicatorum*) bezeichnet, der sich in besonderer Weise an der päpstlichen Inquisition beteiligte, weshalb Luther sie hier wohl eigens nennt. Vielleicht sind aber auch überhaupt grundsätzlich Mönche gemeint.

aus dem Lateinischen ein solches Deutsch gemacht. Der deutsche Mann sagt vielmehr in seiner Muttersprache[71]: »Die Frau geht schwanger, oder sie geht schwer oder ist schwanger.« Hier im Hebräischen [in Jesaja 7, 14] steht aber nicht: »Siehe eine Magd wird schwanger werden«, als sei sie es noch nicht, sondern »siehe eine Magd geht schwanger«. Sie hat die Frucht ja schon im Leibe und ist doch noch eine Magd. Du musst den Propheten daher ansehen, wie er sich wundert, dass da eine Magd vor ihm steht, die ein Kind trägt, ehe sie denn mit einem Mann zusammen war.[72] Sie könnte wohl einen Mann haben, sie wäre auch fähig[73] dazu und groß genug. Aber ehe sie dazu kommt, ist sie [bereits] eine Mutter. Das ist ja ein seltsames Wunderding.

Auf diese Weise behandelt der heilige Matthäus [Matthäus 1, 18] diesen Vers, wenn er sagt: »Als Maria, Jesu Mutter, verlobt war, ehe sie denn zu Hause miteinander saßen, fand es sich, dass sie schwanger war vom Heiligen Geist« usw. Was heißt das anderes als: Sie war eine junge Magd, die noch keinen Mann erkannt hatte und doch fähig[74] dazu war. Aber ehe sie den Mann erkannt hatte, war sie schwanger; das war ein wunderbares Geschehen. Denn kein Mädchen wird schwanger, bevor sie eines Mannes schuldig wird. Daher hat sie der Evangelist ebenso angesehen wie der Prophet und sie als Zeichen und Wunder dargestellt.

Hiermit wird nun auch das falsche Verständnis beantwortet, das manche aus den Worten des Matthäus gesogen haben, wenn er sagt: »Bevor sie denn zusammen zu Hause saßen, fand es sich, dass sie schwanger war.« Das deuten sie, als wollte der Evangelist gesagt haben, sie sei danach mit Josef zu //13// Hause gesessen wie ein anderes Weib und [und habe mit ihm] geschlafen; nur bevor dies geschah, war sie ohne [das Zutun]

71 WA: so spricht der deutsch man und mutter tzunge

72 WA: ehe denn sie eyn man erkennet

73 WA: geschickt

74 WA: tuchtig

Josefs schwanger usw.[75] Wenn [es bei Matthäus dann] heißt: »Und Josef erkannte sie nicht, bis sie ihren ersten Sohn gebar« [Matthäus 1, 25], deuten sie das so, als wollte der Evangelist sagen, er habe sie erkannt, aber nicht, bevor sie ihren ersten Sohn geboren {324} hatte. Diese Meinung hat Elpidius vertreten[76] und ist vom heiligen →Hieronymus [deshalb] gerügt worden.[77]

Denn ein solches fleischliches Verständnis sieht nicht auf die Meinung und Absicht[78] des Evangelisten. Wie der Prophet Jesaja will [auch] der Evangelist, wie gesagt, jedermann dieses große Wunder vor Augen stellen und sagen, wie das ein so ganz seltsames Ding ist, dass eine Magd schwanger wird, bevor sie der Mann heimholt und beschläft, und er keine eheliche Gemeinschaft mit ihr hat[79], bis sie zuvor einen Sohn [auf die Welt gebracht] hat, den sie [eigentlich] doch [erst] haben sollte, nachdem sie zuvor mit ihm als Ehefrau zusammen war. Demnach beziehen sich die Worte des Evangelisten gar nicht auf das, was nach der Geburt, sondern nur auf das, was vor der Geburt geschehen ist. Denn der Prophet und der Evangelist, danach auch der heilige Paulus, behandeln diese Jungfrau nicht weiter, als bis sie von ihrer Leibesfrucht [berichtet] haben, um derentwillen sie Jungfrau und alles ist. Nach [dem Bericht von] der Leibesfrucht lassen sie die Mutter beiseite und berichten nicht

---

75 Vgl. die ähnliche Argumentation in *Von den Juden und ihren Lügen* (WA 53, 460 = JL, 78–79).

76 Vgl. oben Anm. 2. Helvidius, genannt auch Helvetius (ca. 340–ca. 390), ein von Augustinus (*De Haeresibus*, 82 und 84, PL 42, 45–46) als häretisch bezeichneter arianisch beeinflusster italienischer Theologe, wird eine vor 383 verfasste Schrift zugeschrieben, die die fortdauernde Jungfräulichkeit Marias nach der Geburt Jesu verneint. Demnach waren die in den Evangelien erwähnten Brüder und Schwestern Jesu leibliche Geschwister väterlicher- und mütterlicherseits. →Hieronymus (347–420) beantwortete diesen Text mit einer Widerlegung unter dem Titel *Adversus Helvidium*. Zu dieser Kontroverse vgl. Deines, Jakobus, 82–96; Bauckham, Jude, 19–32.

77 Vgl. WA 53, 640 (= LM, 151–152).

78 WA: ursach

79 WA: er sie nicht erkennet

davon, wie es mit ihr weiter gegangen ist, sondern [erzählen] nur von ihrer Leibesfrucht, [nämlich Jesus]. Darum lässt sich aus diesen Worten nicht schließen, dass Maria nach der Geburt eine [gewöhnliche] Ehefrau geworden sei. Darum kann man es auch nicht sagen und nicht glauben. Denn alle Worte [der Evangelisten] beziehen sich nur auf das Wunder, dass sie eher schwanger wurde und geboren hat, bevor sie beschlafen wurde.

Auch redet man in der Alltagssprache auf diese Weise. Wenn ich etwa sage, Pharao glaubte Mose nicht, bis er im Roten Meer ersoff, so folgt daraus nicht, dass Pharao ihm später glaubte, nachdem er [bereits] ersoffen war. [Gemeint ist vielmehr] das Widerspiel, dass er ihm nie geglaubt hat. Ebenso folgt bei Matthäus aus dem Satz, Josef habe Maria nicht erkannt, bis sie ihren Sohn gebar [Matthäus 1, 25], nicht, dass er sie später erkannt hätte. [Gemeint ist auch hier] das Widerspiel, dass er sie danach nie mehr erkannt hat. Ebenso [der Satz], der Pharao wurde vom Roten Meer überfallen, ehe er denn [aus dem Meer] herauskam. Hieraus folgt ebenfalls nicht, dass der Pharao, nachdem das Rote Meer ihn überfallen hatte, wieder [aus dem Meer] herausgekom//14//men sei. Es gilt ja vielmehr, dass er nicht mehr herauskam. Wenn Matthäus sagt, »es fand sich, dass sie schwanger war, bevor sie miteinander zu Hause saßen«, so folgt daraus ebenfalls nicht, dass Maria danach beschlafen wurde, sondern vielmehr, dass sie nicht beschlafen wurde.

Auf die Weise redet auch die Schrift in Psalm 110, 1[80]: »Gott sagt zu meinem Herrn, setze dich zu meiner Rechten, bis ich deine Feinde zum Fußschemel deiner Füße lege.« Daraus folgt nicht, dass Christus, wenn seine Feinde zu seinen Füßen gelegt sind, nicht mehr sitzen wird. Ebenso [heißt es in] Genesis 28, 15: »Ich will {325} dich nicht verlassen, bis ich alles erfülle, das ich dir geredet habe.« Hier hat Gott ihn [ebenfalls] nicht verlassen, nachdem die Erfüllung geschah. Ebenso [in] Jesaja 42, 4: »Er wird nicht verlöschen und nicht zerbrechen[81], bis er auf

80 In der WA ist nach der Septuagintazählung Psalm 109 angegeben.
81 WA: Er wirt nicht saur sehen noch sturmen

Erden das Recht aufrichte.« Und es gibt noch viel mehr [solcher Beispiele]. Das Geschwätz des Elpidius hat daher keine Grundlage, und er hat dazu weder die Schrift noch [die] gewöhnliche Sprache beachtet oder wahrgenommen.

Das sei für dieses Mal genug. Damit ist stark genug bewiesen, dass Maria eine reine Magd und Christus ein wahrhaftiger Jude von Abrahams Samen ist. Denn obwohl mehr [biblische] Verse dazu angeführt werden können, sind diese [die ich genannt habe] doch die allerklarsten. Wer einen hellen Vers der göttlichen Majestät nicht glaubt, von dem ist zudem zu vermuten, dass er auch anderen dunkleren Versen nicht glauben wird. So kann ja daran niemand zweifeln, dass es Gott nicht unmöglich ist, eine Magd ohne [das Mitwirken] eines Mannes schwanger zu machen, weil er auch alle Dinge aus [dem] Nichts gemacht hat. Deshalb haben die Juden keinen Grund, dies zu leugnen; sie bekennen ja die Allmächtigkeit Gottes und haben hier die klaren Worte des Propheten Jesaja.

3. Argumente gegen den falschen Messiasglauben der Juden

Aber weil wir dabei sind, nicht nur den unnützen Lügnern zu antworten, die mir bei diesen Themen entgegentreten[82], sondern auch gern den Juden dienen wollten, um vielleicht einige von ihnen zu ihrem eigenen rechten Glauben zu bringen, den ihre Väter gehabt haben, wollen wir uns weiter mit ihnen abgeben und [auch] denjenigen, die sich mit ihnen abgeben wollen, //15// einige Texte und Bibelverse[83] vorlegen, die sie ihnen gegenüber gebrauchen sollen. Denn dies haben auch viele Sophisten versucht. Aber da sie es in ihrem eigenen Namen anfingen, ist nichts daraus geworden, denn sie wollten den Teufel mit dem Teufel austreiben[84] und nicht mit Gottes Finger.

Der »Silo« nach Genesis 49, 10

Dass der jetzige Glaube der Juden und ihr Warten auf die Ankunft des Messias unrecht ist, beweist zum Ersten der Bibelvers Genesis 49, 10: Dort spricht Jakob, der heilige Erzvater: »Es soll das Zepter nicht von Juda weichen noch ein Lehrer von denen zu seinen Füßen, bis dass der Silo kommt, und dem werden die Völker anhangen. Er wird sein Füllen an den Weinstock binden und seine Eselin an die edle Rebe. Er wird sein Kleid mit Wein waschen und seinen Mantel mit Traubenblut. Seine Augen sind rötlicher als der Wein und seine Zähne weißer als Milch.«[85]

---

82 WA: szo mich yn dyßen stucken außtragen

83 WA: weyße und spruch

84 Vgl. Matthäus 12, 24.

85 Vgl. die Auslegung dieser Stelle in Luthers Schrift *Von den Juden und ihren Lügen* (WA 53, 450–462 = JL, 61–82). Zur Auslegungsgeschichte dieses Textes vgl. Poznanski, Schiloh. Zu einer möglichen Bedeutung dieses Verses im Kontext der Bewegung des jüdischen Messiasprätendenten im 16. Jahrhundert David Re'uveni vgl. das Nachwort.

Dieser Vers ist eine göttliche Verheißung, die nicht lügen kann[86] und erfüllt werden muss, es sei denn, es vergingen Himmel und Erde.[87] So können die Juden nicht leugnen, dass sie, seit Jerusalem zerstört wurde, nun wohl fünfzehnhundert Jahre kein Zepter, das heißt weder ein Königreich noch einen König gehabt haben. Darum muss vor diesen fünfzehnhundert Jahren und vor der Zerstörung Jerusalems [durch Titus im Jahre 70 n. Chr.] der »Silo« oder {326} der Messias gekommen sein.

Und wenn sie sagen wollten, es wäre das Zepter auch [bereits] zur Zeit der Babylonischen Gefangenschaft von Juda gewichen, als die Juden nach Babylonien geführt wurden und siebzig Jahre dort gefangen waren, und dass dennoch zu dieser Zeit der Messias nicht kam, so ist zu antworten, dass dem nicht so ist. Denn die ganze Zeit der Gefangenschaft hindurch blieb der königliche Stamm im König Jechonja [erhalten][88], danach in Serubabel[89] und nach und nach in den anderen Fürsten, bis Herodes König wurde.[90] Denn Zepter heißt, wie die Juden wohl wissen, nicht nur Königreich, sondern auch Fürstentum. Daneben hatten sie auch immer Propheten, sodass ihr Königreich oder Fürstentum nie unterging, obwohl sie eine Zeitlang außer Landes waren. Auch wurden sie nie alle aus dem Lande ver//16// trieben, wie es ihnen in diesen fünfzehnhundert Jahren ergan-

86 Luther denkt wahrscheinlich auch an Numeri 23, 19 (»Gott ist kein Lügner, dass er lüge«).

87 Vgl. Matthäus 24, 35 und Jesaja 51, 6.

88 Gemeint ist der judäische König Jojachin (2. Könige 25, 27–30), der in Jeremia 28, 4; 29, 2 sowie Esther 2, 6 und 1. Chronik 3, 16–17 Jechonja heißt.

89 Serubabel, der in Babylonien geborene Enkel des Königs Jechonja, kehrte nach 1. Chronik 3, 17–19; Esra 2, 2 und Nehemia 7, 7 an der Spitze einer Gruppe Deportierter in die Heimat zurück.

90 Luther meint offenbar Herodes den Großen; nach Josephus (Jüdische Altertümer 14, 10; Jüdischer Krieg 1, 123) stammten dessen Vorfahren aber von einem alten idumäischen (nichtjüdischen) Geschlecht ab – diese Information steht Luthers Argumentation, das Zepter sei in dieser Zeit »nicht von Juda gewichen«, entgegen.

gen ist, in denen sie weder Fürsten noch Propheten gehabt haben.

Denn darum erweckte Gott ihnen zu dieser Zeit die Propheten Jeremia, Ezechiel, Haggai und Sacharja. Die verkündeten ihnen, wie sie wieder von Babylon loskommen sollten. Denn sie sollten nicht denken, der Spruch Jakobs wäre falsch oder der Messias sei [bereits] gekommen. Aber diese [vergangenen] fünfzehnhundert Jahre lang haben sie keinen Propheten gehabt, der ihnen verkündigt hätte, dass sie wieder frei werden sollten.[91] Weil Gott es damals diese kurze Zeit lang nicht geschehen ließ, hätte er es [auch dieses Mal] nicht so lange Zeit geschehen lassen[92]; er wollte ja deutlich machen, dass dieser Bibelvers erfüllt werden muss.

Weil hier Jakob sagt, das Zepter solle währen, bis der Messias kommt, so folgt daraus weiterhin klar, dass dieses Zepter nicht nur nicht untergehen darf, sondern dass es viel herrlicher werden soll, als es je zuvor gewesen ist, ehe der Messias kam. Denn alle Juden wissen gut, dass das Reich des Messias das allerherrlichste und größte sein soll, das [je] auf Erden gewesen ist, wie Psalm 2, 8, Psalm 72, 17 und Psalm 89, 5 sagen.[93] Denn dem David ist auch verheißen, dass sein Stuhl ewig währen solle.[94] Nun müssen die Juden ja zugeben, dass ihr Zepter jetzt bereits seit fünfzehnhundert Jahren nicht mehr besteht, geschweige denn, dass es herrlicher geworden wäre.

---

91 Die Vorstellung vom Ende der Prophetie gründet in dem Bild der »Versiegelung« der Visionen und Weissagungen nach Daniel 9, 24. Dieser Text spielt für die Argumentation Luthers eine große Rolle.

92 Wenn der Messias nicht bereits gekommen wäre, wäre Israel nicht so lange ohne Propheten geblieben; zur rabbinischen Vorstellung über das Ende der Prophetie vgl. Tosefta Sota 13, 4; Babylonischer Talmud, Traktat Sota 48b und Sanhedrin 11a (»mit dem Tode Haggais, Sacharjas und Maleachis wich die Prophetie von Israel«).

93 In der WA sind nach der Septuagintazählung die Psalmen 71 und 88 angegeben.

94 Vgl. 2. Samuel 7, 13.

Darum kann dieser Vers auf niemand anderen als auf Jesus Christus, unseren Herrn, bezogen werden, der aus dem Stamm Juda, aus der königlichen Dynastie Davids, kommt. Und es ist eingetroffen, als das Zepter an Herodes kam, den Fremdling, und [Christus] ist seither diese fünfzehnhundert Jahre hindurch König gewesen und bleibt es bis in Ewigkeit. Denn sein Reich ist ausgebreitet bis ans Ende {327} der Welt, wie die Propheten gesagt haben[95], und die Völker sind ihm zugefallen, wie hier Jakob sagt, und [es] ist nicht möglich, dass ein größerer König als dieser Jesus Christus auf die Erde käme, des Namens sich mehr Völker rühmten.

Wahr ist es, dass manche Juden wohl spüren, dass dieser Vers [sie] mächtig [in die Enge] drängt und Ausreden unmöglich macht.[96] Darum suchen sie manche wilde Hilfe und Ausflucht. Dabei fangen sie sich, wenn man genau hinschaut //17//, doch ganz und gar selbst. Wenn sie hier etwa sagen, »Silo« heiße nicht Messias oder Christus[97], darum solle sie dieser Vers nicht bedrängen. [Meine Antwort darauf lautet,] dass es nicht darauf ankommt, ob er nun »Silo« oder Messias heißt. Wir behandeln nicht Namen, sondern eine Person, die auftreten soll, wenn das Zepter von Juda gewichen ist. Eine solche Person kann man außer Jesus Christus nicht finden – es sei denn, dieser Bibelvers wäre falsch.[98] Er wird sicher kein Schuster oder Schneider[99] sein,

95 Vgl. Jesaja 49, 6; Lukas 2, 33 sowie Apostelgeschichte 1, 8 und 13, 47.

96 WA: mechtiglich dringet und schleust

97 Vgl. *Von den Juden und ihren Lügen* (WA 53, 457–460 = JL, 72–78).

98 Im Sinne Luthers wäre hier Numeri 23, 19 zu zitieren (vgl. oben Anm. 86).

99 Ein »Schneider« ist einer, der mit seinem Reden Gefahr läuft, »der allgemeinen Sehnsucht nach Tiefe nicht genügend Rechnung« zu tragen (Dürrenmatt, Theater, 32; vgl. auch 49). Im Talmud stehen »Schneider« und »Schuster« wenn nicht für Distanz gegenüber dem schriftgelehrten Ideal, so doch für bürgerliche Solidität: »Rabbi Jehuda lehrte: Wer seinen Sohn kein Handwerk lehrt, ist, als ob er ihn zur Straßenräuberei erzöge« (Babylonischer Talmud, Traktat Qidduschin 29a).

sondern ein Herr, dem die Völker zufallen, sodass sein Reich, wie es heißt, herrlicher sein soll, als zuvor das Zepter je gewesen ist.

Ebenso verhält es sich mit der Ausrede, wenn sie sagen, dass die Völker, die ihm zufallen, wohl das jüdische Volk allein sein könnten, und »Silo« heiße Herr.[100] Aber dem sei, wie es wolle. Ich will nicht sehr darüber streiten, was »Silo« heißt. Mir kommt es immerhin vor, als ein Mann [Silo] genannt, der glückselig ist, dem es gut gehet und der genug hat und gibt. Davon kommt dann [im Lateinischen] das Wörtchen »Salve«, das heißt »*copia, felicitas, abundantia*« [Fülle, Glück, Überfluss], »volles Genüge aller Güter«, wie es in Psalm 122, 7 [heißt]: »*Et abundantia in turribus tuis*«.[101] Es ist alles voll und genug und geht wohl. Im Deutschen könnte man »Silo« daher »Wohlfahrt« nennen.

100 Vielleicht ist an die Deutung zu denken, nach der »Silo« ein judäischer König zu biblischer Zeit war, dem das Volk Israel damals »zufiel«: so der Kommentar des jüdischen Gelehrten Abraham Ibn Ezra (ca. 1089/92–ca.1167), der »Silo« auf den König David bezieht (שיהיה שילה דוד). Vgl. dazu Yisraeli, Abraham Ibn Ezra, 211, Anm. 7–8. Der Erklärung Ibn Ezras, die möglicherweise eine antichristliche Stoßrichtung hatte, widerspricht Nachmanides (1194–1270), der an einer messianischen Deutung des Verses (freilich im Sinne einer jüdischen Messianologie) festhält; vgl. Hasselhoff, Iudei Moderni, 208. Der christlichen Gelehrtenwelt wurde diese innerjüdische Kontroverse durch die antijüdische Schrift *Pugio Fidei* (»Glaubensdolch«) des katalanischen Dominikaners Ramon Martí (ca. 1280) bekannt.

101 »Es möge Friede sein in deinen Mauern und Glück in deinen Palästen.« (Zitiert wird nach dem Septuagintakanon Psalm 121) – Die Vulgata liest: *sit pax in muris tuis abundantia in domibus tuis*; Hebräisch: יהי־שלום בחילך שׁלוה בארמנותיך:; Luther bringt die Vokabel שׁלוה (Glück, *abundantia*) mit *Silo* in Genesis 49, 10 in Verbindung. In *Vom Schem Hamephorasch und vom Geschlecht Christi* (WA 53, 641 = LK, 152 f.) schlägt er eine alternative (ebenfalls pseudetymologische) Deutung im Zusammenhang mit Deuteronomium 28, 56–57 vor; demnach soll »Silo« im Hebräischen die *Nachgeburt* (שליה) bezeichnen; nach dieser späteren Auslegung liegt in Genesis 49, 10 also bereits ein versteckter Hinweis auf die wundersame Geburt Christi vor. Diese Auslegung hatte Luther möglicherweise in Ramon Martís *Pugio Fidei* gefunden; vgl. dazu Hasselhoff, Iudei Moderni, 182.

Wenn er nun »Herr« oder »Wohlfahrt«, *prosper* [wohlhabend] oder *felix* [glücklich] heißt, so ist damit nicht gesagt, dass einer der vorigen [judäischen] Könige, Fürsten oder Lehrer bezeichnet wäre. Das »Zepter Judas« schließt gewiss alle [biblischen] Könige oder Fürsten vom Stamm Juda ein. Ausgenommen ist aber dieser Silo, der hier ausgesondert und allen denen, die das Zepter Judas [vor ihm] gehabt haben, vorgezogen wird. [Er ist nämlich eine ganz und] gar besondere [Person], weil [Jakob] sagt: Das Zepter Judas soll währen bis zu Silo. Was wäre mir das nun für eine Rede, wenn ich aus »Silo« einen von denen machen wollte, die das Zepter Judas und anderer Völker gehabt haben? Dieser Vers will doch sagen, dass Silo als herrlicher und großer König nach ihnen allen kommen soll und dass keiner nach ihm mehr kommen soll. Warum hätte [Jakob] sonst nicht [einfach] gesagt: Das Zepter Judas soll ewig währen, und [es soll] nicht auf Silo warten? //18//

Darum ist hier sicherlich das Reich Christi so meisterhaft beschrieben, dass viele vor ihm das Zepter Juda haben sollten[102], bis er selbst käme und {328} es auf ewig allein einnähme, sodass ihm keiner mehr nachfolgen sollte und kein anderer [mehr] über den Stamm Juda[103] König würde. Das heißt, dass sein Königreich dem leiblichen nachfolgt und geistlich sein soll, denn niemand, der sterblich ist und leiblich regiert, kann ein ewiges Königreich haben. Darum hat das Zepter Judas, das leiblich war und nacheinander sterbliche Könige hatte, wohl von David bis zu Silo gedauert. Aber nachdem Silo gekommen ist, bleibt es in Ewigkeit auf einer Person, und es folgt nicht mehr ein König dem anderen.

Daraus folgt, dass dieser Silo zuerst sterben und danach wieder von den Toten auferstehen muss. Denn weil er aus dem Stamm Juda kommen soll, muss er ein normaler, natürlicher

102 WA: das fur yhm das scepter Juda viel haben sollte – Vielleicht ist auch zu lesen, dass das Zepter Judas »viel haben« (vieles besitzen) sollte.

103 WA: auff dem stam Juda

Mensch sein, der sterblich ist wie alle Kinder des Stammes Juda. Weil er aber im Unterschied zu allen, die das Zepter Judas bis zu seiner Zeit gehabt haben, ein besonderer König sein und danach allein auf ewig regieren soll, kann er kein sterblicher Mensch, sondern muss ein unsterblicher Mensch sein. Daher muss er dieses sterbliche Leben durch den Tod hindurch verlassen und durch seine Auferstehung ein unsterbliches Leben annehmen, um so diesen Vers zu erfüllen und ein »Silo« zu werden, dem die ganze Welt zufällt. So ist er ein wahrer, lebendiger Mensch und König aus dem Stamm Davids und zugleich unsterblich, ewig unsichtbar und regiert demnach geistlich im Glauben. Aber diese lieblichen Reden sind den Juden noch zu hoch und zu schwer.

Wenn sie aber sagen: »Ja, aber dieser Jesus hat doch noch nie getan, was Jakob danach von diesem Silo sagt, nämlich ›Er wird sein Füllen an den Weinstock binden und seine Eselin an die edlen Reben, er wird sein Kleid im Wein waschen und seinen Mantel in Traubenblut‹« [Genesis 49, 11], so antworte: »Ein alberner Mensch könnte es vielleicht so verstehen, dieser Silo würde ein so reicher König werden, dass Wein zu seiner Zeit wohlfeil wie Wasser würde, mit dem man Kleider wäscht« usw. Aber aus dem Vorigen haben wir gemerkt, dass dieser Silo ewig regieren soll, als einzige Person, //19// dass er keinen Erben nach sich haben soll. Das sagen auch alle Propheten. Darum kann es kein leibliches Königreich mit sterblichen, vergänglichen Gütern und Dingen sein.

Und auch wenn es sich nicht zwingend ergäbe, dass dieser Wein und dieser Weinstock geistlich sein müssen, so ergibt es sich doch zwingend aus der Weise und der Natur der Rede und Worte. Denn was für eine Lobpreisung eines herrlichen Königreichs über alle Königreiche liegt mit diesen vier Aussagen denn überhaupt vor? Dass er sein Füllen an einen Weinstock und seine Eselin an eine edle Rebe binden, sein Kleid mit {329} Wein und seinen Mantel mit Traubenblut waschen soll? Konnte [Jakob] sonst kein Lob finden, als was das Trinken betrifft? Darf ein solcher König nur Wein haben? Ist an ihm auch sonst nichts lobenswert, als dass seine Augen rötlicher sind als Wein und seine Zähne weißer als Milch?[104] Was hilft es einem Königreich, dass [sein König] weiße Zähne, rötliche Augen [und] ein Füllen an einem Weinstock gebunden hat?

Ich setze [voraus], hier ist [in übertragener Bedeutung] von dem übrigen Reichtum die Rede. Warum sagt [Jakob] nicht vielmehr, [Silo] werde sein Kleid in Balsam oder Myrrhen waschen? Das wäre noch köstlicher [als Wein]. Wer hat jemals den Wunsch gehört, Kleider mit Wein zu waschen? Warum sagt er auch nicht, er werde seine Rosse in Weizen spannen? Wer hat jemals den Wunsch gehört, Esel an Weinstöcke zu binden? Was sollen die Esel an Weinstöcken und Kleider im Wein? Das ist doch alles widersinnig geredet: Wein verdirbt die Kleider, und dem Esel ist es wohler bei Disteln als bei Weinstöcken. Einem Hammel[105] wäre wohl ein Weinstock recht, um die Blätter zu fressen. Darum ist ein geistliches Verständnis dieses [an sich] sinnlosen Bildes unausweichlich.[106]

Also auch, warum lobt er ihn um der roten Augen und weißen Zähne willen? Ist sonst keine Schönheit an seinem Leibe als rote Augen und weiße Zähne? Was ist das für ein Lob gegen einen solchen herrlichen, großen König? Man pflegt an großen Königen starken, schönen Leib, allermeist aber großen Mut, Klugheit, Gnade, Streit, Macht und herrliche Taten und Tugenden zu preisen. Aber hier werden nur seine Augen und Zähne gelobt, welches mehr eines Weibes //20// Lob ist als eines Mannes, geschweige denn eines solchen Königs.

---

104 Vgl. Genesis 49, 12. Vielleicht ist hier auch an Hoheslied 5, 10–16 gedacht, wobei allegorisch davon ausgegangen wird, dass der Text Christus beschreibt; vgl. Rupert von Deutz, Canticum, Band II, 445–485 (Buch 5, Cant. 5, 10–16).

105 WA: scheps

106 WA: dringet solch ungeschickte rede mit gewallt auff geystlichen verstand

Darum duldet es keinen Zweifel: Der [Heilige] Geist gibt uns durch Mose in diesen Worten ein Bild von diesem Menschen in einem geistlichen Königreich, [um zu zeigen] wie es darin zugehen und wie dort regiert werden soll. Aber jetzt ist nicht Zeit, dies ausführlich zu behandeln, weil wir dieses Mal daran genug haben, dass auf diese Weise die Juden kraftvoll widerlegt werden. [Man kann ihnen so zeigen], dass der rechte »Silo« oder Christus längst gekommen sein muss, weil sie so lange ohne ein Königreich oder Fürstentum auch ohne Propheten gelebt haben, während hier doch der klare Text dasteht, der bezeugt, dass das Zepter bei dem Stamm Juda bleiben soll, bis der rechtschaffene König kommt, da soll es allererst recht angehen.

So passt das Königreich unseres Herrn Jesus Christus ganz gut zu diesem Spruch. Denn bei den Juden blieb ein Fürstentum, bis er kam. Nach seiner Ankunft wurde es aber zerstört, und zugleich begann er mit dem ewigen König{330}reich, in dem er immer noch regiert. Und er ist auch unwiderleglich aus dem Stamm Juda. Aber weil er ein ewiger König [einzig und] allein für seine Person sein sollte, war es unmöglich, dass er zeitlich und weltlich regierte. Denn was zeitlich ist, das vergeht. Weil er andererseits Davids natürlicher Same sein musste, konnte es nicht anders zugehen, als dass er ein natürlicher, sterblicher, zeitlicher, vergänglicher Mensch wäre. Nun widerspricht es sich[107], zeitlich zu sein und ewig zu regieren. Darum musste es sich so entscheiden, dass er zeitlich stürbe und aus diesem Leben ginge und danach von den Toten auferstände und [wieder] lebendig würde, um ein ewiger König zu sein. Denn er musste ja, wenn er regieren sollte, [wieder zum] Leben kommen, weil ein Toter nicht regieren kann. Ebenso musste er auch sterben, um dieses zeitliche Leben zu verändern, in das er notwendigerweise kommen musste, um die Schrift zu erfüllen, die ihn als natürliches Blut Davids und Abrahams verheißen hatte.

107 WA: sind die tzwey widdernander

So sitzt er nun und regiert und hat das edle Amt, dass er sein Füllen an den Weinstock bindet[108] und sein Kleid //21// in rotem Wein wäscht.[109] Das heißt: Er regiert die Gewissen mit dem heiligen Evangelium, das heißt mit einer gnadenreichen Predigt von Gottes Barmherzigkeit, von der Vergebung der Sünden, von der Erlösung vom Tod und von der Hölle. Davon werden alle, die es von Herzen glauben, in Gott getrost, fröhlich und gleichsam betrunken vom überschwänglichen Trost seiner Gnade. Doch diese Auslegung werden die Juden erst anerkennen[110], wenn sie zuvor herbeikommen und verstehen, dass Christus nach diesem Vers [bereits] gekommen sein muss. Darum stellen wir das beiseite bis zur rechten Zeit.

Auf diesen Vers bezieht und gründet sich auch der vernünftige Beweis[111], dass dieser »Silo« zu der Zeit, als unser Jesus Christus gekommen ist, gekommen sein muss und dass er kein anderer sein kann als derselbe Jesus. [Dieser Beweis geht] nämlich so: Der Vers sagt, dass diesem »Silo« Völker zufallen oder sich ihm anschließen sollen. Nun frage ich die Juden, wann es je einen solchen Mann aus dem jüdischen Stamm gegeben hat,

---

108 In der frühchristlichen Tradition (vgl. Justin der Märtyrer, Apologie 32, 5–6; Dialog, § 53, 1–2) wird dieses Bild auf die Episode vom Einzug Jesu in Jerusalem gedeutet (Matthäus 21, 1–11).

109 Unter dem Eindruck von Offenbarung 19, 13–16 bezieht Justin der Märtyrer diesen Text auf das Leiden und Sterben Christi; demnach sei der Ausdruck Kleid (στολή) auf die Gläubigen zu deuten, die durch das Blut Christi rein würden (Apologie, § 32, 7–11). In Dialog, § 54, 1–2 ist mit diesem Ausdruck der Heilige Geist gemeint, den diejenigen empfangen, denen die Vergebung der Sünden zugesprochen wird. In Dialog, § 63, 2 und 76, 2 spricht Justin davon, das Bild des Weines bedeute, dass Christus nicht durch menschlichen Samen gezeugt worden sei.

110 WA: achten – Dieser Abschnitt gehört zu den wenigen in den *Judenschriften*, in denen Luther auf die →Rechtfertigungslehre anspielt; Wendebourg (Ein Lehrer, 1017) weist zu Recht darauf hin, dass dieses Lehrstück in der Judenpolemik des Reformators ansonsten keine (oder eine nur sehr untergeordnete) Rolle spielt.

111 WA: eyn vernunfftige ursach tzu beweyßen

dem so viele Völker anhingen, wie diesem Jesus Christus. David war ein großer König, Salomo auch. Aber ihr Reich breitete sich noch nie weiter als auf den kleinsten Teil Syrien aus[112]; dieser Jesus aber wird auf der ganzen Welt als Herr und König angenommen. Daher kann man den Vers im zweiten Psalm in ihm als erfüllt ansehen, wenn Gott zum Messias spricht [Psalm 2, 8]. »Ich will dir die Heiden zum Besitz geben und zu deinem Erbteil, so weit die Welt ist.« Das ist ja in unserem Jesus wahr geworden, seit das Zepter von den Juden genommen wurde, wie [es] vor Augen [ist] und [wie es] noch nie einem anderen Juden geschah. Weil denn »Silo« am {331} Ende [der Zeit der Herrschaft] des Zepters Judas kommen sollte und [weil] seit dieser Zeit kein anderer diesen Bibelvers erfüllt hat, ist dieser Jesus sicher der rechte »Silo«, den Jakob meinte.

Weiter müssen die Juden anerkennen, dass sich die Heiden noch niemals so willig einem jüdischen Mann als einem Herrn und König untergeordnet haben[113] wie diesem Jesus. Denn obwohl Josef in Ägypten ein großer Mann war, war er doch weder Herr noch König in Ägypten. Und auch, wenn er es gewesen wäre, wäre Ägypten doch ein [ganz und] gar geringes Ding gegenüber diesem [großen] Reich, das die ganze Welt diesem Jesu zuerkennt.[114] //22//

Ebenso sind auch in Babylonien und Persien weder Daniel noch Mordechai Könige gewesen, obwohl sie bedeutende Leute und an der Herrschaft beteiligt waren.[115]

Und es ist ein Wunder, dass die Juden das nicht [dazu] bewegt, an diesen Jesus, ihr eigenes Fleisch und Blut, zu glauben, zu dem die Bibelverse in der Tat so überzeugend und gut[116] passen. Sie sehen doch, dass wir Heiden so sehr, so kräftig, so

112 Vgl. 2. Samuel 8, 3–13; 10, 16–19; 1. Könige 5, 1.

113 WA: noch nie keyn mal also willig haben unter eynen Judischen man ergeben als eynem hern und konig

114 WA: gibt

115 WA: wol grosse leutt ym regiment waren

116 WA: mechtig und eben

entschieden an ihm festhalten[117], dass viele tausend um seinetwillen ihr Blut vergossen haben. Sie wissen ja wohl, dass die Heiden von Natur aus nie einem Volk mehr feind gewesen sind als den Juden. Und nie wollten sie ihre Herrschaft, ihr Gesetz oder ihr Regiment über sich dulden. Wenn hier [in Jesus] nicht der rechte Messias wäre, dem Gott nach diesem Bibelvers und anderen Versen die Heiden auf wunderbare Weise günstig und untertänig machte – wie sollte es dann dazu kommen, dass die [Heiden] sich [angesichts ihrer Judenfeindschaft] so bereitwillig und beständig diesem Juden unterordneten und ihn mit Leib und Leben als einen König über alle Könige, einen Herrn über alle Herren bekennten?

Daniel 9, 24–27: Der Messias kam nach 490 Jahren

Der zweite Bibelabschnitt steht in Daniel 9, 24–27[118], wo der Engel Gabriel mit Daniel[119] ganz deutlich von Christus redet und spricht: »Es sind siebzig Wochen über dein Volk und über deine heilige Stadt bestimmt, dass der Übertretung ein Ende gemacht, die Vergebung versiegelt und die Schuld gesühnt werden, und es wird ewige Gerechtigkeit kommen und die Prophezeiungen und Visionen erfüllt und das Allerheiligste gesalbt werden.

---

117 WA: so viel, so hartt, so fest an yhm hallten

118 Zur Auslegung dieser Stelle vgl. Colpe, Siegel, 23–37; die christliche Auslegung des Textes wird zurückgewiesen von Saadja ben Joseph (Saadja Gaon, gest. 942); vgl. Schreckenberg, *Adversus Judaeos*-Texte, 931. Zur Auslegung des Jerusalemer Kabbalisten Abraham ben Elieser Ha-Levi (1460/70–1528), der aus den Angaben des Danielbuches das Jahr 1530 als Beginn der Endzeit berechnete, vgl. Schubert, Täufertum, 83.

119 Nach Luthers Verständnis ist Daniel ein Prophet, der zur Zeit des Mederkönigs Darius (Dareios) I. (549–486 v. Chr.) lebte; dieser Darius wird häufig fälschlich mit seinem Sohn Xerxes (im Estherbuch Ahasveros) identifiziert; zu heutigen Problemen der Auslegung vgl. Koch, Daniel, 7 f.

So merke nun und vernimm es: Von der Zeit an, als das Wort ausging, Jerusalem werde wieder erbaut werden, sind es sieben Wochen und zweiundsechzig Wochen bis [zum Kommen] des Fürsten Messias; dann werden die Gassen und Mauern wieder aufgebaut werden in ängstlicher Zeit. [26] Und nach den zweiundsechzig Wochen wird man den Messias ausrotten, und niemand wird ihm helfen.[120] Und das Volk des Fürsten, der kommen wird, wird die Stadt und das Heilige verderben. Und sie wird mit Ungestüm ihr Ende nehmen. Und wenn der Streit ein {332} Ende hat, wird eine gewisse Verwüstung bleiben. Er wird aber vielen den Bund bestätigen innerhalb einer Woche, und in der Mitte der Woche werden Opfer und Speisopfer aufhören« usw. //23//

Hilf Gott: Wie ist dieser Vers bisher unter Juden wie Christen so unterschiedlich behandelt worden, dass man daran verzweifeln möchte, ihm etwas Sicheres zu entnehmen.[121] Wohlan, wir wollen nun so viel aus ihm schließen, dass der rechte Messias vor 1500 Jahren[122] gekommen sein muss, wie wir es von unserem Jesus Christus annehmen. Wir wollen die Rechnung und Auslegung bis zuletzt aufsparen und erstens Folgendes sagen: Weder Jude noch sonst jemand wird es leugnen können, dass der Engel Gabriel hier vom Wiederaufbau Jerusalems nach der Babylonischen Gefangenschaft redet, die durch Nehemia geschehen ist.[123]

120 So der Text der revidierten Lutherbibel (2017); WA: die werden nicht seyn seyn [sic]

121 In der jüdischen Auslegung (etwa in der Disputation zwischen Nachmanides und Fra Paolo Christiani im Juli 1263 vor König Jakob I. von Aragon) wird darauf hingewiesen, dass Jesus doch bereits vor der Zerstörung des 2. Tempels gelebt habe; vgl. Colpe, Siegel des Propheten, 36 f.

122 Die Nennung von 1500 Jahren hängt nach Luther mit dem nahen Weltende zusammen, das er für das Jahr 1540 erwartete; vgl. WA 53, 171: »In diesem Jahr beläuft sich die Zahl der Weltjahre genau auf 5500. Infolgedessen ist auf das Ende der Welt zu hoffen. Denn das sechste Jahrtausend wird nicht vollendet werden.«

123 Wenn bereits mit dem Kyros-Edikt (oder dem Beginn des Tempelbaus nach Haggai 1, 14–15, also vom Jahr 520 v. Chr. an) datiert wird,

Daneben kann er ja auch von keiner [anderen] Zerstörung Jerusalems reden als von der, die später nach der Himmelfahrt unseres Herrn um das Jahr 30 durch den römischen Kaiser Titus geschehen ist. Denn nachdem Jerusalem [zur Zeit des Nehemia] wieder erbaut wurde, wurde es [seither] nie zerstört, obwohl es zur Zeit der Makkabäer [einmal von einer fremden Macht] eingenommen wurde.[124]

Daraus schließen wir eindeutig und unwiderlegbar[125], dass der Messias, von dem Gabriel hier spricht, *vor* dieser Zerstörung gekommen sein muss. Das ist nun, meine ich, klar und sicher genug.

Es ist wahr, dass die Juden diese gewaltige Schlussfolgerung wohl schon längst gefühlt haben und sich mit mancher wilden →Glosse ganz ängstlich [davor] schützen. Sie machen aus diesem Messias etwas anderes als den rechten Messias, nämlich

---

ergibt die Berechnung der 490 Jahre nicht das gewünschte Resultat. Luther datiert aber vom siebten Jahr der Regierungszeit des Artaxerxes (dieser regierte 464–424 v. Chr.; vgl. Esra 7, 7), d. h. von 457 v. Chr. an, um das Todesjahr Jesu (33 n. Chr.) zu erreichen. – Berechnungen, die auf einen Zeitpunkt im ersten nachchristlichen Jahrhundert hinausliefen, gab es auch zur Zeit des zweiten Tempels. Josephus (Bellum Judaicum 6, 5, 4) berichtet von Spekulationen im Anschluss an Daniel 9 im Vorfeld des jüdischen Krieges gegen die Römer; vgl. Strack, Billerbeck, Band IV, 1002: »Wir erkennen aus diesen Worten, wie mächtig damals die Danielschen Weissagungen die Gemüter beschäftigt haben. Man nahm den Kampf mit Rom auf, weil man das Ende der 70 Jahrwochen Daniels im Anzuge glaube.« Nach der rabbinischen Chronologie in *Seder Olam Rabba* fand die Zerstörung des zweiten Tempels im Jahre 3828 nach Erschaffung der Welt statt, 490 Jahre nach der Zerstörung des ersten Tempels im Jahre 3338: »Rabbi Jose (b. Chalaphta) sagte: ›70 Jahrwochen sind es, seit der erste Tempel zerstört wurde (9. Ab 588 v. Chr.) und bis der letzte Tempel (9. Aw 68 n. Chr.) zerstört wurde‹« (Seder Olam Rabba 28; zitiert nach Strack/Billerbeck, a. a. O., 1006 f.).

124 Zu diesen Geschehnissen, auf die das Danielbuch wohl historisch ursprünglich bezogen war, vgl. 1. Makkabäer 1, 54–59 und Strack/Billerbeck, Band IV, 996–998.

125 WA: mechtiglich und unwiddersprechlich

den König Kyros von Persien[126], den Jesaja einen Messias nennt [Jesaja 45, 1], den die Königin Tomyris in Skythien erschlug[127] usw. Aber das und ähnliche [jüdische Auslegungen] sind vergebliche Ausreden und mutwillige, haltlose Ausflüchte. Darum ist es schnell auf diese Weise widerlegt:

Diese siebzig Wochen (spricht Gabriel) sollen auf einen solchen Messias hinauslaufen, damit, wenn die Wochen herum sind, zu seiner Zeit die Sünde und die Missetat ihr Ende finden, Vergebung und ewige Gerechtigkeit kommen und die Prophezeiungen und Visionen erfüllt werden. Nun frage ich beide, Juden und jedermann, ob dies zu den Zeiten des Kyros geschehen ist? Denn um die Zeit des Kyros und nach //24// ihm ist keine andere Gerechtigkeit auf die Erde gekommen, als zuvor und danach bei den anderen Königen gewesen ist. Auch gab es zu Davids und Salomos Zeiten viel mehr Gerechtigkeit als unter Kyros; {333} dennoch spricht die Schrift hier nicht von ewiger Gerechtigkeit. Darum muss diese Gerechtigkeit viel höher sein, als sie selbst zur Zeit des allerheiligsten Königs David war, geschweige, dass der Heide Kyros zu seiner Zeit eine solche Gerechtigkeit gehabt haben sollte.

Weil Gabriel hier weiter sagt, dass die Stadt Jerusalem in sieben Wochen wieder aufgebaut und danach nach zweiundsechzig Wochen der Messias ausgerottet werden soll[128]: Wie kann es

126 Gemeint ist Kyros II. (»der Große«); zu seiner Person vgl. Oswald/Tilly, Geschichte, 76 f. Kyros wird in Jesaja 45, 1 als Messias bezeichnet, was Luther natürlich nicht in Abrede stellt; der Reformator bestreitet nur, dass *in diesem Text* von Kyros die Rede sei. Vgl. *Von den Juden und ihren Lügen* (WA 53, 506 = JL, 161). Zur jüdischen Auslegung des Textes, die Kyros für den hier bezeichneten Messias hält, vgl. →Raschi zu Daniel 9, 25.

127 Nach Herodot (Historien 1, 204–215) starb Kyros II. 530 v. Chr. in einer Schlacht gegen die südöstlich des Aralsees siedelnden Massageten. Nach einer tödlichen Verletzung des Kyros ließ die Königin Tomyris dem gefallenen Großkönig aus Rache den Kopf abschneiden und steckte ihn in einen blutgefüllten Schlauch.

128 Vgl. *Von den Juden und ihren Lügen* (WA 53, 492 = JL, 135).

dann der König Kyros sein, der erschlagen wurde, ehe die sieben Wochen vergangen waren[129], oder, wenn ihre Rechnung wahr ist, zumindest bevor Jerusalem wieder aufgebaut wurde? Wie kann es sich um einen und denselben Messias handeln – der eine wurde vor dem Wiederaufbau Jerusalems erschlagen, und der andere zweiundsechzig Wochen nach dem Aufbau Jerusalems[130] ausgerottet?

So haben wir nun [nachgewiesen], dass ihr Einspruch falsch ist und dieser Vers nicht auf Kyros gedeutet werden kann. Weil die Schrift aber nach Kyros keinen [weiteren] Messias nennt als den einen rechten [nämlich Jesus Christus], und weil solche hohen großen Dinge keinem zeitlichen König eigen sein können, ziehen wir den Schluss, dass der rechte Messias nach dem Wiederaufbau Jerusalems [in persischer Zeit] und vor der [späteren] Zerstörung Jerusalems [im Jahre 70 n. Chr.] gekommen ist. So überwinden wir den Irrtum der Juden mit Gewalt. Denn es ist ja kein anderer Messias vor der Zerstörung Jerusalems getötet worden als unser Herr Jesus Christus, den wir den Messias, das heißt den Christus oder den Gesalbten, nennen. Darum wollen wir nun diesen Text ansehen, wie er ganz und gar zu unserem Herrn Jesus Christus passt.[131]

Ich muss aber für diejenigen reden, die die Geschichte der Königreiche kennen, denn wer die [Geschichte] nicht kennt,

129 Kyros starb im Jahre 530 v. Chr.; vgl. oben Anm. 127. Luther geht hier auf die Schwierigkeit ein, dass in Daniel 9, 25–26 zwei Mal von einem »Gesalbten« die Rede ist. Der erste soll nach sieben Wochen (V. 25), der zweite nach 62 Jahrwochen kommen (V. 26). Häufig wird diese Schwierigkeit gelöst, indem man die 490 Jahre von der Zerstörung des Tempels an rechnet. Bei dieser Kalkulation lässt sich der erste »Gesalbte« auf Kyros beziehen; vgl. dazu Babylonischer Talmud, Traktat Joma 54a; *Von den Juden und ihren Lügen* (WA 53, 506, 3–14 = JL, 160); die »Ausrottung« des zweiten Gesalbten wird häufig auf die Ermordung des Hohenpriesters Onias III. im Jahre 171 v. Chr. bezogen (Strack/Billerbeck, Band IV, 998; Colpe, Siegel, 19).

130 WA: nach tzwo und sechtzig wochen nach dem erbawten Jerusalem

131 WA: wie gewalltiglich er sich auff unsern herrn Ihesum Christum schickt

wird mich nicht gut verstehen. Am Sichersten ist es, in dieser Auslegung zurückzurechnen, wenn man nämlich mit der Zeit anfängt, als Jesus getauft wurde und anfing zu predigen. Von dieser Zeit redet Gabriel, wenn er [in Daniel 9, 25] sagt: »Bis [zum Kommen] des Fürsten Messias«, als wollte er sagen: »Ich sage nicht: bis zur Geburt //25// Christi, sondern: bis zum Fürstentum Christi, als er [nämlich] anfing zu regieren, zu lehren, den Weg zu weisen[132] und sich als ein Herzog darzustellen, dem man folgen sollte.« Daher beginnen die Evangelisten und besonders Markus und Petrus [in Apostelgeschichte 1, 22] und auch Lukas mit dem Wirken Christi nach der Taufe des Johannes, womit auch anzufangen ist. Damals war Christus aber etwa dreißig Jahre alt.

Nun steht für alle Schriftkundigen zweifellos fest, dass Gabriel hier nicht von Tagewochen, die aus sieben Tagen bestehen, sondern von {334} Jahrwochen spricht, sodass sieben Jahre eine Jahrwoche ergeben, wie die Schrift sich auszudrücken pflegt.[133] Siebzig Wochen machen hier demnach vierhundertundneunzig Jahre aus. Wenn man nun vom dreißigsten Lebensjahr Christi

132 WA: meystern

133 Die Tradition der 490 Jahre geht zurück auf die Prophezeiung des Propheten Jeremia, demzufolge das Babylonische Exil siebzig Jahre lang dauern sollte (Jeremia 25, 12; 29, 10). Diese Zeit wurde im Chronikbuch auf den Wiederaufbau des Tempels infolge des Kyros-Edikts etwa im Jahre 520 v. Chr. bezogen (vgl. 2. Chronik 36, 22 f.; Esra 1, 1–3; Haggai 1, 14–15). Nach der Eroberung Jerusalems und der Zerstörung des ersten Tempels durch den babylonischen König Nebukadnezar im Jahre 586 v. Chr. waren zu diesem Zeitpunkt etwa 70 Jahre vergangen. Im Danielbuch wird diese Angabe aber auf spätere Ereignisse bezogen und im Sinne von 70 *Jahrwochen* gedeutet. Eine solche Deutung liegt im Hebräischen nahe, da das Wort *Woche, Schavua* (שבוע), von der Zahl *Sieben*, Scheva (שבע), abgeleitet ist. Möglicherweise liegt im Danielbuch ursprünglich eine Spekulation vor, die auf das Jahr 164 v. Chr. bezogen ist, also auf die Wiedereroberung des Jerusalemer Tempelberges durch Judas Makkabäus. Da dies, gerechnet vom Jahr der Tempelzerstörung, aber nicht auf einen Zeitraum von 490 Jahren hinausläuft, bleibt diese Spekulation unbefriedigend und andere Deutungsversuche boten sich an.

durch das griechische und persische Königreich vierhundertundneunzig Jahre zurückrechnet, kommt man eben auf das zwanzigste und letzte Jahr des Kambyses, des dritten oder zweiten persischen Königs nach Kyros.[134] Dieser Kyros hatte [nach 2. Chronik 36, 23 und Esra 1, 2] erlaubt, den Tempel zu Jerusalem wieder aufzubauen.[135] Aber über 46 Jahre danach erlaubte [der persische König] Kambyses und nach ihm Darius Longimanus[136] (der sich zuvor durch einen Eid dazu verpflichtet hatte[137]),

134 Kambyses, der Sohn des Großkönigs Kyros II., wird in der Bibel nicht erwähnt. Offenbar übernimmt Luther die Zeitangabe aus Nehemia 2, 1 (»im Monat Nisan des zwanzigsten Jahres des Königs Artaxerxes«) und identifiziert den dort genannten König Artaxerxes (dieser regierte 464–424 v. Chr.) mit Dareios I., dem Nachfolger des Kambyses. Luther rechnet nun nicht vom Jahre 445/444 v. Chr., sondern etwa vom Jahre 457 v. Chr. an (vgl. dazu oben Anm. 123).

135 Zum im Esrabuch (Esra 1, 1–4, 5) überlieferten Kyros-Edikt vgl. Oswald/Tilly, a. a. O., 78 f. Vgl. auch eine andere Fassung des Edikts in Esra 6, 15–22.

136 Luther identifiziert den in Esra 6, 14 genannten König Dareios I., der von 521–486 v. Chr. regierte, mit dem in Esra 7, 1 ff. erwähnten persischen Großkönig Artaxerxes I. Longimanus (»dem Langhändigen«), in dessen Regierungszeit (465–424 v. Chr.) den Israeliten erlaubt wurde, mit einer »Anzahl von Israeliten, Priestern, Leviten, Sängern, Torwächtern und Tempeldienern nach Jerusalem« zu reisen, um das Haus Gottes zu verschönern und den Opferdienst wieder einzurichten (Esra 7, 7 f.). In dieser Identifikation stimmt er mit →Raschi (zu Esra 6, 14; 7, 1; 7, 7 und Nehemia 2, 1) überein. Bei Luther dient diese Identifikation aber dem Zweck, für die Berechnung der Erscheinung des Messias den nach der Prophezeiung Daniels vorgesehenen Zeitraum von 490 Jahren zu erhalten. In Esra 6, 14 ist der zeitlich viel später anzusetzende Artaxerxes offenbar eingefügt worden, um an die Ereignisse zur Zeit Nehemias (Nehemia 2, 1 ff.) zu erinnern.

137 Nach Nehemia 2, 1–9 erhielt Nehemia, der Mundschenk des persischen Großkönigs Artaxerxes I., im 20. Jahr von dessen Regierungszeit (445 v. Chr.) den Auftrag, in die bis zu diesem Zeitpunkt nur zum Teil wieder aufgebaute Stadt Jerusalem zu reisen und ihren Aufbau voranzutreiben. Nehemia wurde daraufhin Statthalter der persischen Provinz Benjamin-Juda (Jehud).

die Stadt Jerusalem wieder aufzubauen.[138] Das geschah durch Nehemia, wie das alles im Buch Nehemia und Esra gezeigt wird. Die siebzig (Jahr-)Wochen beginnen daher mit Nehemias Reise aus Persien[139], das heißt um das siebte Jahr des [persischen Großkönigs] Darius Longimanus[140] und treffen so [an ihrem Ende] mit unserem Christus zusammen.

So sagt nun Gabriel: »Siebzig Wochen (das heißt vierhundertundneunzig Jahre) sind über dein Volk und deine heilige Stadt bestimmt«[141] – als wollte er sagen: Dein Volk der Juden und die heilige Stadt Jerusalem haben noch 490 Jahre, danach wird es mit ihnen beiden aus sein. Wie das nun zugehen soll, davon sagt er, dass [zu diesem Zeitpunkt] der Übertretung ein Ende gemacht, die Vergebung versiegelt und die Schuld gesühnt werden. Und [dann] wird ewige Gerechtigkeit kommen und werden die Prophezeiungen und Visionen erfüllt werden.[142] Das heißt, dass für alle Sünde Genugtuung geschieht und die Vergebung der Sünde verkündigt und die Gerechtigkeit des //26// Glaubens gepredigt wird, die ewig vor Gott gilt. Davon sprechen alle Propheten und die ganze Schrift, wie Paulus[143] und Petrus[144] es bezeugen. Denn bis dahin gab es nur Sünde und Werkgerechtigkeit, die zeitlich ist und vor Gott nicht gilt. Ich weiß aber wohl, dass einige [Ausleger] das hebräische Wörtchen »Hatuth« [חטאת] hier [in Daniel 9, 24] als Sünde überset-

138 Zum Erlass des persischen Großkönigs Dareios I., der zum Neubau des Jerusalemer Tempel führte, vgl. Esra 6, 1. Dareios soll mit dem in Daniel 6, 29 erwähnten Dareios identisch sein, der nach der Eroberung Babylons durch die Perser anstelle von Belsazar König der Chaldäer geworden war.

139 Vgl. Nehemia 2, 1–10.

140 Vgl. Esra 7,7; nach Luthers Berechnung handelt es sich um das Jahr 457 v. Chr.

141 Vgl. Daniel 9, 24.

142 Vgl. Daniel 9, 24.

143 Vgl. Römer 1, 17.

144 Vgl. Apostelgeschichte 2, 39.

zen.[145] Ich habe es [aber] mit Vergebung übersetzt. Mose[146] und Psalm 51, 4[147] gebrauchen dieses [Wort] nicht ohne Grund ebenso. Danach zeigt [Gabriel], wann die siebzig Wochen anfangen, und sagt: »Von der Zeit an, als der Befehl erging, Jerusalem wieder aufzubauen (das heißt zur Zeit Nehemias, im zwanzigsten Jahr des Kambyses[148]), bis [zur Zeit der Ankunft] des Messias, des Fürsten, (das heißt, bis zur Taufe Christi im Jordan) sind [als erster Zeitabschnitt] sieben [Jahr-]Wochen (das heißt neunundvierzig Jahre, in denen Jerusalem in ängstlicher Zeit wieder aufgebaut wurde, wie das Buch Nehemia lehrt[149]) und[150] [als zweiter Zeitabschnitt weitere] zweiundsechzig Wochen«[151] (das heißt nach dem Wiederaufbau Jerusalems 441 Jahre), das macht zusammen neunundsechzig Wochen, das sind 483 Jahre. Da fehlt noch eine Woche, das sind noch {335} sieben Jahre, dass es vollends siebzig Wochen, das heißt 490 Jahre, werden. Was nun in dieser [einen] Woche geschehen soll, zeigt er und spricht:

»Und nach [den] zweiundsechzig Wochen (vernimm: [gerechnet] im Anschluss an die ersten sieben Wochen des ängstlichen Wiederaufbaus[152]) wird der Messias ausgerottet

145 Die Vulgata übersetzt diesen Satz aus Daniel 9, 24 »finem accipiat peccatum«; in der Septuaginta heißt es auf Griechisch: συντελεσθῆναι τὴν ἁμαρτίαν.

146 Luther kommt es darauf an, das Sühneopfer Christi im Daniel vorhergesagt zu finden. Zum Sprachgebrauch im Pentateuch (Mose), auf den Luther sich beruft, vgl. Genesis 31, 39 (dort wird der »Ersatz« mit eben diesem hebräischen Wort bezeichnet); Levitikus 6, 19 (Sündopfer); Levitikus 9, 15 und Numeri 19, 19; vgl. Knierim, Sich verfehlen, 541–549.

147 In der WA ist nach der Septuagintazählung Psalm 50 angegeben.

148 Vgl. Nehemia 2, 1.

149 D. h. etwa die Zeit von 444–395 vor Chr.

150 Luther kann sich darauf berufen, dass im Hebräischen hier ein Akzent (Atnach) als Satztrenner steht.

151 Vgl. Daniel 9, 25.

152 D. h. nach insgesamt neunundsechzig Jahrwochen (483 Jahren), also etwa im Jahre 26. n. Chr.

werden«[153] (das ist nicht am Anfang der letzten Woche, sondern ganz in der Mitte geschehen, denn Christus hatte dreieinhalb Jahre [lang] gepredigt[154], und [der Bibeltext] sagt »ausgerottet« – das heißt, von diesem Leben durch den Tod und seine Auferstehung in das unsterbliche Leben genommen), »und die werden nicht sein sein«[155] (das heißt, die ihn kreuzigen und aus dieser Welt treiben, werden nicht mehr ihm angehören und sein Volk sein, sondern er wird ein anderes Volk annehmen).[156] Das erklärt er und sagt, wie sie deshalb nicht ohne Strafe bleiben werden, und er sagt:

»Das Volk eines Fürsten, der kommen wird (das heißt Titus, der römische Kaiser), wird die Stadt und was heilig ist, verderben, und sie wird mit Ungestüm ihr Ende nehmen (das heißt, sie wird mit Sturm und Gewalt wie mit einer Flut zerstört werden). //27// Und wenn der Streit ein Ende hat, wird eine gewisse Verwüstung da bleiben«[157] (das ist alles so geschehen, denn Jerusalem und der Tempel wurden in grauenhaftem Ernst zer-

153 Daniel 9, 26a.

154 Anders als die synoptischen Evangelien, die von einer einjährigen Wirksamkeit Jesu ausgehen, berechnet Luther die Predigtzeit Jesu, deren Beginn er etwa auf das Jahr 30 n. Chr. ansetzt, nach dem Johannesevangelium. Dort wird dreimal davon berichtet, dass Jesus (offenbar anlässlich des jährlichen Passahfestes) die Pilgerreise nach Jerusalem unternahm (2, 13; 5, 1; 7, 10–11). In der rabbinischen Literatur werden die auf diese Weise aus Daniel 9, 27 herausgerechneten dreieinhalb Jahre auf die Belagerung Jerusalems durch Titus bezogen; vgl. Midrasch Echa Rabbati 1, 5 und 1, 12 (Ed. Krupp, 66 und 76); im Babylonischen Talmud (Traktat Gittin, 56a) ist von drei Jahren die Rede (vgl. Strack/Billerbeck, Band IV, 1006).

155 Daniel 9, 26a (letzter Teil). Luther paraphrasiert die hebräische Wendung ואין לו – etwa »er wird nicht haben«.

156 In der WA fehlt die schließende Klammer. – In *Von den Juden und ihren Lügen* geht Luther an verschiedenen Stellen auf das Motiv aus Deuteronomium 32, 21 und Hosea 1, 9 ein: das aufrührerische Volk der Israeliten ist nicht mehr Volk Gottes, sondern ein »Nicht-Volk« (WA 53, 418; 442; 447; 483; 495 = JL, 5, 47, 56, 117, 138 und 261). Vgl. dazu auch Luthers Hoseavorlesung (1524/26): WA 13, 13, 6–10.

157 Daniel 9, 26b.

stört, und wie sehr es auch versucht wurde, konnte [die Stadt] bisher nie wieder in jüdische Hand und auch nicht zu ihrer vorigen Macht kommen; noch heute ist [sie so] verwüstet, wie sie zuvor gewesen ist; man kann daher nicht leugnen, dass dieser Vers und der vor Augen stehende Zustand sich gegenseitig erklären).[158]

Er wird aber in der einen Woche den Bund bestätigen unter vielen (das sind die dreieinhalb Jahre, die Christus selbst predigte und dreieinhalb Jahre danach die Apostel). In diesen sieben Jahren war das Evangelium (das ist der Bund Gottes mit uns, dass er uns durch Christus gnädig sein will) im höchsten Schwange, und seit der Zeit ist es nie mehr so lauter und mächtig gewesen. Denn bald danach fingen die Ketzerei und der Irrtum an, sich unter [die Wahrheit] zu mischen. Und mitten in der Woche wird das Opfer und Speisopfer aufhören[159] (das heißt, Moses Gesetz wird nicht mehr gelten), weil Christus nach dreieinhalb Jahren seines Predigens durch sein Leiden alles erfüllen wird, und weil er danach ein neues Opfer predigen lassen wird usw.

Nun sage mir einer, wo man einen Fürsten oder Messias oder König finden will, auf den dies alles so genau zutrifft wie auf unsern Herrn Jesus Christus. Weil denn Schrift und Geschichte so gewaltig miteinander übereinstimmen, haben ja die Juden nichts, was sie dagegen sagen können.

Denn ihre Zerstörung fühlen sie ja wohl, die unermesslich größer ist, als {336} sie je eine erlitten haben. Auch können sie ja keine so große Sünde angeben, durch die sie eine solche

158 WA: das werck fur augen sey eyn ding – Diese Passage erinnert an die Tradition der »Rache des Herrn« (*Vindicta Salvatoris*), wie sie in einer Predigt Gregors des Großen über Lukas 19, 43–44 überliefert ist; vgl. Étaix/Blanc/Judic, Homélies, § 1; zu dieser Tradition vgl. auch Yuval, Zwei Völker, 52–62.

159 Nach rabbinischer Chronologie hörte der ständige Opferdienst im Tempel am 17. Tammuz des Jahres 3828 (nach Erschaffung der Welt) auf (Strack, Billerbeck, a. a. O., 1003).

[Strafe] verdient hätten[160], (weil sie es für keine Sünde halten, Jesus gekreuzigt zu haben[161]; zuvor haben sie sonst aber wohl viel größere Sünden getan und dafür eine geringere Strafe erlitten). Es wäre auch unmöglich, dass Gott sie so lange ohne Propheten gelassen haben sollte, wenn es nicht mit ihnen aus sein sollte und die ganze Schrift bereits erfüllt wäre.

Weitere Verse wie Haggai 2, 9 und Sach 8, 23

Es gibt auch noch mehr Verse [als Belegstellen] wie Haggai 2, 9. Dort spricht Gott vom wiedererbauten Tempel: »Die Herrlichkeit dieses letzten Hauses wird größer sein als die des ersten.«[162] Dieser [Vers] ergibt auch einen kräftigen Beweis[163] [für die Mes-

160 Das Motiv der Strafe Gottes an den Juden findet sich auch in der *Epistola* Rabbi Samuels, einem angeblich aus dem 11. Jahrhundert stammenden Lehrtext, den der marokkanische Rabbi Samuel an einen anderen nordafrikanischen Rabbi geschrieben haben soll. Dieser Text, der 1339 von einem Dominikaner in Paris oder Köln ins Lateinische übersetzt wurde, erschien 1523 wenige Wochen nach der Veröffentlichung von Luthers *Dass Jesus Christus ein geborener Jude sei* in Straßburg und fand im gesamten 16. Jahrhundert immer wieder große Beachtung (vgl. dazu Kaufmann, »Judenschriften«, 42–57). In diesem Text ist von einer *Universalsünde* der Juden die Rede (*»universale peccatum«*), die Gottes Zorn ausgelöst und zu einer im Vergleich mit den 70 Jahren des babylonischen Exils unermesslich hohen Strafe geführt habe (Kaufmann, a. a. O., 51). Zu dieser Strafe vgl. auch *Wider die Sabbater* (unten S. 60), *Von den Juden und ihren Lügen* (WA 53, 464, 500 = JL, 86, 146–149) und *Vom Schem Hamephorasch* (WA 53, 614 = LK, 87–89).

161 Vgl. den Text im Babylonischen Talmud (Traktat Sanhedrin 43a), demzufolge Jesus nach geltendem Recht des Sanhedrin angeklagt und hingerichtet wurde. Der Talmud kann allenfalls eine leichte Abweichung von der Anwendung der Strafprozessordnung erkennen; vgl. dazu Schäfer, Jesus im Talmud, 130 f.

162 In der WA ist Haggai 2, 10 angegeben; vgl. die Diskussion über diese Stelle in *Von den Juden und ihren Lügen* (WA 53, 476–492 = JL, 106–133).

163 WA: Wilcher auch mechtig schleust

sianität Jesu]. Ebenso Sacharja 8, 23: //28// »Zu der Zeit werden zehn Menschen aus allen Sprachen der Heiden den Saum eines jüdischen Mannes ergreifen und sagen: Wir wollen mit euch [gehen], denn wir haben gehört, dass der Herr mit euch sei« usw. Und [es gibt noch] viel mehr [solcher Belegstellen]. Aber es dauerte zu lang, diese [Verse] alle klar und ausführlich auszulegen. Vorerst sind diese zwei vorher genannten Verse genug für den Anfang.

4. Schlussfolgerung

Wenn sich die Juden aber darüber ärgern, dass wir unseren Jesus als einen Menschen und zugleich als wahren Gott bekennen, so wollen wir dem nach und nach kräftig aus der Schrift nachhelfen.[164] Aber es ist für den Anfang zu hart, lass sie zuvor Milch saugen und aufs Erste diesen Menschen Jesus als den rechten Messias erkennen.[165] Danach sollen sie Wein trinken und auch lernen, wie er wahrhaftiger Gott sei. Denn sie sind zu tief und zu lange verführt worden. Man muss daher vorsichtig mit ihnen umgehen[166] und sie als solche [behandeln], denen man es zu sehr eingeredet hat, dass Gott nicht Mensch werden könne.[167]

Darum wäre meine Bitte und mein Rat, dass man vorsichtig mit ihnen umgeht und sie aus der Schrift unterrichtet. Dann könnten einige von ihnen zum [christlichen Glauben] kommen. Aber wenn wir nur gewaltsam gegen sie vorgehen und Lügen

164 WA: mit der zeyt auch krefftiglich aus der schrifft bessern – Gemeint ist offenbar, dass Luther weitere Schriftbeweise beibringen will, um die Juden von seiner Argumentation zu überzeugen.

165 Vgl. 1. Korinther 3, 2. Dieses »pädagogische Zugeständnis« nahm Luther offenbar unter dem Eindruck einer Begegnung mit gelehrten Juden zurück, die ihn 1526 in Wittenberg besuchten und mit ihm über die Auslegung von Bibelstellen disputierten. In einer Predigt vom November 1526, in der er von dieser Begegnung berichtet (»Thola-Episode«), wirft Luther den Juden nämlich vor, nicht wahrhaben zu wollen, »das Christus natürlicher und warhafftiger Gott sey« (WA 20, 572, 25–27). In *Von den Juden und ihren Lügen* (1543) verlangt er dann rundheraus, die Juden von vornherein mit den Dogmen der Gottessohnschaft Jesu und →Trinität zu konfrontieren: vgl. WA 53, 532, 7–33 (= JL, 212–213); vgl. auch unten *Von den letzten Worten Davids* (WA 54, 28–100). In diesen späten Texten – die, wie er selbst erklärt, aber eigentlich gar nicht an Juden gerichtet sind – liefert er »in gewisser Weise den 1523 in Aussicht gestellten ›Wein‹ nach« (Wendebourg, Ein Lehrer, 1040, Anm. 48).

166 WA: seuberlich mit yhn umbgehen

167 WA: denen es ist alltzu seer eyngebildet, das Gott nicht muge mensch seyn

verbreiten[168], wenn wir ihnen vorwerfen[169], sie müssten Christenblut haben [und verwenden], um nicht zu stinken[170], und ich weiß nicht, was des Narrenwerks mehr ist, sodass man sie wie Hunde behandelt – wie sollten wir [auf diese Weise etwas] Gutes an ihnen ausrichten? Auch dass man ihnen verbietet, unter uns zu arbeiten, ihr Handwerk auszuüben[171] und andere menschliche Gemeinschaft [mit uns] zu haben[172], wodurch man sie zum →Wuchern antreibt[173] – wie sollten [diese unsere Maßnahmen] sie bessern?

168 WA: gehen mit lugen teydingen umb

169 WA: geben yhn schuld

170 So die Behauptung des Ingolstädter römisch-katholischen Theologen Johannes Eck in einer Schmähschrift gegen den Nürnberger Reformator Andreas Osiander, der die Juden gegen die Ritualmordbeschuldigung verteidigt hatte (Ains Judenbüechlins verlegung, Ingolstadt, 1541). Die Juden, so Eck, litten unter rätselhaften Blutungen, zu deren Stillung sie Blut von zuvor ermordeten Christenkindern benötigten. Selbst jüdische Männer menstruierten, um das Fluchwort aus Matthäus 27, 25 zu erfüllen: »Sein Blut komme über uns und unsere Kinder.« Juden seien demnach inhärent schmutzig, Blutungen, die der Stillung durch fremdes Blut bedürften, träten bereits nach der Beschneidung auf (vgl. dazu JL, 281). Zu dieser Vorstellung, die an das judenfeindliche Bild vom »dreckigen Juden« anknüpft, vgl. dazu Gilman, The Jew's body. Zur judenfeindlichen Ritualmordbeschuldigung vgl. JL, 297.

171 WA: hantieren

172 Denkt Luther hier sogar an die Möglichkeit einer Eheschließung mit Juden? Immerhin hatte er in *Vom ehelichen Leben* (1522) die Frage, welche Personen miteinander die Ehe eingehen können, allein von der Schöpfungsordnung in Genesis 1, 27 her behandelt und nicht zusätzlich gefordert, dass beide Partner getauft oder »gläubig« sein müssen; vgl. WA 10/2, 275–304 und Paulus in 1. Korinther 7, 12–14. Wahrscheinlich geht diese Überlegung aber hier über die Intention des Reformators hinaus.

173 Hintergrund des gegen die Juden erhobenen Vorwurfes des »Wuchers« ist die Tatsache, dass Juden, die in Mitteleuropa traditionell keine Bauern waren und keinen Zugang zu den Handwerkerzünften hatten, im Spätmittelalter vielfach in den Geld- und Warenhandel auswichen. Damit füllten sie Funktionen aus, die für die gesellschaftliche Entwicklung in Europa unentbehrlich waren. Diese

Will man ihnen helfen, so darf man nicht das Gesetz des Papstes, sondern muss das Gesetz christlicher Liebe an ihnen üben und sie freundlich annehmen. [Man muss sie] mit [uns ihr Brot] erwerben und sie arbeiten lassen, damit sie Gelegenheit und Möglichkeit haben, bei und um uns zu sein, um unsere christliche Lehre und (christliches) Leben zu hören und zu sehen. Wenn auch einige[174] [von ihnen] halsstarrig sind, was liegt daran? Wir sind doch auch nicht alle gute Christen.[175] Hier-

---

Form des Lebensunterhalts war für sie auch deshalb möglich und attraktiv, weil die Kirche nach dem Vierten Laterankonzil (1215) für Christen das Zinsnehmen verboten hatte. Zur Auslegung der biblischen Bestimmungen Exodus 22, 24–25; Levitikus 25, 35–37 und Deuteronomium 23, 19–21 in der christlichen Theologie und bei den Rabbinen vgl. JL, 304 f.

174 WA: ettliche – Zur Kontroverse darüber, ob Luther mit der Konversion vieler Juden rechnete, vgl. Bultmann, Kontroversgespräch, 164; Wendebourg, Ein Lehrer, Sp. 1041 und unten das Nachwort.

175 Dorothea Wendebourg kommentiert (Ein Lehrer, Sp. 1055): »D. h., ebenso wie das Nebeneinander von wahrhaften und scheinhaften Christen in der Kirche zu ertragen ist, so auch das Nebeneinander von Anhängern des wahren, christlichen Glaubens und dessen religiös in die Irre gehenden jüdischen Bestreitern in der Gesellschaft. Den Versuch früherer Zeiten, dieses Nebeneinander durch politisch-sozialen Druck aufzulösen und so ein religiös geschlossenes *corpus Christianum* herzustellen, weist er zurück.«

176 Nach Kaufmann (Luthers Juden, 71 f.) wollte Luther den Erfolg seines judenmissionarischen Programms später überprüfen. Wendebourg betont demgegenüber, dass der Reformator nie große Hoffnungen auf den Erfolg der →Judenmission gesetzt habe. Sie interpretiert die frühe *Judenschrift* stattdessen im Zusammenhang mit Luthers Text *Von weltlicher Obrigkeit* (ebenfalls 1523). Die dort im Zusammenhang mit der *Zwei-Regimente-Lehre* proklamierte Preisgabe der Leitidee des kirchlich-weltlichen *corpus christianum* habe Luther in diesem Text auf das Verhältnis zum Judentum angewandt. Diese Vorstellung sei so weitreichend gewesen, dass Luther sie später noch einmal habe überprüfen wollen. Vgl. dazu *Die Reformation und die Juden. Eine Orientierung. Erstellt im Auftrag des wissenschaftlichen Beirats für das Reformationsjubiläum*, Ziffer 11, 2014 (www.luther2017.de). Diese Argumentation ist sicherlich überzogen. Zum einen bringt Luther wenige Sätze zuvor die Hoffnung zum Ausdruck, »ettliche« der Juden möchten sich von ihm

mit will ich es dieses Mal bewenden lassen, bis ich sehe, was ich gewirkt habe.[176] Gott gebe uns allen seine Gnade. Amen.[177]

überzeugen lassen (vgl. oben Anm. 174); zu Beginn seiner Schrift (WA 11, 315, 15 – oben S. 7) spricht er sogar davon, »es sollten yrh viel rechte Christen werden.« Wendebourgs Beobachtung, die auf den politischen Sinn der Ausführungen Luthers abzielt, ist aber insofern im Recht, als Luther den Juden gegenüber generell nicht auf einen »Glaubens-«, sondern auf einen »Vernunftdiskurs« (→Vernunft) setzte. Wenn er die »christliche Homogenisierung« (Leppin) der reformatorischen Territorien anstrebte, so war damit offenbar zumindest zeitweise etwas anderes gemeint als die klassische »Bekehrung« zum Christentum; vgl. dazu unten das Nachwort am Ende dieses Bandes.

177 Am Ende steht wie in allen *Judenschriften* ein *Amen*; nicht zufällig fehlt jedoch hier (anders als in den beiden letzten Traktaten des Jahres 1543) die →trinitätstheologische Doxologie; vgl. Ehmann, Confutatio, 322.

Wider die Sabbater

An einen guten Freund

Gnade und Friede in Christus![178] Ich habe Eure Schrift[179] empfangen und die mündliche Botschaft Eures Gesandten. Ich konnte wegen vieler unvermeidlicher Hindernisse aber nicht so schnell antworten, wie ich es wohl gern getan hätte und auch zugesagt hatte. Das sollt Ihr mir zugutehalten.

---

178 Traditionell wird als Adressat Graf Wolf Schlick zu Falkenau angegeben, dem fünf Jahre später die ebenfalls als Brief stilisierte Schrift *Von den Juden und ihren Lügen* gewidmet werden sollte (WA 53417 = JL, 3); zu dieser Frage vgl. aber das Nachwort. Auffällig ist jedenfalls, dass Luther – wie auch der Straßburger Reformator Martin Bucer, der ebenfalls an einen ungenannt bleibenden »guten Freund« schrieb (Bucer, Brief, 362 ff.) – mit dem Stilmittel eines anonymen Informanten arbeitete, der ihn »angeblich mit für Juden belastenden Nachrichten versorgt« hatte (Kaufmann, »Judenschriften«, 89). Die Beschuldigten konnten sich gegen die Angriffe nur schwer zur Wehr setzen. Nach seinem Biographen Johannes Mathesius (1504–1565) war Luthers Schrift »wider die Sabbater und Mammelucken« gerichtet, »die sich von Juden beschneiden lassen« (vgl. WA 50, 310). Diese Formulierung gibt zu erkennen, dass die jüdische »Gefahr« – wie undeutlich auch immer – in Zusammenhang mit der vom Islam ausgehenden Bedrohung gesehen werden konnte; vgl. dazu das Nachwort.

179 Zu der Schrift, die Schlick Luther im Mai 1537 zugesandt haben soll, vgl. Kaufmann, »Judenschriften«, 171.

1. Anlass des Schreibens

Ihr habt mir nun mitgeteilt, wie die Juden in den Ländern hin und wieder[180] mit ihrem Gift[181] und [ihrer] Lehre einreißen und auch einige Christen schon verführt haben, dass sie sich beschneiden lassen[182] und glauben, dass der Messias oder Christus noch nicht gekommen sei und dass das Gesetz der Juden ewigen Bestand haben[183] und dazu von allen Heiden angenommen werden müsse usw.[184] Ihr wollt nun [wissen], wie man diese [beiden Irrlehren] mit der Heiligen Schrift widerlegen kann. Ich will für heute, bis ich [einmal] mehr Zeit habe[185], [in dieser Sache] durch diesen Brief in Kürze meinen Rat und meine Meinung kundtun. {313}

---

180 Diese als »ausweichend, aber anspielungsreich« (Kaufmann, Luthers Juden, 100) zu bezeichnende Formulierung führte dazu, dass Luthers Behauptung nicht nachprüfbar war. Dass veritable Übertritte zum Judentum im 16. Jahrhundert denkbar waren, hat Zivier anhand eines Falles aus Polen im Jahre 1539 dargelegt; es ist nicht ganz ausgeschlossen, dass es daneben weitere Fälle gab; vgl. Zivier, Bekehrungsversuche.

181 WA: geschmeis

182 Zum Thema der Beschneidung in *Von den Juden und ihren Lügen* vgl. WA 53, 427, 20–439,31 (= JL 21–42).

183 Zum neunten der dreizehn Glaubensartikel des Maimonides (»ich bin vollkommen überzeugt, daß diese Lehre [d. h. die Tora] nicht umgetauscht werden wird und keine andere Lehre kommen wird«) Bamberger, Sidur, 79.

184 Im Babylonischen →Talmud, Traktat Avoda Sara 3b, findet sich ein Beleg für die Hoffnung, dass am Ende der Zeiten die Weltvölker hinzukommen und Proselyten (גרים, »gerim«) werden; zum Realitätsgehalt von Luthers Furcht vor jüdischem →Proselytismus vgl. unten das Nachwort.

185 Luther deutet an, eine weitere Schrift zu diesem Thema verfassen zu wollen; offenbar führte er diesen Plan (in veränderter Form) mit den *Judenschriften* des Jahres 1543 durch. Auf den (angeblichen) jüdischen Proselytismus geht er in *Vom Schem Hamephorasch und vom Geschlecht Christi* ein (WA 53, 603, 22–25 = LK, 59).

2. Erstes Kapitel: Das Kommen des Messias

Aufs Erste [will ich sagen], dass das jüdische Volk durch seine Rabbinen [so] hart verstockt wurde, dass sie kaum zu gewinnen sind. Denn wenn man sie mit der Schrift widerlegt, lenken sie von der Schrift ab[186], [verweisen] auf ihre Rabbinen und sagen, sie müssten ihren Rabbinen glauben[187] wie ihr Christen (so sagen sie) eurem Papst und [seinen] Dekreten glaubt. Dies haben sie mir selbst geantwortet, als ich einmal mit ihnen disputierte und die Schrift gegen sie geltend machte.[188] Darum sollt Ihr zur Stärkung der Christen das alte Argument hervorziehen, das [Nikolaus von] →Lyra[189] und viele andere angeführt haben. Die Juden können noch heutigen Tages nichts Redliches darauf antworten, obwohl sie zu diesem Zweck, auch im Widerspruch zu ihren eigenen ältesten Lehrern, viele Schriftstellen schändlich entstellt haben; [doch] davon zu reden habe ich jetzt keine Zeit und ist kein Raum.

---

186 WA: fallen sie von der Schrifft

187 Vgl. →Raschis Kommentar zu Deuteronomium 17, 11. Dort heißt es, dem autoritativen rabbinischen Lehrer müsse man Glauben und Vertrauen schenken, selbst wenn er rechts links und links rechts nennt (אפילו אומר לך על ימין שהוא שמאל ועל שמאל שהוא ימין); zu diesem Argument vgl. WA 53, 589, 5–7 (= LK, 29 mit Anm. 106).

188 In autobiographischen Texten Luthers finden sich Berichte von einem Besuch zweier oder dreier jüdischer Gelehrter in Wittenberg, der offenbar 1526 stattfand und ihn sehr aufwühlte; vgl. WA 20, 569, 31–570, 12 (Predigt über Jeremia 23, 5–8 vom November 1526); WA 31/2, 162, 26–29 bzw. WA 25, 185, 21–27 (Scholen zum Jesajabuch in einer Vorlesung der Jahre 1527–1529); WATR 3, 370,9–21, Nr. 3512 (Tischrede vom 18. Dezember 1536); WA 53, 461, 27 ff. (= JL, 81) und WA 53, 589, 16–19 (= LK, 29 f.). Zur Diskussion über diese Belegstellen vgl. Von der Osten-Sacken, Martin Luther, 103–110; Bultmann, Kontroversgespräch, 184–191.

189 Von Nikolaus von Lyra (1270–1340/1349) übernahm Luther die Theorie einer biblisch vorhergesagten Strafexistenz der Juden: die Länge des Exils galt als Beweis für Israels Verwerfung durch Gott; vgl. LK, 237.

Das lange Exil der Juden

Und dies ist das Argument: Die Juden sind nun 1500 Jahre außerhalb Jerusalems im Exil[190], sodass sie weder //30// [einen] Tempel noch [einen] Gottesdienst, [ein] Priestertum oder [ein] Fürstentum haben. Mit [der Stadt] Jerusalem und dem ganzen jüdischen Reich liegt ebenso ihr Gesetz seit so langer Zeit in der Asche. Das können sie nicht leugnen; denn ihr jämmerlicher Zustand und die Erfahrung und der Ort, der noch heute Jerusalem heißt [und der] vor den Augen der ganzen Welt wüst und ohne das Judentum daliegt, überführt sie offensichtlich ganz und gar.[191] So können sie ja das Gesetz des Mose nur in Jerusalem halten, wie sie selbst auch wissen und bekennen müssen.[192] Denn ihr Priestertum, [ihr] Fürstentum, [ihr] Tempel, [ihre] Opfer und was Moses (auf göttlichen Befehl) für sie und auf sie gestiftet hat, können sie außerhalb [der Stadt] Jerusalem weder haben noch erhoffen. Das ist ganz und gar[193] gewiss.

Gegen die jüdische Sündentheologie

Darauf sollt Ihr [sic] nun fragen, welches denn die Sünde ist und wie sie heißt, wegen derer sie Gott so grausam bestraft hat, dass

190 WA: im elende – Zu den Berechnungen, die Luther mit der Zahl von 1500 Jahren verband, vgl. oben Anm. 122. In seiner Schrift *Tütsch Missive warum die Juden so lang im Elend sind* (1505) argumentierte Johannes Reuchlin ganz ähnlich wie Luther; vgl. dazu Kaufmann, Beobachtungen, 57 f.

191 WA: alzu wol und alzu groblich

192 Die auf den Tempel und den Opferkult bezogenen Gesetze der Bibel und des →Talmuds können in der Diaspora ebenso wenig gehalten werden wie die Tora-Bestimmungen zur Landwirtschaft im Heiligen Land. Drei der sechs Ordnungen der Mischna (die Ordnungen »Saaten«, »Heiliges« und »Reines«) sind mehrheitlich auf die genannten kultischen und landwirtschaftlichen Sachverhalte bezogen.

193 WA: eins und fast

sie so lange ohne die priesterlich und fürstlich, das heißt mosaisch gestiftete Ordnung[194] im Exil leben müssen – ohne die Opfer und die anderen Einrichtungen des Gesetzes und vor allem ohne [den Besitz der Stadt] Jerusalem. Dabei steht Gottes Verheißung doch da (wie sie sich auch brüsten), dass ihr Gesetz auf ewig bleiben und Jerusalem Gottes eigene Wohnung sein soll[195], und dass sowohl [die] Fürsten vom Stamm Davids als auch die Priester von den Leviten immer vor Gott bleiben sollen[196], wie ja denn die Propheten und die Schriften voll solcher Verheißungen sind, wie sie [es ja] wissen und (wie gesagt) sich rühmen. Dennoch hat diese herrliche, starke, mannigfaltige Verheißung nun etwa 1500 Jahre [lang] keinen Bestand gehabt, wie sie leider wohl fühlen.

Weil es nun nicht passt, Gott die Schuld zu geben, er habe seine Verheißung nicht gehalten und 1500 Jahre [lang] gelogen, sollt Ihr [die Juden] fragen, woran es [denn] fehle. Denn Gott kann weder lügen noch trügen.[197] Hierauf {314} werden und müssen sie antworten, es sei die Schuld ihrer Sünden. Wenn sie diese abgebüßt haben, werde Gott seine Verheißung halten und [den] Messias senden.[198] An dieser Stelle bleibt nun (wie gesagt) fest und fragt, wie diese Sünden denn heißen. Denn diese schreckliche, lange, grausame Strafe zeigt [doch] an, dass sie [eine] abscheuliche, schreckliche Sünde auf sich geladen haben

194 WA: on Priesterlich, Fürstlich, das ist on Mosisch stifft und Regiment

195 Vgl. z. B. Deuteronomium 12, 11; 14, 23; 16, 6. 11; 26, 2.

196 Zur Einsetzung des aaronitischen Priestertums (nach Exodus 28, 1 eine »ewige Ordnung«) vgl. Exodus 28 f.; zu den Leviten vgl. Numeri 3, 12–13. Zur Luthers Auslegung vgl. Hebräer 7, 11–14.

197 Vgl. Numeri 23, 19: »Gott ist kein Lügner, dass er lüge.«

198 Dieser Gedanke findet sich im Babylonischen →Talmud, Traktat Sanhedrin 98a; vgl. auch das Mussafgebet für den Versöhnungstag (»ob unserer Sünden mussten wir unser Land verlassen«). Zu diesem Argument (das Ausbleiben des Messias als »vnser grossen sunden schult«) bei Victor von Carben (1422–1515), einem Rabbiner, der sich 1482 taufen ließ und Priester wurde, vgl. Voß, Umstrittene Erlöser, 82.

müssen, wie die Welt sie noch nie gehört hat. Denn so lange Zeit hat Gott nicht einmal Heiden je ge//31//quält, sondern [er hat] sie schnell vernichtet.[199] Wie sollte er denn sein eigenes Volk so lange martern und auf eine Art martern, dass sie kein Ende wissen und auch nicht wissen können.

Nun hat es ja keine Bedeutung[200], wenn sie sagen, es geschehe um ihrer Sünde willen. Sie können diese Sünde doch [gar] nicht nennen.[201] Ebenso gut könnten sie sagen, sie hätten keine Sünde getan, weil sie sich keiner Sünde (die sie nennen könnten) bewusst seien und [dass sie] also zu Unrecht von Gott bestraft würden. Darum sollt Ihr hartnäckig darauf drängen, dass sie ihre Sünde nennen. Wenn sie das nicht tun, habt Ihr so viel gewonnen, [dass Ihr nachweisen könnt,] dass sie mit Lügen umgehen[202] und ihnen [daher] nichts mehr zu glauben sei.

Nennen sie die Sünde, wohlan, dann passt wohl auf! Denn dieses Argument tut ihnen weh. Und wenn ich selbst ebenfalls ein Jude, dem Abraham aus dem Leibe geboren und dazu von Mose sorgfältig unterrichtet worden wäre, wüsste ich darauf wahrlich nichts zu antworten. Ich müsste das mosaische Judentum verlassen und werden, was ich wurde.

Einige ihrer Rabbinen antworten (um ihr armes Volk damit zu trösten und zu blenden), diese Sünde sei, dass ihre Väter in

199 WA: kurtzlich hin gericht

200 WA: Nu ists ja nichts gered

201 Luther *verteidigt* die Juden gegen die Annahme, sie hätten große Schuld auf sich geladen, während die Juden sich selbst schwerer Sünden bezichtigten, um ihr Exil zu erklären; zu den vielleicht im Hintergrund stehenden messianisch intendierten Bußpraktiken vgl. das Nachwort. Luther kam es jedenfalls darauf an, die Juden im Anschluss der Ermordung Jesu zu beschuldigen. Strukturell ähnlich ist die Argumentation in *Vom Schem Hamephorasch*: Die Juden lasteten sich an, »jetzt nicht fromm« zu sein und daher die »Kraft der 72 Engel« nicht zu haben; Luther weist aber auf ihren Charakter als Eigentumsvolk Gottes hin (WA 53, 599, 19–22 = LK, 51).

202 Das Stichwort jüdischer »Lügen« nimmt Luther 1543 in *Von den Juden und ihren Lügen* wieder auf.

der Wüste das Kalb angebetet haben.[203] Diese Sünde sollen sie demnach jetzt büßen, bis usw. Ist das nicht [eine] schreckliche Blindheit? Und welchen Sinn hat eine solche [Antwort] vor Leuten[204], die die Schrift lesen [und kennen]? Denn wenn diese Sünde so groß sein sollte, [dass Juden bis heute für sie leiden müssen,] warum hat denn Gott dem Volk Israel nach [dieser Sünde] so viel Gutes getan, immer wieder Wunder durch Propheten, Könige, auch Bauern und Frauen, wie die Bücher Mose, Josua, Richter, Könige usw. dies bezeugen?[205] Das hätte er ja nicht getan, wenn er nicht alle Sünden, geschweige denn diese, gnädig vergeben hätte (zumal er diese Sünde ja kräftig bestraft hat).[206] Warum hat er nicht damals wegen dieser Sünde sein Volk ebenso wie jetzt verlassen, sondern hat sie trotz dieser Sünde ins Verheißene Land gebracht und ihnen alles Gute getan, sie über alle Heiden erhöht und geehrt? Wenn er nun seinen Messias wegen dieser (zumal [ja bereits] bestraften) Sünde zurück-

203 Der Talmud verbindet das »Goldene Kalb« mit der Tempelzerstörung und dem anschließenden Exil, indem er den Zorn des vom Berg Sinai zurückgekehrten Moses über den Bau des Götzenbildes auf den Fasttag des 17. Tammuz datiert. An eben diesem Tag nach dem jüdischen Kalender sollte Jahrhunderte später während der Belagerung Jerusalems durch die Römer der Tempeldienst zum Stillstand kommen (Mischna Taanit 4, 6 und →Raschi zu Exodus 32, 1). Diese Auslegung geht von der Annahme aus, dass die biblische Geschichte die Entwicklungslinien der späteren Geschichte vorherzeichnet (מגיד מראשית אחרית – »[die Schrift] verkündet mit dem Anfang schon das Ende«: Genesis Rabba 16, 2). Diesem Grundsatz folgend, interessiert sich der Midrasch nicht für historische Fragen (was ist damals passiert?), sondern dafür, in der Bibel Mitteilungen Gottes über die je eigene Gegenwart zu finden. Am 10. Tischri (d. h. am Jom Kippur, dem Versöhnungstag) kehrte Mose dann zum zweiten Mal vom Sinai zum Volk zurück und übergab die zweiten Tafeln. Im rituellen Vollzug des Fastens an beiden Tagen werden die unterschiedlichen geschichtlichen Ereignisse überblendet.

204 WA: Und wie laut doch solches fur denen, so die Schrift lesen

205 Luther denkt an die Richterin Debora und den Richter und Bauernsohn Gideon (Richter 5, 7; 6, 11–8, 32).

206 Vgl. Exodus 33, 25–28.

hält, hätte er [nicht] auch damals sagen können: Ich will euch nicht ins Land bringen und euch auch nicht so hoch ehren, wie ich es verheißen habe. Denn ihr habt eine solche Sünde getan, dass ich es nie vergessen und nie vergeben will. //32//

Wenn er aber damals durch keine Sünde daran gehindert wurde, seine Verheißung zu erfüllen, die er Abraham gegeben hatte[207], wie er seine Verheißung ja noch nie {315} wegen der Sünde der Menschen hat hinfällig werden lassen: Wie sollte er jetzt seinen Messias, den er doch so herrlich verheißen hatte, dass vor ihm Davids Stuhl und das Opfer der Priester nicht aufhören sollen[208], wegen dieser Sünde so lange zurückhalten? Ach, damals unter Mose sind [auch] viele andere Sünden geschehen wie mit dem Baalpeor[209], mit vielen Versuchungen Gottes usw.[210] Deshalb wurden sie hart bestraft, wie die Bücher Moses zeigen.[211] Warum führen sie diese [Sünden] nicht ebenfalls hier an? Lieber Freund, sagt zu solchen Juden, es ist eine Kinderei[212], von der sie selbst wissen oder zumindest wissen sollten.

Hinzu kommt, dass der Messias dem David damals noch gar nicht verheißen war.[213] Die Sünde des Kalbs kann daher nichts mit [der seitherigen 1500-jährigen Strafe des Exils] zu tun haben. Darum lasst sie eine andere Sünde nennen, wegen der sie an ihrem so bitteren Exil leiden.[214] Wenn sie eine oder mehrere

207 Vgl. Exodus 32, 13.

208 Vgl. 2. Samuel 7, 13.

209 Vgl. Numeri 25, 3–5; Hosea 9, 10.

210 Vgl. die Erzählungen vom »murrenden Volk« (Numeri 11, 1–4; 14, 1–4; 17, 6).

211 Vgl. die Berichte von den göttlichen Strafen in Numeri 11, 33 und 17, 11–14 (Seuchen), 16, 28–34 (die Erde verschlingt die »Rotte Korach«) sowie 21, 6 (feurige Schlangen).

212 WA: buberey

213 Die Verheißung im messianisch gedeuteten Text 2. Samuel 7, 12–13 wurde nach der biblischen Chronologie *nach* der Sünde des »Goldenen Kalbs« gegeben, die demnach zwischenzeitlich vergeben gewesen sein muss.

214 WA: solch jemerlich elende leiden – Zum Motiv des langen Exils: Voß, Umstrittene Erlöser, 26 und Limor, The Epistle, 185 f.

[solcher Sünden] nennen, so bitte ich [Euch] ganz freundlich, mir schnell davon zu schreiben. Ich alter Narr und erbärmlicher Christ will mir dann schnell ein steinernes Messer[215] machen lassen und Jude werden. Dann wollte ich mir nicht nur das Glied, sondern auch die Nase und die Ohren beschneiden lassen.[216] Aber sie können (das weiß ich) keine [solche Sünden] nennen.

Denn von der Schrift her steht [fest], dass die Juden vor der Babylonischen Gefangenschaft viel mehr und größere Sünden getan haben, als sie für die [gegenwärtige] römische Gefangenschaft angeben können. Und doch hat jene Babylonische Gefangenschaft nicht länger als siebzig Jahre gedauert;[217] hinzu kommt, [dass sie damals noch ihre] Propheten und die Fürsten [aus der Dynastie Davids] hatten, die Verheißung fest [bestand] und sie ganz getröstet wurden[218], wie ich später sagen will. Aber in dieser römischen Gefangenschaft ist davon nichts [übriggeblieben], und doch steht die gräuliche Strafe vor [aller] Augen da. Sage doch, wer es kann: Was ist die Sünde, lieber Jude, sage doch, wie heißt die Sünde, für die Gott so lange über euch zornig ist und seinen Messias nicht sendet?

Der neue Bund

Zweitens [will ich sagen]: Auch wenn die Juden die Sünde nennen könnten, Gott gebe, sie hieße A oder B – und sie können es doch nicht tun –, so ist ihrer Sache damit doch nicht ge//33// holfen. [Sie] müssen dennoch der Lüge überführt werden.[219]

215 Mithilfe eines Steins wurde nach Exodus 4, 25 Gerschom, der Sohn des Mose, beschnitten.

216 Zur »Beschneidung der Ohren« vgl. Jeremia 6, 10.

217 Vgl. Jeremia 25, 11 und 29, 10 sowie 2. Chronik 36, 21; vgl. dazu auch Levitikus 26, 34.

218 Luther meint offenbar die Trostworte des Propheten Deuterojesaja.

219 WA: jnn der lugen begriffen

Denn in Jeremia 31, 31–34 steht geschrieben: »Siehe, es kommt die Zeit, spricht Gott, dass ich mit dem Haus Israel und mit dem Haus Juda einen neuen Bund schließen will. Nicht wie der Bund gewesen ist, den ich mit ihren Vätern schloss, als ich sie bei der Hand nahm, um sie aus Ägyptenland zu führen, meinen Bund, den sie nicht gehalten haben und ich sie zwingen musste; sondern das soll der Bund sein, den ich mit dem Hause Israel schließen will nach dieser Zeit, spricht der HERR: Ich will mein Gesetz in ihr Herz geben und in ihren Sinn schreiben, und sie sollen mein Volk sein, und ich will ihr Gott sein. Und keiner wird den andern noch ein Bruder den andern lehren und sagen ›erkenne den HERRN‹, denn sie sollen mich alle erkennen, beide, groß und klein, spricht der HERR; denn ich will ihnen ihre Missetat vergeben und nie mehr an ihre Sünde denken.« {316}

In diesem schönen Bibelabschnitt sind viele [wichtige] Themen [enthalten].[220] Aber weil die Juden gerne entschlüpfen und von einem [Thema] zum nächsten flattern, wenn sie fühlen, dass sie getroffen werden, sollt Ihr alle anderen Themen dieses Mal aussparen und auf diesem Thema fest beharren, weil es jetzt eingeführt ist. Wenn die Juden nämlich sagen, die Ankunft des verheißenen Messias verzögere sich wegen ihrer Sünde, so widerspricht dem Gott hier, [wenn er sagt], er wolle einen neuen, [einen] anderen Bund oder [ein neues anderes] Gesetz machen, nicht wie der [frühere] Bund oder das Gesetz Moses, und was sie gesündigt haben, solle ihn nicht daran hindern. Ja, eben deshalb, weil sie den [alten] Bund nicht gehalten haben, wolle er einen anderen neuen Bund [mit ihnen] schließen, den sie halten können. Und ihre Sünde oder [die Tatsache], dass sie seinen vorigen Bund nicht gehalten haben, soll ihn nicht daran hindern, sondern er will [ihnen] die Sünde gnädig vergeben und nie mehr [daran] denken.

Auf diesem Thema müsst Ihr nun beharren und [dies] den Juden vorhalten. Denn wie lautet es doch, wie passt es zusam-

220 WA: viel stucke

men? Die Juden sagen, die Ankunft des Messias werde dadurch verhindert, dass sie Gottes Bund nicht gehalten, sondern dagegen gesündigt haben. Gott spricht: Nein, dass sie meinen Bund nicht gehalten haben, diese Sünde will ich nicht ansehen und sie soll mich nicht hindern. Mein neuer Bund soll vielmehr gerade deshalb[221] //34// kommen, weil sie jenen Bund nicht gehalten haben, damit diese Sünde durch den neuen Bund auf ewig vergeben und vergessen werde. Hier ist es nun [an der] Zeit zu fragen: Wer lügt hier? Lügt Gott oder lügt [der] Jude [?] Denn beide stehen hier gegeneinander. [Der] Jude sagt Ja, Gott sagt Nein. Aber es bedarf gar keiner Frage. Es ist ja erwiesen, dass die Juden lügen, und ihre Ausrede, dass der Messias [seine Ankunft] wegen ihrer Sünde verzögert, nicht [zählt]. Und Gott bleibt wahrhaftig, dass er sich [durch] keine Sünde daran hindern lässt, sondern seine Verheißung und die Ankunft des Messias gehalten hat und weiterhin hält – ungeachtet ihrer Sünde und dass sie seinen Bund nicht gehalten haben.

Zeichen von Gottes Vergebung im Alten Testament

Hier könnt Ihr den Juden wohl auch das neunte Kapitel [des Buches] Deuteronomium oder des 5. Buches Moses vorhalten. Dort predigt Moses ihnen mit großer Vollmacht und vielen Worten[222], dass sie das verheißene Land Kanaan nicht aufgrund ihrer [eigenen] Gerechtigkeit einnehmen, weil sie ein halsstarriges, böses, ungehorsames Volk [sind, das] Gott immer erzürnt.[223] »Und von demselben Tag an, an dem ich euch kennengelernt habe,« (spricht er), »seid ihr dem HERRN ungehorsam gewe-

221 WA: deste mehr darumb

222 WA: mit gewaltiger predigt und vielen worten jnen sagt

223 Vgl. Deuteronomium 9, 22. Dies ist eine der wenigen Stellen in den *Judenschriften*, in denen Luther seine →Rechtfertigungstheologie anklingen lässt (»nicht aufgrund ihrer eigenen Gerechtigkeit«).

sen.«[224] Sie nehmen [das Land] vielmehr deshalb ein, weil Gott die Heiden, die dort wohnten, bestrafen wollte, und wegen seiner Verheißung, die er Abraham, Isaak, Jakob geschworen hatte.[225] Wer dies lesen und [es sich] merken will, kann mehr davon weiter in diesem Kapitel finden.[226]

Da seht nun, Moses selbst bezeugt, dass die Juden nicht aufgrund ihrer [eigenen] Gerechtigkeit oder wegen [ihrer] Buße in das Land Kanaan {317} gebracht wurden, sondern aufgrund der Verheißung Gottes, die er den Erzvätern geschworen hatte. Und er ließ sich nicht [daran] hindern, diesen Eid zu halten, obwohl die Juden mit ihren Sünden verdient hätten, dass er sie von Grund auf vertilgt hätte, wenn er seinen Eid und seine Verheißung nicht angesehen hätte. So zeigt Moses in seinem Gebet im selben Kapitel auch, dass er Gottes Zorn mit dem einzigen Wort stillte, dass Gott an Abraham, Isaak, Jakob denken sollte.[227] Diese [sind] nun längst tot. [Da] aber aufgrund der Verheißung an sie gedacht wurde, lebten sie vor Gott und vermochten alles usw.

Gott ließ sich damals durch die grauenhafte Sünde des Volkes nicht daran hindern, seine Verheißung zu halten und sie //35// in das Land [Kanaan] zu bringen, obwohl doch die Sünde des Volkes offenkundig war und klar genannt und erkannt wurde und jeder sie in der Schrift lesen kann. Wie sollte er daher jetzt diese herrlichen, gewaltigen Verheißungen vom Messias aufgrund einer Sünde des Volkes (von der sie selbst nichts wissen, die sie nicht nennen und auch nicht kennen können, die auch keine Bibelstelle zeigt und die sich kein Mensch ausdenken kann) so lange über die Zeit aufgrund einer den Juden [selbst]

224 Deuteronomium 9, 24.

225 Vgl. Deuteronomium 9, 27.

226 Mose appelliert an Gott, seine Verheißung wahr zu machen, damit »das Land, aus dem du uns geführt hast, nicht sage: Der HERR konnte sie nicht in das Land bringen, das er ihnen zugesagt hatte […] weil er ihnen feind war, um sie umzubringen in der Wüste« (Deuteronomium 9, 28).

227 Vgl. Deuteronomium 9, 27.

unbewussten Sünde zurückhalten und nicht halten und so zum Lügner werden?

Und wie käme auch der gute König David zu [der Annahme], Gottes Verheißung, die ihm von Gott geschworen wurde, sollte wegen der Sünde der Juden nicht gehalten werden? Auch die von ihm selbst begangenen eigenen Sünden, die in der Schrift auch gar klar benannt und gelesen werden (vom Ehebruch [mit Bathseba], von der Ermordung seines frommen Dieners Uria[228], von seiner Gotteslästerung[229] usw.), haben Gottes Verheißungen nicht behindert. David wiederholt dies auf seinem Totenbett mit seinen letzten Worten in seinem Testament und rühmt, es sei ein fester, sicherer Bund von Gott mit seiner Dynastie[230] gemacht worden, wie man in 2. Samuel 23, 5 liest. Und dabei weissagt er, dass die gottlosen, ungläubigen Juden ausgerottet und umgebracht werden sollen.[231]

Vielmehr [will ich sagen]: Wie käme der erste Erzvater[232] Abraham zu [der Annahme], dass Gottes Verheißungen, die ihm so reichlich zuteilwurden, lange bevor überhaupt irgendein Jude geboren wurde [und bevor das Volk] Israel [entstand], geschweige denn, dass es gesündigt hatte, wegen der Sünde seiner Nachkommen nicht gehalten werden sollten? Dabei war er doch heiliger als David und beging (nach seiner Berufung aus Chaldäa) keine Sünde mehr.[233] Dies kann man auch von Isaak und Jakob sagen[234],

228 2. Samuel 11, 1–12, 15.

229 Wahrscheinlich meint Luther Davids Selbstverfluchung in 2. Samuel 12, 5.

230 WA: zu seinem Hause

231 Vgl. 2. Samuel 23, 5–6: »Aber die ruchlosen Leute sind allesamt wie verwehte Disteln […] wer sie angreifen will, muss Eisen und Spieß an der Hand haben; sie werden mit Feuer verbrannt an ihrer Stätte.« In *Von den letzten Worten Davids* geht Luther erneut auf diesen Text ein (vgl. unten).

232 WA: heupt Patriarcha

233 Zur Vorstellung, dass die Vorfahren der Erzväter Götzendiener waren, vgl. Genesis 31, 19; 35, 2; Josua 24, 2.

234 Die Behauptung, Jakob sei ohne Sünde gewesen, lässt an die Erzählung von seiner Erschleichung des Erstgeburtssegens in Genesis 27

denen [Gott] diese Verheißung ebenfalls zukommen ließ und [sie] bestätigte. [Er] nennt sich deshalb in der ganzen Schrift auch der eine Gott Abrahams, Isaaks und Jakobs. Und [Gott] konnte offenbar[235] trotz ihrer ungehorsamen Kinder und Nachkommen[236] (wie Mose sie nennt[237]) nicht aufhören, ihr Gott zu sein. [Und er konnte auch] kein Lügner werden; die Juden machen sich vielmehr selbst mit solchen faulen Ausreden zu Lügnern und Gotteslästerern.

Zuletzt steht im ersten Gebot, dass Gott den unge{318}horsamen Kindern Israels (denen dieses Gebot ge//36//geben ist) bis in die dritte und vierte Generation zürnen will.[238] Nun sind die Juden 1500 Jahre unter dem Zorn Gottes, und es ist noch kein Ende. Diese Jahre machen weit mehr als drei oder vier Generationen aus. Dabei wurden doch Heiden, die niemals eine Verheißung Gottes erhalten haben, nie solange geplagt. Wie sollte [Gott] denn die Verheißungen, die er Abraham, Isaak, Jakob, David und allen Propheten gab, so schändlich vergessen und es so lange hinauszögern und dazu nicht einmal eine Andeutung machen, wann das Exil an sein Ende kommen soll.[239] Denn daran hält die Schrift durchaus fest: Gott will der Gott Abrahams, Isaaks, Jakobs und ihres Samens sein und bleiben.[240] [Er will]

---

denken; in seiner Genesisvorlesung legt Luther diesen Text aber zugunsten Jakobs aus: Wohl habe er, als er sich seinem Vater gegenüber als sein Bruder Esau ausgab, gelogen (»*manifestum autem mendacium est*«), doch habe er mit der Behauptung, Gott selbst habe ihm das Wildbret so schnell beschert (Genesis 27, 20), voller Vertrauen auf Gott und »wunderbar gelogen« (»Mentitur magnifice«); vgl. WA 43, 515, 30. 36 f. Genesis 27, 20; eine ähnliche Auslegung findet sich bei Raschi z. St.

235 WA: freilich

236 WA: umb jrer ungehorsamen kinder und nachkomen willen

237 Vgl. Numeri 17, 25.

238 Vgl. Exodus 20, 5 und Deuteronomium 5, 9.

239 WA: Wann des Elends ein ende sein sol

240 Vgl. Genesis 17, 8 und Galater 4, 28. Luther nimmt hier das Thema der Abrahamssohnschaft aus seiner Schrift *Dass Jesus Christus ein geborener Jude sei* wieder auf (WA 11, 317, 30–320, 7; vgl. oben S. 12 ff.).

auch Davids Thron[241] nicht fallen lassen oder abschaffen[242], der doch nun schon 1500 Jahre lang gefallen ist und darniederliegt, wie sie selber fühlen und begreifen müssen, obwohl sie es nicht sehen oder hören können.

Weil dies nun klar und offenkundig ist, dass die Juden keine Sünde nennen können, wegen derer Gott seine Verheißung so lange hinauszögern und demnach ein Lügner sein sollte, und auch wenn sie eine oder mehrere Sünden nennen könnten, werden sie dennoch durch Gottes Wort zu Lügnern. Denn Gott überführt sie [der Lüge]. Seine Verheißung, den Messias zu senden und den Stuhl Davids auf immer zu erhalten, wollte er trotz ihrer Sünde nicht hinfällig werden lassen. So ergibt sich hieraus der unanfechtbare Schluss[243], dass einer der beiden [Sätze] wahr sein muss: Entweder muss der Messias vor 1500 Jahren gekommen sein, oder Gott muss gelogen (Gott verzeihe mir, so schändlich zu reden) und seine Verheißung nicht gehalten haben. Und [ich] sage es noch einmal: Der Messias musste vor 1500 Jahren kommen, als der Thron Davids, das Fürstentum Judas, das Priestertum Israels, der Tempel und Jerusalem noch bestanden, als das Gesetz Moses und sein gestifteter Gottesdienst noch währten, und das Volk noch unter [eigener] Regierung[244] zusammen in Jerusalem wohnte, bevor alles so grauenhaft zerfiel und verwüstet wurde. [Wenn es] nicht [so war], hat Gott gelogen. Das können die Juden nicht leugnen, wenn sie noch bei →Vernunft sind.[245] Die verstockten [Juden] mögen sich drehen und wenden, ringen und winden, mit was für Ränken sie wollen oder kön-

241 WA: David stuel

242 Vgl. Ezechiel 34, 23 f.

243 So schleusst sichs hieraus gewaltiglich

244 WA: im Regiment

245 Rechnete Luther hier – anders als 1543 – noch mit der Möglichkeit einer Art »Bekehrung« einer gewissen Anzahl von Juden? Vgl. dazu auch weiter unten im Text (WA 50, 322, 35 f. – unten S. 78 f.); freilich rief er die Juden nicht zum *Glauben* auf, sondern appellierte an ihre →*Vernunft*; zu den etwaigen missionarischen Hoffnungen Luthers vgl. das Nachwort.

nen – ihre Ausreden und Ausflüchte werden angesichts dieser offensichtlichen Wahrheit zunichte. //37//

Ist nun der Messias gekommen, so ist Gottes Verheißung gehalten und erfüllt worden. Sie haben dies aber nicht angenommen und nicht geglaubt, sondern Gott durch ihren Unglauben fortwährend Lügen gestraft usw. So ist es denn auch kein Wunder, dass Gottes Zorn sie zerstört und Jerusalem, [den] Tempel, [das] Gesetz, [das] Fürstentum [und das] Priester{319}tum in Asche gelegt, sie unter alle Heiden zerstreut hat[246] und nicht aufhört, sie zu strafen[247], solange sie die göttliche Verheißung und [ihre] Erfüllung in ihrem Unglauben und Ungehorsam Lügen strafen und lästern. Denn vom Messias sollten sie den (von Jeremia verheißenen[248]) neuen Bund angenommen und den Messias empfangen haben. Der hatte den Befehl, sie recht vom Thron Davids, vom Priestertum, vom Gesetz des Mose, vom Tempel und von allen Dingen zu lehren, wie Moses in Deuteronomium 18, 15 schreibt: »Einen Propheten wie mich wird dir der HERR, dein Gott, erwecken aus dir und aus deinen Brüdern; dem sollt ihr gehorchen.« Denn Gott sagt, er wolle sein Wort in seinen Mund legen und mit ihnen reden.

Hier möchten sie vielleicht einwenden, Gott habe wegen ihrer Sünden wohl mehrmals seine Hilfe hinausgezögert, als er sie in Ägypten so lange plagen ließ. Und danach machte er in der Wüste wegen ihrer Sünde aus vierzig Tagen vierzig Jahre. Auch ließ er sie zuletzt wohl siebzig Jahre im Exil oder in der Babylonischen Gefangenschaft usw.[249] Ja, wenn sie mit diesen [Argumenten] kommen, so kommen sie eben recht. Und Ihr sollt diese [Gelegenheit] wahrnehmen, um sie erneut bei offensichtlicher Lüge und falschen Ausflüchten zu ertappen und sollt so [zu ihnen] sprechen:

---

246 Levitikus 26, 32 f.

247 WA: plagen

248 Jeremia 31, 31–34.

249 Jeremia 25, 11; 29, 10; 2. Chronik 36, 20 f.

Gott bestraft wohl die Sünder. Er versucht seine lieben Heiligen auch mit Unglück. Aber seine Verheißung lässt er nicht zur Lüge und nicht hinfällig werden. Denn er ist die Wahrheit selbst und seinem Wesen nach[250] und kann daher nicht lügen.[251] Und wenn er auch zuließ, dass die Israeliten in Ägypten geplagt und versucht wurden, ließ er seine Verheißung doch nicht hinfällig werden. Ja, noch viel mehr: Bevor die Israeliten geschaffen oder geboren wurden, auch bevor Abraham ein Kind hatte, sorgte Gott so fleißig für sie, dass er Abraham in Genesis 15, 13–16[252] verkündigte und verhieß, wie sein Same (den er noch nicht hatte) 400 Jahre im Exil sein und danach mit //38// großem Gut ausziehen sollte. Diese Verheißung hat er in der Tat gehalten und [die Israeliten] so nach vierhundert Jahren aus dem ägyptischen Exil geführt[253], obwohl auch [damals] genügend Sünden da waren. Denn sie widersetzten sich Mose stark genug, wie sie selbst rühmen: »Haben wir es dir nicht schon in Ägypten gesagt: Lass uns in Ruhe, wir wollen den Ägyptern dienen?«[254]

Eine solche Verheißung haben die Juden in ihrem jetzigen Exil aber jetzt noch nie gehabt. Hinzu [kommt, dass] Gott den Israeliten zur damaligen Zeit die Erzväter gab, die große Propheten waren.[255] Und [er] schickte [ihnen] vor dem Exil [in Ägypten] Josef voraus, der ihnen ein Heim bereiten musste, damit sie in Ehren empfangen würden. Und demnach war Gott immer bei ihnen und hielt seine Weissagung und Verheißung aufrecht, sodass sie gewiss waren, [dereinst] aus Ägypten geführt zu wer-

250 WA: wesentlich

251 Vgl. Numeri 23, 19.

252 WA: am sechzehenden Capitel

253 Nach Exodus 12, 40 blieben die Israeliten 430 Jahre in Ägypten; vgl. auch Galater 3, 17 sowie Luthers Auslegung von Genesis 15, 13–16 in WA 42, 572–573; Luther stützt sich dort auf Informationen des Nicolaus von →Lyra und versucht, die unterschiedlichen chronologischen Angaben auszugleichen.

254 Exodus 14, 12.

255 Die Erzväter hatten vorhergesagt, dass die Israeliten aus der Gefangenschaft in Ägypten erlöst werden sollten.

den. Dies sagte auch Josef auf seinem Sterbebett, und darum befahl er, seinen Leichnam aus Ägypten mitzunehmen.[256] {320}

Jetzt aber, in ihrem letzten römischen Exil, ist nichts davon vorhanden. Kein Prophet ist [mehr] da, und [sie] haben auch aus der Schrift keine Weissagung, wie lange dieses Exil dauern soll.[257] [Sie] müssen [daher] auf unbestimmte Zeit so jämmerlich gequält werden und ohne Propheten und Gottes Wort in die Irre gehen. So etwas hat Gott zuvor noch nie getan; [er] würde es auch [immer] noch nicht tun, wenn sein Messias nicht gekommen und seine Verheißungen nicht erfüllt [worden] wären. Denn er hat verheißen, dass der Thron Davids nicht zugrunde gehen und das Opfer des Priestertums nicht aufhören sollen.[258] Dennoch liegen nun [schon seit] 1500 Jahren beide, der Thron Davids und der Altar Moses, mitsamt [der Stadt] Jerusalem zerstört und wüst da. Und Gott schweigt [noch] immer still. Das hat er weder in Ägypten noch im zweiten [Babylonischen] Exil

256 Genesis 50, 25.

257 Das Fehlen der Prophetie im gegenwärtigen Exil ist ein Motiv, das auch in der 1523 in Straßburg gedruckten *Epistola Rabbi Samuels* eine Rolle spielte (vgl. dazu oben Anm. 160); dieser Text, dessen Authentizität aber nicht gesichert ist, wurde in der Reformationszeit viel gelesen und prägte weithin das Bild vom Judentum (Kaufmann, »Judenschriften«, 42–57). Für unseren Zusammenhang ist von Bedeutung, dass die *Epistola* in die Luther-Gesamtausgaben des 16. Jahrhunderts aufgenommen wurde (a. a. O., 169). Möglicherweise enthält Luthers Argument auch eine Spitze gegen die messianischen Aufbrüche, die im frühen 16. Jahrhundert im aschkenasischen Judentum von sich reden machten: Der Messiasprätendent Ascher Lemlein aus Reutlingen, der gegen 1500 in Erscheinung trat und in Norditalien wirkte, entfaltete seine Tätigkeit vor dem Hintergrund der Erwartung des baldigen Endes der gegenwärtigen Leidenszeit der Juden und beanspruchte, prophetische Gaben zu besitzen; vgl. Voß, Umstrittene Erlöser, 59 f. Auch das Auftreten der beiden messianischen Gestalten David Re'uveni und Salomo Molcho – Letzterer wurde 1532 auf dem Regensburger Reichstag vom Karl V. empfangen – war von einer durch eschatologische Spekulationen genährten Aura begleitet; vgl. Voß, a. a. O., 170 f.

258 Vgl. Jeremia 33, 18.

getan. Und er kann und will es auch nicht tun, seine Verheißung lügen zu lassen.

Seine Abraham gegebene Verheißung, dass seine Nachkommen[259] in das Land Kanaan kommen und es als Erbe einnehmen sollten, vergaß er auch nicht in der Wüste, als sie vierzig Jahre lang geplagt wurden. Er brachte sie vielmehr hinein, wie er [ihnen] versprochen hatte. Er hatte aber keine Zeit festgesetzt, in wie viel Tagen er sie hineinbringen wollte. Hätten sie nicht gesündigt, wären sie [daher] in Kürze hineingekommen. Aber weil sie sündigten, //39// verhieß er ihnen dennoch auch im Zorn, dass sie erst in vierzig Jahren hineinkommen sollten entsprechend der Zahl der vierzig Tage, die die Kundschafter bei der Besichtigung des Landes zugebracht hatten. So wurden aufgrund ihres Murrens aus den vierzig Tagen vierzig Jahre, wie der Text sagt.[260] Dennoch hielt er seine Verheißung, und nach vierzig Jahren kamen [sie] hinein, wie zornig er [auch] über sie war.

In der Zwischenzeit verließ er sie dabei nicht, sondern zeigte sich [ihnen] mit vielen Wundern. Tag und Nacht ließ er ihnen die Wolken- und die Feuersäule dienen[261], speiste sie täglich mit Himmelsbrot[262], gab ihnen Wasser aus dem Felsen[263] [und nährte sie mit] Fleisch und Vögeln.[264] Er ließ ihre Kleider und Schuhe nicht zerreißen, baute eine Stiftshütte[265], ordnete die Stämme Israels, stand Moses, Aaron und den anderen Propheten bei, strafte Korach, Dathan [und] Abiram[266] und erwies ihnen viele solcher Wohltaten, denen sie entnehmen konnten, dass Gott bei ihnen war und sie trotz ihrer Sünde nicht verließ, sondern seine Verheißung dennoch treu hielt – über ihre vielfältige Bosheit [hinweg] und trotz [ihrer Sünden]. Und dabei werden ihre Sün-

259 WA: sein Same
260 Vgl. Numeri 14, 34.
261 Vgl. Exodus 13, 21–22; Numeri 9, 15–23.
262 Vgl. Exodus 16, 4–35.
263 Vgl. Numeri 20, 7–11.
264 Vgl. Exodus 16, 13.
265 WA: ein Tabernackel
266 Vgl. Numeri 16, 1–35.

den und ihre Bosheit dort ganz ausführlich genannt und [blieben] nicht unbekannt.

Jetzt aber in diesem [ihrem] letzten Exil ist von alledem nichts [mehr vorhanden]. Es ist keine Sünde genannt, die sie angeben könnten, es gibt keinen Propheten, keine Zeit [für das Ende des Exils] ist festgesetzt, es gibt keine Zeichen, keine Wunder, keine öffentliche Wohltat [Gottes], an der sie Gottes Gnade spüren könnten. Auch [haben sie] in ihrem Exil keinen festen Standort[267] (wie es das Land Ägypten und die Wüste waren). Sie sind vielmehr immer ohne feste Heimat {321} und werden hin und hergeworfen.[268] Heute nisten sie hier, morgen werden sie vertrieben und ihre Nester zerstört.[269] Und da ist kein Prophet, der spräche: Flieht dorthin oder hierher. Sie müssen vielmehr auch des Ortes ihres Exils ungewiss sein und schweben im Winde, wo er sie hinweht. Dies alles ist noch nie geschehen. Ägypten, die Wüste und Babylon waren vielmehr feste Stätten, in denen sie ihr Exil erlitten. Und sie hatten Gottes Wort und die Propheten immer bei sich, auch Gottes deutliche Offenbarung.[270] Aber hier ist es doch zu gar verlassen und dauert ja zu lange, dass Davids Thron wüst daliegt und [die Ausübung] des Gesetzes Moses im Tempel von Jerusalem unterlassen wird, wofür [das Gesetz doch eigentlich] gestiftet wurde. //40//

Als sie aber ins Babylonische Exil getrieben wurden[271], vergaß Gott seine Verheißung nicht und verließ sein Volk auch nicht, sondern bestimmte ihnen eine gewisse Zeit, nämlich

267 WA: keine gewisse stat nach ort jres Elendes

268 WA: Sondern sitzen jmer auff der schuckel (d. h. Schaukel) und wurffschauffel

269 Luther denkt an die Vertreibungen der Juden aus England (1290), Frankreich (1322), Spanien (1492) und Portugal (1496), aber auch an die Verfolgungen und Vertreibungsdekrete zu seiner eigenen Lebenszeit in Pilsen und Budweis (1503–1505) sowie Regensburg (1519). 1541 sollte es durch eine Verordnung Ferdinands I. zur Vertreibung aller Juden aus Böhmen kommen.

270 WA: offenberliche Erzeigung

271 WA: Eben also, da sie jns Elende gen Babel getrieben wurden

siebzig Jahre [und] einen gewissen Ort, nämlich Babylon. Und [er] sicherte ihnen zu, dass sie nach siebzig Jahren wieder nach Jerusalem kommen sollten und ihr Fürstentum und Priestertum Bestand haben würde. Dazu gab er ihnen vortreffliche Propheten wie Jeremia und Ezechiel, Daniel und die anderen[272], durch die sie in der Zwischenzeit getröstet und erhalten wurden. Auch durch große Wunder und Wohltaten, die er durch Daniel tat, zeigte er [ihnen], dass er bei ihnen war und sie nicht verlassen hatte. Auch wurde die königliche Person Jechonja bei dem babylonischen König hoch über alle Könige erhoben,[273] sodass der Thron Davids und das Priestertum nicht verfielen, sondern auch die Personen bis zum Ende des Exils blieben. Auch hatte [Gott] lange zuvor durch Jesaja den König Kyros benannt, der sie befreien sollte.[274] Dieser [Prophet hatte] zuvor auch viel von dieser Gefangenschaft geweissagt und die Sünde nicht verschwiegen, sondern sie (wie Jeremia) klar benannt. Man weiß daher gut, wegen welcher Sünde sie so bestraft wurden.

Vergleich der göttlichen Exilstrafen

Darum passen diese drei Exilstrafen in Ägypten, in der Wüste und in Babylon nicht mit diesem letzten römischen Exil zusammen. Denn dort ist die Sünde offensichtlich. [In diesen Fällen] sind [die] Weissagung und [die] Verheißung da, sind [die] Propheten und [die] Personen da, sowohl der Thron Davids als auch der Altar des Moses, [und] eine bestimmte Zeit steht [für das Ende des Exils] fest. Das heißt: Wenn Gott sich so gegenüber sei-

272 WA: und seine gesellen

273 Jeremia 24, 1; 27, 20; 28, 4; 29, 2.

274 Jesaja 45, 1. Luther geht selbstverständlich davon aus, dass dieses Wort, das vom persischen Großkönig Kyros handelt, dem Propheten Jesaja (8. vorchristliches Jahrhundert) und nicht dem Exilspropheten Deuterojesaja zuzuschreiben ist, den die moderne Bibelwissenschaft vom »ersten Jesaja« (Protojesaja, Kapitel 1–39) unterscheidet.

nem Volk verhält und so zu ihnen steht, [wenn er sie] so gut regiert[275] und [ihnen] zuspricht, kann man das nicht ein Verlassen oder Vergessen der göttlichen Zusage nennen. Ebenso kann man das nicht ein Verlassen nennen, als er in Ägypten für die Israeliten sorgte, bevor sie geboren waren, sondern Abraham gegenüber, noch bevor dieser ein Kind hatte, die Zeit [für die Rückkehr der Israeliten aus dem Exil] festsetzte.[276] Lies Jeremia im 30. und 31. Kapitel, so findest du, wie Gott, noch bevor sie ins Exil kamen, ohne Ansehen der Sünde, wegen derer sie ins Exil getrieben werden sollten, so jämmerlich klagt, dass {322} sein Volk in Babel im Exil ist, als wäre er eine weinende Mutter.[277] //41//

Wie sollte er denn seine Verheißung in diesem [gegenwärtigen] Exil so jämmerlich vergessen haben oder hinfällig werden lassen oder sich so fremd stellen, da sie [heute] doch keine Sünde haben, die man [als Grund für ihre Bestrafung] nennen könnte? Und diese Verheißung vom Messias ist doch die allerherrlichste und mächtigste, auf die auch alle anderen Weissagungen, Verheißungen und das ganze Gesetz gerichtet sind, sodass die anderen Verheißungen (die [die Israeliten] in Ägypten, in der Wüste [und] in Babylon [erhielten], im Vergleich zu) dieser Hauptverheißung vom Messias ganz gering zu schätzen sind.[278] Gott hat nun dort und damals an den geringeren Verheißungen festgehalten und das Volk in den kleinen [Situationen des] Exils so herzlich getröstet, durch Personen und Wohltaten eine Zeit [für das Ende des Exils] bestimmt und sich auf verschiedene Weise als ihr treuer Gott erwiesen und ohne Unterlass für sie gesorgt. Wie ist es [dann] möglich? Wie kann man es glauben? Wie passt es zusammen, dass er in diesem grauenhaften, langen, großen Exil so gar nicht an seinen herrlichen Ver-

275 WA: vleissig sie fasset

276 Vgl. Genesis 15, 16–21 und Luthers Auslegung dieser Stelle in WA 42, 574, 6–23 (mit Bezug auf Römer 4, 17).

277 Vgl. auch Klagelieder Jeremias 1, 16 und 2, 1–5.

278 Vgl. Jeremia 31, 31–34.

heißungen festhalten sollte, die er David gegeben hat, dass sein Thron ewig und fest bleiben solle, wie David in seinen letzten Worten in 2. Samuel 23, 5[279] rühmt und wie es viel mehr die Schriften der Propheten Jesaja [und] Jeremia auch tun?

Die Juden mögen von [ihren] Sünden, um derer willen sie leiden, sagen, was sie wollen, (denn sie lügen). Jedenfalls hat Gott nicht ihrer Sünde und nicht ihrer Gerechtigkeit, sondern David einen ewigen Thron zugesagt und geschworen. Und auch wenn er den Juden [sein Versprechen] wegen ihrer Sünde (die sie doch nicht nennen) nicht halten wollte, so würde er darum doch David weder anlügen noch ihm etwas schuldig bleiben. Ihm hatte er es verheißen, wie er in Psalm 89, 4[280] auch singt. Weil denn der Thron Davids nun etwa 1500 Jahre lang zerstört daliegt, der doch (spricht Gott) nicht zerstört werden und nicht fallen soll, so ist es unwiderlegbar, dass der Messias vor 1500 Jahren gekommen sein muss, um den Thron seines Vaters David in Besitz zu nehmen und auf ewig zu besitzen. Andernfalls müsste Gott aufgrund böser Leute und ungehorsamer Juden in seiner allerherrlichsten Verheißung zum Lügner geworden sein. Das wollte Gott nicht und wird es auch nie wollen; die Juden lügen vielmehr Gott an und betrügen sich selbst, indem sie Gott die Schuld geben, er habe David //42// nicht Treu und Glauben gehalten, weil er den Messias nicht so geschickt hat, wie sie es gerne hätten und wie sie es ihm vorschreiben und andichten.[281]

Dieses Argument kenne ich fürwahr. Wo es noch vernünftige Juden gibt, muss es sie bewegen und auch die Verstockten [unter ihnen] ein wenig irremachen.[282] Denn {323} sie können nichts Stichhaltiges dagegen aufbringen. Bewegt es sie nicht

279 WA: am Ersten Capitel – Zu diesem Text vgl. Luthers Auslegung in *Von den letzten Worten Davids* (vgl. unten S. 247 ff.).

280 WA: im acht und achzigsten Psalm – Luther zitiert nach der Septuagintazählung der Psalmen; Sprecher des Verses ist nach ihm Gott selbst (oder Christus).

281 WA: furmalen und anbilden

282 Zu den diffusen Hoffnungen Luthers auf eine »Bekehrung« der Juden vgl. oben Anm. 245.

oder bringt es sie nicht zur Umkehr, so haben wir immerhin unseren Glauben damit wohl bestätigt, dass uns ihre faulen, unnützen Lügen und falschen Geschwätze nichts schaden können. Und wo sie nicht richtig über dieses Argument mit Euch reden, sondern zur Seite flattern mit anderem Geschwätz, wie sie es immer tun, so lasst sie fahren und geht davon. Denn daran könnt ihr merken, dass sie mit Geschwätz[283] und Lügen umgehen.

283 WA: teidingen und lügen – Hier steht der Begriff (lugen teydingen), mit dem Luther in *Dass Jesus Christus* die Ritualmordbeschuldigung abgewehrt hatte (WA 11, 336, 24–25; vgl. oben S. 52).

3. Zweites Kapitel: Die Vorläufigkeit des Mosegesetzes

Wenn Ihr schreibt, dass die Juden [sich] rühmen, ihr Gesetz solle ewig bleiben und wir Heiden müssten Juden werden, so sollt Ihr darauf [so] antworten:

Jesus ist der »Prophet nach Mose« (Deuteronomium 18, 15)

Erstens: Wenn es wahr ist, dass der Messias gekommen ist, so wissen sie selbst, dass ihr Gesetz am Ende ist. Denn [das Gesetz des] Mose soll nur bis zur Zeit des Messias Geltung haben, wie er in Deuteronomium 18, 15 sagt, dass sie den Propheten hören sollen, den Gott nach ihm erwecken wird. Und unter ihren eigenen Lehrern geht auch ein solches Sprichwort um: »*Cum venerit sanctus sanctorum, cessabit unctio vestra*«. Das heißt: Wenn der Heilige aller Heiligen kommt, wird eure Salbung aufhören.[284] Salbung heißt das Priestertum und das Königreich, das Mose über sie und unter ihnen gestiftet hat. Denn der Messias soll dem Volk Israel und dem Stuhl Davids ein neues und besseres [Priestertum und Königreich] stiften.

Das Gesetz wird schon 1500 Jahre lang nicht mehr voll angewendet

Zweitens: Wie passt es zusammen, dass ihr Gesetz auf ewig Geltung haben soll, wo es doch nun [schon] 1500 Jahre lang zusam-

284 Das dem biblischen Daniel zugeschriebene Sprichwort lässt sich in einem im 12. Jahrhundert entstandenen anglonormannischen Mysterienspiel nachweisen, das Thomas Wright (Chester Plays, 270) unter dem Titel *The Legend of the Three Kings of Cologne* in seine Edition aufgenommen hat; vgl. auch Grass, Adamsspiel, 44. Nach Bonnell (The Source, 336) geht die Redewendung auf eine pseudo-augustinische Predigt zurück.

men mit dem Priestertum, dem Tempel, dem Fürstentum und dem Gottesdienst in der Asche liegt. Ich meine ja, das bedeutet ein Aufhören des Gesetzes. Denn sie können Moses Salbung oder Gesetz außerhalb des Landes und Jerusalems nicht halten, wie sie nicht leugnen können und wohl wissen. //43// Und Gott hätte dieses Gesetz sicherlich nicht hinfällig werden lassen und auch nicht so lange liegen lassen, wenn er gewollt hätte, dass es auf immer und ewig gehalten wird. Darum sollt Ihr zu ihnen sagen, dass sie zuerst selbst anfangen, Moses Gesetz zu halten und Juden werden (denn sie sind nicht mehr Juden, weil sie ihre Gesetze nicht halten). Wenn sie das getan haben, so wollen wir ihnen schnell nachfolgen und ebenfalls Juden werden. Sie hätten aber vor 1500 Jahren anfangen müssen, als sie noch im Lande und in Jerusalem waren, als sie noch [den] Tempel, [das] Priestertum und [eine] Regierung[285] hatten. Und damals hätten sie darauf bedacht sein oder etwas dazu beitragen müssen, dass es die 1500 Jahre lang nicht hinfällig wird und nicht aufhört und demnach seine Ewigkeit nicht verliert. Stattdessen sind sie, ohne Mose, nun selbst nun ganz jämmerliche Unjuden geworden.[286]

Aber das ist nun versäumt worden und nicht geschehen; so lasst sie noch hinfahren ins Land und nach Jerusalem, [lasst sie den] Tempel bauen, [das] Priestertum, [das] Fürstentum {324}

285 WA: Regiment

286 WA: und selbs nun nicht mehr so jemerlich UnJuden und on Mose worden weren – Während Zweifel an der Identität der Juden hier damit begründet werden, dass sie ohne das vollständige Halten des Gesetzes eigentlich keine Juden seien, macht Luther in *Vom Schem Hamephorasch* »rassische« Gründe geltend: Die Juden hätten sich inzwischen mit »zugelaufenen, fremden Verbrechern [buben] oder Zigeunern« vermischt. Es sei nur der Prophetie des Neuen Testaments zu verdanken, dass in der Gegenwart überhaupt noch von Juden die Rede sein könne (WA 53, 614, 23 – 615, 21 = LK, 87 f.). In Lukas 21, 24 heißt es, dass die Juden unter alle Völker zerstreut sein müssten, »bis die Zeit der Heiden erfüllt ist«; Luther folgt hier dem Geschichtsverständnis Augustins.

und Mose mit seinem Gesetz [wieder] aufrichten, sodass sie selbst wieder Juden werden und das Land besitzen. Wenn das geschehen ist, so sollen sie uns bald sehen, wie wir ihnen auf den Fersen folgen, ihnen nachkommen und ebenfalls Juden werden. Tun sie das nicht, so ist es über die Maßen lächerlich, dass sie uns Heiden zu ihrem verfallenen Gesetze bereden wollen, das nun wohl 1500 Jahre verfault und kein Gesetz mehr gewesen ist. Und wir sollten halten, was sie selbst nicht halten und nicht halten können, solange sie Jerusalem und das Land nicht haben. Sie lassen sich aber davon träumen, sie wollen es mit der Zeit [doch] noch halten, wenn der Messias kommt. So wollen wir einstweilen freibleiben und nicht an ihren Traum glauben, bis er wahr wird.

Hieraus sollt Ihr, lieber Freund, ja wohl begreifen, mit wie nichtssagenden Possen[287] die Juden umgehen, dass ihr Gesetz des Moses ewig bleiben solle. Dabei ist es nun wohl [schon] 1500 Jahre lang hinfällig geworden und nicht [in Geltung] geblieben. Und [sie] wissen noch nicht, wie lange es [außer Geltung] bleiben wird. Wir Christen wissen aber, dass es auf ewig [außer Geltung] bleiben wird und [das Gesetz] durch den Messias auch bei den richtigen Juden[288] und Nachkommen Davids ganz und gar aufgehoben wurde – und erst recht bei uns Heiden, denen dieses //44// Gesetz Moses nie gegeben, befohlen oder aufgelegt wurde. Denn weil es Gott selbst die 1500 Jahre lang hat hinfällig werden lassen, kann man gut ermessen, dass er es außer Acht gelassen hat und nach dem Gehorsam oder dem Dienst dieses Gesetzes nicht mehr fragt. Sonst hätte er es nicht hinfällig werden lassen oder wenigstens mit neuen Verheißungen die Zeit [seiner Wiedereinsetzung] bestimmt und daneben durch prophetische Worte und Sendboten eine Verfügung getroffen und geregelt[289], wie lange er es verfallen [und außer Geltung] lassen

287 WA: faulen, lamen zoten

288 Als »rechte Juden« gelten Luther offenbar Judenchristen wie der mit ihm befreundete Bernhard Gipher.

289 WA: mit Propheten und personen versichert und verfasset

wollte (wie oben in anderen Zusammenhängen gesagt). Das hat er [aber] nicht getan. Darum ist das Gesetz des Moses ganz an sein Ende gekommen. Es ist nicht als ein ewig bleibendes Gesetz gestiftet, sondern hinfort ein ewig verlassenes Gesetz geworden.

Die Bedeutung des hebräischen Wortes le'olam

Wenn die Juden aber mit dem Wort *le'olam* [לעולם] fechten – Moses sagt ja, diese und jene Gesetze (die er ihnen gibt) sollen sie *le'olam*, das heißt »auf ewig«, halten[290] –, wissen sie selbst, die Schälke, sehr wohl, dass es lauter dummes Geschwätz[291] ist, um die in der hebräischen Sprache Ungelehrten zum Narren zu halten. Denn vor mir oder einem [anderen], der nur ein wenig Hebräisch versteht, würden sie ein solch dummes Geschwätz nicht vorbringen dürfen, [es sei] denn, sie wollten scherzen oder ein Gelächter anrichten. Moses selber schreibt in Exodus 21, 6[292]: »Wenn ein Hausknecht, nachdem er ausgedient hat, nicht von seinem Herrn [loskommen], sondern für immer [bei ihm] bleiben will, soll der Hausherr sein Ohr mit einem Pfriemen an dem Türpfosten durchstechen (zum Zeichen, dass er für immer im Hause angeheftet bleiben will).« Und [dann] soll er *le'olam*, das heißt auf ewig, Knecht des Herrn bleiben. Hier wissen die Juden wohl, dass weder der Herr noch der Knecht noch das Haus ewig bleiben. {325} [Sie] müssen ja alle sterben, vergehen und verändert werden. Dennoch heißt es hier [bei] Mose *le'olam*, das heißt ewig. Das erklären sie selber [dass *le'olam*] eine unbestimmt lange Zeit unter den Menschen [heißt].[293] Solche Bei-

290 Vgl. z. B. Exodus 19, 9: »Und der HERR sprach zu Mose: Siehe, ich will zu dir kommen in einer dichten Wolke, auf dass dies Volk es höre, wenn ich mit dir rede, und dir für immer (לְעוֹלָם) glaube.«

291 WA alfenzen

292 WA: Exodi am zwey und zwentzigsten

293 WA: fur und fur und on gewisses ende bey den menschen kindern – Nach →Raschi und Nachmanides ist die Zeit bis zum nächs-

spiele [des Gebrauchs] von *le'olam* gibt es noch mehr in der Schrift.[294]

Wenn ich aber Moses wäre, wollte ich meinen Schülern, den Juden, eine gute Ohrfeige[295] geben. Dies wollte ich [ihnen] sagen: Ich habe doch oft nicht nur schlechterdings *le'olam* [gesagt], sondern [in ähnlicher Bedeutung] auch diese [hebräischen] Worte gebraucht: *ledorotham* [לדרתם][296], *benothechem* [בנתיכם][297], *ledorothechem* [לדרותיכם][298], *moschwothechem* [מושבתיכם][299], das heißt, so//45// lange ihr in euren Wohnungen wohnt oder bleibt.[300] Das kann nicht anders verstanden werden [als]: Es soll von euch auf ewig gehalten werden, solange ihr in euern Wohnungen wohnt oder bleibt. Nun sind sie ja wohl 1500 Jahre aus ihren Wohnungen, das heißt aus dem Lande ihrer Wohnungen, vertrieben und nicht das Volk geblieben, [als] das sie von Moses gestiftet wurden. Und sie haben nun wohl 1500 Jahre keine eigene Wohnung gehabt, auch keine Verheißung auf eine bestimmte Zeit, wie lange sie noch ohne ihre Wohnung im Exil[301] umherirren und im Ungewissen sein sollen. Darum hat Moses gut darauf achtgegeben, weil er seine Stiftung und sein Gesetz nicht weiter auf ewig

---

ten Erlassjahr gemeint, d. h. höchstens 50 Jahre; vgl. Babylonischer →Talmud, Traktat Qidduschin 15a.

294 Nachmanides (Kommentar zu Exodus 21, 6) nennt die beiden Bibelstellen 1. Samuel 1, 22 und Kohelet 1, 10 (לעלמים).

295 WA: schilling

296 D. h. »für [alle] ihre Generationen«; vgl. Genesis 17, 7. 9; Exodus 12, 42; 27, 21; 30, 21; 31, 16; Levitikus 7, 36; 21, 17; Numeri 15, 38.

297 D. h. »eure Töchter«; gemeint sind offenbar Verse, in denen die Wendung »eure Söhne und Töchter« allgemein mit »eure Nachkommen« übersetzt werden kann und insofern auf eine unbestimmte (aber nicht unendliche) Zukunft gerichtet ist, vgl. Levitikus 26, 29; Deuteronomium 12, 12.

298 D. h. »für [alle] eure Generationen; vgl. Exodus 12, 14. 17; 16, 32; 29, 42; 30, 8. 10; 31, 13; Levitikus 3, 17; 6, 11; 10, 9; 22, 3; 23, 14. 21. 31. 41. 43; 24, 3; Numeri 9, 10; 10, 8; 15, 14–15. 21. 23; 18, 23; 35, 29.

299 D. h. »eure Wohnungen«; vgl. Levitikus 3, 17; 23, 14. 21. 31.

300 Vgl. Levitikus 3, 17; 23, 14. 21. 31 und Numeri 35, 29.

301 WA: im Elende

haben wollte, sondern [nur] solange sein Volk bliebe und seine Wohnung behielte. Darum kann in diesem Zusammenhang[302] *le'olam* nicht ewig heißen, was es sonst heißt, wo es ohne diesen Zusammenhang einfach ewig heißt, wie Gottes Verheißungen [ewig] sind und er selbst auch [ewig] ist.

Genauso gebrauchen wir Deutschen das Wort *ewig* auch, wenn wir sagen: Soll ich das denn ewig, das heißt, solange ich lebe, leiden oder tun? Und unter dem Papsttum wurden viele ewige Begräbnisse für die Toten gestiftet – das heißt, solange es währen kann. Und Lehngüter werden erblich und auf ewig verliehen, das heißt, solange die Güter und Erben bleiben oder währen. Wo aber Gott, der da recht, ohne Beisatz, ewig ist, von ewigen Dingen redet, da ist es auch das rechte, ewige Ding. Denn er kann es ewig zu machen wie Davids Stuhl, den Messias und den ewigen Segen, den er uns verlorenen Menschen gebracht hat. Denn er ändert sich nicht wie die Wohnungen der Juden oder die Lehngüter der Heiden, die sich ändern, wie man ein Kleid wechselt; vgl. Psalm 102, 27.[303]

Darum pflegt die Schrift das menschliche *le'olam* oder ewig vom göttlichen *le'olam* so zu unterscheiden, dass sie ein *non* [nein] hinzusetzt, das heißt, es solle nicht anders werden. So sagt Daniel im siebten Kapitel vom Messias: »Seine Gewalt ist ewig, sie vergeht nicht, und sein Königreich hat kein Ende«.[304] Hier steht [im Aramäischen] das Wort *ewig* [לעלמין], aber damit es nicht als ein menschliches, sondern als ein göttliches *ewig* verstanden wird, steht dabei das *non*, »es vergeht nicht«, es hat »kein Ende«. //46// Wie auch David in Psalm 110, 4 vom ewigen Priestermessias weissagt: »Gott hat geschworen, [und es wird ihn nicht gereuen: Du bist ein Priester ewiglich [לעולם] nach der Weise

302 WA: um solches Beisatzes willen

303 WA: Am hunderten und ersten Psalm – Luther folgt der Septuagintazählung der Psalmen.

304 Vgl. Daniel 6, 27 »sein Reich ist unvergänglich, und seine Herrschaft hat kein Ende« (Vulgata: *»regnum eius non dissipabitur et potestas eius usque in aeternum«*).

Melchisedeks].« Mit einem Eid des Herrn wäre es [eigentlich] genug gewesen; aber damit es nicht als zeitlich [begrenzter] Eid verstanden wird, {326} steht danach: »Und es wird ihn nicht gereuen«. Das heißt, dieser Priester soll daher nicht auf mosaische oder menschliche Weise *ewig* sein, sondern so, dass es kein Ende hat und es um eine richtige *Ewigkeit* geht.

Und Jesaja 9, 6 redet ebenfalls vom Messias (wie die Juden gerne zugeben[305]): »Seine Herrschaft wird groß werden und des Friedens kein Ende sein auf dem Stuhl Davids und in seinem Königreich« usw. Hier lässt es der Prophet nicht damit bewenden, dass das Reich des Messias, des Friedefürsten (wie er ihn dort nennt), groß werde, sondern es soll des Friedens kein Ende sein. Als wollte er sagen: Er soll nicht nur ewig, sondern auch ungehindert ewig sein.[306] Und wer weiß (denn ich bin nicht so hochgelehrt im Hebräischen): Vielleicht bedeutet eben [der hebräische Buchstabe], das geschlossene MEM [ם], das an dieser Stelle den Hebräern (wie sie meinen[307]) viel Kunst zeigt, dass das

305 Vgl. →Raschi (Kommentar zu Jesaja 9, 6).

306 Vgl. Jesaja 9, 6b: מעתה ועד עולם (von jetzt an bis in Ewigkeit).

307 Vgl. die Auslegung von Jesaja 9, 6 bei Reuchlin, De arte cabbalistica III (Werke, Band II, 1, 106–107). – Der Babylonische →Talmud (Traktat Sanhedrin 94a) schließt aus der von Luther genannten orthographischen Unregelmäßigkeit im Hebräischen gerade umgekehrt, dass diese Stelle *nicht* messianisch zu deuten sei: In der hebräischen Fassung von Jesaja 9, 6 (»auf dass seine Herrschaft groß werde«) steht zu Beginn regelwidrig nicht der gewöhnliche Buchstabe Mem (מ), sondern der Finalbuchstabe, das Mem finalis (ם). Dazu heißt es: »Bar Qappara trug hierüber in Sepphoris vor. Weshalb ist das Mem in der Mitte eines Wortes überall offen, dieses Mem [in Jesaja 9, 6] aber geschlossen? Der Heilige, gepriesen sei Er, wollte [den judäischen König Hiskia] zum Messias und Sanherib zu Gog und Magog machen. Da sprach das Maß der Gerechtigkeit [hebr. *middat ha-din*/מידת הדין, Gottes personifizierte Eigenschaft der strengen Gerechtigkeit] vor dem Heiligen, gepriesen sei Er: Herr der Welt! Wenn Du David, den König Israels, der so viele Lieder und Lobgesänge vor Dir angestimmt hat, nicht zum Messias gemacht hast, wie willst Du nun König Hiskia, dem Du so viele Wundertaten erwiesen hast, ohne dass er vor Dir ein Lied angestimmt hätte, zum Messias

Reich dieses Messias dermaßen ewig [und] groß sein soll, dass es kein offenes MEM [מ] ist (das auf ein zeitlich begrenztes *ewig* hinweisen würde), sondern ein geschlossenes MEM [finalis, d. h. der Buchstabe ם], aus dem nun nichts anderes zu schließen ist, als dass es recht ewig sein müsse.

Juden halten das Gesetz faktisch nur teilweise

[Vielleicht] wollen die Juden hier aber anführen, dass sie die Gesetze Moses auch weiterhin und bis heute halten – die →Beschneidung, auch [das Gebot], dass sie viele Fische und [Arten von] Fleisch nicht essen usw. –, es sei deshalb noch nicht hinfällig geworden. [Das] hat [aber] keine Bedeutung.[308] Denn wir reden vom ganzen Gesetz des Mose, das sie halten müssen, besonders die rechten, großen Hauptstücke und Corpora [des Gesetzes] vom Priestertum, Fürstentum, Tempel, Gottesdienst, [von] Jerusalem und [vom] ganzen Land, auf das das Gesetz Moses bezogen und für das es gestiftet ist. Denn wer Moses Gesetz halten will, der muss es ganz halten oder sein Halten hat keine Bedeutung, besonders in den Hauptstücken. Es ist ebenso,

machen? Deshalb blieb es [der Buchstabe Mem in Jesaja 9,6] geschlossen.« Diese Auslegung, die die messianische Perspektive auf diesen Text »schließt«, setzt die Inspiriertheit der Bibel bis zur letzten graphischen Einzelheit der Zeichen voraus – eine Vorstellung, die Luther natürlich nicht teilt, sondern im Hinblick auf die masoretische Vokalisation des Textes, die Kantillationszeichen und die → Buchstabenmystik ausdrücklich bestreitet (vgl. WA 647, 34 – 648 3 = LK, 172 f.). Der →Talmud gibt hier zu erkennen, dass die Rabbinen bereits in der Spätantike auf die christlich-messianische Deutung Jesajas reagierten, was Luthers Verständnis der rabbinischen →»Glossen« als eines nachträglichen antichristlichen Gegen-Kommentars indirekt im Grunde bestätigt; vgl. dazu (mit einer freilich entgegengesetzten Deutung) Schöttler, Re-Visionen, 108. Vgl. auch die Bezüge auf Jesaja 9, 5–6 in *Von den Juden und ihren Lügen* (WA 53, 454, 470, 473 und 546 = JL, 67, 96, 101 und Klepper, The Insight, 98–99).

308 WA: Ist nichts gered

als wenn ich nach dem Topf fragte, und sie mich auf die Scherben oder kleinen Stücke des zerschmetterten Topfes hinweisen wollten. So gebraucht denn auch Jesaja 30, 14 ein solches Gleichnis gegen sie, dass sie //47// »wie ein zerschmetterter Topf zu solchen kleinen Stücken werden sollen, dass man davon nicht eine Scherbe finden könne, um darin Feuer zu holen oder Wasser zu schöpfen.«

So fragen wir auch hier, wo ihr ganzes Gesetz vom Priestertum, Tempel, [von der] Stadt [Jerusalem], [vom] Land und welche Regierungsform sich ein Volk geben soll, geblieben ist. Sie zeigen uns dann ihre zerschmetterten Stücke und kleinen Scherben vom Fisch- und Fleischessen usw. Wo wurde jemals eine Stadt oder ein Land zerstört, von denen man als Überreste nicht Schlacken, Brocken und Stücke gefunden hätte? Wo verbrennt ein Haus so ganz und gar, dass man als Überreste in der Asche nicht verbrannte Stücke, Kalk, Steine, Nägel, Eisen und Glas[309] fände? Wenn ich nun nach dem Haus fragte, und einer zeigte mir ein oder zwei verkohlte Stücke oder einen Nagel in der Asche, um mir einzureden, es wäre das Haus, nach dem ich fragte: [Mein] Lieber, mit was für Augen sollte ich den ansehen? Entweder müsste ich ihn für einen mutwilligen Buben halten, der mich aufgrund meiner Frage verspottet. Oder, wenn ich ihn für unver{327}ständig hielte, würde ich [ihm] sagen: Ach, lieber Freund, solche Stücke zeigen wohl, dass hier ein Haus gewesen ist, aber [das Haus] ist weg und nicht mehr hier.

Ebenso zeigen uns die Juden mit ihrem Überrest an Scherben und Schlacken vom Fisch- und Fleischessen usw., dass sie früher einmal das Gesetz Moses gehabt haben. Aber es ist nicht mehr da, weil das Haus, die Regierung[310], [das] Land, [die] Stadt [Jerusalem], [der] Tempel und der ganze Hauptteil und das Corpus des Gesetzes nun [schon] 1500 Jahre verschwunden und zunichte geworden sind. Wollen sie nun nicht glauben, dass ihr Gesetz zeitlich und nicht ewig ist, so mögen sie begreifen, wie

309 WA: stücke, kalck, stein, brende, negel, eisen, glas

310 WA: Regiment

ihr Land, [die Stadt] Jerusalem, [der] Tempel, Moses Stiftung und Gesetz zerrissen ist und sie dazu auch [noch selbst] zerstört und zerstreut sind. Sie mögen es ein ewiges Ding nennen – wir sehen aber, dass es [bereits] 1500 Jahre lang hinfällig ist, aufgehört und ein Ende hat. [Es] wird auch niemals wiederkommen, denn es gibt keinen Propheten, keine Verheißung, die davon weissagt, dass es wiederkommen soll, während es doch [während des Exils der Israeliten in] Babylon und in Ägypten [solche Propheten] gab. Darum ist die Hoffnung der Juden verloren; denn sie hat keinen Grund in Gottes Wort.

Die Beschneidung geht auf Abraham zurück

So ist die →Beschneidung auch nicht Moses Gesetz, sondern //48// lange zuvor Abraham gegeben. So bezeugt es auch unser Herr in Johannes 7, 22: »Die →Beschneidung ist nicht von Mose, sondern von den Vätern«[311], wie das die Juden nicht leugnen können. Auch ist [die Beschneidung] nicht ewig, vor Abraham hatte sie ja nicht bestanden. Und alles ist auf den künftigen Messias, den Samen Abrahams, ausgerichtet. Den sollten sie gehört haben. Und die Beschneidung ist nicht weiter als auf Abraham und seinen Samen gestiftet.[312]

311 WA: Johannis am Funfften Capitel – Zum Thema der Beschneidung äußerte Luther sich auch in seinem Genesiskommentar zu Genesis 17, 1 (WA 42, 603, 20–25) mit der Information, er »höre heute, dass einige Judaisierer in Österreich und Mähren auf den Sabbat und die Beschneidung drängen« (»*audio hodie quosdam iudaizantes urgere et Sabbatum et circumcisionem*«). Die Diskussion über dieses Thema müsse »sehr sorgfältig geführt werden« (*diligentissime est tractanda*), nicht um die Juden ihres Irrtums zu überführen, sondern um »die Unsrigen zu bestärken« (*quam ut nostros confirmemus et muniamus*).

312 D. h., diese Stiftung ist auf Christus, »den Samen« Abrahams, ausgerichtet und findet nach ihm ihr Ende.

Gott nahm viele Heiden ohne die Beschneidung an

Denn in der Schrift stehen viele Beispiele, dass Gott unter den Heiden große Könige und Völker angenommen hat, die doch nicht zur Beschneidung gezwungen wurden, geschweige denn zu einem Gesetz Moses. Erstens der König Pharao und seine Fürsten und Priester, ohne Zweifel auch viele seines Volkes, die von Josef gelernt hatten, den rechten Gott zu erkennen. Wie Psalm 105, 22 von ihm bezeugt: »Auf dass er seine Fürsten ([die Fürsten] des Königs) unterweise nach seiner Weise und seine Ältesten Weisheit lehrte.« Demnach sind also die Ägypter durch Josef zur Erkenntnis Gottes gekommen und wurden doch nicht mit der [Verpflichtung zur] Beschneidung belastet, weil sie nicht Abrahams Samen waren. Viel weniger [wurde ihnen] Moses Gesetz [auferlegt], das [doch] noch [gar] nicht gegeben war.

Danach wurde Jonas nach Ninive gesandt, um ihnen [den Bewohnern der Stadt] Buße zu predigen. Und der Text sagt, dass der König mit seinen Fürsten und seinem Volk den Glauben an Gott annahmen und fromm wurden, sodass ihnen Gott gnädig wurde und ihre Strafe abwendete.[313] Diese Niniviten sind auch ohne die Beschneidung und ohne das Gesetz Moses zur Gnade gekommen und durch ihren Glauben und ihre guten Werke erhalten worden. Das zeigt der Prophet Jonas klar.

Ebenso wurde der böse babylonische König Nebukadnezar durch Daniels Predigt und Gottes Strafe so stark bekehrt, dass er unter seinem Namen eine öffentliche Predigt ausgehen ließ {328} und befahl, man solle den Gott Israels für den rechten Gott halten, er wäre auch der rechte Gott.[314] Siehe, dieser König und ohne Zweifel viele andere mit ihm in seinem Königreich wurden auch gläubig an Gott und fromm. Dennoch wurde er nicht beschnitten und durch kein Gesetz Moses verpflichtet. Daniel hätte es doch nicht unterlassen //49//, ihm [dieses Gesetz] zu zeigen und [es ihm] auszulegen, wenn er nicht gewusst hät-

313 Jona 3, 5 ff.

314 Vgl. Daniel 4, 31 ff.

te, dass Moses Gesetz nur den Juden und die →Beschneidung nur Abraham und seinem Samen gilt, bis der rechte Meister, der Messias, aus seinem Stamm kommt.

Danach sind der König Darius und Kores [Kyros] in Persien durch denselben Daniel und durch andere Juden, die ihm die Weissagung Jesaja 45, 1 gezeigt haben, gläubig geworden – [durch jenen Vers], in dem so lange zuvor Gott den König Kores mit Namen nennt und ihn zudem als seinen eigenen König oder [auch] Gesalbten bezeichnet und gar herrlich verkündigt, er solle ihm seine Stadt Jerusalem [wieder] aufbauen und sein Volk aus Babylon freigeben usw. So tat er denn auch und ließ öffentlich in seinem ganzen Land sein Bekenntnis anschlagen, wie ihm der Gott des Himmels geboten hatte usw., wie am Ende des zweiten Chronikbuches und zu Beginn des Buches Esra [geschrieben steht].[315] Und weder er noch jemand aus seinem Königreich in Persien wurde doch beschnitten und unter das Gesetz des Moses gezwungen. Das hätten doch Daniel und seine Gehilfen nicht geschehen lassen, wenn sie das Gesetz Moses und die Beschneidung bei den Heiden, die nicht Abrahams Samen waren und nicht zum Volk Moses gehörten, für nötig erachtet hätten. Denn wenn ihre Beachtung nötig gewesen wäre, hätten diese Könige nicht genug von Daniel gelernt; sie wären auch nicht recht gläubig an Gott und [nicht] selig geworden; das wäre [dann] Daniels Schuld [gewesen].

Ebenso wurden auch Hiob, sein Haus und seine Freunde gar reichlich mit der Erkenntnis Gottes und des Glaubens begabt; sie wurden doch nicht beschnitten und unter das Gesetz Moses gezwungen. Viele solcher Leute lebten wohl in unterschiedlichen Ländern wie Hiram, der König von Tyrus, zur Zeit Salomos und andere, die in der Schrift nicht genannt sind und doch an den rechten Gott Abrahams geglaubt haben und daher selig geworden sind. Es ist ein Wunder zu sehen, wie Moses nach dem Auszug aus Ägypten (als sein Gesetz anfing) durch so viel

315 Vgl. 2. Chronik 36, 22–23; Esra 1, 1–2.

Gesetze hindurch ganz und gar von der →Beschneidung schweigt und den Juden, seinem Volk, viel geringere Gesetze so heftig und bis zum Überdruss aufnötigt, als wollte er sagen: Die Beschneidung ist nicht mein Gesetz. Denn//50// auch in Exodus 12, 43, als er von den Fremdlingen redet, die mit den Juden das Osterlamm essen wollten, sagt er nichts Weiteres, als dass kein Unbeschnittener das Osterlamm essen soll.[316] Er zwingt die Fremden aber weder zum Osterlamm noch zur Beschneidung – nur wer das Osterlamm halten will, [muss sich beschneiden lassen]. Darum ist es eine ganz neue Erfindung, dass die Juden später aus den Heiden Proselyten, Judengenossen, gemacht haben und ihnen die Beschneidung auferlegen. Moses zwingt {329} den Heiden keines seiner Gesetze gegen ihren Willen auf. Er wurde ja nur dem aus Ägypten geführten Volk zum Propheten gegeben – bis zur Zeit des Messias, der der Prophet, Meister und Herr der ganzen Welt werden sollte.

Die Verpflichtung zur Beschneidung und auf das Gesetz Moses ist demnach für die Könige und Heiden in Ägypten, Assyrien, Babel und Persien und für viele andere, die doch an den Gott Abrahams geglaubt haben und selig geworden sind, nicht nötig gewesen. [Diese Könige und Heiden] blieben unbeschnitten und lebten ohne das Gesetz Moses – eben zu der Zeit, als [das Gesetz] am höchsten beachtet wurde und das Volk in Jerusalem und im Land [Israel] noch einen eigenen Staat hatte.[317] Wie sollten wir Heiden denn nun verpflichtet sein, ihre Beschneidung und ihr Gesetz zu halten, das nun hinfällig geworden ist und das sie selbst nicht halten können, weil sie [ihr] Land, [ihre] Stadt, [ihren eigenen] Staat und alles verloren haben, was Moses gestiftet hat und [während sie] keine Verheißung haben, dass sie es je wieder bekommen sollen. Aus dem allen könnt Ihr ja wohl begreifen, wie die Juden mit Blindheit geplagt sind, dass sie uns Heiden aus ihrem Gesetz solche groben Lügen und Narrheiten

316 Vgl. Exodus 12, 43.

317 WA: da es am hochsten stund, und das volck im Regiment sas zu Jerusalem und im lande

vorgeben, dass [das Gesetz] ewig sein und [man] es allen Heiden auferlegen soll, obwohl es doch hinfällig geworden und von Gott ganz und gar verlassen und ein für alle Mal auf ewig ohne Weissagung geblieben ist. Auch damals, als das Gesetz noch bestand, ging [seine Geltung] nie [über das Volk Israel] hinaus, da es ja von Gott nur dem Volk Moses gegeben wurde, das er aus Ägypten führte, und dem Samen Abrahams bis [zur Zeit] des Messias.

Erinnerung an den alten und neuen Bund nach Jeremia 31

Hier sollt ihr nun am Ende wieder den Vers Jeremia 31, 31 f. herholen: »Es kommt die Zeit, spricht Gott, da will ich mit dem Haus //51// Israel und mit dem Haus Juda einen neuen Bund machen, nicht wie der Bund gewesen ist, den ich mit ihren Vätern gemacht habe, als ich sie bei der Hand nahm und aus Ägypten führte, welchen sie nicht gehalten haben, und ich sie zwingen musste, spricht der HERR« usw. Dieser Vers tut den Juden das ärgste Leid an. Denn sie bemühen und plagen sich erstaunlich[318], ihren ersten Bund ewig zu machen. Dabei sagt doch dieser Text klar und hell, er solle nicht ewig sein, sondern es solle ein anderer, neuer Bund kommen. Lass sie nun hier gaukeln, wie sie wollen, [wenn sie etwa sagen,] dass ihr Gesetz zur Zeit des Messias erneuert werden und von jedermann gehalten werden soll. Jeremia sagt nicht, dass der alte Bund erneuert werden soll, sondern dass es nicht mehr derselbe Bund sein soll, den sie beim Auszug aus Ägypten durch Moses empfangen haben. Er soll es nicht sein, sondern es soll ein anderer und neuer Bund sein. Nun weiß man wohl, was Moses damals für einen Bund mit ihnen gemacht hat. So weiß man auch wohl, was es heißt, es solle nicht der alte Bund sein, denn *nicht sein* heißt nicht *das Alte erneuern*, sondern *das Alte abtun und ein anderes, Neues, stiften*. Auf

318 WA: denn sie sich wunder erbeiten und ringen

diesem Vers müsst Ihr {330} fest bestehen und nichts auf ihr Geschwätz geben, das sie aus ihrem Kopf erdichten. Denn es heißt, der alte vorige Bund soll nicht [mehr] sein und nicht erneuert werden. Es soll ein ganz anderer neuer Bund sein, und Gott will den ersten Bund nicht mehr haben.

Nun lasst uns bedenken, wem wir eher glauben sollen: dem treuen, wahrhaftigen Gott oder den falschen, verlogenen Juden. Gott spricht, Moses Bund solle nicht ewig sein, sondern zu den Zeiten des Messias aufhören. Die Juden sprechen, er solle ewig sein und niemals aufhören. Also muss Gott bei den Juden immer ein Lügner sein. Und [sie] wollen sich dabei wundern, dass sie so gräulich im Exil leiden. [Sie] wollen recht haben, und Gott soll unrecht haben.

Jesus und das Gesetz

[Vielleicht] werden sie hier aber Ausflüchte suchen und lästern: Euer Jesus hat doch selbst gesagt, er sei nicht gekommen, das Gesetz aufzulösen, auch nicht einen Punkt oder Buchstaben usw.[319] Ihr sollt dann sagen, dass sie bei dem //52// Vers Jere-

319 Vgl. Matthäus 5, 17. In der Tat nimmt der Babylonische →Talmud (Traktat Schabbat 116b) auf diesen Satz Jesu Bezug – freilich auf eine etwas irritierende Art und Weise, die den Reformator, wenn er diesen Text gekannt hätte, in seiner Abneigung gegen den jüdischen Umgang mit der Schrift nur bestätigt hätte. Im Zusammenhang mit der Diskussion mit einem (offenbar als heidnisch oder auch »christlich« vorgestellten) »Philosophen« über das Toragesetz (Numeri 27), nach dem die Töchter kein Erbteil bekommen, wenn Söhne vorhanden sind, heißt es hier zunächst: »Seit dem Tage, an dem ihr [d. h. die Juden] aus eurem Lande vertrieben worden seid, wurde das Gesetz Moses aufgehoben und das Evangelium (עוון גליון [*awon giljon*], vermutlich eine Verballhornung des griechischen Begriffs »Evangeliums«, etwa: »Offenbarung des Bösen«) gegeben, und in diesem heißt es: Sohn und Tochter sollen gleichmäßig erben.« Nach diesem Zitat, das freilich fiktiv ist, da es sich im Neuen Testament nicht findet, folgt ein Verweis, der auf Matthäus 5, 17 anspielt: »Seht die Fort-

mias bleiben und [darauf] eine richtige, gründliche Antwort geben sollen. Denn wenn sie unserem Jesus nicht glauben, können sie sich [auch] nicht mit ihm behelfen. Sie sollen Jeremia widerlegen oder sich mit einleuchtenden Gründen und stichhaltigen Behauptungen gegen ihn wehren.[320] So ist es auch erlogen, wenn sie unseren Jesus anführen, er habe vom Gesetz des Moses geredet, wenn er sagt, das Gesetz solle nicht vergehen. Denn unser Herr Christus sagt dort nichts von der →Beschneidung und auch nichts vom Gesetz oder der Stiftung Moses, sondern behandelt die Zehn Gebote, wie jedermann wohl lesen kann. Und wie sollten sie [die Juden] unsere Bücher ungefälscht und ungeschändet lassen, wo doch all ihr Studieren auf nichts Anderes hinausläuft, als ihre eigenen Propheten und [ihre eigene] heilige Schrift mit Lügen und ihren falschen Gedanken zu schänden.[321] Was aber damit gemeint ist, das unser Herr Christus vom Erfüllen des Gesetzes sagt, dazu ist hier weder Zeit noch Raum. Die Juden können es ohnehin nicht verstehen, und wir kämen [mit einer solchen Erörterung] zu weit von der Sache ab. Die Christen sollen diese Worte Christi behandeln, denn sie verstehen es und wissen Gottlob wohl, was damit gemeint ist.

Die Zehn Gebote als vormosaisches Schöpfungsrecht

Zuletzt wollen wir auch von den Zehn Geboten reden. Denn die Juden werden vielleicht auch die Zehn Gebote Moses Gesetze nennen, weil sie auf dem Berg Sinai gegeben wurden und

setzung im Evangelium (עוון גליון [*awon giljon*]), und da heißt es: Ich bin nicht das Gesetz zu vermindern gekommen, sondern zu ergänzen. In diesem aber heißt es: Wenn ein Sohn vorhanden ist, erbe die Tochter nicht mit.« Zur Einordnung dieser Textstelle vgl. Jaffé, Les Sages du Talmud. Eine Diskussion über die Geltung der (schriftlichen und mündlichen) Tora zwischen Israel und den Völkern findet sich in Midrasch Exodus Rabba 47, 1.

320 WA: mit gutem schein und gründlichem bestand

321 WA: mit lugen und falschem getricht zu schenden

damals nur Juden oder Abrahamskinder [zugegen] waren usw. Hierauf sollt Ihr antworten: Wenn die Zehn Gebote Moses Gesetz heißen sollen, so ist Mose viel zu spät gekommen. Er hat sich auch an viel zu wenig Leute gewendet. Denn die Zehn Gebote sind nicht nur vor Mose, sondern auch vor Abraham und vor allen Patriarchen über die ganze Welt gegangen. Denn auch wenn niemals ein Mose gekommen oder ein Abraham geboren worden wäre, hätten die Zehn Gebote doch in allen Menschen von Anfang regieren müssen, wie sie es denn getan haben und noch tun. {331}

Denn jede Kreatur hält Gott angemessenermaßen für Gott und ehrt seinen Namen, wie dies auch die Engel im Himmel tun. So sind wir auch alle, die Menschen sind, verpflichtet, sein Wort zu hören, Vater und Mutter zu gehorchen, nicht zu töten, nicht ehezubrechen, nicht zu stehlen, kein falsches Zeugnis zu geben, nicht das Haus des Näch//53//sten oder was ihm gehört zu begehren. Das bezeugen denn auch alle Heiden in ihren Schriften, Rechtssammlungen und Staatsordnungen[322] (wie man vor Augen sieht), obwohl darin doch nichts von der →Beschneidung oder von den Gesetzen Moses zu finden ist, die er den Juden für das Land Kanaan gegeben hat.

Aber das hat Moses vor allen anderen Gesetzgebern getan, dass er durch seine Geschichten den Anfang aller Kreaturen offenbart und [gezeigt] hat, wie durch Adams Fall oder Sünde der Tod in die ganze Welt gekommen ist. Und danach, als er [Mose] vor allen andern Völkern ein besonderes Gesetz und Volk machen wollte (wie ihm denn befohlen wurde), führte er erst Gott selbst ein, der als allgemeiner Gott aller Heiden die zehn allgemeinen Gebote, die zuvor mit der Schöpfung in die Herzen aller Menschen eingepflanzt worden waren, diesem besonderen Volk selbst auch mündlich gibt.[323] Und er passt sie

322 WA: Schrifften, Rechten und Regimenten

323 Gemeint ist nicht die »mündliche Tora« (die rabbinische Lehre), die nach der jüdischen Tradition ebenfalls am Sinai gegeben wurde, sondern die Gottesrede, von der das Buch Exodus in Kapitel 20 spricht.

gut ein[324] in seine Zeit und zu seinen [sonstigen] Gesetzen, ordentlicher und feiner, als es sonst irgendjemand ordnen könnte. Die Beschneidung aber und das Gesetz Moses sind nicht [von Anfang an] in die Menschenherzen gepflanzt, sondern erst durch Abraham und Moses ihrem Volk gegeben worden.

Das erste Gebot

Denn das erste Gebot sind wir und alle Heiden ebenso wie die Juden verpflichtet zu halten, dass wir keine anderen Götter als den einzigen Gott haben sollen. Aber den Satz, mit dem er dieses Gebot schmückt und allein auf die Juden bezieht, nämlich: »der dich aus Ägyptenland geführt hat, aus dem Diensthause«[325], müssen und können wir Heiden nicht gebrauchen. Denn wenn ich vor Gott käme und spräche: »O HERR Gott, der du mich aus Ägypten, aus dem Exil, geführt hast usw.«, da würde ich mir vorkommen wie eine Sau in der Judenschule. Denn diese Werke hat Gott nicht an mir getan. In diesem Fall würde Gott mich einen Lügner strafen, oder ich müsste einen erdichteten Gott aus ihm machen. Dennoch muss ich alles andere im ersten Gebot sagen und halten. Ich kann auch sagen: Du bist mein Gott, unser aller Gott und zugleich der Schöpfer, der zwar die Israeliten aus Ägypten geführt hat, mich aber nicht, sondern er hat mich aus meinem Ägypten und aus meinem Elend geführt. Demnach bleibt das //54// erste Gebot beiden, Juden und Heiden, gemeinsam. Aber für die Juden wird es mit dem Auszug aus Ägypten besonders ausgeschmückt und angezogen. So kann jeder den allgemeinen Gott nach seinem [eigenen] Elend seinen Gott und seinen Helfer nennen und ihn preisen.

324 WA: schmückt sie fein

325 Vgl. Exodus 20, 2.

Gleichnis von der Haus- oder Landesordnung eines Fürsten oder Hausvaters

Ich muss [hierher] ein Gleichnis setzen: Gesetzt den Fall, ein Fürst oder Hausvater wollte in seinem Land oder Haus eine Ordnung einrichten und täte es, weil Gott ihm {332} aus einer großen Not geholfen hätte, und er wollte sich ihm dafür dankbar erzeigen, wie dies vielleicht der Syrer Naeman getan hat oder hätte tun können.[326] Dieser [Fürst oder Hausvater] würde ebenso anfangen, erst von Gott zu lehren, wie man ihn allein anbeten und für den rechten Gott halten solle, der aus allen Nöten allen, die ihm trauen und an ihn glauben, helfen könne und wolle, es sei, welches Volk es wolle.[327] Er würde das erste Gebot lehren und auch keinen Unterschied machen, sondern sprechen, Gott strafe oder helfe allen, die ihn hassen oder lieben usw. Danach führe dieser Fürst oder Hausvater fort mit seiner Land- oder Hausordnung.

Hiermit hätte der Fürst seine Landesordnung nicht zugleich auch allen anderen Ländern auferlegt, denen solche Hilfe nicht widerfahren ist. [Er hätte] auch nicht die Macht gehabt, [es ihnen allen] aufzuerlegen, obgleich er anfangs das Gebot aufstellen würde, den rechten Gott aller Länder anzubeten und zu ehren. Ebenso tut Mose auch: Als er seinem aus Ägypten erlösten Volk eine Ordnung geben soll, lässt er Gott zunächst selbst seine Zehn Gebote (die für die ganze Welt bestimmt sind) geben. Danach gibt er (doch aus Gottes Befehl) seinem Volk seine besondere Landesordnung, die andere Völker nichts angeht. Und wie das Volk Moses dazu verpflichtet ist, seiner Ordnung zu

326 Vgl. 2. Könige 5, 15–19.

327 Vgl. Luthers Erklärung zum ersten Gebot (»du sollst nicht andere Götter haben«) im *Großen Katechismus* (WA 30/1, 132–133): »Was heist ein Gott haben oder was ist Gott? Antwort: ein Gott heisset das, dazu man sich versehen sol alles guten und zuflucht haben ynn allen nöten. Also das ein Gott haben nichts anders ist denn yhm von hertzen trawen und gleuben.«

gehorchen, weil Gott es ihm befohlen hat, so ist auch jedes Land und Haus dazu verpflichtet, die Ordnung seines Fürsten und Hausherrn zu halten. Denn auch dies sind Gottes Befehle, der alle Herrschaftsordnungen in der Welt gestiftet hat.

Das Sabbatgebot

Ebenso ist das dritte Gebot vom Sabbat, auf das die Juden so stark pochen, zunächst einmal ein allgemeines Gebot für die ganze Welt. Aber der Schmuck, mit dem Mose es schmückt und seinem Volk zueignet, ist allein und besonders für die Juden //55// bestimmt[328], ebenso wie im ersten Gebot nur die Juden besonders daran glauben und bekennen sollen, dass der allgemeine Gott der ganzen Welt sie aus Ägypten geführt hat. Denn die eigentliche Bedeutung des dritten Gebots ist, dass wir an diesem Tage Gottes Wort lehren und hören sollen, damit wir den Tag und zugleich uns selbst heiligen. So wurden bei den Juden am Sabbat denn auch immer und bis heute Moses und die Propheten gelesen und gepredigt.[329] Wo man aber Gottes Wort predigt, da ergibt es sich von selbst, dass man notwendigerweise zur selben Zeit feiern und still sein muss, um ohne alle andern Geschäfte nur zu reden und zuzuhören, was Gott sagt und uns lehrt oder mit uns redet.

---

328 Vgl. dazu Luthers *Eine Unterrichtung, wie sich die Christen in Mose schicken sollen* (1525) in WA 16, 371, 13 (»Das gesetz Mosi bindet die Heyden nicht, sonder allein die Juden«) sowie *Wider die himmlischen Propheten, von den Bildern und Sakrament* (1525): »Darumb las man Mose der Juden Sachssenspiegel seyn, und uns Heyden unverworren damit gleich wie Franckreich den Sachsen spiegel nicht achtet und doch ynn dem naturlichen gesetze wol mit yhm stymmet« (WA 18, 81, 14–17).

329 Gemeint ist die wöchentliche Toralesung (*paraschat ha-schawua*) und die Prophetenlesung (*haftara*).

Darum kommt es auch ganz und gar darauf an, dass man den Tag heiligen soll – daran liegt mehr als am Ruhen.[330] Denn Gott sagt nicht: »Du sollst den heiligen Tag feiern oder Sabbat halten« (das findet sich wohl von selbst), sondern: »Du sollst den Feiertag oder Sabbat heiligen«, weil ihm gar viel mehr am Heiligen als am Ruhen liegt. Und wenn eines von beiden unterbliebe, so sollte {333} das Ruhen eher [unterbleiben] als das Heiligen, weil das Gebot in erster Linie auf das Heiligen ausgerichtet ist und der Sabbat nicht um seiner selbst willen, sondern um des Heiligens willen geboten ist.[331] Aus ihrem eigenen Zusatz (obwohl Gott und Moses dies nicht tun) achten die Juden das Ruhen aber höher als das Heiligen.[332]

Als zeitlichen Schmuck, mit dem Moses dieses Gebot zu seiner Zeit besonders für sein Volk anzieht, nennt er den siebten Tag und [erwähnt], wie Gott die Welt in sechs Tagen geschaffen

---

330 WA: Feyren – Mit »Feiern« bezeichnet Luther das Arbeitsverbot am Sabbat; vgl. dazu seine Erklärung zum dritten Gebot im *Großen Katechismus* des Jahres 1529 (WA 30/1, 143, 17–20): »Feyertag haben wir genennet nach dem Ebreischen wörtlich Sabbath, welches eigentlich heisset feyren, das ist müssig stehen von der erbeit.« In beiden Dekalogfassungen ist vom »Heiligen« des Sabbats die Rede: Exodus 20, 8 fordert das »Gedenken« des Sabbattages, Deuteronomium 5, 12 das »Halten« – jeweils mit dem Nachsatz »um ihn zu heiligen«. Zur kabbalistischen Deutung dieser terminologischen Unterscheidung mit Bezug auf Gikatilla (*Tore des Lichts*) vgl. Reuchlins *De arte cabalistica* (Reuchlin, Bd. II/1, 356): Das »Halten« bezieht sich auf das äußere Verhalten in der »niederen Welt« (*iuxta mundum inferiorem*), das »Gedenken um der Heiligung willen« auf die *contemplatio »iuxta mundum superiorem«* (»die Verbindung der Seelenkräfte zu erfolgreicher Kontemplation […], bezogen auf die höhere Welt«). Ähnliche Spekulationen über den Sabbat finde sich in Andreas Karlstadts Schrift von 1524 *Von dem Sabbath*; vgl. dazu Schubert, Wittenberger Reformation, 171 f.

331 Vgl. Markus 2, 27.

332 Bereits im *Großen Katechismus* wirft Luther den Juden vor, »das sie auch an Christo lesterten«, indem sie vorgäben, »als solt das gepot damit erfullet sein, das man gar kein eusserlich werck thete, welchs doch nicht die meinung war, sondern endlich die das sie den feyer odder ruge tag heiligten« (WA 30/1, 143, 23–144, 2).

hat, weshalb sie [an diesem Tag] nicht arbeiten sollen.[333] Vorher findet man ja [in der Bibel] nichts davon geschrieben, weder bei Abraham noch zur Zeit der Urväter. [Es] ist vielmehr ein zeitlicher Zusatz und Schmuck, allein für dieses Volk bestimmt, das aus Ägypten geführt wurde. Dieser [Zusatz] sollte auch nicht ewig bleiben, so wenig wie das ganze Gesetz des Moses. Aber das Heiligen, das heißt Gottes Wort lehren und predigen, ist von Anfang an und für immer und alle Menschen die rechte, lautere und bloße Absicht dieses Gebots. Darum geht uns Heiden der siebte Tag nichts an, auch die Juden selbst //56// geht er nach der Zeit des Messias nicht länger an[334], obwohl man natürlich und notwendig (wie gesagt) an dem Tag oder zu der Stunde, wenn Gottes Wort gepredigt wird, still sein, feiern oder den Sabbat halten muss. Denn Gottes Wort kann nicht gehört oder gelehrt werden, wenn man dabei an etwas anderes denkt oder nicht still ist.

Darum sagt Jesaja auch in Jesaja 66, 23, dass dieser siebte Tag oder der Schmuck des Moses (wie ich es nenne) zur Zeit des Messias aufhören soll, wenn das rechte Heiligen und Gottes Wort reichlich kommen wird. »Es wird (spricht er) ein Sabbat am anderen, ein Neumond am andern sein.« Das heißt, es wird immer nur Sabbat [sein], und kein besonderer siebter Tag oder sechs Tage dazwischen sein. Denn das Heiligen oder Gottes Wort wird täglich und reichlich gehen, und alle Tage werden zu Sabbaten werden.

Aber was die Juden dazu sagen, und wie sie diesen Text Jesajas behandeln, weiß ich sehr wohl.[335] Ich kann es jetzt aber nicht alles in diesem Brief bringen, was ich gegen die Juden wohl vor-

333 Vgl. Exodus 20, 11.

334 WA: Auch die Juden selbs nicht lenger angehet denn bis auff Messiam

335 Es ist unklar, auf welche Auslegung Luther sich bezieht; vgl. Babylonischer →Talmud, Traktat Sota 5a. Nach Maimonides (Mischne Tora, Sefer Ahava [Buch der Liebe], Hilkhot Tefilla [Gesetze zum Gebet] 13, 4) ist der Vers bei der vorgeschriebenen Prophetenlesung zu rezitieren, wenn der Monatsanfang auf einen Sabbat fällt.

habe, die die Propheten so schändlich zerreißen und verkehren. Doch wird mir (um es kurz zu machen) kein Jude sagen, wie es möglich sein soll, dass »alles Fleisch«[336] an jedem Neumond und jedem Sabbat vor dem HERRN in Jerusalem anbetet, wie der Text ihrer Meinung nach doch aufs Schärfste und Genaueste zu übersetzen ist. Denn viele Menschen oder viel »Fleisch« wohnen so weit von Jerusalem entfernt, dass sie in zwanzig, dreißig [oder] hundert Sabbaten nicht dahin kommen können. Selbst die Juden haben nun 1500 Jahre, das heißt zwölfmal 1500 Neumonde (von den Sabbaten ganz zu schweigen) nicht in Jerusalem angebetet. Aber jetzt kann ich es in diesem Brief nicht alles behandeln. {334}

Ebenso sagt auch Jeremia in Kapitel 23, 5 vom Thema[337] und Schmuck des ersten Gebots (der euch aus Ägyptenland geführt hat): »Siehe, es kommt die Zeit, spricht der HERR, dass ich dem David einen gerechten Spross erwecken will. Der soll ein König sein, der wohl regieren und Recht und Gerechtigkeit auf Erden üben wird etc.«[338] Und gleich danach heißt es: »Siehe, die Zeit kommt, //57// dass man nicht mehr sagen wird: ›So wahr der HERR lebt, der die Kinder aus Ägypten geführt hat‹, sondern: ›So wahr der HERR lebt, der den Samen des Hauses Israel (merke, dass hier nicht das ganze Haus Israel, sondern [nur] ein Same davon genannt wird) herausgeführt und hergebracht hat aus dem Lande des Nordens und aus allen Ländern, wohin ich sie verstoßen hatte. Und sie sollen in ihrem Land wohnen.‹«[339]

---

336 Erneute Anspielung auf Jesaja 66, 23: »Und alles Fleisch wird einen Neumond nach dem andern und einen Sabbat nach dem andern kommen, um vor mir anzubeten, spricht der Herr.«

337 WA: stuck

338 Jeremia 23, 5. Diesen Text (Jeremia 23, 5–8) hatte Luther in Predigten am 18. und 25. November 1526 ausgelegt und dabei ebenfalls scharf antijüdische Töne angeschlagen; vgl. Bultmann, Kontroversgespräch, 143–148.

339 Jeremia 23, 7–8. Luthers Auslegung erinnert an die Argumentation in Galater 3, 16, wo Paulus aus dem Singular in Genesis 22, 18 (»der« Same Abrahams) schließt, es sei nur *eine* Person gemeint, Jesus Chris-

Nun sind zu diesem Vers viele schöne Themen zu behandeln. Aber wir wollen nicht von der Sache abkommen. So sind die Juden (wo sie an ihren alten Lehrern festhalten) mit uns einig, dass Jeremia hier von der Zeit des Messias redet.[340] Da sagt er es frei heraus, dass dann dieser im ersten Gebot von Mose gegebene Nebensatz keine Geltung mehr haben soll[341], wenn er sagt: »[…] der euch aus Ägypten geführt hat.«[342] Denn da steht der Text, man solle nicht mehr bei dem Gott schwören, der sie aus Ägypten geführt hat, sondern bei dem Gott, der sie aus allen Ländern zu dem Gewächs Davids versammelt hat. Gilt dieser Nebensatz im ersten Gebot nur bis zur Zeit des Messias, so ist Moses Gesetz nicht ewig, sondern hört im Messias auf, und es bleibt nur das Gesetz der Zehn Gebote, die vor Mose von Beginn der Welt an und unter allen Heiden gewesen sind, dass man nicht mehr als einen Gott haben soll usw. So ist demnach im Hinblick auf die Zehn Gebote gar kein Unterschied zwischen Juden und Heiden. Denn Gott ist nicht nur der Gott der Juden, sondern auch der Heiden, wie der heilige Paulus sagt[343] und wie oben die Beispiele von den Königen in Ägypten, Assyrien, Babylon, Persien usw. beweisen.

Das Gebot, die Eltern zu ehren

Ebenso können wir Heiden im vierten Gebot die Worte nicht mitsprechen: »Auf dass du lange lebest im Lande, das dir der

tus. Luther geht es aber wohl darum, im Jeremiatext vorhergesagt zu finden, dass nicht das ganze Volk Israel, sondern nur ein Teil am Ende der Zeit Gottes Gnade finden werde.

340 Nach David Kimchi (1160–1235) ist dieser Vers auf die endzeitliche Erlösung zu beziehen (zu Jeremia 23, 7–8).

341 WA: spricht er dürre heraus, das zur selbigen zeit solle dis stuck jm ersten gebot von Mose gegeben, auffhoren

342 Mischzitat aus Exodus 20, 2 (bzw. Deuteronomium 5, 6) und Jeremia 23, 7bβ.

343 Römer 3, 29.

HERR, dein Gott, gibt.« Dennoch müssen doch alle den Vordersatz halten, nämlich: »Du sollst deinen Vater und deine Mutter ehren.« Denn Moses oder vielmehr Gott selbst redet hier mit dem Volk Israel, das er aus Ägyptenland ins Land Kanaan führte. Und er bezeichnet in diesem Gebot auch das Land Kanaan, das er ihnen damals gab, dass sie darin lange leben und gute Tage haben sollten, wenn sie das vierte Gebot vom Gehorsam der Eltern hielten. Und erneut //58// wird hier das allgemeine Gebot, das auch [in die Herzen] aller Heiden eingepflanzt ist, den Juden mit dem Land Kanaan besonders ausgeschmückt und angepasst. Aber wir Heiden können es nicht sagen und auch nicht glauben (Gott kann es auch nicht leiden), dass er uns aus Ägypten oder ins Land Kanaan geführt hat, in dem es uns wohl gehen solle, wenn wir Vater und Mutter ehren. Wir müssen es vielmehr bei dem allgemeinen Verständnis bleiben lassen, dass Gott jedem in seinem Lande Glück und Heil geben will, der Vater und {335} Mutter ehrt. Wir sehen es denn ja auch, dass die Länder und Herrschaften, ja auch die Häuser und Erbgüter, sich so merkwürdig verändern oder bleiben, je nachdem, ob man gehorsam oder ungehorsam gewesen ist. Und man hat es noch nie anders gefunden, als dass es dem nicht gutgeht und der keines guten Todes stirbt, der Vater und Mutter nicht ehrt.

Darum kann dieses vierte Gebot nicht ewig sein. Das heißt, es kann nicht, wie die Blindheit der Juden es will, uns Heiden auferlegt werden, dass wir das Land Kanaan haben und darin leben sollen. Sie selbst müssen ja nun schon etwa 1500 Jahre außerhalb des Landes in ihrem ganzen Unglück leben, weil sie ihre Väter und die Propheten verachtet, geschändet und verfolgt haben und noch nicht aufhören, sie zu verfolgen.[344] Darum hört auch die Strafe nicht auf. Denn sie wollen den Messias nicht

344 Der Vorwurf, die Juden seien Prophetenmörder, knüpft an alttestamentliche Berichte (zur Leidensgeschichte Jeremias vgl. Jeremia 37–38) an, die im Neuen Testament zu Verfolgungslisten zusammengefügt wurden (vgl. Hebräer 11, 35–38) und sich mit der Erzählung vom Leidensweg Jesu verbinden; vgl. dazu JL, 295.

haben, den ihre Väter und Propheten verkündigt und vorhergesagt und anzunehmen befohlen und geboten hatten, und bleiben ihren Vätern [daher] ungehorsame Kinder.[345]

Das Verbot, die Frau eines anderen zu begehren

Eben dies möchte ich [auch] am neunten und zehnten Gebot zeigen, in dem es verboten ist, die Frau und das Haus eines anderen zu begehren. Denn bei den Juden musste es die Möglichkeit des Scheidebriefs geben[346], was bei uns Heiden nicht sein kann. Noch viel weniger [sind uns] die Tücken und Ränke [erlaubt], einem anderen seine Frau und sein Haus auszuspannen, was bei den Juden willkürlich geschehen ist, wie der Prophet Maleachi es beklagt usw.[347]

345 Vgl. Luthers Auslegung in WA 30/1, 151, 13–23.

346 Vgl. Deuteronomium 24, 1 und das neutestamentliche Verbot der Ehescheidung nach Matthäus 19, 3–9.

347 Maleachi 2, 4 ff.

4. Briefschluss

Und nun will ich einmal zum Ende dieses Briefes kommen. Mein lieber Freund, Ihr habt, so hoffe ich, [nun] wenigstens so viel, dass Ihr Euch gegen die Sabbater schützen könnt und rein bei eurem christlichen Glauben bleibt. Könnt Ihr die Juden nicht bekehren, so denkt, dass Ihr nicht besser seid als //59// alle Propheten, die von diesem bösen Volk immer getötet und verfolgt wurden – nur, weil sie sich als Abrahams Samen rühmten[348], obwohl sie doch wissen, wie viele verfluchte[349], verlorene Verbrecher[350] auch immer noch unter ihnen selber sind, sodass sie ja wohl merken möchten, dass etwas mehr dazugehört, als Abrahams Samen zu sein, wenn man Gottes Kind sein will.[351] So hilft ihnen das Gesetz des Moses auch nicht, weil sie es noch nie gehalten haben, wie oben aus dem Vers [des Propheten] Jeremia im 31. Kapitel gezeigt wurde, wo Gott selbst es sagt und darüber klagt.[352] Ein solcher Ungehorsam fügt ihnen vielmehr Schaden zu. Hinzu kommt, [dass sie das Gesetz] selbst auch heute noch nicht halten und es nicht halten können, solange Jerusalem nicht der Königsthron der Juden und [Sitz] ihres Priestertums wird.

So weiß man, und teilweise bekennen sie es auch, dass sie das Gesetz des Moses selbst nicht mehr verstehen, besonders im dritten Buch [Mose] und an mehr Stellen.[353] Wie {336} könnten

348 WA: allein aus dem einigen rhum, das sie Abrahams samen geruhmet sind

349 WA: verzweivelter

350 WA: buben

351 Vgl. Johannes 8, 37–45. In *Von den Juden und ihren Lügen* entwickelt Luther aus Johannes 8, 44 die Vorstellung, die Juden seien »Teufelskinder«.

352 Vgl. Jeremia 31, 32.

353 So ist die Technik zur Herstellung von purpurblauer Wolle, die nach Numeri 15, 38 für die Herstellung der rituellen Schaufäden (Zizit) vorgeschrieben ist, nicht mehr bekannt. Im Babylonischen →Talmud (Traktat Menachot 38a–42a) wird darüber diskutiert, unter welchen Umständen man das entsprechende Gebot auch ohne den rituell kor-

sie es dann halten, selbst wenn sie jetzt in Jerusalem wären? Und Summa: Wenn diese 1500 Jahre im Exil (von denen kein Ende absehbar ist oder absehbar werden kann) die Juden nicht demütig machen und zur Erkenntnis bringen, so könnt ihr guten Gewissens an ihnen verzweifeln. Denn es ist unmöglich, dass Gott sein Volk (wenn sie es [denn] wären[354]) so lange ohne Trost und Weissagung hätte bleiben lassen. So etwas hat er vorher noch nie getan. [Er hat] zudem auch verheißen, er wolle nichts ohne vorherige Weissagung tun, wie Amos sagt: »Gott tut nichts, [es sei denn], er offenbart es zuvor seinen Propheten.«[355] Denn alle Stände, alle Regimente, alle Werke der Menschen müssen in Gottes Wort gehen, stehen und geschehen, damit sein Volk weiß, wie es mit ihm dran ist, was sie tun, was sie erleiden, auf was sie hoffen sollen. So hat er es von Anfang an getan, und so tut er es bis in Ewigkeit.

Weil Gott die Juden nun seit 1500 Jahren so behandelt und sie immer weiter im Exil bleiben lässt und darüber nicht mit ihnen redet und ihnen keine Weissagung gibt, ist offenkundig, dass er sie verlassen hat und sie nicht mehr Gottes Volk sein können. Der rechte Herr //60// Messias muss daher vor 1500 Jahren gekommen sein. Was für eine Sünde kann es denn sein, [für die] Gott sie so grausam mit seinem Stillschweigen straft, als dass sie den rechten Samen Abrahams und Davids, den lieben Herrn Messias, nicht angenommen haben und [immer] noch nicht annehmen. Haben sie doch vor dem babylonischen Exil, als sie Propheten ermordeten usw., viel schrecklichere Sün-

rekten Faden ausführen kann; vgl. Krauss, Purpur; Hirsch, Chorew, 190. Nach Maimonides (Mischne Tora, Sefer Ahava, Hilkhot Zizit [Buch der Liebe, Religionsgesetze der Schaufäden] 1, 4) können die purpurnen durch weiße Fäden ersetzt werden.

354 *Von den Juden und ihren Lügen* (1543) beginnt mit der Infragestellung der Identität der Juden nach Hosea 1, 9: »Ihr seid nicht mein Volk« (WA 53, 418, 23 = JL, 5).

355 Vgl. Amos, 3, 7.

den anzeigen können als [für die] spätere [Zeit nach der Zerstörung des zweiten Tempels]. Und es hat doch keinen Sinn[356], dass sie diesen Jammer 1500 Jahre lang als Strafe für unbewusste Sünden (die sie nicht nennen können) leiden müssen, wo sie als Strafe für viele öffentliche, gräuliche, mörderische, abgöttische Sünden doch nicht länger als siebzig Jahre leiden mussten und die Propheten und [Gottes] Trost sie in dieser Zeit zudem nicht verließen. Hier in diesem Exil zischt ihnen noch nicht einmal eine Fliege mit ihrem Flügel Trost zu. Wenn das nicht heißt, von Gott verlassen zu sein, so mag sich der Teufel ebenfalls rühmen, Gott habe ihn noch nicht verlassen.

Denn wenn man genau nachrechnet, so hat ihr jetziges Exil unter dem Römischen Reich länger gedauert als ihr voriges Leben und ihre staatliche Existenz[357] im Lande Kanaan. Wer will, kann die Zeit vom Auszug aus Ägypten bis zur letzten Zerstörung Jerusalems, die bis heute anhält[358], berechnen und auf etwa 1510 Jahre kommen. Nicht viel weniger Jahre sind sie jetzt im Exil gewesen, und [dieses Exil] wird viel länger dauern[359], weil sie weder bisher noch künftig Propheten oder eine Weissagung haben, wann [dieses Exil] ein Ende haben soll. Wie sollte man es aber glauben, dass Gott sein Volk länger ohne eigenen Staat als mit eigenem Staat lassen wollte[360], länger ohne Gesetz, {337} ohne den Tempel, ohne den Gottesdienst, ohne [die Stadt] Jerusalem, ohne das Priestertum, ohne das Fürstentum, ohne das Land, als sie drinnen gewesen sind?

Dieser Brief ist mir, ohne dass ich es mir versah, unter der Hand gewachsen, während die Feder immer so weiterlief.

356 WA: lautet doch ja nichts

357 WA: wesen und Regiment

358 WA: da sie jtzt jnnen sind

359 Um ein Argument gegen die Juden zu gewinnen, scheut Luther sich nicht, den Anschein zu erwecken, der von ihm sonst immer wieder geäußerten Naherwartung zu widersprechen.

360 WA: lenger lassen ausser dem Regiment denn im Regiment sein

Denn ich habe in dieser Sache mehr Gedanken, als ich so laufend in die Feder bringen konnte. Bitte nehmt damit dieses Mal vorlieb. Denn die Sache ist viel zu groß, als dass sie in einen Sendebrief gefasst werden könnte. Hiermit Gott befohlen. Amen.

Von den letzten Worten Davids

1. Warum übersetzt man das Alte Testament aus dem Hebräischen?

Der heilige →Hieronymus schreibt, es habe ihn bewegt, die Bibel aus dem Hebräischen erneut ins Lateinische zu übersetzen, weil die Feinde Christi, die Juden, uns Christen verspotten, wir hätten nicht die rechte Bibel.[361] Denn [in der damals üblichen lateinischen Übersetzung], die damals in der ganzen Christenheit in Gebrauch war, fehlte es an etlichen Worten und →Buchstaben[362], die im Hebräischen ganz anders dastünden. Das hatte zuvor auch andere bewegt, wie Aquila[363], Theodotion[364], Origenes usw., sodass man damals etwa sechs Übersetzungen hatte, die sie Hexapla[365] nannten. Ebenso wird auch jetzt zu unserer

361 Hieronymus übersetzte im Auftrag des römischen Bischofs Damasius (gest. 384); die ihm hier zugeschriebene Äußerung passt nicht zu diesem Umstand und lässt sich auch nicht nachweisen. Andererseits heißt es im Vorwort zu seiner Übersetzung des Buches Josua, es gehe ihm darum, die Juden zu betrüben (»*dolere Iudaeos*«), indem er ihnen die Gelegenheit nehme, die Christen anzuklagen und sich über sie lustig zu machen (»*quod calumniandi eis et irridendi Christianos sit oblata occasio*«); vgl. WA 53, 28. Anm. 1.

362 Zum Motiv der »jüdischen →Buchstaben« vgl. 2. Korinther 3, 6.

363 Gemeint ist eine um das Jahr 125 n. Chr. angefertigte extrem wörtliche griechische Übersetzung der Hebräischen Bibel, die Origenes in seiner Hexapla (s. unten Anm. 364 und 365) überliefert hat; die Identifizierung des Übersetzers Aquila mit dem aus der rabbinischen Literatur bekannten Proselyten Onkelos ist umstritten; vgl. Tov, Text, 121 f.

364 Über den Autor dieser weiteren (weniger wörtlichen) griechischen Übersetzung, die in der sechsten Hexapla-Spalte des Origenes überliefert ist und am Ende des 2. nachchristlichen Jahrhunderts entstanden sein soll, ist sonst nichts bekannt; vgl. Tov, Text, 121.

365 Die Hexapla ist eine in der Mitte des 3. Jahrhunderts n. Chr. von dem frühchristlichen Gelehrten und Kirchenschriftsteller Origenes (185–ca. 254) zusammengestellte Edition des Alten Testaments in sechs Kolumnen: neben dem (unvokalisierten) hebräischen Text und einer griechischen Transkription dieses Textes stehen vier griechische Übersetzungen von Aquila, Symmachus, eine (vom Autor) kommentierte Version der Septuaginta sowie Theodotion (Tov, Text, 122–123).

Zeit so viel übersetzt, dass mit der Zeit vielleicht (wie es damals geschah) so viele Bibeln kommen werden, wie manche Besserwisser[366] Meister in der hebräischen Sprache sind, sodass da kein Ende sein wird.

Und das muss auch zuletzt geschehen, wenn man sich daran kehren will, was die Juden von unserer Bibel sagen oder urteilen. Die Juden sind ja untereinander selbst nicht einig; sie zerdehnen und reißen die Bibel mit ihrer →Grammatik so [aus dem Zusammenhang], dass man (wenn man ihnen folgen will) sicherlich niemals zu einer einträchtig [verstandenen] Bibel kommen kann, weil jeder Rabbiner besser sein will als der andere. Auch müssen sie allesamt bekennen, dass sie die Worte an manchen Stellen nicht verstehen. Sie haben viel weniger eine einvernehmlich verstandene, fehlerlose, reine, gewisse hebräische Bibel, von der Grammatik und natürlich auch der Theologie ganz zu schweigen, worin sie doch zu nichts [nütze] sind. {29}

Darum ficht mich dieses Spotten der Juden nicht an; und wenn es nur um ihr Urteil ginge, wollte ich nicht einen [einzigen] Buchstaben in der hebräischen Sprache kennenlernen. Denn wir Christen haben den Sinn und das Verständnis der Bibel, weil wir das Neue Testament, das heißt Jesus Christus haben, der im Alten Testament verheißen wurde und danach gekommen ist. Mit sich hat er das Licht und das Verständnis der Schrift gebracht, wie er //309// in Johannes 5, 46 spricht: »Mose hat von mir geschrieben. Wenn ihr Mose glaubtet, würdet ihr mir auch glauben.« Ebenso Lukas 21, 22: »Es muss erfüllt werden, was im Gesetz, in den Propheten und Psalmen von mir geschrieben ist.« Und er öffnete ihnen den Sinn, sodass sie die Schrift verstehen konnten.[367]

---

366 WA: klugel – Gemeint sind christliche Hebraisten, die Luther bereits am Ende von *Vom Schem Hamephorasch* ermahnt hatte, sich nicht von jüdischen Auslegern beeinflussen zu lassen (WA 53, 648, 11–15 = LK, 173).

367 Vgl. Lukas 24, 27.

Denn da steckt's, da liegt's, da bleibt's. Wer diesen Mann – er heißt Christus, Gottes Sohn –, den wir Christen predigen, nicht recht und rein hat und auch nicht haben will, dem rate ich, die Bibel in Ruhe zu lassen. Je mehr er studiert, desto mehr wird er zuschanden, desto blinder und toller wird er, er sei Jude, Tatter[368], Türke, Christ, oder wie er sich rühmen will. Siehe an, was hat bei uns Christen den Ketzern, den Arianern[369], den Manichäern[370], den Pelagianern[371] und unzähligen mehr gefehlt? Was hat dem Papst gefehlt? Haben sie nicht die gewissen, hellen, gewaltigen Worte des Neuen Testaments gehabt? Was fehlt zur heutigen Zeit unseren Rotten?[372] Haben sie nicht das Neue Testament klar und gewiss genug? Sollte man einem jeden solchen tollen Teufelskopf nach das Neue Testament verdeutschen, wie viele Neue Testamente müssten wir wohl haben?

Wenn mir nun das Wünschen und Wählen freistünde, dass ich entweder das Schriftverständnis des heiligen Augustinus und der lieben [Kirchen-]Väter, das heißt der Apostel – mit dem Mangel, dass der heilige Augustinus, wie die Juden spotten, bisweilen nicht die richtigen Buchstaben oder Worte im Hebräischen hat –, oder ohne das Verständnis des heiligen Augustinus

368 Zu den – von Luther meist abschätzig »→Tattern« genannten – Tataren vgl. *Vom Schem Hamephorasch* (WA 53, 613, 21 = LK, 305).

369 Der Arianismus, eine auf den frühchristlichen Theologen Arius (ca. 260–327 n. Chr.) zurückgehende Lehre, die von den Konzilen des 4. Jahrhunderts für häretisch erklärt wurde, kommt hier und weiter unten in den Blick, weil die Arianer (nach Luther wie die Juden) die Trinität leugneten, die für sie dem Monotheismus widersprach.

370 Auf den Manichäismus ging Luther in *Vom Schem Hamephorasch* (WA 53, 640, 16 f. = LK, 151 f.) und in seiner späten Genesisvorlesung der Jahre 1538/42 ein (WA 43, 586, 20).

371 Der britische Mönch Pelagius (ca. 350–420 n. Chr.) vertrat im Streit mit Augustinus die Lehre, dass die menschliche Natur nicht durch die Erbsünde verdorben sei und der Mensch sich grundsätzlich selbst erlösen könne.

372 Zur Auseinandersetzung Luthers mit den von ihm »Rotten« genannten Schwärmern auf dem linken Flügel der Reformation vgl. Leppin, Luther, 193–204 und 209–220.

und der Väter gewisse Buchstaben und Worte der Juden mit dem Verständnis der Juden haben sollte (obwohl sie [diese Worte] denn doch nicht durch und durch und immer haben), so ist gut auszurechnen, was ich wählen würde: Ich ließe die Juden mit ihrem Verständnis und ihren Buchstaben zum Teufel fahren und führe mit dem Verständnis des heiligen Augustinus ohne ihre Buchstaben zum Himmel. Denn Augustinus kann zwar nicht wie die Juden *Kikaion*[373] sagen, [sondern übersetzt das Wort] in Jona 4, 6 mit *cucurbita*.[374] Ebenso wenig kann er *venient Hemdath* [es werden kommen die Kostbarkeiten] sagen, was er in Haggai 2, 7 [in lateinischer Übersetzung] mit *veniet Desideratus* [es wird kommen der Ersehnte] wiedergibt, und viele weitere solcher Beispiele.[375] Doch bricht damit seinem Glauben weder Hals noch Bein. Denn er kennt den rechten Mann, der da heißt »der Weg, die Wahrheit und das Le//310//ben«.[376] Von ihm weissagen und zeugen, wie gesagt, die Propheten. {30}

Weil sie diesen Christus nicht annehmen, können auf der anderen Seite die Juden weder wissen noch verstehen, was Moses, die Propheten und Psalmen sagen, was rechter Glaube ist, was die Zehn Gebote wollen[377], was die Beispiele[378] und Geschichten

373 Vgl. Jona 4, 6: »Gott der HERR aber ließ einen Rizinus (קִיקָיוֹן/Kikaion) wachsen.

374 D. h. Kürbis; die Vulgata übersetzt *hedera* (Efeu). – Das Beispiel soll die Spitzfindigkeit der Argumentation der »→Hebraisten« sichtbar machen. Luther gibt fälschlicherweise die Bibelstelle Jona 3 an. Vgl. Fürst, Kürbis oder Efeu; Ritter, Konfrontation, 47 f.

375 Den Text Haggai 2, 7 (»Dann will ich alle Völker erschüttern, dass aller Völker Kostbarkeiten kommen) hatte Luther in JL 112 und 118 messianisch gedeutet und auf Jesus bezogen, der »die Begierde«, »der Trost« (hebräisch חמדת/*Hemdat*) der Heiden sei. Zur christologischen Deutung bei Augustinus vgl. Migne PL 33, 382.

376 Johannes 14, 6.

377 Zu Luthers christologischer Auslegung der Zehn Gebote, die man nach Luther ohne das Christusbekenntnis nicht halten kann, vgl. unten S. 188.

378 WA: Exempel – Gemeint sind die überlieferten Tatsachen (vgl. WA 53, 454, 36).

lehren und bedeuten. Die Schrift muss für sie vielmehr (nach der Weissagung in Jesaja 29, 12) wie ein Brief sein für den, der nicht lesen kann. Ein solcher sieht die Buchstaben, aber weiß nicht, was sie bedeuten. Wie das deutsche Sprichwort sagt:

Ein weißes Feld, auf dem ist schwarze Saat
mancher Mann vorübergaht,
der nicht weiß, was da staht.[379]

Wer aber im Lesen geübt und erfahren[380] ist, der läuft darüber hin und fasst den Sinn, auch wenn er einige Buchstaben oder Worte im Einzelnen nicht genau versteht. Ehe der andere ein Wort buchstabiert, hat er den ganzen Brief schon gelesen. So hat ein Musiker bereits das ganze Lied gesungen, während der andere noch sucht und herausfinden will, welche Note bei einer Taste erklingt.[381]

Man sehe den feinen Mann [Nikolaus von] →Lyra[382] an, ein guter Hebraist und treuer Christ. Wie macht er so gute Arbeit, wenn er dem jüdischen Verständnis widerspricht und dem Neuen Testament folgt. Aber wenn er seinem Rabbi Salomo[383] sonst folgt, wie nichtssagend und eindruckslos lautet es[384], dass es weder Hand noch Fuß hat, obwohl er die [hebräischen] Worte und Buchstaben gewiss kennt. Dennoch ist er ja besser und rei-

379 Auf das Bild der Saaten kommt Luther am Ende seiner Schrift erneut zurück; zu diesem Sprichwort (oder eigentlich Rätsel) vgl. WA 54, 30, Anm. 3.

380 WA: läuftig und fertig

381 WA: obs ein Sol [d. h. ein »G«] oder Fa [d. h. ein »F«] im clave sey – Luther konnte von sich sagen, dass er die Musik »immer geliebt« (»musicam semper amavi« – WATR 5, 557, 18–21) und als »höchste Kunst« (»optima ars« – WATR 2, 434, 8–11) geschätzt habe; vgl. Schilling, Musik, 236–244; zu diesem Thema vgl. unten S. 125.

382 Durch Nikolaus von →Lyra (1270–1349) lernte Luther die jüdische Bibelexegese kennen.

383 Zu Rabbi Salomo (Schelomo) ben Isaak, ca. 1040–1105 (Akronym: →Raschi), vgl. JL, 297 und LK, 245.

384 WA: kalt und faul gehets ym abe

ner als sie alle, die alten und neuen Hebraisten, die gar zu sehr den Rabbinen folgen. Fürwahr, man darf beim Dolmetschen und →Glossieren[385] nicht zu viel Fleiß aufwenden, um das Verständnis der Rabbinen und →Grammatiker unter uns Christen zu bringen. [Dieses Verständnis] bleibt ohnehin von selbst allzu gern wie Pech und Leim kleben, obgleich man sich sorgfältig davor hüten will. Denn die Buchstaben und Vorbilder[386] der anderen blenden die Augen, dass man den Sinn Christi[387] zuweilen fahren lässt, wo es nicht sein sollte. Damit schleicht [sich] zugleich unversehens das jüdische Verständnis herein, wie [es] allen Übersetzern – keinen ausgenommen, mich auch nicht[388] – geschehen ist.

Summa: Wenn wir unsern Fleiß nicht dafür aufwenden, dass wir die hebräische Bibel, wo immer es passen will, zum Verständnis des Neuen Testaments und gegen das Verständnis der Rabbinen ziehen //311//, so wäre es besser, bei der alten Übersetzung zu bleiben, (die durch [die Perspektive] des Neuen Testaments doch das Beste und meiste aus [dem Alten Testament] herausgestellt hat), als dass man (um einiger weniger Stellen

385 Im Mittelalter bezeichnet der Ausdruck »→Glosse« (von griechisch/lateinisch *glossa*, »Zunge, Sprache«) Worterklärungen und Kommentare zu einem Text. Unterschieden wird zwischen an den Rand geschriebenen, oft längeren *Marginalglossen* und zwischen die Zeilen gesetzten kurzen *Interlinearglossen*. Die ersten Drucke der Rabbinerbibel von Daniel Bomberg (Venedig, 1516/1517 und 1524/1525) waren – wie heutige Rabbinerbibeln – mit Marginalglossen versehen. Luther nannte aber auch die Bibelauslegungen in Talmud und Midrasch »Glossen« – für ihn ein polemischer Kampfbegriff; vgl. JL, 285.

386 WA: Exempel

387 Zum Ausdruck »Sinn Christi« vgl. 1. Korinther 2, 16.

388 In *Vom Schem Hamephorasch* (WA 53, 647, 30–33 = LK, 171 f.) hatte Luther angekündigt, eigene Irrtümer korrigieren zu wollen – der Reformator warf sich vor, im Hinblick auf die Auslegung von 2. Samuel 23, 1 ff. früher selbst zu sehr jüdischen Exegeten gefolgt zu sein; seine neue Auslegung dieser Stelle folgt unten. Vgl. dazu Burnett, Reassessing, 181–201 (hier: 193). Auch in einem Brief an Kurfürst Friedrich von Sachsen (WABR 10, 461, 13–16) beklagt Luther sich über »judaisierende« christliche Hebraisten.

willen, die anders übersetzt werden sollten oder [angeblich] noch unübersetzt sind) so viele Übersetzungen hätte, die {31} den Leser beim Memorieren [der Bibelverse] irremachten und sein Studium hinderten und ihn unsicherer machten als vorher. Darum habe ich mir zum Beispiel vorgenommen, die letzten Worte Davids auszulegen, nicht wie sie [in meiner Übersetzung bereits[389]] übersetzt sind, wo ich allen anderen gefolgt bin, um nicht allein als klug da zu stehen. Jetzt will ich eigensinnig sein und nur meinem eigenen Geist folgen; wem es nicht gefällt, der lasse es fahren. Es ist nicht das erste Mal, dass ich schreibe, was anderen nicht gefällt. Ich bin es (Gottlob) wohl gewöhnt. Denn ich lasse mir andererseits auch nicht alles gefallen, was andere schreiben. Jeder sehe zu, wie er auf den Grund Gold oder Holz, Silber oder Heu, Edelsteine oder Stroh baue. Des HERRN Tag wird es offenbaren.[390]

389 Vgl. Luthers Textfassung des Jahres 1523 (Zerbster Handschrift, WADB I, 136): »Dis sind die letzten wortt Dauid. Es sprach Dauid der son Isai. Es sprach der hellt [andere Lesung: man] der zum gesalbeten Gottes Jacob auffgericht ist und lieblicher mit Psalmentichter Israel.« Nach dieser Version, die Luther weiter unten korrigiert, würde David sich selbst als denjenigen bezeichnen, den Gott zum Gesalbten erhöht hat. In der korrigierten Deutschen Bibel 1545 heißt es (WADB 9 I, 381): »Dis sind die letzten wort Dauids. Es sprach Dauid der son Isai, Es sprach der Man der von dem Messia des Gottes Jacob versichert ist, lieblich mit den Psalmen Israel.«

390 Vgl. 1. Korinther 3, 12f.

2. Die letzten Worte Davids in 2. Samuel 23, 1–5

2. Samuel 23, 1: Das Testament Davids als inspirierte Rede

»Dies sind die letzten Worte Davids.«[391]
Solche letzten Worte meint er, auf die hin er sterben und hinfahren will, wie man sagt: Dabei will ich es auf ewig bleiben lassen. Denn es sind nicht die letzten Worte seines Lebens oder seiner Regierung, sondern sein Testament und – wie wir es im Deutschen nennen – sein Seelenrecht, woraufhin einer sterben will, dass es nach seinem Tode so geschehen und bleiben soll. *Ultima voluntas*[392] heißt es bei den Juristen. Danach kann man noch lange Zeit leben, noch viel reden, tun und leiden, dennoch bleibt sein Testament und sein letzter Wille immer fest. So sind dies auch Davids letzte Worte, das heißt, es ist das Testament seiner Seele, obwohl er danach wohl noch viel geredet, getan und gelitten hat, wie im [biblischen] Text [weiter] erzählt wird, als er das Volk zählen ließ und deshalb bestraft wurde, [als er] seinen Sohn zum König einsetzte, [als er] den Tempel auf dem Berg Morija zu bauen befahl, [als er] auch noch ein junges Mädchen, eine Sunamiterin, zur Frau nahm, die ihn wärmen sollte, weil die anderen Frauen nicht mehr zu ihm durften, nachdem sie von Absalom geschändet worden waren[393] usw. //312//

391 2. Samuel 23, 1a.

392 D. h. »letzter Wille«.

393 Zur Volkszählung vgl. 2. Samuel 24, 1 ff.; zur Einsetzung Salomos als König: 1. Könige 1, 30; zum Tempelbau: 1. Chronik 22, 1 ff.; zu Abischag von Schunem, die den altersschwachen David »wärmen« sollte, vgl. 1. Könige 1, 1–4; zum öffentlichen Beischlaf Absaloms mit den Frauen seines Vaters: 2. Samuel 16, 21 f.

»Es sprach David, der Sohn Isais.«[394]
Wie demütig fängt er an! Er rühmt sich weder seiner →Beschneidung[395] noch seiner Heiligkeit, auch nicht seines Königreiches, sondern [schreibt einfach] nur: »Der Sohn Isais«. Er schämt sich nicht seiner niedrigen Herkunft, dass er Schafhirte gewesen ist. Ja, was viel mehr ist, er bekennt sein Herkommen und seine Geburt, durch die er wie alle Menschen voller Sünden ist und den Tod verdient hat.[396] Denn er will von anderen Dingen reden, die so hoch sind, [dass] dazu weder Adel noch Heiligkeit von Nutzen sind und kein Elend, weder die Sünde noch der Tod, etwas schaden soll.

»Es sprach der Mann, der versichert ist, von dem Messias des Gottes Jakobs, lieblich mit Psalmen Israels«[397]
Da spricht er deutlich und rühmt sich über alle Maßen hoch, doch mit Wahrheit, ohne allen Hochmut. Hier ist David ein anderer Mann als Isais Sohn. Das hat er nicht von seiner Geburt geerbt und auch nicht von seinem Vater gelernt {32} oder durch seine königliche Gewalt oder Weisheit erlangt. Von oben herab ist es ihm gegeben worden ohne jedes eigene Verdienst. Darüber ist er fröhlich, lobt und dankt [Gott] so herzlich. Was ist es denn, das er rühmt? Zum Ersten ist es (sagt er), dass ich der Mann bin, dem Gott den Messias des Gottes Jakobs verheißen hat, der von mir, von meinem Blut, [meinem] Stamm und [meiner] Dynastie kommen wird. Dessen bin ich sicher und gewiss. Nicht nur weil Gott es mir zugesagt hat, der in seinen Worten sicher und fest ist und mich gewiss nicht anlügen wird.[398] Sondern auch weil ich es fest glaube und sicher und unbeweglich

394 2. Samuel 23, 1b.

395 In *Von den Juden und ihren Lügen* wirft Luther den Juden vor, zu Unrecht auf ihre →Beschneidung stolz zu sein, diesbezüglich, so Luther, unterschied König David sich vorteilhaft von heutigen Juden.

396 Vgl. Psalm 51, 7. Vgl. dazu *Vom Schem Hamephorasch* (WA 53, 640, 9–10 = LK, 149 f. und 154).

397 2. Samuel 23, 1b.

398 Vgl. Numeri 23, 19.

darauf stehe. In diesem Glauben kann ich mich nicht täuschen, bin des Trostes gewiss und verlasse mich zuversichtlich auf Gottes Wort. Darum bin ich fröhlich, will gern leben und sterben, wie und wann Gott will. Ich weiß, wo ich oder meine Seele bleiben werden und wo ich sie lasse. Sie soll mir nicht in die Irre gehen oder im Zweifel schweben und auch nicht übel von hinnen fahren. Ich habe eine gewisse Zusage Gottes von seinem Messias, so habe ich auch einen festen, gewissen Glauben. //313//

Das hebräische Wort: *Hukam* [הוקם] kann nicht gut mit einem Wort wiedergegeben werden.[399] *Constitutum est*, [wie] der heilige →Hieronymus sagt[400], kommt der richtigen Bedeutung ziemlich nahe. Ich würde gern *stabilitus, certificatus, firmatus, gefestigt* sagen. Aber ich kann neue Wörter nicht leiden. So lautete es auch hier nicht gut, [wenn es hieße] »gefestigt vom Messias« usw. Ich denke an Hebräer 11, 1 und sehe eine Anspielung auf das [hebräische] Wort *Hukam*, wenn es [in der Vulgata] heißt: *fides est substantia*, auf Griechisch: *hypostasis*.[401] Das haben wir übersetzt: »Der Glaube ist eine gewisse Zuversicht.«[402] Anders kann man es einem Deutschen nicht sagen, wenn er es verstehen soll. Denn der Glaube ist und soll auch eine Beständigkeit[403] des Herzens sein, die nicht wankt, wackelt, bebt, zappelt und auch nicht zweifelt, sondern feststeht und ihrer Sache gewiss ist. Ein sol-

---

399 Zu diesem Text bei Luther vgl. Morgenstern, Martin Luther – hébraïsant et aramaïsant, 13–28 (hier 21–23).

400 Die Vulgata übersetzt: »Dixit vir cui constitutum est de christo Dei Iacob egregius psalta Israhel.«

401 Vgl. Hebräer 11, 1: »Es ist aber der Glaube eine feste Zuversicht dessen, was man hofft« (Vulgata: »Est autem fides sperandorum substantia), und ein Nichtzweifeln an dem, was man nicht sieht.« Das lateinische *substantia* entspricht dem griechischen *Hypostasis* (ὑπόστασις). Vielleicht denkt Luther hier bereits an die theologische Verwendung des Begriffs der *Hypostase* (Wirklichkeit, Wesen, Natur), der in der griechischen Theologie seit dem vierten Jahrhundert der Bezeichnung der drei göttlichen Personen dient.

402 Vgl. Luthers Übersetzung von 1522 in WADB 7, 372 (Hebräer 11, 1).

403 WA: standfest

ches Wort hat man auch in Jesaja 40, 8: »Gottes Wort bleibt ewiglich.« Bleibt, das heißt: es hält [daran] fest, ist [sich dessen] gewiss, weicht nicht, zuckt nicht, sinkt nicht, fällt nicht, lässt nichts [daran] fehlen.[404] Wo nun dieses Wort mit rechtem Glauben ins Herz kommt, da macht es das Herz sich gleich, [es macht das Herz] auch fest, gewiss und sicher, dass es so steif, aufrecht und hart gegen jede Anfechtung wird, gegen den Teufel, den Tod, und wie [die Widersacher alle] heißen mögen, dass es trotzig und hochmütig alles verachtet und verspottet, was zweifeln oder zagen will, was böse und zornig sein will. Denn es weiß, dass ihm Gottes Wort nicht lügen kann. Solches ist ein *Hukam, stabilitus, substantiatus, constantius, stantificatus, hypostaticus, certus passive sicut verbum Domini certum active*, wie Paulus in 2. Timotheus 1, 12 [schreibt]: »Ich weiß und bin es gewiss« usw. 2. Petrus 1, 10: »Machet euern Beruf gewiss.«[405]

Also ist David ein *Hukam*. Er hat Gewissheit in der Verheißung und glaubt es dazu auch fest, dass der Messias, den Gott dem Erzvater Jakob verheißen hat {33}, sicher aus seiner Familie[406] kommen soll (Gen. 49, 10: »Es soll das Zepter nicht von Juda wegkommen, bis dass der Silo kommt«[407]). Hiermit ist die Messiasverheißung, die Jakob erhalten hatte, in David erneuert und klarer gegeben worden (wie im Folgenden gezeigt wird), sodass man nun künftig den Stamm Juda zu beiden Seiten gehen lassen

404 Vgl. WA 48, 100, Nr. 132.

405 Die Wendung »*certus passive*« lässt sich auf die Vulgatafassung von 2. Timotheus 1, 12 beziehen (»certus sum« – »ich bin gewiss«); gemeint ist eine »passive« Gewissheit des Herzens, die auf der Aktivität des Wortes Gottes beruht; vgl. auch 2. Petrus 1, 10: »*certam vestram vocationem et electionem faciatis*« – »bemüht euch umso eifriger, eure Berufung und Erwählung festzumachen«.

406 WA: von seinem blut

407 Diesen Vers, nach altchristlichem Verständnis eine christologische Weissagung (Silo ist demnach ein Name Jesu Christi), hatte Luther in *Von den Juden und ihren Lügen* ausgelegt (WA 53, 449–462 = JL, 59–82).

kann[408] und allein auf das Haus Davids sehen muss. Aus //314// ihm und aus keinem anderen Hause im Stamm Juda muss der Messias aufs allergewisseste kommen. Nun gehören doch wohl beides, die Verheißung und der Glaube, zusammen. Denn wo keine Verheißung ist, da kann kein Glaube sein, und wo kein Glaube ist, da wird die Verheißung zunichte. Der Glaube ist aber nicht zu allen Zeiten in gleicher Weise fest, sondern ist zuweilen angefochten und wird schwach. Die Verheißung aber, als das ewige Gotteswort, bleibt immer gleich fest und gewiss. Darum vor allem heißt David *Hukam*, gefestigt, weil er die feste Verheißung hat, auch wenn er diese Verheißung ohne den Glauben nicht halten oder fassen kann. [Der Glaube] muss auch da sein. Das ist erstens gesagt.

Zweitens rühmt er sich »lieblich mit Psalmen Israels«[409] Das heißt, er hat diese gewisse Verheißung vom Messias nicht bei sich oder allein für sich behalten. Denn der Glaube ruht und feiert nicht. Er spricht sich deutlich aus. Er redet und predigt von der Verheißung und der Gnade Gottes, damit auch andere Leute dazu kommen und ihrer teilhaftig werden. Ja, vor großer Freude fängt er an und dichtet schöne, süße Psalmen, singt liebliche lustige Lieder, um damit zugleich Gott fröhlich zu loben und ihm zu danken und auch um den Menschen einen nützlichen Anreiz zu geben und sie zu lehren. So rühmt David hier auch, dass er von dem verheißenen Messias viele schöne, süße und liebliche Psalmen gemacht hat, die man in Israel zum Lob Gott singen sollte und auch gesungen hat. In ihnen sind dem Volk Israel zugleich auch treffliche Weissagungen und ein großes Verständnis gepredigt und gegeben worden. Und als diese Psalmdichtung Davids anfing und in Gang gebracht war, wur-

408 Die Messiaserwartung hat nun nicht mehr wie noch in Genesis 49, 10 den ganzen Stamm Juda im Blick, sondern konzentriert sich auf die Dynastie Davids; zudem ist Jesus (so Luther in *Vom Schem Hamephorasch*) nicht nur mütterlicherseits (über Maria), sondern auch über Josef (der freilich nicht sein biologischer Vater war) ein Davidide.

409 2. Samuel 23, 1bβ.

den dadurch viele andere erleuchtet und zu Propheten erweckt, die ebenfalls dazu halfen und schöne Psalmen machten wie die Korachiter, Heman und Assaf[410] usw.

Denn er meint nicht nur die Lieblichkeit und Süßigkeit der Psalmen im Hinblick auf die →Grammatik und die Musik, wenn die Worte zierlich und kunstvoll gesetzt sind und der Gesang oder Ton süß und lieblich ist und es einen schönen Text und schöne Noten gibt. Vielmehr [meint er] die Theologie, das geistliche Verständnis, da sind die Psalmen recht lieblich und süß. //315// Denn sie trösten alle betrübten, elenden Gewissen, die in der Angst der Sünden und in der Todesmarter und Todesfurcht und großer Not und großem Jammer stecken. Für solche Herzen ist der Psalter ein süßer, tröstlicher, lieblicher Gesang, weil er den Messias besingt und predigt, schon wenn man nur – ohne Noten – die bloßen Worte liest oder sagt. Doch hilft die Musik oder helfen die Noten als eine ganz besondere[411] {34} Schöpfung und Gabe Gottes sehr wohl dazu, besonders wo viele Menschen mitsingen und es ernst und feierlich [dabei] zugeht. Denn so lesen wir vom Propheten Elisa (2. Könige 3, 15), dass er durch das Psalterspiel (wobei man nach der Ordnung Davids Psalmen aufgespielt hat) den Geist der Weissagung in sich erweckte. Ebenso hat auch David mit seinem Psalterspiel oft den bösen Geist Sauls verjagt oder doch behindert oder geschwächt, [wie] wir in 1. Samuel 16, 17 ff. lesen. Denn dem bösen Geist ist nicht wohl dabei, wenn man Gottes Wort im rechten Glauben singt oder predigt. Er ist ein Geist der Traurigkeit, und wo ein Herz geistlich (in Gott und seinem Wort) fröhlich ist, kann er nicht bleiben. Davon spricht auch der heilige Antonius, dass geistliche Freude dem Teufel weh tut.[412]

---

410 Vgl. Psalm 42–43; 44–49; 84–85; 87–88 (Korachpsalmen); Psalm 88 (Heman); Psalm 50 und 73–83 (Assaf).

411 WA: wunderliche

412 Zum Heiligen Antonius, dem ersten christlichen Einsiedlermönch in Ägypten, vgl. Schäfer, Luther, 124.

[David] nennt seine Psalmen [hier] aber *Israels* Psalmen. [Er] will sie nicht als sein eigenes [Werk ansehen] oder allein den Ruhm davon haben, sondern Israel soll sie bestätigen und [die Psalmen] als die seinen beurteilen und anerkennen. Denn es liegt [viel] daran, dass der Haufe Gottes oder Gottes Volk ein Wort oder Lied annimmt und für recht anerkennt, weil der Geist Gottes in solchem Volk sein muss, der in seinem Volk geehrt sein will und soll. So reden wir Christen von unseren Psalmisten. Der heilige Ambrosius hat der Kirche viele schöne Hymnen gedichtet.[413] Weil die Kirche sie angenommen hat und gebraucht, als hätte sie diese gedichtet und als wären es ihre Lieder, heißen sie Kirchenlieder.[414]

Daher sagt man nicht, so singen Ambrosius, Gregorius[415], Prudentius und Sedulius[416], sondern: So singt die christliche Kirche. Denn es sind nun Kirchenlieder, die Ambrosius, Sedulius usw. mit der Kirche singen, und die Kirche mit ihnen. Und wenn sie sterben, so bleibt die Kirche, die immerfort ihre Lieder singt. Ebenso will David seine Psalmen Israels Psalmen, das heißt Kirchenpsalmen nennen, [weil die Kirche] denselben Geist hat, der [die Psalmen] durch David //316// gedichtet hat. Und sie singt sie immerfort, auch nach Davids Tod. Er hat im Geist gefühlt, dass seine Psalmen immer bleiben würden, solange Israel oder Gottes Volk bleiben würde, das heißt bis an das Ende der Welt. So ist es denn bisher geschehen und so wird es [weiterhin] geschehen. Darum sollen sie Israels Psalmen genannt werden.

---

413 WA: hat viel schöner Hymnos Ecclesie gemacht

414 Vgl. das von Luther bearbeitete Adventslied *Nun komm der Heiden Heiland* (Erstveröffentlichung Erfurt 1524), das auf dem Hymnus *Veni redemptor gentium* des Ambrosius von Mailand (ca. 340–397) zurückgeht.

415 Der Gregorianische Choral wird auf Papst Gregor den Großen (ca. 540–604) zurückgeführt.

416 Prudentius (348–405) und Sedulius (1. Hälfte des 4. Jahrhunderts) sind altchristliche Dichter.

2. Samuel 23, 2: Davids Rede – trinitarisch gedeutet

»Der Geist des Herrn hat durch mich geredet. Und seine Rede ist durch meine Zunge geschehen.«[417]

Hier will David mir [doch] zu sonderbar und zu überheblich werden.[418] Gott gebe, dass ich es doch ein wenig verstehe. Denn er fängt hier an, von der hohen Heiligen Dreifaltigkeit[419] des göttlichen Wesens zu reden. Zum Ersten nennt er den Heiligen Geist. Dem schreibt er alles zu, was die Propheten weissagen. Und auf diesen Vers und dergleichen Verse ist das Wort des heiligen Petrus bezogen, 2. Petrus 1, 21: »Es ist noch nie eine Weissagung aus menschlichem Willen hervorgebracht. Sondern die heiligen Menschen Gottes haben geredet aus Eingebung des Heiligen Geistes.« Daher {35} singt man im [Nicänischen] Glaubensbekenntnis vom Heiligen Geist »der durch die Propheten geredet hat«[420]. So schreibt man nun dem Heiligen Geist die ganze Heilige Schrift zu und das äußerliche Wort und die Sakramente, die unsere äußerlichen Ohren und Sinne berühren oder bewegen. Denn auch unser HERR Christus selbst schreibt seine Worte dem Heiligen Geist zu, wenn er in Lukas 4, 18 mit Bezug auf Jesaja 61, 1 sagt: »Der Geist des HERRN ist auf mir, weil er mich gesalbt hat usw.« Und Matthäus 12, 18 [sagt mit Bezug auf] Jesaja 42, 1 f.: »Siehe, das ist mein Knecht, den ich erwählt habe. Ich will meinen Geist auf ihn legen.«[421] Und [nach] Lukas 1 überschattet der Heilige Geist Maria, berührt sie,

---

417 2. Samuel 23, 2.

418 WA: zu wunderlich werden, und zu hoch faren

419 Luther verwendet das Wort *Dreifaltigkeit*, obwohl er diesen Terminus 1538 als »recht bös Deutsch« missbilligt und stattdessen die Neubildung »gedrits« vorgeschlagen hatte (WA 46, 436, 7 und 10); der Begriff *Dreieinigkeit* war ihm noch nicht bekannt. Vgl. Hirsch, Hilfsbuch, 17.

420 Vgl. die im kirchlichen Gebrauch stehende Fassung des nizänischen Glaubensbekenntnisses (Nicäno-Konstantinopolitanum): Evangelisches Gesangbuch, Nr. 687, 1245.

421 WA: Isaia 41

nimmt ihr Blut[422] und macht sie schwanger, was der HERR »empfangen vom Heiligen Geist« nennt.[423]

Welch ein herrlicher hochmütiger Hochmut ist das, der sich zu rühmen wagt, dass der Geist des HERRN durch ihn redet und seine Zunge die Worte des Heiligen Geistes redet. Der muss sich offenbar seiner Sache sehr sicher sein. Das wird nicht der in Sünden geborene David sein, der Sohn Isais, sondern der David, der durch Gottes Verheißung zum Propheten erweckt wurde. Sollte der nicht liebliche //317//Psalmen dichten, der einen solchen Meister hat, der ihn lehrt und durch ihn redet? Höre nun, wer Ohren hat zu hören[424]: Meine Rede ist nicht meine Rede. Wer mich hört, der hört vielmehr Gott; wer mich verachtet, der verachtet Gott.[425] Denn ich sehe, dass viele meiner Nachkommen meine Worte nicht zu ihrem großen Schaden hören werden. Weder wir selbst noch sonst jemand, der kein Prophet ist, wagt einen solchen Ruhm im Munde zu führen. Das können wir tun, sofern wir ebenfalls heilig sind und den Heiligen Geist haben, dass wir uns als Katechumenen und Prophetenschüler rühmen, die wir nachsprechen und predigen, was wir von den Propheten und Aposteln gehört und gelernt haben und auch gewiss sind, dass es die Propheten gelehrt haben. Im Alten Testament werden diejenigen Prophetenkinder genannt, die nichts Eigenes und nichts Neues verkündigen[426], wie es die Propheten tun, sondern die [nur] lehren, was sie von den Propheten haben. Und [sie] sind Israel, wie David sagt, dem er die Psalmen macht.

---

422 Möglicherweise spielen in diese Formulierung (vom »Blut« ist in Lukas 1 nicht die Rede) vorneuzeitliche Zeugungsvorstellungen hinein (mein Dank an Katharina Lewitz für diese Anregung).

423 Lukas 1, 35.

424 Vgl. Johannes 14, 24.

425 Vgl. Lukas 10, 16.

426 WA: setzen

2. Samuel 23, 3: Die Vorhersage Christi

»Es hat der Gott Israels zu mir gesprochen, der Fels Israels hat geredet, der gerechte Herrscher unter den Menschen, der Herrscher in der Furcht Gottes.«[427]

Nun haben wir drei Redner. Oben sagt David, der Geist des HERRN habe durch seine Zunge geredet. Damit ist für uns Christen klar die Person des Heiligen Geistes angezeigt. Was Türken, Juden und andere Gottlose glauben, darauf achten wir nicht. So haben wir gehört, dass dem Heiligen Geist in der Schrift und in unserm Glauben die äußerliche Wirkung zugeschrieben wird, durch die er durch die Propheten, Apostel und Diener der Kirche mit uns leiblich redet, durch die er tauft und regiert. Darum sind diese Worte Davids auch [Worte] des Heiligen Geistes, die er durch seine Zunge von zwei anderen Rednern redet. Was redet er denn {36} von diesen [Rednern]? Er redet erstens vom Gott Israels, der zu David gesprochen hat, das heißt, der ihm eine Verheißung gegeben hat. Wer nun Gott, dieser Sprecher, ist, wissen wir Christen aus dem Evangelium des Johannes. Es ist nämlich der Vater, der im Anfang sprach (Genesis 1, 3): »Es werde Licht.« Und sein Wort ist //318// die Person des Sohnes, durch dessen Wort alles gemacht ist (Johannes 1, 3).[428] Diesen Sohn nennt der [Heilige] Geist durch David hier [im Hebräischen] ZUR [צוּר], den Fels Israels und den gerechten Herrscher unter den Menschen.[429] Dieser [Fels Israels] redet auch. Das heißt, der Heilige Geist führt den Fels Israels ein, sodass er auch redet. Demnach reden also alle drei Personen; und dennoch ist es ein Redner, ein Verheißender, eine Verheißung, wie es ein einiger Gott ist.

427 2. Samuel 23, 3.

428 Zur Auslegung dieses Textes in Reuchlins *De Arte Cabalistica* (Von der Kunst der Kabbala, Hagenau 1517) vgl. ders., Sämtliche Werke, Band II, 1, 527.

429 Vgl. 1. Korinther 10, 4.

So aber, wie dem Heiligen Geist die äußerliche Wirkung Gottes an den Menschen zugeschrieben wird, so ist es die Eigenschaft des Sohnes, dass er Mensch geworden und als Herr und Richter über alle Menschen und über die ganze Schöpfung gesetzt ist, wie Psalm 8, 5–7 singt: »Was ist der Mensch, dass du seiner gedenkest, und des Menschen Sohn, dass du ihn heimsuchst. Du hast ihn eine kleine Zeit niedriger gemacht als Gott, aber mit Ehre und Schmuck hast du ihn gekrönt. Du hast ihn zum Herrn gesetzt über deiner Hände Werk. Alles hast du unter seine Füße getan.«[430] Dennoch sind es nicht dreierlei Herrschaften oder drei Herrscher, sondern es ist *ein* Herrscher und *eine* Herrschaft, die der Vater dem Sohn, ja dem Menschen und Menschenkind, gegeben hat – [und das] ohne Zweifel, ohne sich selbst und den Heiligen Geist davon auszuschließen. Dennoch ist es und heißt es Herrschaft des Menschen, die ihm Gott gibt. Darum muss derselbe Mensch, der hier Herrscher heißt, [zugleich] wahrer[431] Gott sein, weil er Gottes Reich besitzt und demnach in der einigen Herrschaft Gott gleich ist.

Denn Gott lässt und gibt keinem anderen seine Ehre oder sein eigenes Reich, wie er spricht: »Du sollst keine anderen Götter haben vor mir«[432] und Jesaja 42, 8: »Ich will meine Ehre keinem anderen geben noch meinen Ruhm den Götzen.« Nun gibt er aber diesem Menschen, [das heißt] dem Menschensohn, seine Ehre und [sein] Reich, nämlich alles, was gemacht ist. Ihm unterwirft er es, wie er es selbst unter sich hat. Daraus folgt, dass dieser Mensch kein anderer Gott und kein Götze ist, sondern seiner Natur nach der rechte Gott[433] mit dem Vater und dem Heiligen Geist. Wenn wir die Zeit und die Gnade [dazu] haben,

430 Nach Hebräer 2, 6 deutet Luther diesen Psalm auf Christus hin – er ist der dort besungene Mensch; vgl. auch seine Psalmenauslegung (Operationes in Psalmos 1519/1521), WA 5, 268, 32–34.

431 WA: rechter Gott

432 Vgl. Exodus 20, 3; Deuteronomium 5, 7.

433 WA: Der rechte naturlicher Gott

wollen wir später davon noch mehr Verse besprechen, besonders im Psalter.

Jetzt lasst uns diese Worte Davids zuvor abarbeiten, //319// in denen er [nämlich] die beiden höchsten Glaubensartikel fein bekennt. Drei unterschiedliche Personen sind in Gott, und die eine [Person], der Sohn, sollte Mensch werden und vom Vater das Reich und die Ehre über alles empfangen. Und der Heilige Geist, der dies zuvor auch durch den leiblichen Mund und die Zunge der Propheten verkündigt hat, schreibt dies durch den Glauben in die Herzen der Menschen. Auch dies sind nichts als lauter rechte Werke der göttlichen Majestät. Denn es ist nicht das Werk von Menschen oder Engeln, dies zuvor zu verheißen und danach den Glauben in den Herzen der Menschen zu schaffen. Ein solcher Glaube, den der Heilige Geist wirkt und gibt, ist Gabe Gottes (sagt der heilige Paulus).[434] {37}

Es ist auch nicht jedermanns Sache, die drei göttlichen Personen in der Schrift und im Psalter in ihrer Unterschiedlichkeit so wahrzunehmen und zu lesen. Denn wo ein fleischliches Verständnis über diese Worte kommt, liest man sie nacheinander dahin, wie sie da stehen: »Der Geist des Herrn hat durch mich geredet, der Gott Israels hat zu mir gesprochen, der Fels Israels hat geredet, der gerechte Herrscher unter den Menschen usw.«[435] Und [man] denkt [dabei], es sei [hier] mit vielen überflüssigen Worten immer nur von Gott als von einer Person die Rede. Oder [man] fällt in die jüdische Blindheit, die David zu einem solchem gerechten Herrscher und zu einem Herrscher in der Furcht Gottes macht und die Verheißung in ein Gebot und Gesetz verkehrt, sodass derjenige, der über Menschen herrschen will, gerecht und gottesfürchtig sein soll.[436] Dabei rühmt David

434 Vgl. Epheser 2, 8.

435 2. Samuel 23, 2–3.

436 Vgl. →Raschi zur Stelle, der die Attribute der Herrschaft durch eine Verknüpfung mit Ezechiel 34, 31 (»ihr seid meine Herde, die Herde meiner Weide, Menschen seid ihr«) auf David selbst bezieht; nach dem Babylonischen →Talmud (Traktat Jebamot 61a) ist der Begriff

doch so begeistert[437] und herzlich, es seien Worte der Verheißung von dem Messias des Gottes Jakobs – und nicht Gebote über die weltlichen Herren.

Die Trinität im 2. Psalm

Genau so würde es ihm auch im zweiten Psalm gehen, in dem die drei Personen ebenfalls als drei unterschiedliche Redner reden. Gott der Vater spricht: »Ich habe meinen König eingesetzt auf meinem heiligen Berg.«[438] Dieser König ist sicherlich eine andere Person als der, der ihn als König einsetzt. Nun folgt gleich danach [der Vers] »Ich will predigen von der Weise.«[439] Das klingt so, als sei es noch der Vater, und so würde es die →Vernunft lesen. Dabei ist es doch der König, der Sohn, wie aus dem Folgenden hervorgeht: »Der Herr hat zu mir gesagt, du bist mein Sohn, heute //320// hab' ich dich gezeugt.« Es ist gewiss, dass er ein Mensch ist, denn er soll predigen und Messias sein, wie er im zweiten Vers sagt (Psalm 2, 2): »Sie toben wider den HErrn und seinen Messias.« Dass er aber [zugleich] Gott ist, beweist, was der Vater sagt, wie wir Christen das wohl wissen: »Du bist mein Sohn, heute habe ich dich gezeugt« (Psalm 2, 7). Ebenso, dass er ihm den ganzen Erdboden mit den Heiden und [allem], was darin ist, zu eigen gibt – das bedeutet eben so viel wie Gottes eigenes Reich.

Menschen in beiden Versen (vgl. 2. Samuel 23, 3: »der gerechte Herrscher unter den *Menschen*«) auf die Israeliten gerichtet, die unter der Herrschaft Davids leben, denn »ihr heißt Menschen, die weltlichen Völker aber heißen nicht Menschen« (Goldschmidt, Band 4, 523). In einer anderen Talmudstelle (Traktat Moed Katan 16b) bezieht Rabbi Abbahu 2. Samuel 23, 3 auf *Gottes* Herrschaft.

437 WA: andechtig

438 Psalm 2, 6.

439 Psalm 2, 7.

Ebenso befiehlt er, den Sohn zu küssen oder ihn anzubeten, ihm mit Furcht zu dienen.[440] Und [er] schließt [daraus], dass alle, die ihm vertrauen, selig sind – dies kommt allein Gott zu. Auch wenn sie ihm nach dem Evangelium nicht alle gehorchen, tut das seiner Herrschaft über alle Kreaturen keinen Abbruch. Wer nicht in Gnaden unter ihm sein will, der muss in Ungnaden unter ihm sein. Wer nicht mit ihm regieren will, der muss (wie seine Feinde) der Schemel seiner Füße sein. Er ist [der] Richter über Lebendige und Tote. Meinst du, wenn die Türken, der Papst, die Juden und die ganze böse Menge in der Welt und der Teufel seine Gnade nicht wollen, sondern dagegen toben, sie werden darum seiner Gewalt entgehen? Das werden sie wohl erfahren. Denn Gott spottet ihrer im Himmel und wird in seinem Zorn mit ihnen reden. Summa, Er [Christus] ist Herr und bleibt Herr, soweit Gott selbst Herr ist, denn er hat ihm die Herrschaft über alles gegeben. Die Gewalt ist {38} gewiss und bleibt wohl. Wehe dem, der sie nicht in Gnaden annimmt, der wird sie auf ewig im Zorn finden.

So haben wir nun hier erneut zwei unterschiedliche Personen, den Vater, den Sohn, und den Heiligen Geist, der diesen Psalm vom Vater und dem Sohn mit ihren Worten eingeführt, gedichtet und geredet hat, ist dabei ohnehin da. So wird die unterschiedliche Dreifaltigkeit der Personen in einem untrennbaren göttlichen Wesen bekannt[441], und dass der Sohn Mensch und Messias sei, so wie es die letzten Worte Davids bekennen. Ein fleischliches Herz liest darüber hinweg oder denkt, David habe es als frommer Mann von sich selbst oder von anderen gedichtet, wie es die blinden Juden tun. Aber David will es nicht dulden, dass man ihm diese Worte [selbst] zuschreibt. Es sind fröhliche[442], liebliche Psalmen Israels (spricht er). Aber nicht ich habe sie //321// gemacht, sondern der Geist des Herrn hat

440 Psalm 2, 12.

441 Vgl. Luthers Erklärung zum altkirchlichen Dogma in den Schmalkaldischen Artikeln (Hirsch, Hilfsbuch, 9).

442 WA: lustige

durch mich geredet. Und wie könnten auch Fleisch und Blut, die →Vernunft und menschliche Weisheit, von solchen hohen unbegreiflichen Dingen reden? Vor ihr sind sie nur Narrheit und Ärgernis.[443]

Die Nathansweissagung

Um aber diese Meinung Davids bestätigen, dass er, wie gesagt, geglaubt hat und darauf gestorben ist, wollen wir uns die Worte vornehmen, auf die er sich gründet und aus denen er solche lieblichen Psalmen gemacht hat. Diese [Worte] stehen in 2. Samuel 7, 11–16 und 1. Chronik 17, 10–14 und lauten folgendermaßen:

»Und der HERR verkündigt dir, dass der HERR dir ein Haus bauen will. Und wenn deine Tage aus sind, dass du hingehst zu deinen Vätern, will ich deinen Samen nach dir erwecken, der einer deiner Söhne sein soll. Dem will ich sein Königreich bestätigen. Der soll mir ein Haus bauen, und ich will seinen Stuhl auf ewig bestätigen. Ich will sein Vater sein, und er soll mein Sohn sein. Und ich will meine Barmherzigkeit nicht von ihm wenden, wie ich sie von dem gewandt habe, der vor dir war. Sondern ich will ihn auf ewig in mein Haus und in mein Königreich setzen, dass sein Stuhl auf ewig beständig sei.«

Der erste Teil [2. Samuel 7, 11b] handelt klar vom Haus Davids, wenn er sagt: »Der HERR verkündigt dir, dass der HERR dir ein Haus bauen will.« [Das heißt], dass seine Kinder das Zepter Judas bis zur Zeit des Messias besitzen sollen, wie davon genug in jenem Büchlein *Von den Juden [und ihren Lügen]* gesagt ist.[444] Und hier finden wir erneut die drei Personen in Gott. Erstens den Heiligen Geist, der durch den Propheten Nathan redet. Wir

443 Vgl. 1. Korinther 2, 6–16. – Dennoch macht Luther den Juden ihr »Unverständnis« zum Vorwurf.

444 Vgl. Luthers Auslegung zu Genesis 49, 10 in WA 53, 449–463 (= JL, 59–82).

haben ja oben gehört, dass die Heilige Schrift nach dem Vers Davids »Der Geist des HERRN hat durch mich geredet«[445] durch den Heiligen Geist gesprochen ist. Ebenso redet er durch alle Propheten. Weiter führt der Heilige Geist die Person des Vaters in seiner Rede ein, wenn er sagt: {39} »Der HERR verkündigt dir«[446], und kurz danach die Person des Sohns, wenn er sagt, »dass dir der HERR ein Haus bauen will.«[447] Und er ist doch ein einiger Gott und HERR, der durch //322//Nathan redet und David verkündigt und sein Haus baut: Alle drei sind ein Redner, ein Verkündiger, ein Bauherr. Ich gebe nichts darauf, dass nicht jedermanns →Vernunft diesen Unterschied der Personen in der Schrift sieht. Ich weiß wohl, wie die Naseweißen, die den Heiligen Geist schulmeistern wollen, hier und an anderen Stellen mehr ihre →Glossen anbringen.[448]

Aber wenn du in der Schrift findest, dass Gott so von Gott redet, als wären es zwei Personen, kannst du daraus den kühnen Schluss ziehen, dass dort drei Personen der Gottheit angezeigt werden – wie hier an dieser Stelle, wo der HERR spricht, dass der HERR David ein Haus bauen wird. Ebenso in Genesis 19, 24: »Der HERR ließ vom HERRN Feuer und Schwefel regnen usw.« Denn der Heilige Geist ist kein Narr noch Trunkenbold, der ein Tüttelchen, geschweige ein Wort, vergeblich redete. [Lässt] nun der HERR (das heißt der Sohn) vom HERRN (das heißt vom Vater) Feuer und Schwefel regnen, so ist zugleich der Heilige Geist da, der dies durch Abraham, oder wer es gewesen ist[449], von den zwei HERREN redet. Dennoch sind sie alle drei ein HERR, ein

---

445 2. Samuel 23, 2.

446 2. Samuel 7, 11bα.

447 2. Samuel 7, 11bβ.

448 Zur kabbalistischen Auslegung dieser Stelle bei Joseph →Gikatilla vgl. ders., Gates of Light, 140 und 350.

449 Zu Genesis 19, 24 als Schriftbeleg für die Trinität vgl. auch Justin d. Märtyrer, Dialog mit dem Juden Trypho 56, 23 und 60, 2; zur Diskussion über diese Stelle mit »Häretikern« im Babylonischen Talmud vgl. Traktat Sanhedrin 38b. Weiter unten betont Luther, dass der Heilige Geist auch durch Mose (als Autor des Pentateuchs) sprach.

Gott, der Feuer und Schwefel regnen [lässt]. Später wollen wir noch mehr solcher Beispiele hören.

Der zweite Teil bezieht sich auf den Messias, wenn er sagt: »Wenn deine Tage aus sind, dass du hingehst zu deinen Vätern, so will ich deinen Samen nach dir erwecken usw.«[450] Denn dies kann nicht von Salomo gesagt sein, geschweige denn von einem anderen Sohn Davids. Es muss der rechte einzige Sohn Davids sein, der Messias, der nach dem Zepter Judas kommen sollte.[451] »Der soll mir ein Haus bauen« (spricht er), »und ich will sein Königreich auf ewig bestätigen.«[452] Dieses Haus kann nicht der Tempel Salomos sein. Denn kurz zuvor hatte er gesagt: »Nicht du sollst mir ein Haus bauen zur Wohnung. Ich habe doch in keinem Hause gewohnt, seit ich die Kinder Israel aus Ägypten geführt habe.«[453] Und Salomo selbst [sagt in] 1. Könige 8, 27: »Meinst du, dass Gott auf Erden wohnen könne? Siehe, der Himmel und aller Himmel Himmel können dich nicht begreifen, wie sollte es denn dieses Haus tun, das ich gebaut habe?« Aber noch gewaltiger sagt es Jesaja 66, 1: //323// »So spricht der Herr, der Himmel ist mein Stuhl und die Erde meine Fußbank. Was ist es denn für ein Haus, das ihr mir bauen wollt? Oder was ist die Stätte, da ich ruhen soll?«

Hier verwirft Gott mit ausdrücklichen Worten den verrückten Eifer[454] der Juden, die sich des Tempels hoch rühmten, als bauten sie Gott ein Haus und täten Gott einen großen Dienst damit.[455] Darüber wurden sie zu stolzen, halsstarrigen Prophe-

450 2. Samuel 7, 12.

451 D. h., der Messias soll kommen, nachdem das Zepter vom Stamme Juda »gewichen« ist (Genesis 49, 10), D. h. im zeitlichen Zusammenhang mit der Zerstörung Jerusalems durch die Römer im ersten Jahrhundert.

452 2. Samuel 7, 13.

453 2. Samuel 7, 5 f.

454 WA: tolle andacht

455 Vgl. z. B. →Raschi zu 1. Chronik 17, 11 – demnach ist dieser Vers auf Davids Sohn Salomo zu deuten.

tenmördern[456], wo Gott hier doch bekennt[457], er wolle nicht den Tempel, sondern einen demütigen, betrübten Geist ansehen, der sich vor seinem Wort fürchtet. {40} Ja, [ein solcher Geist] soll sein Tempel und seine Ruhe sein. Dort verwirft er auch alle Opfer und Gottesdienste des Tempels, wenn er spricht: »Wer einen Ochsen schlachtet, ist eben wie der, der einen Mann erschlägt. Wer ein Schaf opfert, ist wie der, der einem Hund den Hals bricht. Wer Speiseopfer bringt, ist wie der, der Schweineblut opfert. Wer Weihrauch anzündet, ist wie der im Unrecht, der Götzendienst lobt.«[458] Denn Gott hatte den Tempel nicht bauen lassen, damit sie sein Wort stolz verachten und stattdessen viele Opfer bringen, sondern damit sie sich selbst heiligen. Sein Name, nicht er selbst, sollte vielmehr dort wohnen (wie die Schrift immer sagt). Das heißt, sie sollten dort sein Wort hören und ihn anrufen, wodurch er geehrt werden würde. Sie wollten [aber] den Ruhm und die Ehre davon haben, dass sie einen solchen Tempel hätten – und schlugen die Propheten um des Wortes Gottes willen tot.

Darum muss dieses Haus Gottes, das der Messias, Davids und Gottes Sohn, bauen soll, ein ganz anderes, größeres und herrlicheres Haus sein. Denn rechne du selbst: Soll Gott in diesem Hause wohnen, so muss es viel größer und herrlicher sein als Himmel und Erde, weil er so groß ist, dass der Himmel der Stuhl ist, auf dem er sitzt, und die Erde seine Fußbank.[459] Wo soll hier noch der Raum herkommen, wo sein Haupt, seine Brust und sein Arm wohnen können?[460] Es ist daher passend gesagt: Was wollt ihr mir für ein Haus aus Holz und Stein zur Wohnung bauen, da mir doch Himmel und Erde viel, viel zu eng

456 Vgl. oben Anm. 344.

457 Jesaja 66, 2.

458 Jesaja 66, 3.

459 Vgl. Jesaja 66, 1 und Matthäus 5, 35; Apostelgeschichte 7, 49.

460 In *Vom Schem Hamephorasch* spielt Luther polemisch auf Spekulationen über die Körpermaße Gottes im antiken Judentum (*Shiur Qoma*) an (WA 53, 608, 16–19 = LK, 70), an denen er sich hier aber selbst zu beteiligen scheint.

sind?[461] Von diesem Haus lehrt uns nun die Heilige Schrift, besonders das Neue Testament, und nennt es die weltweite heilige christliche Kirche.[462] //324// Sie ist nicht nur [weltweit], sondern auch ein ewiges Haus, das auf ewig bleibt und lebt, in dem Gott auf ewig wohnt, in dem er regiert und Haus hält. Das will ein Häuschen und Tempelchen werden.

Nun lasst uns den Zimmermann oder den Baumeister dieses Hauses ansehen. Er soll ein Mensch und Davids Sohn sein, wie es im Text heißt: »Einer aus deinen Söhnen.«[463] Und er soll doch ein Haus Gottes bauen, das besser und herrlicher ist als Himmel und Erde und das zudem auf ewig bestehen soll. Wo will er die Kunst und Macht hernehmen? Das kann weder Menschen- noch Engelskunst oder -macht sein. Denn Engel können nicht den Himmel und die Erde schaffen, ja nicht die geringste Kreatur, viel weniger der Mensch. Darum muss der Zimmermann dieses Hauses wahrer, wahrhaftiger Gott sein, der die rechte Macht göttlicher Natur hat, den Himmel und die Erde zu erschaffen und noch viel Besseres. Das heißt, er muss ein allmächtiger Gott sein. Und doch ist er nicht die Person, die von ihm sagt: »Ich will sein Vater und er soll mein Sohn sein, und er soll mir ein Haus bauen.«[464] Hier sind die Personen als Vater und Sohn, als Baumeister und Hausherr, gewaltig und klar unterschieden. Dennoch können es nicht zwei Götter sein. Der Sohn kann auch kein anderer und fremder Gott sein. Denn das erste Gebot duldet {41} es nicht, wenn es sagt: »Du sollst keine anderen Götter neben mir haben.«[465] Und Deuteronomium 6, 4: »Höre, Israel, der HERR unser Gott ist ein einiger HERR oder Gott.«

---

461 Vgl. 2. Samuel 7, 5–7 und 1. Chronik 17, 5–7.

462 WA: die heilige Christliche Kirche, so weit die Welt ist – Zum Bild der Kirche als des Tempels im Neuen Testament vgl. Epheser 2, 20–22 und Matthäus 16, 18.

463 Vgl. 1. Chronik 17, 11; diese Formulierung findet sich nicht so deutlich in 2. Samuel 7, 12.

464 2. Samuel 7, 14.

465 Demnach kann das erste Gebot (Exodus 20, 3; Deuteronomium 5, 7) nur im Glauben an Christus gehalten werden.

Oben haben wir es gehört: Wo die Schrift von den beiden Personen des Vaters und Sohnes redet, da ist der Heilige Geist, die dritte Person, auch mit dabei, der dies durch die Propheten redet. Einem gläubigen Herzen wird daher an dieser Stelle ganz gründlich und gewaltig bewiesen und bezeugt, dass Gott, der allmächtige Schöpfer des Himmels und der Erde, gewiss ein einziger wahrer Gott ist und dass außer ihm kein anderer Gott sein kann. Und doch sind es drei unterschiedliche Personen: Vater, Sohn und Heiliger Geist. Das heißt, dass nur der Sohn Mensch und Davids Sohn geworden ist. Zweifellos ist es dem Volk Israel deshalb so streng geboten worden, ja nicht mehr //325// als einen Gott anzubeten, damit sie nicht daran Anstoß nehmen müssten, wenn der Messias käme und als Gott gepredigt und geglaubt würde – gerade so, als wollte er[466] gegen [die Vorschrift des] Mose mehr als einen oder einen fremden Gott lehren. Die Ohren und Herzen sollten vielmehr stillhalten und sich belehren lassen, wie das erste Gebot von dem einen Gott richtig und gründlich zu verstehen ist.

Es folgt [der Vers]: »Und ich will ihn auf ewig in mein Haus und in mein Königreich setzen.«[467]

Was ist das? Hier lasst es uns hören! Das Haus soll ewig sein und bleiben, wie bereits oben gesagt ist. Darum muss der Meister ebenfalls ewig sein und eine ewige göttliche Macht haben. Hier spricht er weiter zu David: »Das Haus, das mir mein und dein Sohn bauen soll, in dem soll er ebenso wie ich selbst Hausherr sein. Er soll mir gleich sein im gleichen Haus. Ich will ihn hineinsetzen, dass er es haben soll wie ich selbst.« Nun haben wir gehört, dass dieses Haus Gottes größer, besser und herrlicher als der Himmel und die Erde sein soll. Ist nun Davids Sohn, der Messias, Meister und Hausherr dieses Hauses, so ist er gewiss auch Meister und Hausherr des Himmels und der Erde und viel mehr und besser. Denn wer wie Gott selbst der Herr dieses Hau-

466 Gemeint ist die Lehre Davids im von Luther ausgelegten Vers.

467 Luther legt nun die Parallelstelle in 1. Chronik 17, 14 aus; vgl. 2. Samuel 7, 16.

ses ist, der ist freilich viel mehr, [er ist zugleich] auch Herr des Himmels und der Erde wie Gott selbst. Das kann aber niemand als nur der einige Gott sein, der Schöpfer des Himmels und der Erde. Daraus folgt, dass der Messias, Davids natürlicher Sohn, wahrer, wahrhaftiger Gott und kein fremder Gott sein muss. Denn, wie gesagt, Gott lässt keinen fremden Gott in seinem eigenen Hause Herr sein. Er muss und will seine Ehre und Gewalt selbst haben und keinem anderen lassen. Das sollte ja deutlich genug so viel heißen, als dass der Messias, Davids Sohn, ein HERR und König in Gottes eigenem Reich oder gottgleich ist. Denn gewiss ist es, dass Gott dort vom Messias redet.

Die christliche Deutung des »ewigen Hauses«

Will aber jemand judenzen und diese Worte »mein Haus, mein Reich« auf den Jerusalemer Tempel und auf das Volk Israel deuten, der mag es {42} für sich selbst tun, [aber] ohne mich. Denn ich weiß sehr wohl, dass Gott den //326// Tempel sein Haus nennt (Jesaja 56, 7): »Mein Haus ist ein Bethaus«, wie Christus dies in Matthäus 21, 13 und Lukas 19, 46 usw. anführt, und Israel sein Königreich (Exodus 19, 6): »Ihr sollt mein priesterliches Königreich sein.« (Es steht aber dabei: »Wenn ihr meiner Stimme gehorcht und meinen Bund haltet.«[468]) Auch weiß ich, dass Gott in Ezechiel 18, 4 sagt: »Die Seele des Vaters ist ebenso mein wie die Seele des Sohnes.«[469] Ja, ich weiß, dass der Wein, den ich trinke, und das Brot, das ich esse, ebenfalls sein Brot und sein Wein genannt werden. Und was ist im Himmel und auf Erden, das nicht ihm gehört? Er sagt ja in Jesaja 66, 1–2: »Der

468 Vgl. Exodus 19, 5.

469 Die Sprachwendung in Ezechiel 18, 4 (die Lutherrevision 2017 glättet zu: »die Väter gehören mir so gut wie die Söhne«) gibt Luther hier wörtlich wieder; in der Vulgata heißt es ähnlich: →»*ut anima patris ita et anima filii mea est anima*«. So auch in Luthers Übersetzung von 1532 (WADB 11/I, 460).

Himmel ist mein Stuhl, die Erde meine Fußbank. Was wollt ihr mir für ein Haus bauen? Hat nicht meine Hand dies alles gemacht und ist alles bereits da?« Das heißt: Hätte ich nicht zuvor den Himmel und die Erde geschaffen, woher wolltet ihr Kalk, Stein, Holz, Eisen, und was zum Bau gehört, nehmen? Ist es nicht zuvor alles mein? Wo habt ihr es [denn] her? Was habt ihr daran gearbeitet? Ja wer seid ihr selber und wem gehört ihr? Bin ich nicht euer Schöpfer? So bekennt es auch David in seinem schönen Lobvers, wenn er von den Spenden für den Tempelbau[470] sagt (1. Chronik 29, 14b): »Es ist alles dein, HERR, und wir opfern dir, was wir von deinen Händen empfangen haben.«

Genauso redet er auch vom Opfer dieses Tempels (Psalm 50, 10–13): »Was wollt ihr mir opfern? Meinst du, ich müsse Rindfleisch fressen und Bocksblut trinken? Woher hast du deine Opfer, Kinder, Schafe, Ziegen? Ist es nicht zuvor alles mein? Wem gehören all die Kinder, Schafe, und alles, was auf der ganzen Erde auf die Weide geht? Habe ich sie nicht ganz ohne dein Zutun geschaffen? Woher wolltest du sie mir zum Opfer nehmen, wenn ich sie dir nicht vorher gegeben hätte?«[471] Das heißt so viel wie: Deine Opfer brauche ich nicht, und du sollst nicht denken, dass du mir damit dienst, als müsste ich sie haben und könnte nicht auf sie verzichten. Es geht vielmehr darum, dass du durch solche Opfer erkennen und bekennen sollst, wie du alles, was du bist und hast, von mir hast und daher mich, deinen Gott und Schöpfer, ehren, loben und preisen sollst. Ja deshalb habe ich es eine Zeitlang ›meine Opfer‹ //327// nennen lassen. Wo dieser Grund nicht mehr besteht, da bedeutet das Opfer nichts mehr.[472]

Eben deshalb habe ich den Tempel mein Haus genannt – nicht, dass ich darin wohnen müsste oder es nötig hätte, dass ihr mir darin dientet. Um euretwillen nenne ich ihn mein Haus,

470 WA: Vorrat zum Tempel

471 Dies ist eine sehr freie Paraphrase des Bibeltextes, die mit Vers 13 beginnt.

472 WA: Wo die ursache aus ist, das ist das Opffer nicht mehr

damit ihr darin beten, mich loben und anrufen sollt. Denn es soll nicht mein Wohnhaus, sondern euer Bethaus sein. Ja, ›ein Bethaus‹ soll es heißen. Nun darf es nicht und kann es nicht um meinetwillen ›ein Bethaus‹ heißen. Denn ich habe niemanden anzubeten oder anzurufen – ich bin ja Gott, der ich niemandes bedarf. Wo man nun mein Haus anders als ein Bethaus gebraucht, wie denn die tun, die meinen, sie {43} erweisen mir mit dem Werk, dass sie mir ein Haus bauen, einen großen Dienst, ist es eine Mördergrube und nicht mein Haus.[473] Dafür wollen sie gerühmt werden und aufgrund dieses Werkes und dieses Baus selbst eigene Ehre erhalten, als verdienten sie damit große Gnade bei mir. Daher muss dieses Haus als die allerschändlichste Mördergrube, die nicht mehr mein Haus, sondern die eigene Hölle des Teufels ist, dann auch zugrunde gehen, vernichtet und zerstört werden.

Wer nun (wie gesagt) diese Worte »mein Haus, mein Reich« nach diesem Verständnis auf den Tempel und das Volk Israel an diesem Ort beziehen will, der muss weiterhin auch mit guten, starken Gründen beweisen, wie der Jerusalemer Tempel und das Volk Israel im Lande Kanaan seit der Zeit Davids und noch bis jetzt und heute für immer geblieben ist. Denn der Text spricht hier doch klar aus, dass Davids Haus auf ewig bleiben und Davids Sohn, der Messias, auf ewig in Gottes Haus und Reich sitzen soll. Wir Christen müssen bekennen, dass wir das nicht beweisen können. Wir wissen ja, dass Gottes Haus, der Tempel zu Jerusalem, [seit] etwa 1500 Jahre in Asche liegt. Davids Haus, sein Königreich und das Volk Israel, bestehen seit etwa 1500 Jahren nicht mehr und haben weder eine Regierung noch einen Staat im Lande Kanaan.[474] [Wir] müssen bei unserem vorigen Ver-

473 Vgl. Matthäus 21, 13; Lukas 19, 46; Johannes 2, 16, Jesaja 56, 7 und Jeremia 7, 11.

474 WA: das volck Israel, auch bey 1500 jaren nichts gewest, noch regiment oder Reich im lande Canaan gehabt hat – Zu endzeitlichen Spekulationen, die Luther mit dieser Berechnung verband, vgl. das Glossar (→Weltende).

ständnis bleiben, dass die Worte »mein Haus« und »mein Reich« das ewige Reich Gottes heißen müssen, das sein und Davids Sohn, der Messias, //328// durch seine allmächtige göttliche Macht und Weisheit bauen sollte und in dem er auf ewig wohnen und regieren will.

Christus in der Nathansweissagung

Darüber lasst uns David selbst hören, wie er diese Worte verstanden hat. So steht in 1. Chronik 17, 15–16: »Als Nathan alle diese Worte (wie oben gesagt) mit David geredet hatte, kam der König David und setzte sich vor den HERRN und sprach: Was bin ich, HERR Gott? Und was ist mein Haus, dass du mich bis hierher bringst?«

Hier macht David deutlich, dass er die Worte wohl verstanden hat, die Gott ihm durch Nathan verheißen hatte: »Ich will sein Vater sein, und er soll mein Sohn sein, ich will ihn auf ewig in mein Haus und in mein Königreich setzen.«[475] Darum spricht er: »Was bin ich? Was ist mein Haus, dass du mich bis hierher bringst?«[476] Es ist ja ein zu hohes und herrliches Ding, das du mir verheißest, dass mein Haus, ich, mein Sohn, dahin kommen soll, dass er in deinem eigenen ewigen Reich sitzen und Herr und König sein soll. HERR Gott, wohin bringst du mich? Er kann es vor großen Wundern nicht sagen, und nennt es [so]: Bis dahin, wohin? Wohin? Mein lieber Gott, soll ich (das heißt) mein Fleisch und Blut, in deinem ewigen Reich gleichberechtigt neben dir sitzen[477]? Dann wird mein Fleisch und Blut, mein Sohn und dein Sohn, wahrer, wahrhaftiger Gott sein müssen, der gleichberechtigt neben dir sitzt. Oh, Gott, wo bringst du mich hin? Weiter [steht dort]: {44}

475 1. Chronik 17, 13–14.
476 1. Chronik 17, 16b.
477 WA: dir Gleich sitzen

»Du hast angesehen mich, als in der Gestalt eines Menschen, der in der Höhe Gott der HERR ist.«[478]

Fast alle andern Hebraisten übersetzen hier ganz anders. Einige aber wie Bernhard Ziegler[479] geben mir zu verstehen, dass es nach der →Grammatik so übersetzt werden kann und soll, wie ich es jetzt übersetzt habe. Hiermit bekennt David nun klar, dass sein Sohn, der Messias, gewiss ein wahrer Mensch sein soll, in aller Gestalt, Weise und in dem Maße wie andere Menschen (Philipper 2, 7). Und doch, nach oben und in der Höhe, wo nicht Menschenweise, sondern //329// allein Gott ist und regiert, soll er Gott der HERR sein. Das ist (sage ich), mit dürren Worten gesagt, klar die Meinung Davids. Darum sagt er oben: Wohin? Wohin, lieber Gott, bringst du mich? Und hier: Wofür siehst du doch mich unwürdigen Menschen an? Dass mein Sohn in deinem ewigen Reich König sein soll? Er versteht es wohl, dass es in Gottes ewigem Reich niemandem zukommt, König zu sein als dem, der [selbst] wahrer Gott ist. Weil nun der Sohn Davids Mensch und [somit] eine andere Person als der Vater ist, der ihn in sein Königreich einsetzt, und doch nicht zwei oder mehr als ein einziger Gott sein können, schließt David hiermit, dass sein Sohn, der Messias, seiner Natur nach wahrer Gott[480] sein muss und doch kein anderer Gott als der

478 1. Chronik 17, 17b.

479 Ziegler, Professor der Hebraistik in Leipzig, wird bereits in *Vom Schem Hamephorasch* lobend erwähnt und anderen →Hebraisten als positives Beispiel gegenübergestellt; vgl. WA 53, 647, 15 f. (= LK 170); 1545 wandte Luther sich erneut an Ziegler mit einer Frage zur Deutung von Jesaja 25, 8. Luther vermutete hier seitens der Juden eine tendenziöse Umbiegung des Textes mithilfe einer Vertauschung der Vokalbuchstaben und wurde in dieser Ansicht von Ziegler bestärkt (WA 48, 99, Nr. 130); vgl. auch Kammerling, Osiander, 187. Zu einer späteren Kontroverse zwischen dem Nürnberger Reformator Andreas Osiander und Ziegler vgl. Stupperich, Osiander, 54–61. Auffälligerweise lässt Luther den Wittenberger Hebräischlehrer Matthäus Aurogallus (Goldhahn) hier unerwähnt.

480 WA: echter natürlicher Gott – Zu diesem Sprachgebrauch, der 1542 auch in Luthers Polemik gegen den →Koran zu finden ist, vgl. Ricol-

Vater, sondern eine andere Person in derselben einigen unzertrennten Gottheit. Und der Heilige Geist, der dies durch Nathan und David als wahrer Gott vom Vater und vom Sohn redet, ist die dritte Person in derselben einigen Gottheit.

Das sind die Lehre und der Glaube des Neuen Testaments. Dass nämlich Jesus Christus von Nazareth, der Sohn Davids und der Jungfrau Maria, wahrer Mensch [und zugleich] seiner Natur nach Gottes ewiger Sohn ist, mit dem Vater und dem Heiligen Geist ein einiger Gott in drei unterschiedlichen Personen. Weil nun Davids Worte an dieser Stelle nach dem allgemeinen hebräischen Sprachgebrauch dieses Verständnis nahelegen, sollen wir Christen kein anderes Verständnis darin suchen oder anerkennen. [Wir sollen vielmehr] dieses eine, das allein richtige Verständnis [anerkennen] und alle anderen Deutungen für nichtige menschliche Einbildung halten. Das Neue Testament kann sich nicht irren, also das Alte Testament auch nicht, [dort,] wo es zusammenpasst und dem Neuen ähnlich ist. {45}

Du könntest hier fragen: Wenn die Worte Davids und Nathans so klar den Artikel von der Gottheit Christi wiedergeben, wie kommt es dann, dass weder die heiligen Väter[481] noch ein anderer Lehrer dies gesehen oder jemals berührt haben, und ihr neuen jungen Hebraisten habt es nun als Erste gesehen? Warum sehen es die Rabbinen der Juden nicht? Antwort: Die hebräische Sprache ist nach der Zeit der Apostel wenig und schlecht bekannt gewesen.[482] Die lieben Väter und Lehrer [der Kirche] haben sich am Neuen Testament //330/// genügen lassen, in dem sie dies und alles reichlich und überflüssig haben. Die Propheten aber und Apostel haben es wohl gesehen, wie wir gleich hören werden. Dass es aber die Rabbinen nicht sehen, geht ganz mit rechten Dingen zu. Denn wer blind ist, der soll nichts sehen, wie

---

dus de Montecrucis, Confutatio Alcorani, in: Ehmann (Hg.), 38 (dort: »Natuerlicher, wesentlicher Gott«).

481 D. h. die Kirchenväter.

482 Zur Sprachentwicklung des Hebräischen nach Luther vgl. *Vom Schem Hamephorasch* (WA 647, 34 – 648, 6 = LK, 172–173).

Jesaja von ihnen sagt: »Mit sehenden Augen werdet ihr blind sein.«[483] Wer von denen lernen muss, der wird sicherlich auch blind. Auch wir selbst würden es nicht sehen, wenn wir nicht durch das Neue Testament erleuchtet wären und dem Alten [Testament] nicht gerade ins Gesicht sehen[484] könnten. Denn ohne das Neue Testament ist das Alte nach 2. Korinther 4,3 verdeckt.[485]

Sieh unsere Zeit an, in der wir von der Gnade Christi und gegen die vermessenen eigenen Werke und die eigene Heiligkeit predigen – wie viele sind es, die es sehen oder mit Ernst annehmen? Woran fehlt es? Es wird ja so klar gepredigt, gelehrt, gelesen, geschrieben, gesungen, gemalt und auf alle Weise verbreitet, dass schier Holz und Stein es verstehen sollten, wenn sie ein wenig Vernunft hätten. Dennoch sehen es der Papst, die Könige, Fürsten, Bischöfe, Gelehrten, Herren, der Adel, die Bürger, die Bauern nicht, sondern sie gehen vorüber, sind mit sehenden Augen blind, mit hörenden Ohren taub. Denn ihr Herz ist nicht daheim[486] und steht anderswo. Ebenso haben die Propheten zu ihrer Zeit auch klar genug von Christus geweissagt, dass er Gott und Herr über alles sein werde, wie es David hier tut. Aber wenige haben es geglaubt oder anerkannt, die anderen sind blind und taub gewesen. Sie sind ihrem Herzen nachgegangen und ihrem Dünkel gefolgt. Es heißt ein Mysterium, ein Geheimnis, und bleibt ein Mysterium. Wer es versteht und mit Ernst meint, der danke Gott, und schere sich nicht um den anderen großen Haufen der Verächter.

483 Vgl. Jesaja 6, 9.
484 WA: recht unter die augen sehen
485 Vgl. 2. Korinther 3, 14 und 4, 3.
486 WA: da heime – Vgl. die Erklärung (ebenda) »bei dem, was sie selbst angeht«.

Jesaja als Interpret der Nathansweissagung

Meinst du nicht, dass Jesaja diesen Text Davids sorgfältig gelesen hat, wenn er in Kapitel 9, 5–6 sagt: »Ein Kind ist uns geboren, ein Sohn ist uns gegeben, dessen Herrschaft ist auf seiner Schulter, und sein Name heißt: Wunderbar, Rat, Gottheld, Ewigvater, Friedefürst, dass seine Herrschaft groß werde und des Friedens kein Ende sei auf dem Stuhl Davids und in seinem Königreich, dass er es zurichte und stärke mit Gericht und //331// Gerechtigkeit, von nun an bis in Ewigkeit.«[487] Hier nimmt Jesaja dem Nathan das Wort aus dem Munde, wenn er vom Messias weissagt, dass er in Gottes Reich ein ewiger König und Vater sein soll, und er nennt ihn auch: Gott. Denn das Wort El [אל][488] heißt den Buchstaben nach wohl {46} Kraft. Aber wenn es (wie hier) ein Eigenname ist, heißt es durch die ganze Schrift hindurch Gott, der allein Kraft hat, wie Juden und Hebraisten gemeinsam bekennen müssen. So stimmt nun Jesaja mit David und dem Neuen Testament überein, dass Christus ein ewiger König und wahrer Gott sei. Darum muss sein Reich auf dem Stuhl Davids ein göttliches ewiges Reich sein usw.

Denn er[489] hat besonders das Wort (Ewiges Reich) erwogen, wenn Gott durch Nathan zu David spricht: »Ich will deinen Sohn auf ewig in mein Reich setzen.«[490] Und [er] fühlt wohl, dass dies von einem Menschen gesprochen wird (wie David sagt[491]), »der oben in der Höhe El, das heißt ›Gott‹ sein« müsse.

---

487 Vgl. die Auslegung dieses Textes in *Vom Schem Hamephorasch* (WA 53, 647, 1–5 = LK 168–169).

488 Luther legt die Wendung אל גבור aus; zu seiner Deutung: Gesenius, Handwörterbuch, 38 (Artikel אֵל I, IV, V).

489 D. h. Jesaja, der hier als Ausleger der Nathansweissagung in 1. Chronik 17, 14 verstanden wird.

490 Vgl. 2. Samuel 7, 12–14 und 16; 1. Chronik 17,14.

491 1. Chronik 17, 17b. Luther bezieht die Gottesbezeichnung *Elohim* auf den (von ihm als messianisch gedeuteten) Namen *El-Gibbor* (Jesaja 9, 5); zur Deutung dieser Stelle bei Reuchlin vgl. De arte cabalistica, Bd. II/1, 106.

Denn ein ewiges Reich Gottes besitzen und darin König sein, kann einem einfachen Menschen nicht zukommen. Es kann auch kein vergängliches, zeitliches, irdisches Reich sein, das ein Ende hat und dessen König sterben muss mit seinen Kindern nach ihm. Aber hier soll der Sohn Davids ein ewiger König im ewigen Reich Gottes sein. Und hiermit stimmt Jesaja [mit David] überein, [wenn er hinzufügt]: »des Friedens kein Ende«.[492] Und er, der Sohn Davids, das Kind, das uns geboren und gegeben ist, soll ein ewiger Vater und Friedefürst sein, »von nun an bis in Ewigkeit«.[493] Darum muss es Gott oder El sein, der diesen ewigen Frieden durch seine göttliche Macht geben und erhalten kann.

Diese Ewigkeit des Reichs des Messias zeigt Jesaja an mehreren Stellen, wie in Jesaja 51, 4–5: »Merkt auf, mein Volk, hört mich, meine Leute. Denn von mir soll ein Gesetz ausgehen, und mein Recht will ich zum Licht der Völker stellen. Meine Gerechtigkeit ist nahe und mein Heil tritt hervor.« Und bald danach: »Mein Heil soll ewig bleiben, und meine Gerechtigkeit soll kein Ende haben.«[494] Dies ist die ewige Gerechtigkeit, von der auch Daniel 9, 24 spricht: »Siebzig Wochen sind bestimmt, bis die ewige Gerechtigkeit kommt.«[495] Und [das] ist der Messias, wie es alle alten Hebräer verstanden haben. //332// Ewige Gerechtigkeit und Heil, das kann aber kein einfacher Mensch noch Engel, sondern es muss Gott selbst sein, der doch [zugleich] Davids Sohn und ein natürlicher Mensch [ist] und als Person von

492 Jesaja 9, 6.

493 Vgl. Jesaja 9, 5–6.

494 Jesaja 51, 6b.

495 Nach Luthers Auslegung in *Von den Juden und ihren Lügen* (WA 53, 492, 7 – 493, 17 = JL, 133–135) sind mit diesen Wochen *Jahrwochen* gemeint: eine Woche bedeutet sieben Jahre; die 490 Jahre, die sich damit ergeben, bezeichnen somit einen Zeitpunkt zur Berechnung des Kommens des Messias; vgl. auch WA 53, 471, 17–19; 499, 1–27; 501, 33–38; 510, 6–15; 533, 15–25; 550, 21–30 = JL, 98, 146–148, 151, 168, 214, 244).

dem[496] unterschieden ist, der von ihm redet und ihn »mein Heil«, »meine Gerechtigkeit« nennt. Die dritte Person ist der Heilige Geist, der dies von beiden redet. So nennt ihn auch das Neue Testament in l. Korinther 1, 30: »Jesus Christus ist uns von Gott geworden eine Weisheit, Gerechtigkeit, Heiligung und Erlösung.« Das passt mit Jesaja und Jesaja passt mit Paulus zusammen.

Ebenso Jesaja 60, 19–20: »Die Sonne soll dir nicht mehr des Tages scheinen, und der Glanz des Mondes soll dir nicht leuchten, sondern der HERR wird dir ein ewiges Licht sein, und dein Gott wird deine Herrlichkeit sein. Deine Sonne wird nicht mehr untergehen, und dein Mond wird nicht mehr den Schein verlieren. Denn der HERR wird dir ein ewiges Licht sein, und die Tage deines Leidens sollen ein Ende haben.« Hier steht klar, dass unser ewiges Licht der HERR und unser Gott selbst sein soll. Und [hier] redet ein HERR vom anderen, ja durchs ganze Kapitel redet nicht Jesaja, sondern der HERR, {47} und er sagt hier: »Der HERR wird dein ewiges Licht sein«. Wer ist der HERR, der hier spricht? Ohne Zweifel Gott der Vater. Wer ist der HERR, von dem er spricht: »Der HERR wird dein ewiges Licht sein?« Ohne Zweifel Gott, der Sohn, Jesus Christus. Denn hier steht der große Name Gottes, Jehova, den wir in unserer Bibel mit großen Buchstaben schreiben: HERR, im Unterschied zu anderen Namen. Wer ist es denn, der dies durch die Zunge Jesajas redet? Ohne Zweifel Gott, der Heilige Geist, der durch die Propheten redet und die Person des Vaters einführt, indem er vom ewigen Licht redet, das heißt von seinem Sohn Jesu von Nazareth, Davids und Marien Sohn.

Ein solches ewiges Licht, ja ein solcher HERR, das kann auch kein einfacher Engel oder Mensch sein. Und hier stimmt Jesajas Weissagung mit dem Neuen Testament überein, in dem unser HERR Jesus Christus sich selbst oft ein Licht nennt, [zum Beispiel in] Johannes 1, 4–5. »Das Leben war das Licht der Menschen, und das Licht leuchtet in die Finsternis, aber die Finsternis

496 D. h. von Gott dem Vater.

begreift es nicht.« Weil das nun //333// zum Neuen Testament passt, soll man Jesajas Weissagung fröhlich und nicht anders als auf Jesus Christus beziehen, der uns nicht ein vergängliches Reich unter dieser Sonne und diesem Mond bereitet hat, sondern selbst unser ewiges Licht, unsere Sonne und unser Mond, unser Leben und Heil sein will, wie er oben in Jesaja 51, 6 sagt: »Hebt eure Augen auf zum Himmel und seht herunter auf Erden. Der Himmel wird wie Rauch vergehen, und die Erde wie ein Kleid veralten, und die darauf wohnen, werden dahinsterben wie ein Nichts, aber mein Heil soll ewig bleiben, und meine Gerechtigkeit soll kein Ende haben.«

Lieber, sage mir, kann dieser Vers und [wie können] ähnliche Verse auch mit dem verrückten Verständnis der Juden von ihrem Messias übereinstimmen, der in Jerusalem auf der Erde ein sterblicher, weltlicher König sein soll, wenn Gott hier seinen Messias und Himmel und Erde gegeneinander hält und sagt: »Der Himmel soll wie Rauch vergehen (das wird nicht ohne Feuer geschehen, so in 2. Petrus 3, 10), die Erde wie ein altes Kleid verwesen, die Menschen wie ein Nichts dahinsterben.« Aber sein Heil, das nahe ist (sagt er), seine Gerechtigkeit, die hervortritt[497], soll ewig bleiben und ein ewiges Licht sein,[498] »denn er ist der HERR selbst, und dein Gott«.[499] Hier siehst du, ob Jesaja die Worte Nathans in 1. Chronik 17, 13 verstanden hat, wenn er Gott einführt: »Ich will sein Vater sein, und er soll mein Sohn sein, ich will ihn auf ewig in mein Königreich setzen.« Und [ob er] Davids Worte [verstanden hat], wenn er sagt: »Du hast mich angesehen als in der Gestalt eines Menschen, der oben in der Höhe Gott der HERR ist«[500] und in 2. Samuel 7, 19: »Das ist eine Weise eines Menschen, der der HERR HERR ist«, wo

497 Vgl. Jesaja 51, 5a.
498 Vgl. Jesaja 60, 19b.
499 Jesaja 51, 15.
500 1. Chronik 17, 17.

die Vulgata übersetzt[501]: *Ista est Lex Adam, Domine Deus*. Und das bedeutet nichts.[502]

Daniel als Interpret der Nathansweissagung

Lasst uns auch Daniel sehen, der in Daniel 7, 13–14 sagt: »Ich sah im Gesicht in der Nacht, und siehe, es kam einer mit den Wolken des Himmels wie eines Menschen Sohn und bis zu dem Alten und wurde vor ihn gebracht. Der gab ihm Gewalt, Ehre und [das] Reich, dass ihm alle Völker, Leute und Sprachen dienen sollten. Seine {48} Gewalt ist ewig und vergeht nicht, und //334// sein Königreich hat kein Ende.« Diesen Vers können und verstehen die Christen wohl, doch wir wollen auch sehen, wie er zum Neuen Testament passt. Er sieht ein Menschenkind in den Wolken. Zweifellos soll sein Reich nicht irdisch, vergänglich und zeitlich, sondern himmlisch und ewig sein, wie er spricht: Der Alte, das ist Gott der Vater, gab ihm Gewalt über alles, und seine Gewalt soll ewig sein und kein Ende haben. Diese Ewigkeit oder dieses ewige Reich kann keiner einfachen Kreatur, weder Engel noch Menschen, gegeben werden. Denn es ist göttliche Gewalt und Gottes eigene Gewalt. Was würde oder könnte Gott behalten oder haben, wenn er die ewige Gewalt und sein ewiges Reich von sich gäbe? Überhaupt nichts behielte er, und es würde selbst zunichte, weil [dann] ein anderer da wäre, der die ewige Gewalt hat. Es kann ja über und außer der ewigen Gewalt nichts sein. Die ewige Gewalt schließt alles in

501 WA: ubi Latinus habet

502 WA: Et nihil significat – Luther kritisiert die Wiedergabe des hebräischen אדני (bei Luther: HERR) in der Vulgata mit dem lateinischen Vokativ, also der Anrede an Gott; nach Luther sind die Bezeichnungen *Mensch* (Adam), und das doppelte *Herr* (lateinisch: *Dominus Deus*) vielmehr auf *eine* Person zu beziehen: Jesus Christus; die Vulgata hat diesen Textsinn demnach nicht verstanden; vgl. dazu unten Anm. 545.

sich ein und lässt nichts anderes oder Größeres über sich oder außer sich zu; es muss Gott selbst sein und niemand anders.

Hier zeigt [uns] der Text Daniels mit aller Kraft den Artikel von der Gottheit in drei Personen und von der Menschheit des Sohns. Denn es muss eine Person sein, die gibt, und eine andere, die es empfängt. Der Vater gibt nämlich die ewige Gewalt dem Sohn, und der Sohn hat sie vom Vater, und alles von Ewigkeit her. Sonst wäre es nicht eine ewige Gewalt. Zugleich ist der Heilige Geist da, der dies durch Daniel redet. Denn solche hohen geheimen Dinge könnte niemand wissen, wenn es der Heilige Geist nicht durch die Propheten offenbart, wie [ich] oben oft gesagt habe, dass die Heilige Schrift durch den Heiligen Geist gesprochen ist. Daneben ist der Sohn zugleich auch ein Mensch, das heißt, ein wahrer Mensch und Davids Sohn, dem diese ewige Gewalt gegeben wird. Also sehen wir, wie die Propheten das Wort »ewig« wohl angesehen und verstanden haben, wenn Gott durch Nathan zu David spricht: »Ich will meinen und deinen Sohn in mein ewiges Reich setzen.«[503]

Hieran stößt sich nun Frau Klüglin, die →Vernunft[504], die zehnmal weiser ist als Gott selbst und fragt: Wie kann Gott seine ewige Gewalt von sich einem andern geben? Was behielte er //335// selbst? Oben heißt es doch, dass Gott nach Jesaja 42, 8[505] sagt: »Ich will meine Ehre keinem andern geben, noch mein Lob den Götzen.« Besonders einem Menschen, der nicht wie Gott von ewig her gewesen ist, sondern hier einen zeitlichen Anfang hat, der geboren und sterblich ist, wie wir Christen es von Jesus, dem Sohn Davids und der Maria, bekennen und predigen, kann er sie nicht geben. Solche hochverständigen Leute sind auch die Juden, Mohammed, die →Türken und →Tataren.

503 1. Chronik 17, 14.

504 Zu diesem Ausdruck vgl. WA 10 I, 505, 4, wo Luther die »klugelynne«, die »naturliche vornunfft«, als »fraw Isabel« bezeichnet – angespielt ist auf die abgöttische Königin Isebel, die Ehefrau des israelitischen Königs Ahab (1. Könige 16, 31).

505 WA: Isaei 52.

Die können das unbegreifliche Wesen Gottes in den Löffel oder die Nussschale ihrer →Vernunft fassen und sagen, Gott habe kein Weib, darum könne er keinen Sohn haben.[506] Pfui, Pfui, Pfui dich an[507], Teufel mit {49} den Juden und Mohammed, und alle, die in diesen hohen Sachen, die nur Gott allein versteht, und [die wir nur insofern verstehen], als der Heilige Geist uns davon durch die Propheten offenbart hat, Schüler der blinden, törichten, elenden Vernunft sind.

Die Zwei-Naturen- und Trinitätslehre

Wir Christen sind aus dem Neuen Testament erleuchtet und können hierauf richtig, deutlich und fein so antworten: Christus, unser HERR, hat in einer unzertrennten Person zwei Geburten oder zwei Naturen.[508] Denn er ist *ein* Christus, nicht (wie der

506 Luther stützt sich offenbar auf die Schrift *Confutatio Alcorani* (1300) des Dominikanermönchs Ricoldus de Montecrucis, die er 1542 ins Deutsche übersetzt hatte; vgl. WA 53, 280, 22 f. (= Ehmann, Refutatio, 40): »Denn er [der Koran] sagt: Es sey unmueglich, das gott einen son habe, weil er keine frawen habe.« Vgl. dazu Koran, Sure 6, 101 und Sure 112 (dort heißt es von Allah, dass er nicht gezeugt hat oder gezeugt wurde). Luthers Randbemerkung dazu lautete »O klugheit«. In der Randnotiz Luther heißt es ferner, die Vorstellung, eine Wesensgleichheit zwischen Gottvater und Sohn müsse zu Zwietracht führen, hätten die Muslime von den Juden übernommen; vgl. dazu den Kommentar bei Ehmann, a. a. O., 205. Vielleicht handelt es sich auch um eine Anspielung auf die gegen die christlichen Dogmen gerichtete Polemik in Sure 112.

507 Ein »Pfui« taucht auch in den anderen *Juden-* und *Türkenschriften* Luthers auf; zur archaischen Vorstellung von heilsamen und Unheil bannenden Wirkungen des Speichels vgl. Ehmann, Luther, Türken und Islam, 82.

508 Die sogenannte *Zwei-Naturen-Lehre*, auf die Luther hier anspielt, wurde auf dem Konzil von Chalcedon im Jahre 451 zum Dogma erhoben: Jesus Christus ist »wahrer Gott« (die zweite Person der Dreifaltigkeit) und zugleich »wahrer Mensch«, wobei beide, die göttliche und die menschliche Natur, in ihm »unwandelbar, ungetrennt, ungeteilt

verrückte Geist des Nestorius auf närrische Weise annimmt[509]) zwei Christi. Aufgrund der ersten Geburt hat er – nicht zeitlich, sondern von Ewigkeit her – vom Vater die ewige Gewalt oder Gottheit empfangen, und der Vater hat sie ihm ganz und völlig gegeben, wie er sie selbst von Ewigkeit her hat. Er hat sie ihm nicht so gegeben, indem er sich ihrer beraubt oder entledigt hätte, sondern dieselbe Gewalt und keine andere, die er von Ewigkeit ganz und völlig gehabt hat und in Ewigkeit behält, hat er dem Sohn gegeben. Denn es sind nicht zwei Gottheiten, sondern beide Personen sind eine einige Gottheit. Und [der Vers] Jesaja 42, 8[510] bleibt recht geredet: »Ich will meine Ehre keinem andern geben, noch mein Lob den Götzen.« Denn der Sohn ist kein anderer Gott und auch kein Götze, sondern mit dem Vater ein einiger, wahrer, ewiger Gott.

Hiervon spricht er selbst in Johannes 16, 15: »Alles, was der Vater hat, das ist mein.« Er sagt nicht: »Der Vater hat nichts mehr, ich habe es [jetzt] alles allein, oder der Vater hat es alles allein, ich habe nichts.« Sondern: »Der Vater hat es alles, aber das //336// alles, was er hat, das ist [zugleich] mein.« Das heißt ja auf klare Weise, dass der Vater und der Sohn eine einige Gottheit sind. Und von diesem Alles des Vaters, das zugleich dem Sohn gehört, hat es der Heilige Geist auch, wie er dort sagt: »Er wird es von dem Meinen nehmen.«[511] Von welchem Meinen? Ohne Zweifel von dem Meinen, das der Vater hat. Also hat der Heilige Geist von beiden, vom Vater und vom Sohn, von Ewig-

---

und unvermischt« sind. Zur Geltung dieser Lehre äußerte sich Luther 1539 in seiner Schrift *Von den Konziliis und Kirchen* (WA 50, 605 = Hirsch, Hilfsbuch zum Studium der Dogmatik, 11–12).

509 Nestorius, von 428 bis 431 Patriarch von Konstantinopel, lehnte den 431 auf dem Konzil von Ephesus bestätigten Titel Marias als »Gottesgebärerin« (Θεοτόκος/Theotokos) ab und plädiert stattdessen für die Ehrenbezeichnung »Christusgebärerin«. Die Lehre des Nestorius wurde auf dem Konzil von Chalcedon (451) verurteilt, weil sie als unvereinbar mit der *Zwei-Naturen-Lehre* erschien.

510 WA: Isa 52.

511 Johannes 16, 15.

keit her dieselbe völlige, ganze Gottheit. Ebenso [heißt es in] Johannes 5, 26: »Wie der Vater das Leben in ihm selber hat, so hat er dem Sohn gegeben, das Leben zu haben in sich selber.« Und: »Wie der Vater Tote auferweckt und lebendig macht, so macht auch der Sohn lebendig, welche er will, damit sie alle den Sohn ehren, wie sie den Vater ehren.«[512] Das alles ist von der ersten, ewigen, göttlichen Geburt gesagt.

Aufgrund der anderen, zeitlichen, menschlichen Geburt ist ihm ebenfalls die ewige Gewalt Gottes gegeben, doch zeitlich und nicht von Ewigkeit her. Denn die Menschheit Christi ist nicht wie die Gottheit von Ewigkeit her gewesen, sondern nach unserer Zeitrechnung[513] wird Jesus, der Sohn Marias, in diesem Jahr 1543 Jahre alt. Aber von dem Augenblick an, in dem Gottheit und Menschheit in einer Person vereint sind, da ist und heißt der Mensch, der Sohn der Maria, durch den Austausch der göttlichen und menschlichen Eigenschaften[514] [zugleich] allmäch{50}tiger ewiger Gott, der ewige Macht hat und alles geschaffen hat und erhält, weil er mit der Gottheit eine Person und auch wahrer Gott ist. Davon redet er in Matthäus 11, 27: »Alles ist mir vom Vater gegeben«[515] [und] in Matthäus 28, 18: »Mir ist alle Gewalt gegeben im Himmel und auf Erden.« Welchem mir? Mir, Jesu von Nazareth, dem als Mensch geborenen Sohn der Maria. Von Ewigkeit habe ich sie[516] vom Vater, ehe ich

512 Johannes 5, 21.23a.

513 WA: wie man zelet und schreibet

514 WA: per communicationem idiomatum – Nach der auf dem Konzil von Chalcedon kanonisierten Lehre der *Idiomenkommunikation* haben die menschliche und die göttliche Natur Christi jeweils »unvermischt«, »unverwandelt«, »ungetrennt« und »unzerteilt« Anteil an den Eigenschaften der jeweils anderen Natur; Luther war diese Lehre besonders wichtig: Mit ihr wollte er im *Abendmahlsstreit* die leibhafte Präsenz Christi belegen, indem die menschliche Natur Christi Anteil an der Allgegenwart der göttlichen Natur hat. Vgl. WATR 6, 67–70, Nr. 6600; Vgl. auch Luthers Erklärung in seiner Schrift *Von Konciliis und Kirchen* (1539), WA 50, 587, 19–34.

515 WA: Matthäus 21

516 D. h. die Gewalt.

Mensch wurde. Aber als ich Mensch wurde, habe ich sie nach der menschlichen Natur[517] zeitlich empfangen und bis zu meiner Auferstehung und Himmelfahrt geheim gehalten, als es offenbart und verklärt werden sollte, wie der heilige Paulus in Römer 1, 4 sagt: »Er ist als Sohn Gottes verklärt oder erwiesen in Kraft.« Johannes nennt es in Kapitel 5 Verklärung: »Der Heilige Geist war noch nicht da. Denn Jesus war noch nicht verklärt worden.«[518] //337//

Siehe nun, ob nicht Daniel fast in derselben Art wie Jesaja vom Menschensohn redet, der das ewige Reich von Gott empfängt, und wie Nathan und David reden, dass Gott Davids Sohn in sein ewiges Reich zum König einsetzen will, und dass (so David) von einem Menschen die Rede ist, »der oben in der Höhe Gott der HERR ist«.[519] Oh, dass wir Christen diese unaussprechliche Gnade so reichlich sowohl im Neuen als auch im Alten Testament erkennen, und dabei nicht fröhlich sind und danken, wie es sich gebührt! Ein Wunder wäre es nicht, wenn dies ein Christenherz recht gründlich bedächte und ergriffe, dass es dann vor Freuden stürbe und vor Freuden wieder lebendig würde. Was ist das doch für ein großes Wunder? Dass Gott Mensch ist, mit uns Menschen redet, lebt, dazu für uns stirbt. David verstummt und erstarrt vor Freuden. [Er] kann nicht mehr sagen als: »Was bin ich? Was ist mein Haus, dass du mich dahin bringst?«[520]

Das ist alles noch auf den Text 1. Chronik 17, 11 ff. bezogen, auf den, wie oben gesagt, sich die letzten Worte Davids gründen, dass Christus wahrer Gott und [wahrer] Mensch sein muss. Und was mehr aus diesem Text quillt, wollen wir (mit Gottes Hilfe) später weiter sehen. Denn die Propheten nach David und ebenso er selbst haben daraus viel von Christus gelernt, [nämlich] dass er [zugleich] Gott und Mensch sei. Wie [es] in Psalm 110, 1 [heißt]:

517 WA: nach der Menschheit

518 WA: Johannes 7, 39.

519 1. Chronik 17, 17.

520 1. Chronik 17, 16.

»Der HERR hat zu meinem Herrn gesagt, setze dich zu meiner Rechten, bis ich deine Feinde zum Schemel deiner Füße lege.« Was kann »zu meiner Rechten sitzen« anderes heißen als »wie Gott zu sitzen«, das heißt, »in Gottes ewigem Reich zu sitzen«? Denn er sitzt ihm nicht zu Häupten noch zu Füßen, weder höher noch niedriger, sondern ihm gleich an seiner Rechten, sodass der Himmel ebenso sein Stuhl wie die Erde seine Fußbank ist, wie er in Matthäus 28, 18 sagt: »Mir ist gegeben alle Gewalt im Himmel und auf Erden.« Und in Markus 16, 19: »Er ist aufgenommen in den Himmel und sitzt zur rechten Hand Gottes.« Und als er in Matthäus 22, 43–46 die Pharisäer fragte: »Ist Christus {51} Davids Sohn, wie nennt [David] ihn [, Christus,] denn im Geist //338// seinen Herrn (das heißt: der Geist redet durch ihn), wenn er sagt: ›Der HERR hat zu meinem Herrn gesagt, setze dich zu meiner Rechten?‹«, konnten sie ihm nichts antworten.[521]

Sie[522] können auch heute und in alle Ewigkeit nicht darauf antworten. Sie lästern wohl sehr, allein gegen uns Christen, [aber] mit gräulichem boshaftem Betrug[523] auch gegen ihre eigenen alten Rabbinen und Lehrer. Davon kannst du bei [Nikolaus von] →Lyra zur Bibelstelle [Matthäus 22, 46] lesen.[524] Wir haben

---

521 WA: Matth. 21 – Vgl. zu diesem Text Psalm 110, 1.

522 D. h. die Juden

523 WA: ungeschickter boshaffter geucherey

524 In seinem exegetischen Werk (Biblia sacra V, 376, vgl. WA 53, 51, Anm. 2) berichtet Nicolaus von Lyra von »modernen Juden, die die Gottheit Christi leugnen« (Iudaei moderni divinitatem Christi negantes); nach deren Lehre sei Psalm 110 von Abrahams Haushalter Elieser gedichtet worden und auf Abraham zu beziehen. Gemeint ist der Kommentar →Raschis, demzufolge der »Feind« in Psalm 110,1 den König Amrafel (Genesis 14, 1), gegen den Abraham in den Krieg zog (vgl. Genesis 14, 20), bezeichne. Der Psalmvers sei im Sinne von Genesis 15, 1 (»fürchte dich nicht«) als Trost Gottes zu verstehen. Lyra weist darauf hin, dass diese Deutung falsch sein müsse, da Psalm 110, 1 David als Autor nenne; auch lasse sich Vers 3 (»aus dem Schoß der Morgenröte habe ich dich geboren«) nicht auf Abraham beziehen. Hier sei vielmehr eine Geburt *»ex utero Dei«* (aus dem Mutterschoß Gottes) vor Erschaffung der Welt gemeint, die auf Christus zu

aber das Neue Testament, an dem wir Christen (wie nun oft gesagt) genug haben, das nicht nur mit diesem Psalm zusammenpasst, sondern dem [auch umgekehrt] dieser Psalm ähnlich ist. Das Alte Testament nach unserem Verständnis auszulegen, kann uns nicht misslingen, jede andere Auslegung muss [vielmehr] misslingen. Außerdem ist Christus selbst da mit seinen Aposteln; die bezeugen und zeigen uns dieses Verständnis mit reichen Worten und Werken. Und dieser Psalm ist somit einer der Bibelstellen, in denen die drei gesonderten Personen in einer Gottheit verkündigt werden. Das ist allein das durch den Heiligen Geist gegebene Verständnis der Propheten und der Christen. Die Juden, Mohammed, die →Vernunft können hiervon nichts wissen. Da ist [einerseits Gott] der Vater, der sagt: »Setze dich zu meiner Rechten«[525], und [da] ist [andererseits] Christus, Davids Sohn, zu dem er dies spricht.

---

deuten sei. – Raschis Erklärung passt aber gut zum spätantiken Midrasch Genesis Rabba (Kap. 42 zu Genesis 14, 1), der den Kampf Abrahams gegen die vier Könige in der Tat als eine Art messianischen Krieg deutet. Dies geschieht, indem die Könige aus Genesis 14, 1 (Amrafel, Arjoch, Kedor-Laomer und Tidal) mit den vier Weltreichen des Danielbuches (Babylon, Medien/Persien, Makedonien/Griechenland und Edom/Rom) in Beziehung gesetzt werden. In Genesis Rabba 42, 4 geht der Midrasch so weit, den König Tidal aus Genesis 14, 1 mit einem römischen Kaiser (dessen Identität aber unklar bleibt) gleichzusetzen. Die bewusst anachronistische Erklärung, die vorgibt, den Erzvater in einem Kampf gegen »Rom« verwickelt zu sehen, lässt sich als Reaktion auf die Lage der Juden im christlich gewordenen Weltreich deuten. Zum Einen hat das Volk Israel nichts zu befürchten, weil alle geschichtlichen Ereignisse einem in den biblischen Texten vorgegebenen Schema folgen: Bereits Abraham hat vorgemacht, wie man mit den feindlichen Gewalten fertig werden kann. Zum Anderen hat die Antizipation der messianischen Motive (man könnte von einer Protologisierung sprechen: bereits Abraham war »messianisch«) zur Folge, dass diese Texte in rabbinischer Sicht untauglich für den christlichen Gebrauch (oder Missbrauch) werden. Vgl. dazu: Morgenstern, Image of Edom, 193–222.

525 Psalm 110, 1.

Nun ist der Vater nicht Christus oder Davids Sohn, und Christus ist nicht der Vater. Und doch soll er dem Vater gleich an seiner rechten Seite sitzen und ein Reich, eine Gewalt, eine Ehre und alles [mit ihm] haben. Denn Gott duldet keinen Gleichen, der neben ihm in gleicher Gewalt und Ehre sitzt. Darum muss Christus, Davids Sohn, wahrer und mit dem Vater einiger Gott sein, der ihm gleich sitzt. Es darf ja nicht mehr als einen einzigen Gott geben, wie das erste Gebot sagt (Exodus 20, 3): »Du sollst keine andern Götter neben mir haben.« So ist der Heilige Geist auch da als wahrer einiger Gott, der durch David und alle Propheten mit uns Menschen redet und uns alle Wahrheit von der Gottheit offenbart und lehrt, wie David sagt: »Der Geist des HERRN hat durch mich geredet.«[526] Und {52} Christus selbst [sagt in] Matthäus in 22, 43: »Wie nennt David durch den Geist Christus seinen HERRN, wenn er sein Sohn ist?« Ohne den Geist könnte er es aber weder benennen //339// noch davon wissen, dass Christus sein Sohn und HERR wäre. Der Heilige Geist aber ist nicht Christus, der Sohn, und auch nicht [Gott], der Vater. Und [wenn auch Gott genannt wird,] kann [er] doch kein anderer Gott sein. Also ergibt sich der zwingende Schluss, dass es ein einiger Gott, und doch drei unterschiedliche Personen sind: Vater, Sohn und Heiliger Geist von Ewigkeit in Ewigkeit.

Hier möchte jemand einwenden, warum David sagt: »Was bin ich? Was ist mein Haus?«[527] Ebenso: »Du hast mich angesehen, wie einen Menschen, der in der Höhe Gott der HERR ist?«[528] Hat Gott doch nicht zu ihm gesagt: »Du sollst mein Sohn sein, ich will dich in mein ewiges Reich setzen?«, sondern er sagt vielmehr: »Dein Sohn soll mein Sohn sein, den will ich in mein ewiges Reich setzen.«[529] Wie ändert denn David die Worte Gottes und deutet sie auf sich, als sei er der Mensch, der in der Höhe Gott der HERR ist? Wohlan, David ist der Vater dieses Sohns (wie

526 2. Samuel 23, 2.
527 1. Chronik 17, 16.
528 1. Chronik 17, 17.
529 1. Chronik 17, 13–14.

du hörst), und aus seinem Hause und von seinem Fleisch und Blut soll er kommen. Nun ist es ja natürlich, dass sich ein Vater über die Ehrung[530] seines Sohns geradeso herzlich freut wie der Sohn selbst, dem er alle Ehre und alles Gut gönnt, und viel mehr als ihm selbst. Wiederum ärgert er sich über [den] dem Sohn widerfahrenen Hohn und die Schmach viel mehr, als wenn es ihm selbst widerführe. Darum rühmt sich nicht nur David, sondern mit ihm sein ganzes Haus dieser Ehre (wenn er sagt: »Was ist mein Haus?«[531]), dass aus ihrem Fleisch und Blut ein solcher Sohn kommen soll, der zur rechten Hand Gottes sitzen soll.

Ebenso liest man in den Historien, dass ein Vater, den sie Schilo nennen, vor Freude starb, als er hörte, dass sein Sohn in Olympia den Sieg behalten hatte.[532] Und eine Römerin, die dachte, ihr Sohn sei im Krieg zusammen mit anderen von Hannibal bei Cannä erschlagen worden – und auf einmal kam er gesund heim. In dem Augenblick, als sie ihn sieht, fällt sie vor Freude hin und stirbt.[533] Ebenso ist David hier so voller Freude und voll des Geistes, dass er schier nicht weiß, wie und //340// was er reden soll. Und die Ehre für seinen Sohn, für sein eigenes Fleisch und Blut, geht ihm so zu Herzen, als wäre sie ihm selbst geschehen.

Zudem steckt dieser Sohn Davids zu dieser Zeit noch in seinem Fleisch und Blut. Es ist nichts davon vorhanden außer er selbst, David in Person mit seinem Fleisch und Blut, von dem künftig der Sohn kommen sollte. Denn diese Geschichten und Worte liegen ja vor der Zeit, als Nathan, Davids Sohn (aus seiner Linie ist nach Lukas 3, 31 Christus gekommen), geboren {53}

530 WA: Herrligkeit

531 1. Chronik 17, 16.

532 Diogenes Laertius, De vitis, dogmatibus et apophthegmatibus clarorum virorum I, 72.

533 Luther bezieht sich auf das Werk *Attische Nächte* (Noctes Atticae) des lateinischen Schriftstellers Aulus Gellius (zweite Hälfte des zweiten Jahrhunderts n. Chr.), Buch III, cap 15 (Weiss, Attische Nächte, 206 f.)

wurde.[534] Seine Mutter Bathseba war ja noch nicht Davids Frau geworden. Sie war vielmehr noch Urias Frau, eine gute Zeit vor dem Fall und Ehebruch.[535] Darum ist es keine unpassende Rede von einem Vater, wenn er wegen der Ehre seines Sohnes Gott lobt und ihm mit diesen oder ähnlichen Worten dankt: »Ah, du lieber Gott, was bin ich? Wofür siehst du mich doch an, dass du mich so hoch ehrst und aus meinem Fleisch und Blut einen solchen Herrn machst? Ich bin es ja, dem die Ehre und Freude zukommt. Denn es ist ja mein Fleisch und Blut, das jetzt noch in mir und an mir ist, [das] künftig geboren werden soll.«

Das trinitarische Zeugnis der Propheten

Daher wird unser HERR Christus in den Propheten auch oft mit dem Namen seines Vaters David benannt, [zum Beispiel in] Hosea 3, 5: »Danach werden sich die Kinder Israel bekehren, und den HERRN, ihren Gott, und David, ihren König, suchen, und den HERRN und seine Gnade ehren, in der letzten Zeit.« Hier heißt unser HERR Christus *David*, und [er] erhält die gleiche Ehre wie Gott und wird HERR genannt, den sie suchen und ehren werden. Mit *einem* Suchen sollen sie Gott und ihren König suchen und ehren, genauso wie wir den Vater und den Sohn mit *einem Glauben* ehren – nicht etwa mit einem Glauben den Vater und mit einem anderen [Glauben] den Sohn. Und die dritte Person ist hier der Heilige Geist, der dies durch Hosea mündlich redet und uns zu glauben lehrt.

Ebenso Ezechiel 34, 23–24: »Ich will ihnen einen einigen Hirten erwecken, der sie weiden soll, nämlich meinen Knecht David, der wird sie weiden und ihr Hirte sein. Ich will ihr //341// Gott sein, und mein Knecht David wird Fürst unter

534 Vgl. Luthers Darstellung in: *Vom Schem Hamephorasch* (WA 53, 626, 20 – 628, 7 = LK, 116–118).

535 Luther irrt hier, denn im 2. Buch Samuel wird die Bathseba-Erzählung bereits in Kapitel 11 geschildert.

ihnen sein.« Hier heißt Christus *David* und *Gottes Knecht*, wie er auch in →Jesaja 53 und an vielen anderen Stellen *Gottes Knecht* heißt.[536] Ebenso macht Paulus, der von ihm doch immer als wahrem Gott predigt, in Philipper 2,7 einen Knecht aus ihm, wenn er sagt: »Ein jeder sei gesinnt wie Jesus Christus, der, obwohl er in göttlicher Gestalt war, es nicht für einen Raub hielt, Gott gleich sein, sondern entäußerte sich selbst und nahm Knechtsgestalt an usw.« Lass uns den Apostel fragen, wie er so ungeschickt reden kann. Ist Christus Gott gleich, wie kann er [dann] ein Knecht in Knechtsgestalt sein? Ist er ein Knecht, wie kann er [dann] Gott gleich und in Gottes Gestalt sein? Aber wir Christen verstehen und wissen das alles wohl. Aber die Juden verstocken sich [bei ihrem Verständnis] dieses Verses Ezechiels ganz und gar[537] und wollen [sich] ihres Sinnes (ich wollte sagen, ihres Wahnsinnes) sicher sein. Die lass fahren.

Ebenso Jeremia 30, 8–9: »Zu der Zeit, spricht der HERR will ich das Joch von deinem Halse zerbrechen und deine Bande zerreißen, und sie sollen in [diesen Banden] nicht mehr den Fremden (oder wie Fremde) dienen, sondern werden dem HERRN, ihrem Gott, dienen und ihrem König David, den ich ihnen erwecken will.« Hier heißt Christus ebenfalls David, wie die alten und neuen Juden[538] diesen Vers {54} ebenfalls vom Messias verstehen müssen. Nur verstehen sie nicht recht, was mit dem Joch und den Banden [gemeint ist]. Sie wollen die Babylonische Gefangenschaft daraus machen.[539] Aber die ganzen drei Kapitel

536 Jesaja 52, 13.

537 WA: mit diesem spruch Ezechiel getrost – Es ist nicht deutlich, welche Deuung hier zurückgewiesen wird; auch nach →Raschi ist Ezechiel 34, 23 auf einen davidischen König (»von seinem Samen«) zu beziehen.

538 Die »alten Juden« sind für Luther das alttestamentliche Gottesvolk, das bereits an Christus geglaubt habe, während die neuen (rabbinischen) Juden sich von diesem Glauben abgewandt hätten.

539 Nach →Raschi zu Jeremia 30, 5 (»wir hören ein Geschrei des Schreckens, nur Furcht ist da«) beziehen »einige« Ausleger diesen Vers auf die Babylonische Gefangenschaft, während andere hier die Kriege

nacheinander[540] reden stark von der Erlösung vom Tod und von den Sünden, die das Gesetz auf uns hetzt.[541] [Diese Erlösung] soll der Messias bewirken. Davon haben die Juden und die →Vernunft keine Ahnung. Es ist das Verständnis der Christen und [entspricht dem] christlichen [Verständnis], wie es von Anbeginn der Welt an gewesen ist usw.

Gleichwohl macht Jeremia mit diesem Vers diesen seinen König David zum wahren Gott, wenn er Gott und David nebeneinanderstellt in *einem* Dienst und *einer* Ehre, die ihm das Volk Israel erweisen soll. Denn wenn dieser David nicht wahrer Gott wäre, würde Gott ihn nicht neben sich setzen und sagen: »Sie sollen ihrem Gott und ihrem König Da//342//vid dienen.«[542] Denn es heißt in Deuteronomium 6, 13 und 10, 20: »Du sollst keinem anderen Gott dienen, sondern den HERRN, deinen Gott, sollst du fürchten und ihm allein dienen.« Und die Worte Jeremias stimmen mit dem Vers aus 1. Chronik 17, 14 überein: »Ich will deinen Sohn in mein ewiges Reich setzen«, der ein Mensch und zugleich über der Erde[543] »in der Höhe Gott der HERR« ist.[544] Er wird in gleicher Weise wie der Vater geehrt, und ihm wird in gleicher Weise gedient. Hierbei muss der Heilige Geist die dritte Person sein, der dies durch Jeremia redet und es uns lehrt, damit wir es glauben und verstehen. Und [er] ist [dabei doch] ein einziger Gott, neben dem wir keinen anderen Gott ehren und [keinem anderen Gott] dienen.

---

der Endzeit (»Gog und Magog«) vorabgebildet finden. Eine ähnlich offene Deutung bringt Raschi zu Jeremia 30, 7 (»groß ist jener Tag […], eine Zeit der Angst für Jakob, doch soll ihm darauf geholfen werden«): Möglicherweise sei mit diesem »großen Tag der Todestag des babylonischen Königs Belsazar gemeint (Daniel 5, 30), vielleicht sei aber auch der endzeitliche Niedergang der feindlichen Macht »Gog« im Blick.

540 D. h. Jeremia 30–32.

541 WA: so das Gesetz auff uns treibet

542 Jeremia 30, 9.

543 WA: droben uberwerts

544 1. Chronik 17, 17.

1. Chronik 17, 17 als Zeugnis der Gottessohnschaft Christi

Hiermit sollte es nun wohl genug sein von dem Text aus 1. Chronik 17, auf den sich Davids letzte Worte gründen, nämlich, dass Christus [zugleich] Gott und ein [in die Familie] Davids geborener Mensch ist. Wir wollen uns nun wieder den letzten Worten Davids zuwenden. Diese enden damit, dass er Christus als seinen Sohn bekennt und als seinen Gott rühmt nach dem Vers: »Du hast mich angesehen wie einen Menschen, *qui superne vel in supernis, vel in excelsis est Dominus Deus.* Der hoch oben oder in der Höhe Gott der HERR ist.«[545] Denn dass unser lateinischer Text im Vokativ sagt: *Domine Deus*, ist [eine] sinnlose [Übersetzung][546], so wenig wie [es in] 2. Samuel 7 [lauten kann]: *»Ista est Lex Adam, Domine Deus«.*[547] Hier wäre besser [zu übersetzen]: *»Ista est lex vel forma hominis, Domini Dei, seu qui sit, Dominus Deus etc.«*[548] Davon ist jetzt genug gesagt. Aber weil die Materie so gut ist, und weil wir mit den Propheten und Aposteln leider nur eine kleine Minderheit sind, die sich um den Christus, den gekreuzigten David und

545 1. Chronik 17, 17. Luther übersetzt selbst ins Lateinische, indem er den Vulgatatext von Vers 17b korrigiert. In seiner Übersetzung von 1523 hieß es noch: »Und hast mich herr Gott angesehen oben erab wie eyn mensch den andern« (vgl. WADB 1, 263, Zerbster Handschrift).

546 WA: gibt keinen Verstand – In der Vulgata heißt es in den letzten drei Worten im Vokativ, also mit Anrufung Gottes: »et fecisti me spectabilem super omnes homines *Domine Deus meus*«. Luther, der 1524 noch im Sinne der Vulgata übersetzt hatte (WADB 9 I, 318: »Ist das menschen recht HERr HERR«), möchte nun anstelle des Vokativs einen Akkusativ setzen. Beide Ausdrücke (*»Mensch«* und *»Herr«*) lassen sich so auf eine Person, nämlich Jesus Christus, beziehen.

547 So die Vulgata zu 2. Samuel 7, 19b – »und das nach Menschenweise, Herr HERR!«

548 »Das ist das Gesetz und die Form eines Menschen, des Herrn [und] Gottes, der nämlich Herr [und] Gott ist.« Offenbar versteht Luther diesen Text von Galater 4, 5 her: Christus wurde »unter das Gesetz getan«: Er war »dem Gesetz und der Form nach« ein Mensch, aber zugleich auch Gott. In seiner Verbesserung der Vulgata (WADB 5, 370) schlägt Luther diese Fassung vor: »Sic est mos cum homine DOMINE Deus.«

ewigen Gott[549], kümmern, wollen wir, ehe wir die letzten Worte Davids verabschieden und ans Ende bringen, weiter davon reden, um uns in unserem Glauben zu stärken – allen Teufeln, Juden, Mohammedanern und Papisten und allen, die Feinde dieses Sohnes Davids sind, zum Verdruss. {55}

Mose als »Christ«

Erstens wollen wir uns Moses, den Hauptbrunnen, die Quelle, den Vater und Meister aller Propheten, vornehmen und versuchen, ob er sich zu einem Christen machen lässt und uns bei//343//stehen will. Denn Christus selbst tauft ihn, wenn er in Johannes 5, 46 sagt: »Moses hat von mir geschrieben.« Hat er von ihm geschrieben, so hat er freilich auch von ihm geweissagt, gepredigt und allen Propheten nach ihm befohlen, von Christus zu schreiben und zu predigen. Dies haben sie mit allem Fleiß getan, sodass auch alle Juden, junge und alte, zu sagen wissen, dass ein Messias kommen musste. Aber Mose ist für sie begraben, sodass sie nicht wissen können, wo er liegt.[550] Darum wollen wir zwei treue, gewisse Boten bestellen[551] und abfertigen, die ihn suchen, finden, aufwecken und herbringen sollen. Das sind der Evangelist Johannes und der Apostel Paulus. Was gilt es, sie werden [ihn] treffen und es nicht verfehlen. Doch vergiss nicht, was ich oben gesagt habe![552] Ich wollte mir dieses Mal [die Stellen] vornehmen, wo der hebräische Text sich fügt und mit dem Neuen Testament zusammenpasst[553], dass dies das ein-

549 Die Identifikation Christi mit David geht für Luther hier so weit, dass er tatsächlich vom »Gecreutzigten David« (und nicht etwa vom *gekreuzigten Sohn Davids*) spricht.

550 Vgl. Deuteronomium 34, 6. Diese Stelle wird von Luther im Sinne von 2. Korinther 3, 7–16 gedeutet: Die (rabbinischen) Juden kennen nicht nur das Grab Moses nicht, sie wissen auch seine Bücher nicht auszulegen.

551 WA: zween trewe gewisse Legaten oder Bottschafft aufrichten

552 Vgl. oben S. 114 f.

553 WA: gerne gibt und reimet mit dem Newen Testament

zige wahre Verständnis der Schrift sein solle. Alles andere, was Juden, →Hebraisten[554] und wer [immer] sie sind, nach ihrer verstaubten, gemarterten[555] und gezwungenen →Grammatik dagegen plaudern, soll für uns gewiss nur Lüge sein.

Der Evangelist Johannes als Interpret Moses

Nun also: Der heilige Johannes fängt sein Evangelium so an: »Im Anfang war das WORT, und das WORT war bei Gott, und Gott war das WORT. Dasselbe war im Anfang bei Gott. Alle Dinge sind durch dasselbe gemacht, und ohne dasselbe ist nichts gemacht, was gemacht ist.«[556] Dies sind die Worte des heiligen Johannes oder vielmehr des Heiligen Geistes, der alle Dinge lebendig macht. Nun lass uns sehen, ob er Mose hier finden und von den Toten auferwecken kann. Denn Moses hört sehr leise und kommt frei daher und spricht: »Hier bin ich. Denn eben wie du, Johannes, vom Wort redest, so habe ich auch geredet und rede ich weiterhin, und du nimmst mir die Worte aus meinem Mund. Denn auch ich habe am Anfang meines Buches vom Beginn der Schöpfung geschrieben: ›Gott sprach, es werde Licht, und es ward Licht. Gott sprach, es werde eine Feste zwischen den Wassern. Gott sprach, es sammle sich das Wasser unter dem Himmel an besondere Orte, dass man das Trockene sehe. Gott sprach, es lasse die Erde aufgehen Gras //344// und Kraut. Gott sprach, es werden Lichter an der Feste und scheiden Tag und Nacht‹« und so weiter.[557]

---

554 Gemeint sind die christlichen →Hebraisten wie Sebastian Münster, vor denen Luther am Ende von *Vom Schem Hamephorasch* gewarnt hatte (WA 53, 648, 11 = LK, 173–174).

555 Zu Luthers Redeweise von der »→Marterung« des Gotteswortes (bzw. hier der hebräischen →Grammatik) vgl. das Glossar.

556 Johannes 1, 1–3.

557 Genesis 1, 3. 6. 9. 11. Eine Auslegung der ersten Verse der Bibel von Johannes 1, 1 her findet sich auch in Luthers großer Genesisvorlesung (WA 42, 13, 34–38).

Hier stimmt Mose mit Johannes überein, dass am Anfang der Schöpfung ein Wort war, durch das Gott alles sprach, das heißt, [durch das er alles] geschaffen und gemacht hat. Und Moses lispelt oder stammelt hier nicht. [Es] sind auch nicht dunkle, ungewisse Worte, die →Grammatik ist auch sicher. Denn wo ein Sprecher ist, da ist [auch] ein Logos, ein Wort oder eine Rede. Ob nun die Juden, die Ketzer [oder] Mohammed hier dem christlichen Glauben entgegen ihre eigene Deutung erträumen, danach fragen {56} wir nicht. Wir haben den Text und die →Grammatik Moses für uns. Der [Text] steht unverblümt und klar da: Im Anfang und [noch] vor [der Erschaffung] aller Kreaturen hat Gott gesprochen und war ein Wort da, durch das Gott alles sprach, wie uns der heilige Johannes in Johannes 1, 1 schreibt. Dieses Evangelium haben die lieben Väter →Hilarius, Augustin, Kyrill usw. reichlich und gewaltig behandelt.[558] Es ist daher nicht notwendig, davon jetzt weiter zu schreiben, ihre Bücher sind [ja] vorhanden. Genug ist es dieses Mal, dass wir selbst hier sehen und hören, wie [der Text des] Mose ungezwungen und ohne Umdeutungen von selbst so gut und genau[559] mit [dem Text des] Johannes zusammenpasst. Daher kann es auch die blinde →Vernunft nicht leugnen, sondern muss es nach der feststehenden Grammatik bekennen, dass beide [Mose und Johannes] in einer Ausdrucksweise vom Wort reden, durch das Gott im Anfang alles geschaffen und gemacht hat.[560]

558 →Hilarius von Poitiers (315–367) und Augustinus werden von Luther aufgrund ihrer trinitätstheologischen Arbeiten erwähnt; zu Augustins Hauptwerk *De Trinitate* vgl. Rosen, Augustinus, 188–203. Kyrill von Alexandrien (ca. 375/80–444) setzte auf dem Konzil von Ephesos (431) gegen den Widerstand des Nestorius die Lehre von Maria als Gottesmutter (Θεοτόκος/Theotokos) durch und wirkte an der Formulierung des Trinitätsdogmas mit.

559 WA: so gleich und eben

560 Die Frage, mit welchem »Werkzeug« Gott die Welt schuf, war immer wieder Gegenstand philosophischer Erörterungen, die das Einfallstor für Spekulationen darüber wurden, ob Gott »am Anfang« allein war oder ob er eine Hilfe hatte. Nach Philo von Alexandrien schuf

Denn beide, Mose und Johannes, wollen zeigen, womit und durch welches Werkzeug oder woraus Gott ein solch großes Werk [verrichtet und] die ganze Welt geschaffen hat. Aber da ist kein Rüstzeug, kein Holz oder Stein, gar nichts ist da, woraus die Welt geschaffen wurde, sondern nur durch das Wort ist alles gemacht. Das Wort aber ist nicht gemacht, sondern es ist im Anfang bei Gott, als er alles machte, wie Mose hier sagt: »Gott sprach, es werde« dies und das[561] usw. Durchs Wort (sagt er) ist es alles geworden. Nun kann vor der Schöpfung[562] bei Gott nichts sein, das nicht Gott selber ist. Darum muss das Wort Gottes selbst so groß und mächtig sein wie Gott selbst, weil alle Dinge durch dasselbe gemacht werden. Und es kann doch [zugleich] nicht die Person sein, die das Wort spricht. //345// Der Sprecher und das Wort müssen [vielmehr] zweierlei sein. Andererseits dürfen es nicht zwei Götter sein, weil es nicht mehr als einen einzigen, wahren, wahrhaftigen Gott gibt und er ein einziger Schöpfer des Himmels und der Erde sein muss, nicht zwei oder drei Schöpfer oder Götter. So bezeugt Mose mit dem heiligen Johannes, dass Gott und das Wort gewiss zwei unterschiedliche Personen sind und sie dennoch beide ein einziger Schöpfer sind, ein in dem einen göttlichen Wesen unzertrennter Gott.

David als Interpret Moses

So hat David Mose gelesen und verstanden, wenn er in Psalm 33, 6 sagt: »Der Himmel ist durch das Wort des HERRN gemacht,

---

Gott die Welt mithilfe des *Logos*. Der rabbinische Midrasch *Genesis Rabba* (eine Auslegung, die im späten vierten oder frühen fünften nachchristlichen Jahrhundert entstand), spricht demgegenüber von einer Schöpfung durch die *Tora*; vgl. Krupp, Midrasch, 1.

561 Vgl. Genesis 1, 3 ff. Zu Luthers trinitätstheologischer Auslegung von Genesis 1 vgl. Asendorf, Lectura, 215 f.

562 WA: außer der Kreatur

und sein ganzes Heer durch den Geist seines Mundes.«[563] Gemacht ist der Himmel und alles, was darin und daran ist (sagt er). Lieber, woraus? Aus nichts? Durch was? Durch sein Wort und durch den Geist seines Mundes. Redet hier nicht David genauso wie Mose? Und will er es auch mit genau den gleichen Worten sagen: Gott sprach, ›es werde der Himmel‹, und es ward der Himmel? Ist aber der Himmel mit allem, das darin ist, durch Gottes Sprechen oder [durch sein] Wort geworden und gemacht, so {57} ist die Erde mit allem, das darin ist, zweifellos auch durch dieses Wort entstanden und gemacht worden. Nun ist das Wort weder der Himmel noch die Erde noch etwas, das darin ist oder das zusammen mit den [Dingen, die darin sind] durch das Wort gemacht wurde. Darum muss [das Wort] Gott selbst sein in seinem einigen unzertrennten Wesen göttlicher Gewalt, Macht und Wirkung – und [zugleich] eine andere Person als der Sprecher, der durch [eben] dieses Wort alles macht. Haben wir aber das Wort, so wollen wir [auch] die dritte Person [der Dreifaltigkeit im Text] finden, wenn David hier sagt: »[…] und sein ganzes Heer durch den Geist seines Mundes.«

Er sagt nur einmal: »Gemacht«, »Der Himmel ist durch das Wort des HERRN gemacht, und all sein Heer durch den Mund seines Geistes.«[564] Drei unterschiedliche Personen nennt er – nämlich den HERRN, sein WORT und seinen Geist – und setzt ohne alle Unterscheidung doch nicht mehr als einen Macher. Gemacht ist es alles. Von wem? Von einem Macher, der der HERR, das WORT und der Geist ist. Der HERR macht nicht sein eigenes besonderes Werk, das Wort macht nicht sein eigenes besonderes Werk, der Geist macht nicht sein eigenes besonderes Werk. //346// Sie sind [vielmehr] alle drei unterschiedliche Personen [und zugleich] ein einziger Macher eines jeden Werks, und jedes Werk ist das Werk aller drei Personen [und zugleich] das Werk eines einzigen Machers oder Meisters. Denn wie der

563 Luther gibt irrtümlich Psalm 34 an.

564 Psalm 33, 6.

Herr den Himmel macht, so macht ihn – und keinen anderen Himmel – auch das Wort. Ebenso macht ihn – und keinen anderen Himmel – auch der Heilige Geist. Ein einziger ist es, der es macht, und ein Werk ist es, das alle drei Personen machen. Wie der Herr das ganze Heer des Himmels durch seinen Geist macht (wie der Text sagt: »Durch den Geist des Herrn ist alles Heer des Himmels gemacht«[565]), so macht der Geist eben dies – und kein anderes Heer des Himmels, so macht auch das Wort eben dies – und kein anderes Heer des Himmels.

Darum muss ein Christ hier aufpassen, dass er, wie Athanasius in seinem Glaubensbekenntnis singt[566], nicht die [drei] Personen zu einer [einzigen] Person vermischt[567] oder das eine göttliche Wesen in drei Personen teilt oder trennt. Denn wenn ich jeder einzelnen Person, bezogen auf die Schöpfung[568], ein besonderes Werk gebe, mit dem die anderen beiden nichts zu tun haben, habe ich die einige Gottheit zertrennt und drei Götter oder Schöpfer gemacht – das ist falsch. Wenn ich andererseits einer jeden Person, bezogen auf die innergöttlichen Verhältnisse oder auf die Wirkungen Gottes nach außen oder auf die Schöpfung[569], nicht eine besondere Unterscheidung gebe, die den beiden anderen [Personen] nicht zukommt, so habe ich die Personen zu einer Person vermischt – das ist auch falsch. Hierzu gehört die Regel des heiligen Augustinus: Die Werke der Dreifaltigkeit nach außen sind unteilbar.[570] Die Werke, die Gott

565 Mischzitat aus Psalm 33, 6a und 6b.

566 Vgl. Rietschel, Liturgik I, 395.

567 WA: in eine Person menge

568 WA: von aussen in der Creaturn

569 WA: in wendig der Gottheit oder ausser und uber der Creatur

570 WA: Opera Trinitatis ad Extra sunt indivisa – Zu dieser theologischen Vorstellung bei Augustinus, die sich bei dem Kirchenvater freilich so wörtlich nicht findet, vgl. Augustinus (S. Augustini Episcopi Epistolarum Classis I) Migne PL 33, 75: »nec quidquam Patrem facere, quod non et Filius et Spiritus sanctus, nec quidquam Spiritum sanctum, quod non et Pater et Filius, nec quidquam Filium, quod non et Pater et Spiritus sanctus faciat.« (»Der Vater tut nichts, was nicht der Sohn

außerhalb der Gottheit gemacht hat, sind nicht zu zerteilen; das heißt, man soll die Personen nicht auf die Werke verteilen {58} [und] jedem von außen ihr besonderes Werk zuschreiben. Innerhalb der Gottheit [soll man] die Personen zwar unterscheiden, ihre Wirkungen nach außen aber ohne Unterscheidung allen dreien zueignen.

Beispiele für das Verständnis der Dreieinigkeitslehre

Um dafür ein Beispiel zu geben: Der Vater ist mein und dein Gott und Schöpfer, er hat mich und dich gemacht. Eben dasselbe Werk, das ich und du sind, hat auch der Sohn gemacht; [der Sohn] ist daher ebenso mein und dein Gott und Schöpfer wie der Vater. Ebenso hat der Heilige Geist dasselbe Werk, //347// das ich und du sind, gemacht. [Er] ist mein und dein Gott und Schöpfer, ebenso wie der Vater und der Sohn. Dennoch sind es nicht drei Götter oder Schöpfer. [Er ist] vielmehr ein einziger Gott und Schöpfer von uns beiden. Hier mit diesem Glauben verwahre ich mich gegen die Ketzerei des Arius und seinesgleichen, indem ich das einige göttliche Wesen nicht in drei Götter oder Schöpfer zertrenne. Ich behalte den rechten christlichen Glauben, [indem ich] nicht mehr als den einigen Gott und Schöpfer aller Kreaturen [anbete].

Wenn ich nun andererseits zum inwendigen unbegreiflichen Wesen göttlicher Natur gehe, wie es über und außerhalb der Schöpfung oder Kreatur [besteht], so finde ich, wie mich die Schrift lehrt (denn die →Vernunft kann hier nichts [beitra-

---

und der Heilige Geist ebenfalls tun, der Heilige Geist tut nichts, was nicht der Vater und der Sohn ebenfalls tun, und der Sohn tut nichts, was nicht der Vater und der Heilige Geist ebenfalls tun«). Vgl. auch PL 33, 745 und PL 38, 704: »Non potest Filius facere quidquam, nisi quod viderit Patrem facientem« (»Der Sohn kann nichts tun, was er nicht den Vater [ebenfalls zugleich] tun sieht«; vgl. unten Anm. 577).

gen][571]), dass der Vater eine andere, vom Sohn in der einigen unzertrennten ewigen Gottheit verschiedene Person ist. Der Unterschied ist, dass er [der] Vater ist und die Gottheit nicht vom Sohn noch von jemand [anderem] hat. Der Sohn ist eine vom Vater in derselben einigen väterlichen Gottheit unterschiedene Person; sein Unterschied ist, dass er [der] Sohn ist und die Gottheit nicht von sich selbst, auch nicht von jemand [anderem], sondern als ewig vom Vater Geborener allein vom Vater hat. Der Heilige Geist ist eine vom Vater und vom Sohn in derselben einigen Gottheit unterschiedene Person; sein Unterschied ist, dass er der Heilige Geist ist, der in Ewigkeit und in gleicher Weise vom Vater und vom Sohn ausgeht. Er hat die Gottheit weder von sich selbst noch von jemand [anderem], sondern zugleich vom Vater und Sohn, und das alles von Ewigkeit in Ewigkeit. Hier mit diesem Glauben verwahre ich mich vor der Ketzerei des Sabellius[572] und seinesgleichen, vor Juden, vor Mohammed und allen anderen, die klüger als Gott selbst sind, und vermische die Personen nicht in eine einzige Person, sondern behalte im wahren christlichen Glauben drei unterschiedliche Personen im einigen göttlichen ewigen Wesen, die doch uns und [allen] Geschöpfen gegenüber alle drei ein einziger Gott, Schöpfer und Wirker aller Dinge sind.

Dies alles ist uns Deutschen vielleicht zu hoch oder subtil und sollte [daher] besser [Lehrstoff] an den Universitäten bleiben.[573] Aber weil der Teufel in dieser letzten Zeit den Schwanz regt[574], als wollte er gerne wieder //348// einige Ketzereien zum Leben erwecken, und [weil] die Welt ohnehin lüstern und toll geworden ist, Neues zu hören, und der {59} heilsamen Lehre (wie der heilige Paulus weissagt[575]) überdrüssig ist, um dem Teufel die

571 WA: denn vernunfft ist hie nichts

572 Sabellius (um 220) gehört zu den modalistischen Monarchianern, die in Christus nur eine Offenbarungsform Gottes selbst sahen.

573 WA: scharff oder subtil, und solt billicher in den Schulen bleiben

574 Der Teufel wird hier wie in WA 50, 204, 26 als Drache gedacht.

575 Vgl. 2. Timotheus 4, 3.

Türen aufzusperren und hineinzuführen was er will, ist es nützlich und notwendig, dass doch einige Laien und Gelehrte, besonders Pfarrer, Prediger und Schulmeister, von diesen notwendigen Artikeln unseres Glaubens auch in deutscher Sprache zu denken und zu reden lernen. Wem es aber zu schwer ist, der bleibe mit den Kindern beim Katechismus und bete gegen den Teufel und seine Ketzerei, gegen die Juden und Mohammed, um nicht in Anfechtung geführt zu werden. Weil wir deshalb darauf gekommen sind, wollen wir denen, die sich darüber freuen, noch mehr Beispiele [zum Verständnis] des Glaubensartikels geben, dass die eine Gottheit nicht zertrennt, die [drei] Personen [aber auch nicht] miteinander vermischt werden sollen, um unseren Glauben zu stärken und zu bekennen.

Der Heilige Geist als Taube bei der Taufe Jesu im Jordan

Als der heilige Johannes am Jordan den HERRN taufte, tat sich der Himmel auf und es fuhr der Heilige Geist leiblich in Gestalt einer Taube herab, und die Stimme des Vaters wurde gehört: »Dies ist mein lieber Sohn, an dem ich Wohlgefallen habe.«[576] Hier ist die Taube eine Kreatur, die nicht nur der Heilige Geist, sondern auch der Vater und der Sohn geschaffen hat, wie es heißt, dass die Werke der →Trinität nach außen unteilbar sind.[577] Was geschaffen ist, das hat Gott der Vater, der Sohn und der Heilige Geist zugleich als ein Gott gemacht; dennoch heißt diese Taube allein Heiliger Geist, oder, wie Lukas sagt, ist allein der Heilige Geist in Gestalt der Taube herabgefahren. Der christliche Glaube würde es keineswegs dulden, wenn du von der Tau-

576 Lukas 3, 22.

577 WA: das opera trinitatis ad extra sunt indivisa – zu diesem Satz, der in der altprotestantischen Orthodoxie ein wichtiger Lehrsatz werden sollte, vgl. WA 49, 239 (Predigt vom 25. Dezember 1541, Anmerkung am Seitenrand); mein Dank an Reinhold Rieger für Rat und Unterstützung; vgl. oben Anm. 570.

be sagen wolltest: »Das ist Gott der Vater«, oder: »Das ist Gott der Sohn«. Du musst vielmehr sagen: »Das ist Gott der Heilige Geist, obwohl Gott der Vater, der Sohn und der Heilige Geist ein einziger Gott ist.« Du würdest daher ganz zu Recht von der Taube sagen: »Das ist Gott, und es gibt keinen anderen Gott mehr.« Und [du hättest] doch Unrecht, [wenn Du] sagtest: »Das ist Gott der Vater oder Gott der Sohn.« Du musst vielmehr sagen: »Das ist Gott der Heilige Geist.«

Ebenso ist die Stimme, die spricht: »Dies ist mein lieber //349// Sohn usw.« eine Kreatur, die nicht nur der Vater geschaffen hat, sondern auch der Sohn und der Heilige Geist. Wie gesagt: Die Werke der Dreifaltigkeit sind nach außen unteilbar.[578] [Das bedeutet], dass außerhalb der Gottheit alle Kreaturen in gleicher Weise von allen drei Personen als von einem einigen Gott geschaffen sind, und gegenüber der Kreatur sind alle drei Personen ein einiger Gott. Und andererseits ist die Kreatur gegenüber den drei Personen ein und nicht dreierlei Werk. Dennoch heißt und ist diese Stimme allein die des Vaters, und du kannst als Christ hier von dieser Stimme nicht sagen: »Das ist Gott der Heilige Geist«, oder: »Das ist Gott der Sohn.« Du musst vielmehr sagen: »Das ist Gott der Vater, obwohl Gott der Heilige Geist und Gott der Sohn und Gott der Vater ein einiger Gott ist.« Demnach sagst du ganz zu Recht von der Stimme: »Das ist Gott, und es gibt keinen anderen Gott mehr.« Doch Unrecht [hättest du, wenn du] sagtest: »Das ist Gott der Sohn, oder Gott der Heilige Geist. Du musst vielmehr sagen: Das ist Gott der Vater.« {60}

In gleicher Weise ist von der Menschheit Christi zu reden. Diese [Menschheit] ist an sich selbst eine wahre Schöpfung[579], geschaffen in gleicher Weise vom Vater, vom Sohn und vom Heiligen Geist. Und [die Rede], dass allein der Vater oder allein der Sohn oder allein der Heilige Geist dieses Geschöpf oder diese

578 WA: opera trinitatis
579 WA: rechte Creatur

Menschheit geschaffen hätte, wäre im Glauben nicht zu dulden. Denn es ist ein ungeteiltes Werk der Dreifaltigkeit[580], ein Werk, das alle drei Personen als ein einziger Gott und Schöpfer eines Werks geschaffen hat, wie der Engel Gabriel zu der Jungfrau Maria in Lukas 1, 35 sagt: »Der Heilige Geist wird über dich kommen, und die Kraft des Allerhöchsten wird dich überschatten.« Nicht nur der Heilige Geist ist da über dir (sagt er), sondern auch der Allerhöchste, das heißt: Der Vater wird dich mit seiner Kraft, das heißt, durch seinen Sohn oder [durch sein] Wort, überschatten. Auch soll [das Kind], »das in dir geboren wird«[581], Sohn des Allerhöchsten sein und heißen. Demnach ist also die ganze Dreifaltigkeit als ein einziger Schöpfer hier, die das eine Werk, die Menschheit [Christi], geschaffen und gemacht hat, und doch ist nur die Person des Sohnes mit [dieser Menschheit] vereinigt und Mensch geworden, weder der Vater noch der Heilige Geist.

Und du kannst von diesem Menschen nicht sagen: »Das ist Gott der Vater«, oder: »Das ist Gott der Heilige Geist.« Du musst vielmehr //350// sagen: »Das ist Gott der Sohn, obwohl Gott der Vater, der Sohn und der Heilige Geist ein einziger Gott sind.« Du sagst demnach ganz zu Recht von diesem Menschen: »Das ist Gott, und es gibt keinen anderen Gott.« Doch zu Unrecht würdest du sagen: »Das ist Gott der Vater oder Gott der Heilige Geist.« Du musst vielmehr sagen: »Das ist Gott der Sohn«, wie der heilige Paulus in Kolosser 2, 9 sagt: »Denn in Christus wohnt die ganze Fülle der Gottheit.« Und dennoch werden damit der Vater und der Heilige Geist ihrer Gottheit nicht beraubt, sondern [sie sind] mit dem Sohn und dem Menschen Christus ein einiger Gott. Hieraus siehst du, wie die drei göttlichen Personen innerhalb der Gottheit unterschiedlich zu glauben und nicht in eine Person zu vermischen sind. Und dennoch [ist] das göttliche einige Wesen nicht zu trennen oder [in] drei Götter zu unterte-

580 WA: Opus indivisum trinitatis
581 Lukas 1, 35b.

len. Der Schöpfung gegenüber steht vielmehr ein ganz und gar einiger Schöpfer, sodass auch die Kreaturen, die die Personen unterschiedlich aufnehmen, das eine Werk aller drei Personen des einigen Gottes sind.

Ein Gleichnis Bonaventuras

Um dieses hohe Ding einigermaßen zu begreifen, geben die Lehrer, besonders Bonaventura, ein grobes Gleichnis.[582] Als wenn drei Jungfrauen einer unter ihnen ein Kleid anzögen, während sie alle drei das Kleid anfassten und der dritten anzögen, und die dritte selbst auch gleich mit anfasste. In diesem Fall ziehen alle drei der dritten das Kleid an. Und doch wird nur die dritte mit dem Kleid angezogen und nicht die beiden anderen. Ebenso soll man hier verstehen, dass alle drei Personen als ein einiger Gott die einige Menschheit geschaffen und mit dem Sohn in seiner Person vereinigt haben. Daher ist nur der Sohn Mensch und {61} nicht der Vater und auch nicht der Heilige Geist. Ebenso soll man auch die Taube verstehen, die die Person des Heiligen Geistes annimmt, und die Stimme, die die Person des Vaters annimmt. Ebenso die feurigen Zungen zu Pfingsten (Apostelgeschichte 2, 2 f.), in denen die Person des Heiligen Geistes offenbart wird. Ebenso den Wind und was man mehr vom Heiligen Geist und seinem Wirken in der Christenheit oder in der Heiligen Schrift predigt.

Die Werke Gottes nach außen sind unteilbar

Hier kann man mit Recht fragen: Warum sprechen wir denn – oder vielmehr, warum lehrt uns denn die Schrift – [das Glau-

582 Das folgende Gleichnis ließ sich in den Schriften Bonaventuras nicht nachweisen; vgl. WA 53, 60 Anm. 3.

bensbekenntnis] so zu sagen: »Ich glaube an Gott, den Vater, den Schöpfer des Himmels und der Erden?« Und [warum] nennen [wir hier] nicht auch den Sohn Schöpfer? Ebenso [heißt es im Glaubensbekenntnis: »Wir glauben] an Jesus //351// Christus, der empfangen ist vom Heiligen Geist.« Ebenso, »dass der Heilige Geist lebendig macht und durch die Propheten geredet hat.« Hier werden den [göttlichen] Personen ihre besonderen unterschiedlichen Werke ja äußerlich zugeeignet, wie sie selbst unterschieden sind. Dies ist einfachen Christen vielleicht auch zu hoch[583], die mögen bei ihrem einfachen Glauben bleiben, dass Gott Vater, Sohn und Heiliger Geist ein Gott sei usw. Doch muss man in der Christenheit hiervon reden und lernen, es zu verstehen, um dem Teufel und seinen Ketzern zu widerstehen. Erstens ist es gewiss, dass Gott von uns hier im Glauben erkannt sein will, dort auf ewig im Schauen, wie er ein Einiger Gott ist und doch drei Personen, das ist unser ewiges Leben, so in Johannes 17.[584] Hierzu hat er uns sein Wort und die Heilige Schrift gegeben und mit großen Wunderzeichen und Werken bestätigt, dass wir darin lernen sollen. Denn wenn wir ihn so erkennen sollten, musste er es uns tatsächlich lehren und sich uns offenbaren und uns erscheinen; von uns selber würden wir nicht in den Himmel steigen und herausfinden, wer Gott ist oder wie

583 WA: Dis ist einfeltigen Christen villeicht auch zu scharf – Diese Bemerkung erinnert nur auf den ersten Blick an Luthers Vorstellung in *Dass Jesus Christus ein geborener Jude sei*, dass die Juden sich zunächst mit »Milch« begnügen und den Konsum von »Wein« (d. h. die Annahme der theologischen Dogmen der Gottessohnschaft Christi und der Trinität) auf später aufschieben könnten (s. oben S. 51). Denn der hier vorausgesetzte »einfache Glaube«, der ja beinhaltet (wie Luther im nächsten Satz betont), »dass Gott Vater, Sohn und Heiliger Geist ein Gott sei«, ist weit entfernt von der früheren »gestuften« Erlösungslehre.

584 Vgl. Johannes 17, 3: »Das ist aber das ewige Leben, dass sie dich, der du allein wahrer Gott bist, und den du gesandt hast, Jesus Christus, erkennen.«

sein göttliches Wesen beschaffen ist.[585] Nun gebraucht er dazu auf sichtbare Weise seine Kreaturen, wie die Schrift uns lehrt, damit wir es begreifen können. Denn unsichtbare Kreaturen bewegen unsere Sinne nicht.

Demnach musst du nun die Kreatur auf zweierlei Weise ansehen. Erstens als eine so und so von Gott geschaffene oder gemachte Kreatur oder ein Werk an sich selbst, [also] absolut. Auf diese Weise sind, wie gesagt, alle Kreaturen Gottes [Kreaturen], das heißt, [sie sind] das gemeinsame Werk aller drei Personen, ohne jeden Unterschied. Denn sie geben uns auf diese Weise keine unterschiedliche Offenbarung der drei Personen, weil sie alle in gleicher Weise das eine Werk der drei Personen des einigen Gottes sind. Zweitens musst du sie nicht absolut, an sich selbst, sondern relativ, nach ihrem Gebrauch ansehen, den Gott von ihnen uns gegenüber macht. Hier nimmt Gott sein Geschöpf, das alle drei Personen geschaffen haben, als ein einiger Gott und gebraucht es als Bild oder Form oder Gestalt, in der er sich offenbart und erscheint. Hier werden unterschiedliche Bilder, Gestalten oder Offenbarungen der drei unterschiedlichen //352// Personen [verwendet]. So gebraucht er die Taube, ein Bild oder eine Offenbarung zu sein, in der sich der Heilige Geist offenbart. Und es ist ein besonderes Bild, das uns weder den Vater noch den Sohn zeigt, {62} sondern speziell nur den Heiligen Geist. Denn der Vater, der Sohn und der Heilige Geist will, dass die Taube uns in spezieller Weise nur die Person des Heiligen Geists zeigen und offenbaren soll, damit wir gewiss werden, dass Gottes einiges Wesen von Ewigkeit her gewiss drei unterschiedliche Personen umfasst. Darum sagt Lukas 3, 22: »Der Heilige Geist fuhr hernieder in leiblicher Gestalt, wie eine Taube.«

Ebenso sagen wir vom Sohn, dass er uns als Mensch[586] offenbart wurde oder, wie der heilige Paulus sagt, »in Knechtsgestalt,

585 WA: und finden, was Gott sey, oder wie sein Göttlich wesen gethan ist

586 WA: in der Menschheit

der Erscheinung nach wie ein anderer Mensch«.[587] Und diese Gestalt oder Menschheit ist nicht das Bild oder die Offenbarung des Vaters oder des Heiligen Geistes, obwohl sie in gleicher Weise die eine Schöpfung aller [drei göttlichen Personen, also] des Vaters, des Sohnes und des Heiligen Geistes ist. Sie ist vielmehr eine besondere Gestalt und Offenbarung nur des Sohnes. Denn so hat es Gott – das heißt dem Vater, dem Sohn und dem Heiligem Geist – gefallen, dass der Sohn durch diese Gestalt oder in dieser menschlichen Form unter den Menschen offenbart und erkannt würde als eine vom Vater und vom Heiligen Geist unterschiedene Person, in einem ewigen einigen Wesen göttlicher Natur. Ebenso soll man vom Vater reden, dass er uns in der Stimme offenbart ist. Diese Gestalt oder Form ist nicht die Form oder Offenbarung des Sohnes oder des Heiligen Geists, sondern nur des Vaters, der uns in dieser besonderen Form als eine vom Sohn und vom Heiligen Geist unterschiedene Person in einem unzertrennten göttlichen Wesen bekannt werden wollte.

Nimm dir auch ein grobes Beispiel an [folgender] Redeweise.[588] Wenn der Priester tauft oder von den Sünden losspricht und [dabei] sagt: »Im Namen des Vaters und des Sohnes und des Heiligen Geistes.« Diese Worte sind (wie alles, was wir selbst sind und haben) allesamt Gottes Geschöpf und Werk in unserm Munde, und keines [dieser Worte] ist in besonderer Weise allein dem Vater oder dem Sohn oder dem Heiligen Geist [zuzuschreiben], sondern [sie sind] das Geschöpf aller dreier Personen, //353// des einigen Gottes. Aber nach der Deutung oder Offenbarung darfst du nicht sagen, dass dieses Wort »des Vaters« alle drei Personen bezeichnet. Es bezeichnet ja besonders nur den Vater, das Wort »des Sohns« besonders nur den Sohn, das Wort »des Heiligen Geists« besonders nur den Heiligen Geist in einer einigen Gottheit, die uns durch diese Worte oder [durch ihre]

587 WA: in Knechtlicher gestalt, geberdet wie ein ander Mensch – Vgl. Philipper 2, 7.

588 WA: aus der Grammatik

Deutung offenbart wird, dass es drei unterschiedliche Personen in der einigen Gottheit sind. Denn [der Priester] sagt nicht in der Mehrzahl »in den Namen« als hätte eine jede Person einen besonderen Namen und [ein besonderes] Wesen. (Er sagt) vielmehr »im Namen« als in einem Namen eines Wesens, und [es sind] doch drei unterschiedlicher Personen.

Daher siehst du, dass die Kreatur auf zweierlei Weise angesehen werden kann, [nämlich] als Ding und als Zeichen[589], dass sie, von Gott geschaffen, [einerseits] etwas für sich selbst ist und [sie andererseits] auch gebraucht wird, um etwas anderes zu zeigen oder zu lehren, was sie selbst nicht ist. Der Rauch ist eine *res*, ein Ding für sich selbst, und doch [zugleich] auch Zeichen eines {63} anderen Dings, das er nicht [selbst] ist, sondern [nur] zeigt und offenbar macht, nämlich das Feuer. Davon schreibt der heilige Augustinus viel [in seiner Schrift] *De doctrina Christiana.*[590] Aber hier in dieser hohen Sache kommt es noch auf etwas mehr an. Denn die Menschheit Christi ist nicht nur ein Zeichen oder eine bloße Gestalt, wie die Taube auch keine leere Gestalt und die Stimme ebenfalls keine ledige Gestalt oder [kein leeres] Bild ist.[591] Die Menschheit, in der Gottes Sohn in besonderer Weise offenbart wird, ist [vielmehr] ganz mit Gott in einer Person vereinigt. Sie wird auf ewig zur Rechten Gottes in seinem Reich sitzen, wie oben David in 1. Chronik 17, 12 verheißen wurde. Die Taube ist [demgegenüber nur] eine zeitweise vom Heiligen Geist angenommene Gestalt, um sich [auf diese Weise] zu offenbaren, nicht [um] mit ihm in einer Person auf ewig vereinigt zu sein. [Der Heilige Geist hat sie vielmehr] wieder verlassen, wie Engel

589 WA: ut res et signum

590 Augustinus, Vier Bücher über die christliche Lehre, Buch I, Kapitel 2 ff.

591 Offenbar möchte Luther sagen, dass Gott-Sohn die Menschheit bleibend annahm – anders als der Heilige Geist, der nur zeitweise als Taube erschien. Aber warum betont er dann, dass die Taube und die Stimme (in die die Gottheit sich ja nicht bleibend »inkarnierte«) keine »ledige gestalt oder bilde« seien?

die Gestalt von Menschen annehmen, darin erscheinen und diese [Gestalt] wieder verlassen. Ebenso verhält es sich mit der Stimme des Vaters. Denn es gibt keine Verheißung, dass sie [diese Stimme] auf ewig bleiben sollte, sondern es ist eine zeitlich [begrenzte] Offenbarung.

Wenn wir nun im Glaubensartikel des Katechismus[592] sprechen: »Ich glaube an Gott, den Vater, den Allmächtigen, den Schöpfer des Himmels und //354// der Erde«, so ist dabei nicht gemeint, dass nur die Person des Vaters allmächtig und Schöpfer und Vater sein sollte. Der Sohn ist vielmehr ebenso allmächtig, Schöpfer und Vater, [und] auch der Heilige Geist ist allmächtig, Schöpfer und Vater. Und dennoch sind es nicht drei allmächtige Schöpfer, Väter, sondern ein einiger, allmächtiger Vater, Schöpfer des Himmels und der Erde und unser aller. Ebenso wie der Vater unser Heiland und Erlöser, der Sohn unser Heiland und Erlöser, der Heilige Geist unser Heiland und Erlöser ist, und es doch nicht drei Heilande oder [drei] Erlöser sind, sondern ein einiger Heiland und Erlöser. Ebenso wie der Vater unser Gott, der Sohn unser Gott, der Heilige Geist unser Gott [ist und es] doch nicht drei Götter [sind], sondern ein einiger Gott. Ebenso heiligt der Heilige Geist die Christenheit, der Vater [tut dies] auch und der Sohn auch. Und [sie] sind doch nicht drei Heiliger oder Heiligmacher, sondern ein einiger Heiligmacher usw. Die Werke der Dreifaltigkeit nach außen sind unteilbar.[593]

Dies alles ist aber deshalb gesagt, damit wir die drei unterschiedlichen Personen in der einen Gottheit glauben und erkennen und ja weder die Personen miteinander vermischen noch ihre Wesen trennen. Der Vater unterscheidet sich (wie wir gehört haben) dadurch, dass er die Gottheit von niemandem hat, sondern sie von Ewigkeit her durch die ewige Geburt dem Sohn gegeben hat. Deshalb steht der Sohn als Gott und Schöpfer

592 WA: Kinder Glauben

593 WA: Opera trinitatis ad extra sunt indivisa

dem Vater gleich. Aber das alles hat er vom Vater, während der Vater nichts vom Sohn hat. Denn dass der Vater Gott und Schöpfer ist, das hat er nicht vom Sohn; umgekehrt hat es der Sohn vom Vater, dass er Gott und Schöpfer ist. Also hat der Vater oder Sohn nicht vom Heiligen Geist, dass er Gott und Schöpfer ist, sondern der Heilige Geist hat [umgekehrt] vom Vater und vom Sohn, dass er Gott und Schöpfer ist. Deshalb stehen nun [im Glaubensbekenntnis] die Worte Gott, allmächtig und Schöpfer bei {64} dem Vater und nicht beim Sohn und beim Heiligen Geist, um die Unterschiede des Vaters vom Sohn und vom Heiligen Geist in der Gottheit anzumerken. Auch den Unterschied des Sohnes vom Vater und vom Heiligen Geist, des Heiligen Geistes vom Vater und vom Sohn, nämlich, dass der Vater (wenn man es so nennen sollte, wie es die Väter tun) der Ursprung oder die Quelle der Gott//355//heit[594] ist, von dem sie der Sohn hat, und der Heilige Geist vom Sohn und Vater in Ewigkeit, und nicht anders herum.

Zu diesen inneren Unterschieden der Personen kommen nun die äußeren Unterschiede hinzu, in denen der Sohn und der Heilige Geist offenbart wurden, der Sohn in der Menschheit – denn nur der Sohn ist Mensch geworden, wurde vom Heiligen Geist empfangen, von der Jungfrau Maria geboren, hat für uns gelitten, ist für uns gestorben usw., wie der Glaube weiter lehrt. Doch heißt es zugleich mit Recht: Gott ist für uns gestorben[595], denn der Sohn ist Gott, und [er] ist kein anderer Gott, sondern [es sind] mehrere Personen in derselben Gottheit. Der Heilige Geist hat sich aber unterschiedlich offenbart: in feurigen Zungen, durch Gaben [des Geistes], [durch] unterschiedliche Sprachen und Wunderzeichen[596] usw., [– und dies], obwohl die

594 Der Ausdruck »Quelle der Gottheit« (hebräisch מקור/maqor) erinnert an kabbalistische Konzepte; vgl. z. B. →Gikatilla, Gates of Light, 261.

595 Luther bereitet hier den Vorwurf des »Gottesmordes« vor, den er weiter unten gegen die Juden erhebt.

596 Gemeint sind offenbar die Geistesgaben (Charismen) und das Sprachenreden (1. Korinther 12).

Menschheit von allen drei Personen gemacht wurde und die feurigen Zungen [und] die Gaben des Heiligen Geistes das Geschöpf und Werk aller dreier Personen sind, wie für heute nun genug ausgeführt worden ist. Zu diesem Thema gibt es kostbare Bücher des heilige Augustinus, des →Hilarius und des Kyrill.[597] Dieser Artikel [des Glaubens ist] im Papsttum und bei den Schultheologen[598] rein geblieben, sodass wir darüber mit ihnen keinen Streit haben.

Hier machen sich nun einige Gedanken darüber, ob sie die Person des Vaters oder das [gesamte dreieinige] göttliche Wesen ansprechen, wenn sie »Vater unser« beten. Es wundert nicht, dass einem Menschen bei diesem überaus wundersamen unbegreiflichen Glaubensartikel wunderliche Gedanken einfallen, von denen zuweilen einer misslingt oder ein Wort missrät. Aber wenn der Grund des Glaubens festbleibt, werden uns solche Gedankensplitter, Späne oder Strohhalme nicht schaden. Der Grund des Glaubens ist aber (wie gehört), dass du glaubst: Es sind drei Personen in der einigen Gottheit. Und eine jede Person ist derselbe eine vollkommene Gott, dass also die Personen nicht vermischt werden und das Wesen nicht zertrennt wird, sondern der Unterschied der Personen und die Einigkeit des Wesens bleiben. Denn das ist es, woran sich die Engel in Ewigkeit nicht sattsehen können (wie der heilige Petrus in 1. Petrus 1, 12 sagt) und sich wundern und ewig selig darüber sind. Und wenn sie es zu Ende ansehen[599] könnten, würde ihre Seligkeit auch aus sein und ein Ende haben. Wir werden es auch sehen //356// und dadurch ewig selig sein, wie der HERR nach Johannes 17, 3 sagt: »Das ist das ewige Leben, dass sie dich und den du gesandt hast, Jesus Christus erkennen.« Einstweilen muss sich der Glaube an das Wort halten. Die →Vernunft kann hier nichts tun als sprechen, es sei unmöglich und widerspreche sich

597 Vgl. oben Anm. 558.

598 D.h. die scholastische Theologie, der Luther in diesem Fall folgen will.

599 WA: aussehen

selbst, dass drei Personen, ein jeder vollkommener Gott, doch nicht mehr als ein einiger {65} Gott sei, und dass nur der Sohn Mensch sei. Wer aber den Vater und den Sohn hat, dem wird der Heilige Geist vom Vater und vom Sohn wohl bekannt werden.

So hast du oben gehört, dass der Vater unser aller Gott und Vater, der Sohn unser aller Gott und Vater, der Heilige Geist unser aller Gott und Vater ist. Und doch ist er nicht mehr als ein einiger Gott, unser Vater. Denn das Wesen ist unzertrennt. Welche [der drei] Personen du [auch immer] nennst, du hast den wahren einen Gott in drei Personen genannt, weil eine jede Person derselbe eine vollkommene Gott ist. Und hierin kannst du dich nicht irren und kannst nicht fehlgehen. Denn Jesus Christus ist kein anderer Gott oder Vater oder Schöpfer als der Vater und Heilige Geist ist, obwohl er eine andere Person ist; ebenso ist es der Vater und der Heilige Geist auch. Demnach ist es nicht nur falsch, sondern auch unmöglich und nichtig, die Person des Vaters als unterschiedene Person Vater zu nennen und [dabei] nicht zugleich [auch] den Sohn und Heiligen Geist [ebenfalls] Vater zu nennen. Denn das hieße, das göttliche Wesen zu zertrennen und den Sohn und den Heiligen Geist auszuschließen. Das ist nichts. Denn auf diese Weise der persönlichen Vaterschaft hat der Vater nur einen Sohn, und der Sohn nur einen Vater. Dir ist [Gott] auf diese Weise nicht Vater, und du bist ihm nicht in solcher [Weise] Sohn. Hier ist vielmehr vom einen Sohn des Vaters von Ewigkeit her [die Rede], wie Psalm 2, 7 sagt: »Der HERR sprach zu mir: »Du bist mein Sohn, heute habe ich dich geboren.« Aber du bist, seit du geschaffen und getauft wurdest, dreißig, vierzig oder fünfzig Jahre alt [und damit] ein zeitlicher [und kein ewiger] Sohn aller dreier Personen [des] einen Gottes.

Quia opera trinitatis ad extra sunt indivisa, Sic Cultus Trinitatis ab extra est indivisus.[600] Was Gott seiner Schöpfung gegenüber tut, das tun alle

600 Luther übersetzt beide Sätze im Anschluss selbst; mit *Cultus Trinitatis* ist der christliche Gottesdienst gemeint. In der Kabbala wird der Frage, welche der zehn göttlichen Emanationen (*Sefirot*; vgl. das Glos-

drei Personen [gemeinsam] ohne Unterschied. //357// Denn es ist ein einziges göttliches Wesen aller drei Personen. Und was wir oder die Kreatur gegen eine jede Person [der Gottheit] tun, das tun wir ohne Unterschied gegen den einen Gott und gegen alle drei Personen. Denn er ist uns gegenüber ein einiger und in sich selbst durch drei Personen unterschiedener Gott, wie der HERR Christus in Johannes 15 sagt: »Philippus, wer mich sieht, der sieht den Vater. Wie sprichst du denn, zeige uns den Vater? Glaubst du nicht, dass ich im Vater bin, und der Vater in mir?«[601] Johannes 5, 23: »Sie sollen den Sohn ehren gleich wie den Vater.« Johannes 10, 30: »Ich und der Vater sind eins.« Da sprechen wir: »Ein Ding, ein Wesen, ein Gott, ein HERR.« »Hier hoben die Juden Steine auf und wollten ihn steinigen.«[602] Johannes 5, 17–18: »Mein Vater wirkt oder schafft bisher, und ich wirke auch. Darum trachteten die Juden viel mehr, ihn zu töten, dass er nicht nur den Sabbat brach, sondern auch sagte, Gott sei sein Vater und machte sich selbst Gott gleich usw.«

Paulus als Interpret Moses

Davon will ich jetzt aufhören. Denn ich wollte [eigentlich] ein Buch schreiben und bin darüber ins Predigen gekommen. Lies das Evangelium des Johannes, das lehrt uns das alles reichlich; nun haben [wir gezeigt], dass Moses mit dem heiligen Johannes übereinstimmt, dass im Anfang ein Wort war, durch das alles geschaffen wurde, und dass dieses Wort keine Kreatur und nichts Geschaffenes sein kann, {66} und doch etwas anderes oder eine andere Person sein muss als Gott, der dieses Wort

sar: →Trinitätslehre) bei den Handlungen Gottes jeweils wirksam wird, große Bedeutung zugemessen – vor allem deshalb, weil der Mystiker sich durch Kontemplation oder rituelle Handlungen darauf einstellen und so das göttliche Wirken beeinflussen kann.

601 Johannes 14, 9–10.

602 Johannes 10, 31.

spricht. Denn weil es nicht gemacht ist, sondern alle Dinge durch es gemacht sind, muss es Gott [und] Schöpfer aller Kreatur sein, nachdem gewiss ist, dass außer der geschaffenen Kreatur nichts sein kann außer Gott, der sie schafft. Und doch ist das Wort, der Gott und Schöpfer, durch den alles gemacht ist, ein anderes als der Sprecher oder derjenige, der dieses Wort spricht. Hiermit ist nun Moses unser Zeuge und ein Christ geworden. Er lehrt, was wir Christen genauso lehren, nämlich, dass Gott im Anfang ein Wort hatte, durch das alles gemacht ist, wie auch Johannes schreibt.[603]

Nun lasst uns den andern Legaten, den heiligen Paulus, auch kurz hören, wie er Mose grüßt und ruft. In Kolosser 1, 15–17 redet er so von unserm HERRN Jesus Christus: »Er ist das //358// Ebenbild des unsichtbaren Gottes, der Erstgeborene aller Kreaturen. Denn durch ihn ist alles geschaffen, was im Himmel und auf der Erde ist, das Sichtbare und Unsichtbare, die Throne und Herrschaften, die Fürstentümer und Obrigkeiten. Es ist alles durch ihn und zu ihm geschaffen, und er ist vor allem, und es besteht alles in ihm.« Diese Worte können nicht von Christus in seiner menschlichen Natur[604] geredet sein, das ist gewiss. Denn er ist nicht vor allen Kreaturen Mensch gewesen, sondern es sind jetzt 1543 Jahre her, dass er Mensch geworden ist. Und das ist fürwahr ein gewaltiger klarer Vers, dass Christus ewiger Gott, der Schöpfer des Himmels und der Erde ist und noch heute und in alle Zukunft alles durch ihn besteht, erhalten oder gemacht wird, auch alles, was oben im Himmel ist und auf der Erde, Engel und Geister, Sichtbares und Unsichtbares. Hierin stimmt er [Paulus] mit Johannes überein, der sagt: »Alles ist durch ihn gemacht, und ohne ihn ist nichts gemacht, was gemacht ist.«[605] Wenn Mose nun die Worte des Johannes hört und bekennt, so hört und bekennt er gewiss auch diese Worte des Paulus, und

603 Johannes 1, 1–3.

604 WA: nach der Menscheit

605 Johannes 1, 3.

spricht: »Ja, mein lieber Paulus, eben wie du und Johannes sagst, so habe ich auch in Genesis 1 geschrieben, dass alle Dinge durch das Wort geschaffen sind.«

Weiter sagt Paulus in l. Korinther 10, 4: »Sie tranken von dem geistlichen Felsen, der mit ihnen zog. Dieser Fels aber war Christus.«[606] Hat Christus damals schon gelebt, ist er mit den Kindern Israel [durch die Wüste] gezogen, haben sie von ihm geistlich getrunken und sind [in ihm] geistlich getauft, das heißt: haben [die alten Israeliten] mit uns den gleichen Glauben gehabt an den [für sie noch] zukünftigen Christus, der uns nun erschienen ist, so muss Christus wahrer ewiger Gott sein. Denn an die Engel kann man nicht glauben, das steht allein Gott zu; auch können sie nicht unsere geistliche Speise sein, Gott muss es selbst sein. Ebenso sagt er [Paulus] dort in 1. Korinther 10, 9: »Lasst uns Christus nicht versuchen, wie einige von ihnen [es] versuchten und [daraufhin] von den Schlangen umgebracht wurden.« Was will hier werden? Mose schreibt doch immer, es sei des HERR Jehova, der rechte einige Gott, den die Kinder Israel versuchten, Exodus 17, 2: »Warum versucht //359// ihr den HERRN?« In Numeri 14, 22 spricht der HERR: »Sie haben mich wohl zehnmal versucht.« Ist es der HERR, wie Mose schreibt, wie kann es Christus sein, wie Paulus schreibt? Nun müssen sie bei-

---

606 Diese Auslegung erinnert an die allegorische Deutung bei Philo von Alexandrien (Legum Allegoriae 2, 12), demzufolge die Weisheit Gottes als »Felsen« bezeichnet werden kann; im Midrasch *Mekhilta de Rabbi Jishma'el* (zu Exodus 17, 6: »dann schlag an den Felsen«) sagt Gott den Israeliten zu: »Überall, wo du den Fußabdruck von Menschen siehst, dort bin ich vor dir« (Stemberger, Mekhilta, 217). Die Verheißung, Gott werde überallhin mitziehen, lässt sich vielleicht so verstehen, dass der Felsen mit dem mitziehenden Gott identifiziert wird (Strack/Billerbeck III, 408). In der Kabbala wird das Geschehen in Exodus 14, 7 mit dem Wirken der siebten und achten Sefira (הוד/*Hod* [Majestät] und נצח/*Nezach* [Sieg]) in Verbindung gebracht (→Gikatilla, Gates of Light, 121); diese beiden Emanationen werden mit den beiden Gottesnamen *Elohim Zebaoth* und *JHWH Zebaoth* identifiziert (ebd., 115).

de das Rechte schreiben. Denn der Heilige Geist widerspricht sich nicht selbst. {67}

Hieraus folgt unwiderleglich und unwidersprechlich, dass der Gott, der das Volk Israel aus Ägypten und durch das Rote Meer führte, [der sie] in der Wüste durch die Wolkensäule und Feuersäule leitete, [der sie] mit Himmelsbrot nährte und alle die Wunder tat, die Moses in seinen Büchern beschreibt[607], der sie auch ins Land Kanaan brachte und [ihnen] darin die Könige und das Priestertum und alles gab, eben der Gott und kein anderer war als Jesus von Nazareth, der Sohn der Jungfrau Maria, den wir Christen unseren Gott und Herrn nennen, den die Juden gekreuzigt haben und noch heute lästern und →fluchen, wie Jesaja 8, 21 sagt: »Sie werden in ihrer Angst fluchen ihrem Könige und ihrem Gotte.« Er ist es auch, der auf dem Berg Sinai Mose die Zehn Gebote gibt und spricht (Exodus 20, 2 f.): »Ich, der HERR, bin dein Gott, der dich aus Ägypten geführt hat. Du sollst vor mir keine anderen Götter haben.« Ja, Jesus von Nazareth, am Kreuz für uns gestorben, ist der Gott, der im ersten Gebot spricht: »Ich, der HERR, bin dein Gott.« Wenn die Juden und [die Anhänger des] Mohammed das hören sollten, wie sollten sie toben?[608] Dennoch ist es wahr und muss auf ewig wahr bleiben, und wer es nicht glaubt, soll auf ewig dafür zittern und brennen.

Denn da steht Mose klar und sagt, dass durch den Vers oder durch das Wort Gottes alles geschaffen wurde. Und David [sagt] in Psalm 33, 6: »Der Himmel ist durch Gottes Wort gemacht.«[609] Ist der Himmel durch das Wort gemacht, so sind auch alle anderen Geschöpfe dadurch gemacht. Denn wer ein Geschöpf macht, der macht sie alle, wer sie nicht alle macht, der wird keins machen können. Und so stimmen Mose und David mit Johan-

607 Vgl. Exodus 13, 17–22 (die Wolken- und Feuersäule); Exodus 14 (der Zug durchs Schilfmeer); Exodus 16 (die Speisung mit Manna und Wachteln); Exodus 17, 8–16 (der Sieg über die Amalekiter).

608 Vgl. Psalm 2, 1.

609 WA: Psalm 54.

nes und Paulus überein, die auch beide mit ihnen gleich sagen: »Alle Dinge sind durch das Wort oder durch Christus geschaffen und gemacht.« Ist nun alles durch ihn gemacht und nichts ohne ihn gemacht, wie es im Text aller vier dasteht – bei Mose, David, //360// Johannes und Paulus –, so muss unter dem, was sie ALLES nennen, der Auszug aus Ägypten und was mehr mit dem Volk Israel geschehen ist, ja alles, was immer von Beginn der Schöpfung an geschehen ist, was noch immer geschieht und künftig geschehen wird, einbegriffen und nicht ausgeschlossen sein. Denn es sind große wichtige Worte, wenn sie sagen: »Alles ist durch ihn gemacht«[610], und wie Mose redet: »Gott sprach, es werde, und es ward also.«[611] Obwohl Mose den Sohn oder Christus wörtlich[612] nicht nennt, so nennt und bekennt er doch den Vers oder das Wort, durch das alles gemacht ist, um zu zeigen, dass in Gott einer ist, der spricht, und ein anderer, der das Wort ist. Und [dabei bleibt er] doch ein einiger Schöpfer aller Kreaturen. Denn es musste dem Neuen Testament auch etwas vorbehalten werden, in dem der Vater und der Sohn und der Heilige Geist klarer genannt wurden, während im Alten [Testament] Gott [als] der Sprecher, [Gott als] das Wort und der Geist des HERRN genannt sind.

Darum hilft es den Juden, Türken und Ketzern nichts, wenn sie sehr große Frömmigkeit[613] {68} vorgeben und sich uns Christen gegenüber rühmen, wie sie an den einigen Gott, den Schöpfer des Himmels und der Erde, glauben, ihn auch mit großem Ernst Vater nennen – und es sind doch nichts als nur vergebliche, unnütze Worte, mit denen sie den Namen Gottes entgegen dem zweiten Gebot unnütz führen[614] und missbrauchen, wie Christus in Johannes 8, 54–55 zu den Juden sagt: »Es ist mein Vater, der mich ehrt, von dem ihr sagt, er sei euer Gott, und

610 Vgl. Kolosser 1, 16; Johannes 1, 2.
611 Genesis 1, 3.
612 WA: nach der Grammatica
613 WA: seer grosse andacht
614 Vgl. Luthers Erklärung zum zweiten Gebot in WA 30 I, 284.

[ihr] kennt ihn nicht.« Fürwahr, das passt schlecht zusammen, Gott Vater zu nennen und nicht zu wissen, wer er ist. Denn wenn du einen solch großen Heiligen – einen Juden, einen Türken, einen Ketzer – fragtest, ob er auch glaubt, dass dieser eine Gott, der Schöpfer des Himmels und der Erde (dessen Namen sie so fromm rühmen und den sie, obwohl ganz falsch, Vater nennen), auch ein Vater sei und nicht unter den Geschöpfen, [sondern] in der Gottheit [selbst] einen Sohn habe, so würde er vor großer Heiligkeit erschrecken und das für eine grauenhafte Lästerung halten.[615] Fragtest du weiter, ob dieser eine Gott, der Schöpfer, der Vater (den sie mit ihrem Lügenmaul [Vater] nennen) auch ein Sohn sei und in der Gottheit einen Vater habe, da würde er vor großer //361// Frömmigkeit die Ohren zustopfen, die Zähne zubeißen und Angst haben, die Erde möchte dich und ihn verschlingen. Fragtest du weiter, ob dieser eine Gott, der Schöpfer, der Vater (wie sie rühmen) auch ein Heiliger Geist sei und den Vater und den Sohn habe, von denen er sein göttliches Wesen habe, da würde der allerheiligste Mann von dir weglaufen, als wärest du der ärgste Teufel aus der Hölle heraus.

Hier siehst du, dass sie nicht wissen, was Gott ist. Und wenn sie ihn Gott, Schöpfer, Vater nennen, wissen sie nicht, was sie sagen. Denn wo Gott nicht ein solcher Gott sein soll, der (wie uns die Schrift lehrt) seiner Natur nach ein Vater ist, seiner Natur nach einen Sohn [hat], und beide ihrer Natur nach in dem einen göttlichen Wesen den Heiligen Geist haben, da ist Gott nichts, und [es ist] gar kein Gott. Darum haben sie keinen Gott, sie missbrauchen Gottes Namen vielmehr in Sünden und Schanden und erdichten sich einen eigenen Gott und Schöpfer, der ihr Vater [sein soll] und dessen Kinder sie sein sollen. [Sie] nehmen ihm seine natürliche Vaterschaft, seinen natürlichen einigen Sohn und den natürlichen Heiligen Geist, das heißt, die ganze rechte Gottheit, und geben ihm dafür ihren nichtigen

615 Vgl. z. B. Koran, Sure 5, 16 – mit der Warnung davor, Jesus (und Maria) in gleicher Weise wie Gott zu verehren.

Traum und Lüge von Gott, Schöpfer, Vater, ja einen solchen heiligen Namen Gottes geben sie ihrem Traum und [ihrer] Lüge, das heißt dem Teufel. Der ist ihr Gott und Vater, ein Vater aller Lüge.[616] Aber sie wollen dennoch die liebsten Kindlein und größten Heiligen sein.

Denn es ist beschlossen, und so hat sich Gott selbst uns offenbart, dass er ein einiger Gott, Schöpfer und Vater des Himmels und der Erde ist. Und dieser eine Gott, der Schöpfer und Vater aller Welt, ist seiner Natur nach Vater seines einen Sohnes in der Gottheit. Und derselbe eine Gott, der Schöpfer und Vater aller Welt, ist ein einziger natürlicher Sohn des Vaters {69} in der Gottheit. Und derselbe eine Gott, der Schöpfer und Vater aller Welt, ist vom Vater und Sohn in der Gottheit ein Heiliger Geist; denn die drei unterschiedlichen Personen sind ein einziger Gott, ein Schöpfer und ein Vater aller Welt, und jede Person ist derselbe völlig einige Gott, der Schöpfer und Vater aller Welt. Und wenn du Jesus Christus anrufst und sprichst: »O mein lieber HERR Gott, mein Schöp//362//fer und Vater Jesus Christus, du einiger ewiger Gott«, darfst du [dich] nicht sorgen, dass der Vater und der Heilige Geist deshalb zornig wird. [Du musst] vielmehr erkennen, dass – welche Person du [auch] anrufst – du zugleich alle drei Personen und den einigen Gott anrufst. Denn du kannst keine Person ohne die anderen anrufen, da es ein einziges, ungetrenntes, göttliches Wesen in allen und in einer jeden Person ist. Wiederum kannst du keine Person besonders verleugnen. Es sind [immer] alle drei. Und der eine Gott [wird im anderen Fall] ganz und gar verleugnet, wie 1. Johannes 2, 23 sagt: »Wer den Sohn verleugnet, der hat auch den Vater nicht.«

Ja, sage ich, es ist kein Unrecht, sondern wohlgetan, wenn du Jesus Christus so anrufst, wie die Kirche auch vom Heiligen

---

616 Vgl. Johannes 8, 44. – Dieser Vers ist von zentraler Bedeutung für Luthers erste *Judenschrift* des Jahres 1543 *Von den Juden und ihren Lügen* (WA 53, 420, 26–29 = JL, 9).

Geist singt: »*Veni pater pauperum*, Komm, du Vater der Elenden.«[617] Doch ist es besser, sich an die Ordnung der Personen zu halten und sie zu beachten[618], wie es die Apostel und die Kirche nach ihrem Beispiel tun, wenn sie im Anrufen oder Gebet wie im Vaterunser die Person des Vaters nennen usw. Denn er ist (wie man es nennen kann) im Sohn und im Heiligen Geist der Ursprung und die Quelle der Gottheit. Und (wenn der Vater genannt wird) kann der Sohn nicht abgesondert, sondern muss zugleich mit ihm genannt und gemeint sein, ebenso muss auch der Heilige Geist mit dem Vater und dem Sohn genannt und gemeint sein, weil keine Person abgesehen von der anderen ein besonderer Gott sein kann. So redet der heilige Paulus und [auch] der heilige Petrus: »Gelobt sei Gott, der Vater unsers HERRN Jesu Christi, der Vater aller Gnaden.«[619] Und er selbst zieht im Evangelium immer den Vater vor und schreibt ihm alles zu und sagt zugleich: »Sie sollen den Sohn ehren wie den Vater.«[620] Ebenso: »Alles, was der Vater hat, ist mein.«[621] Nur dass der Vater die erste Person ist, von dem es der Sohn hat und nicht umgekehrt. Dass aber manche Sünden [entweder] besonders gegen den Vater, gegen den Sohn [oder] gegen den Heiligen Geist geschehen[622], gehört zur Offenbarung der Personen und

617 Zitat aus dem Pfingsthymnus *Veni Sancte Spiritus* des französischen Königs Robert des Frommen (972–1031); der Text wird auch Hrabanus Maurus (809) oder dem britischen Theologen und Kardinal Stephen Langton zugeschrieben. Auf der Grundlage dieses Textes schuf Luther sein Kirchenlied *Komm, Gott Schöpfer, Heiliger Geist* (EG 126).

618 WA: Doch ists feiner, das man die ordnung der Person halte und nicht verachte

619 Vgl. 2. Korinther 1, 3; 1. Petrus 1, 3.

620 Johannes 5, 23.

621 Johannes 16, 15.

622 Vgl. Matthäus 12, 31–32; Markus 3, 28–29; Lukas 12, 10. Nach Anselm Schuberts Interpretation besteht die Sünde der Juden in Luthers *Judenschriften* eben darin, dass sie Gott zum Lügner machen und dadurch die unvergebbare »Sünde wider den Heiligen Geist« begehen (Schubert, Fremde Sünde, 157).

hat mit der Trennung ihres Wesens nichts [zu tun]. Davon war oben ein wenig und an anderer Stelle mehr als genug die Rede.

Wie wollen wir aber hier tun? Da schreibt der heilige Johannes weiter //363// vom Wort und sagt: »Das Wort ist Fleisch geworden.«[623] Das wird ja nicht mit dem Wort zusammenpassen, von dem Mose schreibt: »Gott sprach, es werde Licht.«[624] Oder mit [dem Wort], von dem David sagt: »Der Himmel ist durch das Wort des HERRN gemacht.«[625] So spricht Mose oder das Wort selbst (wie wir glauben[626]) auf dem {70} Berg Sinai das Gebot, man, »solle ihm kein Bild noch Gleichnis machen, weder im Himmel noch auf Erden«.[627] Und Johannes macht nicht ein Bild, sondern eine Kreatur und einen Menschen aus ihm und sagt: »Das Wort ist Mensch geworden.«[628] Dasselbe tut Paulus auch und sagt, er sei Davids Sohn oder Samen, von einer Frau geboren.[629] Darum muss Mose von einem anderen Wort reden, durch den alles geschaffen ist; durch einen Menschen, der selbst ein Geschöpf ist, kann nichts geschaffen werden. Auch widersprechen Paulus und Johannes sich selbst, indem sie ihn zum Menschen machen und zugleich sagen, alles sei durch ihn geschaffen.

Das Protevangelium in Genesis 3, 15

Lasst uns versuchen herauszufinden, ob Moses dies auch sagt. In Genesis 3, 15 schreibt er, dass Gott zur Schlange sprach: »Ich will Feindschaft setzen zwischen dir und der Frau, zwischen deinem Samen und ihrem Samen, derselbe soll dir den Kopf

623 Johannes 1, 14.
624 Genesis 1, 3.
625 Psalm 33, 6.
626 Nach Luther ist Christus in Exodus 20 selbst der Sprecher des Gebots.
627 Exodus 20, 4; Deuteronomium 5, 8.
628 Johannes 1, 14.
629 Römer 1, 3; Galater 4, 4.

zertreten, und du wirst ihn in die Ferse stechen.«[630] Offensichtlich spricht Gott hier nicht von einer gewöhnlichen Schlange, die im Gras oder Wasser läuft und junge Frösche frisst, sondern von derjenigen Schlange, die damals ein schönes Tier war und einen hohen Geist hatte, der sie nicht nur hat reden, sondern auch von hohen göttlichen Sachen und Geboten disputieren lassen, als hätte er es im Himmel gelernt, was keiner Kreatur außer den Engeln und Menschen gegeben ist. Und dadurch richtet er solchen Schaden an, dass er den Menschen durch die bestechende Wirkung[631] des göttlichen Namens in die Sünde und in den ewigen Tod fallen lässt. Das ist kein schlichtes albernes Schlänglein, das Fröschlein frisst, sondern [eine Schlange, die] die ganze Welt verschlingt. Es ist der leidige →Teufel in der →Schlange, der durch die Sünde den Tod in die Welt gebracht hat. Von diesem Totschläger und Sündenmeister und Weltfresser redet Gott, dass ihm sein //364// Kopf zertreten werden soll, das heißt, dass seine Macht, der Tod und die Sünde, zerstört und das Leben und die Gerechtigkeit wiedergebracht werden sollen.

Und das soll der Same der Frau bewirken. Und wie [der Teufel] durch eine Frau [d. h. Eva], die von einem Mann ohne Frau [d. h. Adam] gekommen ist, den Menschen zu Fall gebracht hat, so soll ihn der Same, der von einer Frau ohne Mann kommen wird [d. h. Maria], wiederum zu Fall bringen. Dieser Same der Frau wird ein Mensch und Sohn sein müssen. Denn in der Schrift wird (wie man weiß) die Frucht, die Sohn eines Menschen ist, Menschensame genannt. Und es ist das etwas ganz Besonderes an dieser Stelle, dass dieses Kind oder dieser Mensch »Same einer Frau« genannt wird. Sonst heißt es immer »Same

630 Nach Reuchlin (in *De arte cabalistica*) erging diese erste Frohbotschaft an Adam, der sie von dem Engel Rasiel empfing (Band II/1, 87). Demnach handelte es sich hier um »die allererste Kabbala, die ursprüngliche Sendbotin des Heils« (»*omnium prima cabala, primordialis salutis nuncia*«), die dazu führte, dass der erste Mensch mit dem Gottesdienst begann und Gott ein Stierkalb darbrachte (A. a. O., 88).

631 WA: den schonsten schein

des Mannes« oder »des Vaters« wie »Abrahams Same«, »Davids Same«. In den Büchern Mose und bei den Propheten wird der Same durchgehend und immer wieder »Same des Mannes« genannt. Mose klingt an dieser Stelle daher geradeso wie Lukas und Matthäus[632], dass diese Frau eine Jungfrau sein soll, die ohne einen Mann und nur durch ihren eigenen Samen Mutter wird. Und weil dies gut mit dem Neuen Testament zusammenpasst, sollen wir Christen nach oben anerkannter Regel[633] weder Juden noch Teufeln ein anderes Verständnis gestatten. {71}

Summa, dieser Same einer Frau muss ein Mensch sein, das ist gewiss. Daneben muss er in Wahrheit auch Gott sein, andernfalls wäre Mose ein abgöttischer Teufelsprophet. Denn er gibt diesem Samen die Macht, die nur Gott und keiner Kreatur zukommt, dass er nämlich den Tod und den Totschläger, die Sünde und Gottes Zorn wegtun und die Gerechtigkeit und das Leben wiederbringen soll. Lieber, das wird kein Engel, [und das werden] auch nicht alle Engel gemeinsam tun. Es muss ein Mann sein, der höher und mächtiger ist als alle Engel und alle Kreaturen. Ein verdammter abgöttischer Prophet (sage ich noch einmal) müsste Mose sein, wenn er dieses Werk, [nämlich] den Tod und die Sünde zu erwürgen und nach ihrer Überwindung[634] [die Glaubenden] lebendig und gerecht zu machen, dem Samen einer Frau zuschriebe, der ein bloßes Geschöpf und nicht selbst der einige Gott wäre, der allein lebendig machen kann, wie Johannes 1, 4 vom Wort sagt: »In ihm war das Leben.«

Es muss ja auch die →Vernunft selbst bekennen: »Wer den Tod niedertreten kann, der kann auch das Leben wiedergeben. //365// Wer die Sünde niedertreten kann, der kann [auch] Gerechtigkeit wiedergeben«, zumal den Tod wegzunehmen nichts anderes bedeutet, als das Leben wiederzugeben, [und] die Sünde wegzunehmen nichts anderes ist, als Gerechtigkeit wiederzugeben – [die Gerechtigkeit], um welche die Schlange (der

632 Vgl. Lukas 1, 34; Matthäus 1, 18 ff.

633 WA: nach furgenomer regel

634 WA: überwunden

Teufel in der →Schlange) Adam und Eva samt allen ihren Nachkommen und Menschenkindern böswillig gebracht hat. Und durch seine Lüge [hat er Adam und Eva] in die Sünde und den Tod fallen lassen, wie der Text klar sagt: »Du sollst nicht vom Baum essen, oder du musst sterben.«[635] Dagegen sagt der Lügner und Mörder: »Ihr mögt wohl davon essen, und werdet nicht sterben, sondern [ihr werdet] Gott gleich werden, und alles wissen.«[636] Das betrifft (wie oben gesagt) alles die Sünde und den Tod, die die Schlange gestiftet und angerichtet hat. Darum muss das Niedertreten der Schlange nichts anderes sein, als ihr Werk und ihre Macht[637] zu zerstören, wie Paulus in 2. Timotheus 1, 10 sagt, dass Christus den Tod zerstört und das Leben ans Licht gebracht hat. Was Juden, Mohammed und andere mit ihren →Glossen hier auf das Papier schmieren, das beachten wir nicht.[638] Mose stimmt hier mit dem Neuen Testament überein, das ist uns genug.

Eva und der versprochene Messias in Genesis 4

Ein solches Verständnis, dass der Same der Frau Gott [selbst] sein muss, der dem Teufel den Kopf zertreten soll, haben auch Adam und Eva gehabt. Denn in Genesis 4, als Eva Kain geboren hatte, dachte sie vielleicht, weil das der erstgeborene Mensch auf der Erde war, er würde der Beste sein. Und [sie] meinte, er sollte der Same der Frau und sie [nach Gottes Verheißung in Genesis 3, 15] die Mutter oder die Frau sein. Darum sagt sie: »Ich habe den Mann, den HERRN«[639], als wollte sie sagen: Das wird

635 Genesis 2, 16–17.

636 Genesis 3, 3.

637 WA: sein Werck und macht – d. h. des Teufels Werk und Macht.

638 WA: suddeln mit jren glosen, achten wir nichts

639 Genesis 4, 1. Luther deutet die hebräische Partikel »eth« [את], die hier etwas eigenwillig steht (und wahrscheinlich als die Präposition »mit« zu deuten ist) als *nota accusativi*; vgl. dazu unten S. 199.

der Mann, der HERR, der Same der Frau, sein, von dem Gott geredet hat usw. Sie nennt das Kind einen Mann und HERRN oder Gott. Denn hier steht der große Eigenname Gottes, Jehova, der nichts anderes bedeutet als Gott selbst in seiner Natur oder in seinem Wesen und [das hebräische Wort] Isch [אִישׁ]. Wo dieses [Wort] allein steht ohne eine Frau, bezeichnet es nicht einfach irgendeinen Mann, wie alle Männer sind, sondern ein Muster von einem hervorragenden Mann, wie wir Deutschen auch sagen: das {72} ist ein Mann, das will ein Mann werden. Also will Eva hier [sagen]: Ich habe einen Sohn geboren, der wird ein Mann werden, ja er ist der Mann-Gott selbst, //366// der es tun soll und die →Schlange zertreten, wie Gott uns gesagt hat. Wie ist das möglich? Wie sollte es ihr einfallen, so von ihrem Kinde zu reden: »Ich habe den Mann, den HERRN«, wenn sie nicht den Vers so verstanden hätte, dass der Same der Frau Gott sein müsste, der es tun sollte, was Gott geredet hatte?

Sie wird es auch nicht allein so verstanden haben. Adam wird vielmehr mit ihr lange zuvor davon geredet haben, [sodass sie] diesen Vers untereinander wohl eingeübt und sich getröstet haben angesichts der Sünde und des Todes, die durch diesen Samen weggenommen werden sollten. Dafür sollte die verlorene Unschuld und das Leben wiedergebracht werden, sonst wären sie verzweifelt. Es ist ja nicht Gottes Wille und Weise, dass sein äußerliches Wort (wie das [in Genesis 3, 15]) vergeblich bleibt und von niemandem verstanden wird. In Jesaja 55, 11 sagt er ja: »Mein Wort soll nicht leer zu mir zurückkommen, sondern es soll ausrichten, dazu ich es sende.« Nun waren hier nur zwei Menschen, Adam und Eva, die es verstehen konnten. Darum haben sie es wohl auf fruchtbare, seligmachende Weise und richtig verstanden, genauso, wie wir Christen und vorher alle Propheten es verstanden haben.

Darin geht die liebe, elende Mutter Eva in die Irre, wenn sie vermutet, sie [selbst] sei diese Frau, weil außer ihr keine andere Frau auf der Erde da war. Und aus großer Begierde und Verlangen hofft sie, ihr Sohn solle der Same, der Mann Jehova sein. Das war zu früh und übereilt, aber es ist ihr deshalb nicht zu verdenken, weil sie die Sünden und den Tod, das heißt den Teufel gern bald los geworden wäre. Gott hatte aber nicht zu ihr gesagt: »Dein Same soll es tun.« Auch hatte er nicht zu Adam gesagt: »Der Same deiner Frau soll es sein.« Er macht den beiden vielmehr schwere Vorwürfe[640], die alle Menschenkinder noch bis ans Ende der Welt fühlen werden. Zur Schlange gewendet, sagt er: »Ich will dir wiederum einen Kopftreter schaffen, der soll der Same einer Frau sein. Ich will dich hochmütigen, mächtigen, bösen Geist durch den Sohn eines Menschen zu Fall bringen, sodass wiederum alle Menschen über dich laufen und [dich] mit Füßen treten sollen, wie du jetzt Adam und Eva unter dich getreten hast.« Das hat unser lieber HERR Jesus Christus getan. Er tut es noch und will es mit Gott dem Vater, [mit dem er zusammen] ein Jehova [ist], immer weiter tun. Amen. //367//

Hier könnte jemand sagen: Wie kommt es, dass kein Christ und kein Jude diese [Auslegungsmöglichkeit] an dieser Stelle gesehen hat?[641] Denn die Übersetzer verstehen es allesamt anders; im Lateinischen heißt [der Vers] so: »Ich habe einen Menschen

---

640 WA: lieset allen beiden jren guten Text

641 Luther lässt unerwähnt, dass sich diese Auslegung in Reuchlins *De arte cabalistica* findet (Band II, 1, 86–89); dort wird Genesis 4, 1 im Lateinischen so wiedergegeben: »Acquisivi virum illum quatuor literarum« – »Ich habe den Mann der vier Buchstaben erworben.« Luther hatte das Buch, das er in einem Brief an Spalatin vom 22. Februar 1518 lobend erwähnte, im Laufe des Jahres 1517 gelesen (vgl. Schubert, Wittenberger Reformation, 169). Nach François Secret (Kabbalistes, 274) haben sich auch Luthers Marginalien dazu *erhalten*. Man mag spekulieren, dass Luther Reuchlins Auslegung zu dieser Stelle entfallen war und ihm insofern subjektive Ehrlichkeit zubilligen – jedoch ist verdächtig, dass er hier wie in allen seinen *Judenschriften* (in Kontexten, die dies an sich nahelegen würden!) Reuchlin überhaupt unerwähnt lässt. Nach Raeder (Grammatica Theologica) stand Luther in frühen Jahren der Kabbala zumindest zwiespältig gegenüber; erst am Ende seines Lebens lehnte er sie vehement ab.

bekommen *durch* Gott.«[642] Die anderen Hebraisten verstehen [die hebräische Präposition] so: »Ich habe den Mann gekriegt *von* dem HERRN.«[643] Danach frage ich {73} jetzt nicht. Ich habe oben oft erklärt, ich wolle dieses Mal in der Übersetzung keinen Meister anerkennen, sondern [nur] meiner [eigenen] Meinung folgen. Gefällt es niemandem, so ist es genug, wenn es wenigstens mir gefällt. [In Genesis 4, 1] heißt das hebräische Wörtchen »Eth« [את] »den« oder »die« und ist die *nota accusativi*, wie alle →Grammatiker zugeben müssen, wenn Mose im ersten Kapitel sagt: »Im Anfang schuf Gott Eth Himmel und Eth Erde«. Das heißt auf Deutsch: »den Himmel und die Erde«, und in diesem und dem folgenden Kapitel immer so fort, zum Beispiel als: »Adam erkannte Eth Eva, sein Weib, Eva gebar Eth Kain, ebenso gebar sie Eth Abel, seinen Bruder. Weiter: Adam zeugte Eth Seth, Seth zeugte Eth Enosch und so weiter.[644] Eben in dieser Weise sagt Eva hier, nachdem sie Kain geboren hatte: »Kanithi Isch Eth Iehova«[645] – ich habe den Mann bekommen, den

642 Vulgata: »*Possedi hominem per Deum.*« Zur Interpretation vgl. Harl, Bible d'Alexandrie, 113.

643 Nach →Raschi ist die Partikel »eth« [את] in Genesis 4, 1 als Präposition (»mit«) zu verstehen. Demnach habe Eva gesagt: »Als Gott mich und meinen Mann erschuf, war er es allein, der uns erschuf. Aber hier [bei der Schöpfung Kains] sind wir Partner [des Schöpfungswerks]«.

644 Vgl. Genesis 5, 3 und 6 sowie Genesis 4, 1–2.

645 Vgl. Genesis 4, 1: קניתי איש את יהוה. – Eine aramäische Übertragung des Textes, der *Targum Pseudo-Jonathan* (verfasst etwa gegen Ende des 8. Jahrhunderts), bringt eine ähnliche (theologisch aber in eine andere Richtung zielende) Deutung. Dieser Text nimmt an, dass Kain – im Gegensatz zu Seth (vgl. Genesis 5, 3) – nicht nach dem Bilde Adams geschaffen wurde; demnach sei er auch nicht von Adam, sondern von dem gefallenen Engel Samael gezeugt worden. Demnach wäre Genesis 4, 1 zu übersetzen: »Adam wusste, dass Eva von Samael [...] empfangen hatte.« Die Tradition, dass Eva mit dem Dämon Samael Geschlechtsverkehr hatte, findet sich auch im Babylonischen →Talmud (Traktat Schabbat 146a, Traktat Jebamot 103b, Avoda Sara 22b) und im Midrasch Pirqe de Rabbi Elieser 13; dort wird davon berichtet, dass Samael als Reiter der Schlange aus Genesis 3 entge-

HERRN. Denn sie hoffte (wie gesagt), Kain wäre der von Gott verheißene Same, der der Schlange den Kopf zertreten wird.

Und ich weiß es in der Tat: Wenn die schlimmsten Juden, die Christus gekreuzigt haben, oder noch schlimmere [Juden als] damals – weil sie ihn jetzt gern noch viel grausamer kreuzigen wollten, wie man von denen erzählt, die im ungarischen Ofen[646] neulich gemeinsam mit den Türken eine Katze gekreuzigt und

---

genkam. Diese Auslegung entspricht insofern Luthers Deutung des Wunsches der Eva, als das Kind nach beiden Konzeptionen keinen menschlichen Vater hatte – freilich wird Kain hier nicht als verheißener Messias imaginiert, sondern als Satanskind; zum aramäischen Text vgl. Maher, Targum Pseudo-Jonathan, 31 (Anm. 2) und Harl, Bible d'Alexandrie, 113; Andeutungen dieser Auslegung finden sich auch bei Reuchlin, wo ebenfalls von »dämonischen Zeugungen« die Rede ist (De arte cabalistica, Bd. II/1, 90). Die Interpretation im Midrasch Genesis Rabba, Kapitel 12, 2 (zu Genesis 4, 1), will diese Spekulationen offenbar verwerfen. Demnach steht die hebräische Partikel »eth« gerade da, um das Verständnis des Satzteils im Sinne eines Akkusativobjekts zu *verhindern*: Hieße es nur קניתי איש־יהוה (in Luthers Diktion: *Kanithi Isch Iehova*, also ohne »eth«) würde dies den (theologisch unmöglichen, also auszuschließenden) Sinn ergeben, »ich habe mir den Mann des Ewigen erworben« (zum Text vgl. Krupp, Midrasch, 99).

646 Ab 1446 kam es immer wieder zu Angriffen der osmanischen Türken gegen Ungarn, die zur Besetzung eines großen Teiles des Landes führten. Pest (Ofen) fiel am 8. September 1526; nach der Einnahme der Stadt wurde die Besatzung unter Missachtung der Kapitulationsvereinbarungen niedergemetzelt. Buda, die durch die Burg geschützte Stadt, wurde 1541 besetzt. Zu den Plünderungen, zu denen es dabei kam, vgl. Clot, *Soliman*, 88–89. Es gehörte zur militärischen Strategie der Osmanen und der von ihnen eingesetzten Janitscharen, die Zivilbevölkerung in Angst und Schrecken zu versetzen, um den Widerstandswillen der Gegner zu brechen. Luthers Text *Vier tröstliche Psalmen an die Königin von Ungarn*, den er 1526 Maria von Ungarn widmete, deren Ehemann, König Ludwig II., im Kampf gegen die Türken gefallen war, bezeugt die Erschütterung, die ihn angesichts dieser Ereignisse ergriffen hatte. Zugleich enthält dieser Text (vor allem die Auslegung von Psalm 109) scharfe antijüdische Polemiken, die an die späteren *Judenschriften* erinnern; vgl. Von der Osten-Sacken, Luther, 100 (mit Bezug auf WA 19, 607, 33 – 608, 8).

zum Hohn und Spott Gottes, unseres HERRN Jesus Christus, mit vielen schändlichen Lästerworten umhergetragen haben[647], solche bösen, giftigen Gottes- und Katzenkreuziger! –, wenn sie glauben könnten oder (ohne Glauben) sonst die sprachliche Wahrheit anerkennen müssten, so würden sie dies sagen: »Ja, ihr verfluchten →Gojim! Wenn es wahr wäre, dass der Same der Frau Gott und Mensch wäre, so wüssten wir es selbst wohl, dass dieser Text ausgesprochen gut dazu passt, wenn Eva sagt: ›Ich habe den Mann bekommen, den [eth/את] Jehova.‹ Und wir erkennen an, dass der Wortlaut dieses Verses[648] //368// gut und gern darauf hinausläuft, dass dieser Sohn der Mann und Gott des HERRN wäre. Das deutet man hier aber anders, nämlich: ›Ich habe den Mann bekommen *durch* den HERRN oder *von* dem HERRN oder *mit* dem HERRN.‹« Das ist ein künstliches gezwungenes, ungehöriges Verständnis[649] [des Textes], das nicht der rechten Art und Natur der Sprache entspricht. Es kann auch niemand anders beweisen. Ja, das müssten die bösen Leute bekennen. Aber weil sie es nun nicht dulden können, dass Gott als Mensch von einer Frau geboren wird, müssen dieser Text und die ganze Schrift [ihrer Meinung nach] Unrecht haben oder sich umdeuten lassen.[650]

Ebenso müssten es auch alle andern →Hebraisten anerkennen, wenn sie den Text gut ansähen und verstünden, dass dieser Same einer Frau Jehova, das heißt Gott und Mensch [zugleich] wäre. Denn dass dieses Wörtchen »Eth« [את] *den* oder *die* heißt und eine *nota* {74} *accusativi* ist, das ist in allen →Grammatiken überzeugend nachgewiesen und wird von allen →Hebraisten,

647 Zu dem hier berichteten Geschehen in Ofen (dem westlich der Donau gelegenen heutigen Stadtteil von Budapest) fehlen weitere Quellen; dieser Satz ist aber ein Beleg dafür, dass Luther die von den Juden ausgehende »Gefahr« im Zusammenhang mit der Bedrohung durch die →Türken wahrnahm; vgl. dazu das Nachwort.

648 WA: die Sprache

649 WA: genotiget, gezwungen, unartig ding

650 WA: von jnen eine ander nasen machen lassen

Juden wie Christen, anerkannt. Dass es aber auch [lateinisch] *ad, de, vel cum* – [auf Deutsch] *von* [Gott] oder *mit* [Gott] oder *durch* [Gott] – heißen könnte, das ist noch unbewiesen und soll wohl unbewiesen bleiben. Denn aufgrund der Beispiele, die sie von Rabbi Kimchi[651] oder aus der Schrift bringen, kann man leicht sagen, dass die hebräische Sprache noch nie wieder recht aufgekommen ist und die Juden die Bedeutung aller Vokabeln, wie die Wirklichkeit sie zeigt[652], nicht kennen können. Viel weniger kennen sie die Bedeutung einer Redewendung, von Redefiguren und Spracheigenheiten.[653] Sie zweifeln vielmehr, gebrauchen die Worte in verschiedener Bedeutung[654], tappen und suchen, wie ein ungelehrter Organist die *claves* oder Orgelpfeifen sucht, und fragt: »Bist du es, bist du es?«

Denn wie die lateinischen Sprachlehrer schreiben, ist es etwas ganz und gar anderes, lateinisch zu reden als grammatisch zu reden. Ebenso ist es auch etwas ganz und gar anderes, hebräisch zu reden als grammatisch zu reden. Grammatisch können sie [zwar] reden, doch sehr ungeläufig, aber hebräisch rein, gut und fertig zu reden, ist heute nicht mehr möglich. Jeder lernt viel besseres Deutsch oder andere Sprachen aus der mündlichen Rede, im Haus, auf dem Markt und in der Predigt als aus den Büchern. Die →Buchstaben sind tote Wörter, die mündliche Rede sind lebendige Wörter[655], die lassen sich nicht so eigentlich

651 David Kimchi (1160–1235), bekannt unter dem Akronym *Radak* (Rabbi David Kimchi), veröffentlichte unter dem Titel *Michlol* (»Enzyklopädie«) ein Lehrbuch des Hebräischen mit einem grammatischen und lexikographischen Teil. Der erste Teil erschien 1532 in Konstantinopel, der zweite bereits 1470 als *Sefer Ha-Schoraschim* (»Buch der Sprachwurzeln«). Die Arbeiten Kimchis wurden von dem jüdischen Sprachforscher Elijah Levita, aber auch von christlichen Hebraisten wie Reuchlin und Sebastian Münster benutzt.

652 WA: Virtutem omnium vocabulorum, sicut res ostendit

653 WA: vim Phrasis, figurarum et ideotismorum

654 WA: Equivocirn – Vgl. Luthers Polemik gegen »jüdische Äquivokationen« in *Vom Schem Hamephorasch* (WA 53, 648, 4 = LK, 173).

655 Vgl. 2. Korinther 3, 6. Zu Luthers Ablehnung der →Buchstabenmystik vgl. das Glossar.

und gut schriftlich wiedergeben, wie sie der Geist oder die Seele des Men//369//schen durch den Mund wiedergibt, wie der heilige →Hieronymus im Vorwort [zu seiner lateinischen Bibelübersetzung] von Demosthenes, Aischines und von Livius schreibt[656]: »Es hat die lebendige Stimme eine gewisse heimliche Gewalt.«[657] Besonders taugt es nichts, wenn [die Juden bzw. →Hebraisten oder →Grammatiker] vorgeben, »eth« könnte [lateinisch] *de, a, ab*, das heißt *von* heißen, [sodass in Genesis 4, 1 übersetzt werden müsste]: »Ich habe den Mann bekommen vom Herrn.« Denn die Beispiele Genesis 44, 4 und Exodus 9, 29[658] und dergleichen, geben dies nicht her. Denn man sagt recht wohl: »Er hat die Stadt verlassen«[659], »er hat Steine am Altar gesetzt«[660], oder verwendet eine Beifügung [im Akkusativ].[661]

Dass aber auch Mose in Genesis 5, 22 und Genesis 6, 9 schreibt »und Henoch wandelte eth [את] Gott«[662], Noah [war

656 Gemeint ist das Vorwort des Hieronymus zu seiner lateinischen Übersetzung des Alten Testaments, der sogenannte *prologus galeatus*, das »mit einem Helm versehene« (d. h. defensive oder apologetische) Vorwort, in dem der Kirchenvater am Beispiel der griechischen Redner Demosthenes (384–322 v. Chr.) und Aischines (390/89–ca. 314 v. Chr.) und des lateinischen Historikers Titus Livius (ca. 59 v. Chr.–17 n. Chr.) auf die besondere Bedeutung der mündlichen Rede aufmerksam macht.

657 WA: Habet nescio quid latentis energiae viva vox

658 An beiden Stellen wird die hebräische Partikel »eth« [את] als *nota accusativi* verwendet, was im lateinischen Text von Exodus 9, 29 freilich nicht sichtbar wird; vgl. Genesis 44, 4aα; »Als sie die Stadt verlassen hatten« (הם יצאו את־העיר; Vulgata: iamque urbem exierant); Exodus 9, 29aα: »Wenn ich die Stadt verlasse« (כצאתי את־העיר; Vulgata: cum egressus fuero de urbe).

659 WA: Egressus urbem – Luther paraphrasiert beide vorgenannten Verse, indem er zeigt, dass das Verb mit einem Akkusativ verbunden werden muss.

660 Offenbar handelt es sich hier um kein Bibelzitat, sondern um eine freie Bildung Luthers.

661 WA: Edificavit lapides in altare, oder appositive

662 WA: Henoch ambulavit Eth Deum – In der Vulgata (»et ambulavit Enoch cum Deo«) ist der hebräische Akkusativ aber im Lateinischen durch ein Dativobjekt wiedergegeben.

ein frommer Mann und ohne Tadel zu seinen Zeiten; er] wandelte eth [את] Gott«[663], das deuten sie: Henoch und Noah wandelten mit Gott. Diese [Erklärung] taugt [aber] nicht, und stimmt auch nicht. Wohin sind sie [denn] mit Gott gewandelt? Nach Osten oder Westen[664]? Es soll heißen: *Ambulavit Deum, in accusativo*[665], wie die Lateiner ebenfalls reden: *Vixit Sardanapalum*[666], {75} *Qui Curios simulant et bachanalia vivunt*[667], *Exuit patrem*[668], *Sic Nohe ambulavit Deum, id est, divinam viam, duxit vitam divinam, Gessit et fecit opus Dei.*[669] So redet der heilige Paulus ebenfalls in Galater 1, 10: »Predige ich denn Gott oder Menschen zuliebe«, das heißt: Lehre ich Göttliches oder Menschliches?[670] [Und] ebendort [heißt es auch]: »Was ich [jetzt im Fleisch] lebe, [ist Christus].«[671]

---

663 WA: Noha ambulavit Eth Deum – Auch hier steht »Gott« in der Vulgata (»Noe [...] cum Deo ambulavit«) im Dativ.

664 WA: gegen morgen oder gegen abend?

665 Etwa: »Er ist Gott gewandelt, im Akkusativ«.

666 Wörtlich etwa: »Er hat [den] Sardanapalus gelebt«; das Zitat ließ sich nicht ermitteln. Luther will den Akkusativ so verstehen, dass der Sprecher »*wie* Sardanapalus« (d. h. der assyrische König Assurbanipal) lebte.

667 Vgl. Juvenal, Satiren II, 3: »welche die Curier mimen und wie bei den Bacchanalien leben«, d. h. – um den Akkusativ zur Geltung zu bringen – »die vorgeben, ein Muster altrömischer Moral zu leben und in Wirklichkeit die Bacchanalien (einen orgiastischen Geheimkult) ausleben« (Übersetzung: Adamietz).

668 Bei dem Versuch, den Gebrauch des Akkusativs im Anschluss an das Verb »gehen« (oder »wandeln«) nachzuweisen, paraphrasiert Luther hier in freier Form Johannes 13, 1 (»er ging zum Vater« – die Vulgata hat freilich »*transeat ad Patrem*«) oder Johannes 13, 3 (»er war von Gott gekommen und ging zu Gott« – »*a Deo exivit et ad Deum vadit*«).

669 Wörtlich etwa: »So ist Noah Gott gewandelt, das heißt: ein göttliches Leben, er hat ein göttliches Leben geführt, er hat das Werk Gottes vorangetrieben und getan.«

670 WA: An suadeo Deum, vel homines – Im Lateinischen heißt es freilich im Dativ: »*suadeo aut Deo aut quaero hominibus*« (Galater 1, 10).

671 WA: Quod vivo – Luther paraphrasiert Galater 2, 20: »Ich lebe, doch nun nicht ich, sondern Christus lebt in mir. Denn was ich jetzt lebe im Fleisch, das lebe ich im Glauben an den Sohn Gottes [...]« (»*Vivo autem iam non ego vivit vero in me Christus quod autem nunc vivo in carne in fide vivo*

[In] Römer 6, 10 [heißt es]: »Was er lebt, das lebt er Gott.«[672] Ebenso in 1. Petrus 4, 2. Das und alles mehr befehle ich den Hebraisten an wie Genesis 39, 2: »Der HERR war Eth Josef«[673], mit Josef. Hier müssen wir Deutschen das wohl so sagen, aber [diese Übersetzung] gibt den *Accusativ* nicht wieder, und im Hebräischen ist es doch eine *nota accusativi*, und das soll es auch bleiben. Das sei genug von diesem Vers, in dem Eva, oder vielmehr Mose, mit dem Neuen Testament übereinstimmt, dass dieser Same der Frau Jehova [selbst] ist. Und sie [selbst] und Mose haben es so verstanden. Andernfalls hätten sie beide wohl andere Worte gebrauchen können.

Der Segen Abrahams

Hierher gehört auch der Vers des Moses in Genesis 22, 18, als Gott Abraham mit einem Eid verheißt und sagt: »In deinem Samen sollen alle →Gojim (Heiden) auf Erden gesegnet werden.« Hier steht das Wort »Gojim«, mit dem uns die jetzigen Juden (wenn es denn Juden sind[674]) schmähen und →fluchen, gerade weil wir uns dieses Segens //370// rühmen. Denn Gott verheißt Abraham und sagt [zu ihm]: »Alle Gojim sollen in deinem Samen gesegnet werden.«[675] Sie aber, die beschnittenen

---

Filii Dei«). In Luthers Paraphrase wäre zu ergänzen: *Quod vivo, vivo Christum* – ich lebe [den] Christus [im Akkusativ].

672 WA: Quod vivit, vivit Deo – auch in diesem Vulgatatext wäre nach Luther ein *Akkusativ* zu erwarten.

673 Im hebräischen Satz ויהי יהוה את־יוסף (»und der HERR war mit Josef«) ist »eth« keine *nota accusativi*, sondern die Präposition *mit*. – Luther gibt irrtümlich Genesis 32 an.

674 WA: sind sie anders Juden – Luther stellt die Identität der zeitgenössischen Juden auch in *Vom Schem Hamephorasch* infrage (WA 53, 613, 13–28 = LK, 81–82).

675 Vgl. Genesis 18, 18; 22, 18; vgl. auch Genesis 26, 4 sowie Genesis 12, 3 und 28, 14 (an den letztgenannten Stellen ist aber nicht von »gojim« die Rede).

Heiligen, wollen, dass wir Heiden verflucht [werden] und sie allein der Same Abrahams sind. Aber weil sie die Heiden verfluchen und ein solcher Same sind, durch den alle Heiden verflucht werden, ist es offenkundig, dass sie nicht Abrahams Samen, sondern Samen des →Teufels sind. Denn Gott spricht ein gerechtes und gewisses Urteil. Er sagt, dass Abrahams Same die Heiden nicht verfluchen soll, wie sie [es] tun, sondern alle Heiden sollen in ihm gesegnet werden.[676] So ist es denn nun schon etwa 1543 Jahre lang geschehen und wird noch bis in Ewigkeit geschehen.

Nun ist dieser Segen kein menschlicher Segen, mit dem man mit Worten segnet oder guten Morgen oder guten Abend wünscht. Denn anders können Menschen nicht segnen. Es ist auch kein teuflischer Segen, mit dem die Zauberinnen die Kinder, das Vieh und dergleichen segnen, damit es gedeiht und vor Unglück behütet wird.[677] Es ist auch kein jüdischer Segen[678], der durch den Schamhaperes[679] und ihre Zauberei mit →Buchstaben und Figuren oder [durch] den vierbuchstabigen →Gottesnamen[680] kräftig sein und Wunder tun soll, wie es der Segen der Türken und auch der Segen des Teufels und [der] →Abgötterei ist[681], wenn sie sich mit Briefen und Worten im Streit segnen

676 In Genesis 12, 3 verheißt Gott Abraham freilich auch: »Ich will verfluchen, die dich verfluchen.«

677 Zum Vorwurf, die Juden missbrauchten den →Gottesnamen zu abergläubischen Zwecken, vgl. das Glossar.

678 Zu jüdischen Segenssprüchen und Luthers Vorstellung von ihnen vgl. das Glossar (→Benediktion).

679 Luther bezieht sich auf seinen Spottmidrasch zum vierbuchstabigen →Gottesnamen, der durch eine andere Vokalisierung (nach Levitikus 4, 11 und 8, 17) als »Hier ist Dreck« lesbar sein soll; vgl. LK, 54 f.

680 WA: Gottes Namen tetragrammaton – Gemeint ist der vierbuchstabige Name יהוה (JHWH).

681 Zum Vorwurf, die Türken stünden als Muslime mit dem Teufel im Bunde und bereits Mohammed habe sich magischer Praktiken bedient, vgl. WA 53, 304, 28–31 und 352, 23–25; vgl. auch Ehmann, Confutatio, 314.

[und auf diese Weise] vor Eisen und allen Waffen [schützen wollen].[682] Ja es ist auch kein päpstlicher Segen, der das Wasser[683] und Wachs bezaubert, dass sie zu Weihwasser und *Agnus Dei*[684] werden und über ihre natürlichen Kräfte hinaus viele [zusätzlichen] Kräfte[685] bekommen und helfen sollen. Es ist vielmehr ein göttlicher Segen, den Gott allein geben kann und will. Ein solcher Segen ist nicht nur ein Wort, das uns guten Morgen gibt oder wünscht, aus dem [aber] nichts folgt. [Es ist] vielmehr [ein Segen, der] alles gibt {76} und schafft, was er spricht, [so] wie Gott in Genesis 1, 22 alle Tiere und Menschen segnete und sprach: »*Pru Urbu*« [פרו ורבו], »Seid fruchtbar und mehret euch«. Da bleibt es nicht beim bloßen Wort. Als Konsequenz folgt daraus vielmehr das Werk, dass nämlich Tiere und Menschen fruchtbar wurden und sich mehrten, bis sie die Welt füllten. Und dieser Segen hat noch heute Bestand und wirkt bis an das Ende der Welt. Denn durch diesen [Segen] sind wir, was //371// wir sind und an Leib, Seele, Gut und allem haben, was da ist oder [sein] wird.

Demnach ist dieser göttliche, in Abrahams Samen verheißene Segen auch ein tätlicher, wirklicher, lebendiger Segen, der schafft, was er sagt oder segnet. Denn er ist gegen den Fluch verheißen und gegeben worden, in den uns die →Schlange

682 In *Vom Schem Hamephorasch* berichtet Luther von einem jüdischen Wundertäter (→Ba'al Schem), der Herzog Albrecht von Sachsen durch einen Trick übers Ohr hauen und immun gegen Gewehrkugeln und Schwerthiebe machen wollte (LK, 84–86).

683 Das Weihwasser nennt Luther in *Von den Konziliis und Kirchen* (1539) »gauckel werck und affenspiel« (WA 50, 645, 7); vgl. auch seine Schrift *Von dem geweihten Wasser und des Papsts Agnus Dei* (WA 50, 670–673).

684 Zum Brauch, Osterkerzen zu weihen, ihnen Siegel in Form eines »Agnus Dei« aufzudrücken und sie als Amulette und Schutzmittel mit nach Hause zu nehmen, vgl. Clemen und Brenner in ihrer Einleitung zu Luthers *Von dem geweihten Wasser und des Papsts Agnus Dei* (WA 50, 669); gegen diesen Brauch polemisiert Luther auch in *Vom Schem Hamephorasch* (WA 53, 593, 37 –594, 2 = LK, 40).

685 WA: und viel tugent, uber jr naturliche tugent

durch Adams Ungehorsam und Sünde geworfen hat. Und in ihm ist die Verheißung vom Samen der Frau, der nun Abrahams Samen heißen soll, wie er später Davids Samen und zuletzt der Same der Jungfrau geworden ist, erneuert worden. Der Same der Frau soll der Schlange den Kopf zertreten[686], das heißt, er soll die Sünde und den Tod wegnehmen, und die Unschuld und das Leben wiederbringen. Denn die Sünde und der Tod sind der Fluch, unter dem wir auf ewig liegen müssten, wenn wir nicht durch diesen Samen wiederum gesegnet, das heißt lebendig und gerecht, heilig und selig gemacht würden. Ja, so werden wir in diesem Samen Abrahams gesegnet. Ja, dieses Segens rühmen wir Gojim uns, und nehmen ihn durch den Glauben an. [Wir] sind voller Dünkel, stolz und überheblich[687] gegenüber dem Teufel, seiner Gewalt, dem Tod und der Sünde und allem anderen. Wir singen es und sagen es so: »Im Samen Abrahams, Davids und Marias, [im Samen] der Frau, haben wir Vergebung der Sünden, Abwaschung der Sünde, Erlösung von der Sünde, Erlösung vom Tod und von allem Übel.« Denn er ist uns nach 1. Korinther 1, 30 von Gott gemacht zu unserer Gerechtigkeit, unserer Weisheit, unserer Erlösung, unserer Heiligung, unserem Segen, unserem Trost, zu unserem Leben und unserer Freude in Ewigkeit. Dafür sei Gott gelobt in Ewigkeit. Amen.

Soll dieser Same Abrahams nun einen solchen starken, tatkräftigen Segen geben und unter den Heiden schaffen, wird er nicht nur ein Mensch sein dürfen, der nicht mehr kann als guten Morgen zu uns sagen, was alle Menschen können. Er muss vielmehr seiner Natur nach der rechte, einige Gott sein, der diesen Segen gewaltig in der Hand hat. Denn die Sünde und den Tod aufheben, Gerechtigkeit und Leben geben – das sind keine Taten, die Menschen und Engel, sondern die allein die einige,

686 Zum →Protevangelium nach Genesis 3, 15 vgl. das Glossar.

687 WA: hoffertig, stoltz und prechtig – Dieser Abschnitt erinnert etwas an die »Narrenrede« des Paulus in 2. Korinther 11, 16–33, in der der Apostel sich sarkastisch »rühmt«, »kühn« und »närrisch« zu sein.

ewige, göttliche //372// Majestät, der Schöpfer des Himmels und der Erde, tun kann. Zugleich soll er Abrahams Samen, das heißt sein Kind und Sohn sein. Demnach darf er nicht nur Gott sein, sondern muss seiner Natur nach [auch] ein wahrer Mensch vom Fleisch und Blut Abrahams sein.[688] Das heißt, er muss zugleich Gott und Mensch in einer Person sein. Weil er zudem nicht diejenige Person ist, die zu Abraham von diesem Samen oder dieser Person spricht: »In deinem Samen sollen alle Heiden {77} gesegnet sein«[689], muss er eine andere [von der ersten] unterschiedene Person sein. Denn der zu Abraham sagt: »In deinem Samen« usw. ist nicht [selbst] Abrahams Samen, sondern redet von einem anderen, der Abrahams Samen sein soll. Daraus ist der Unterschied der beiden Personen zu erschließen, und er bleibt doch der einige untrennbare Gott in seinem einigen göttlichen Wesen. Dabei findet sich auch gleich die dritte Person, die dies durch Moses oder [durch] Engel mündlich von diesen beiden Personen aussagt, wie es oben heißt, dass dem Heiligen Geist das Aussprechen des mündlichen Wortes zugeschrieben wird, in dem er uns besonders offenbart wird, ebenso wie die Menschheit des Sohnes eine besondere und [ihm] eigentümliche Offenbarung ist.

Der Same Abrahams bei David und im Neuen Testament

Bei uns Christen ist daraus noch weiter zu schließen, dass die Mutter des Samens Abrahams eine Jungfrau sein muss, die ihn ohne Sünde vom Heiligen Geiste empfangen und gebären sollte.[690] Denn wenn er (wie andere Adamskinder) von einem Manne empfangen werden sollte, so müsste er selbst auch in

688 Dieses Thema war Ausgangspunkt von *Dass Jesus Christus ein geborener Jude sei* (vgl. oben S. 3 ff.).

689 Genesis 22, 18.

690 Die Schwierigkeit, die sich aus der Tatsache ergibt, dass die genealogische Linie nach dem Neuen Testament (Matthäus 1, 1–18; Lukas

Sünden empfangen werden, wie Psalm 51, 7 von allen Menschen klagt: »Siehe, in Sünden bin ich empfangen« usw.[691] In diesem Falle würde er selbst einen anderen Samen brauchen, in dem er gesegnet werden, das heißt von den Sünden und vom Tod erlöst werden müsste, und könnte uns [selbst] weder ein Segen sein noch [seinen Segen] geben. Aber von diesem Vers haben wir beim heiligen Paulus einen reichen Prediger, besonders [in seinen Briefen] an die Römer und Galater[692], in denen er auf vortreffliche Weise vom Samen Abrahams und Davids lehrt. Es ist daher nicht notwendig, dieses Mal für uns Christen weiter davon zu handeln. Denn [diese Textstellen] sind unser tägliches Brot und unsere stetige Predigt, unser Lesen und Singen. //373//

Nun siehe, ob Mose nicht [auch] ein guter Christ ist, der ganz wunderbar mit dem heiligen Paulus und dem ganzen Neuen Testament übereinstimmt. Sollten die →Fluchjuden und Teufelssamen einen solchen Ketzer nicht steinigen, wie sie es in der Wüste oft tun wollten[693]? Sollte der ihr Prophet und Meister sein? Oh, mit dieser Ketzerei ist er es nicht wert, dass ein beschnittener Heiliger ihn mit seinen allerheiligsten Ohren nennen hört. Sein Name muss verflucht sein mit den verfluchten →Gojim, denen er diesen herrlichen, seligen Segen verkündigt, obwohl er [die Juden] mit dem Wort »alle Gojim« nicht ausschließt, denn auch das Volk Israel wird in der Schrift oft Goj genannt.[694] Sie schließen sich vielmehr selbst aus, wie David von ihnen in Psalm 19 weissagt: »Er will den Segen nicht, so wird

3, 23–38) von Abraham aus über Josef (und nicht über Maria) läuft, hatte Luther versucht, in *Vom Schem Hamephorasch* zu lösen; vgl. LK, 106 ff.

691 Zu diesem Bibelzitat vgl. *Vom Schem Hamephorasch* (WA 53, 640, 9–10 und 641, 33–34 = LK, 149, 154).

692 Vgl. Römer 1, 3 und Galater 3, 29.

693 Vgl. z. B. Numeri 14, 10. Zur Vorstellung des »Teufelssamens« und der »→Teufelskinder« vgl. das Glossar.

694 Vgl. z. B. Exodus 19, 6, wo Israel ein »heiliges Volk« (גוי קדוש) genannt wird.

er auch fern von ihm bleiben; er will den →Fluch, der wird auch über ihn kommen. Und zog den Fluch an wie ein Hemd (das nächste Kleid am Leibe) und drang in sein Inneres wie Wasser (durch Fleisch und Blut) und wie Öl in seine Gebeine« (durch Mark und Bein).[695] Wir Christen verstehen nun wohl das Wort Christi in Johannes 5, 46: »Wenn ihr Mose glaubtet, so glaubtet ihr auch mir. Denn von mir hat er geschrieben.« Freilich, durch sein {78} ganzes Buch, wenn er von Gott redet und vom Messias, [hat er von mir] geschrieben. Ebenso das Wort Johannes 8, 56: »Abraham, euer Vater, war froh, dass er meinen Tag sehen sollte, und er sah ihn und freute sich.« Wo sah er ihn? In diesem Vers, als er hörte, wie sein Same Gott und Mensch zugleich sein soll, der alle Heiden segnet, [der] von Sünden und vom Tod erlöst und auf ewig lebendig, heilig und selig macht, ebenso wie oben David in 1. Chronik 17, 15–27 dieselbe Freude hatte, als ihm dieser Sohn ebenfalls verheißen wurde.

Das Christuszeugnis Moses am Sinai

Noch einen Vers aus Exodus 33, 18–20 wollen wir von Mose hören. Als Gott wegen des Goldenen Kalbes über das Volk erzürnt war und nicht mit dem Volk ziehen und sich nicht mehr um es kümmern wollte, sondern Mose alles befahl und ihm einen Engel zuordnen wollte, wollte er nicht mehr mit dem Volk reden, sondern redete allein mit Mose. [Mose] sprach //374//: »Lass mich deine Herrlichkeit sehen.« Der HERR antwortete: »ICH WILL all mein Gutes[696] vor deinem Angesicht vorübergehen lassen, UND ICH WILL in des HERRN Namen PREDIGEN vor dir und will gnädig sein, wem ich gnädig bin, und mich erbarmen, wes ich mich erbarme«. Und er sprach: »Mein Angesicht kannst du

695 Psalm 109, 17 f.

696 In Luthers Deutscher Bibel (WADB 8, 306) heißt es »alle meyn gut«, in der Übersetzung von 1545 »alle meine Güte«.

nicht sehen. Denn es kann mich kein Mensch sehen und lebendig bleiben.« Siehe mir diesen Text an, ob er in seiner unverfälschten Sprachweise auch mit dem Neuen Testament zusammenpasst, und beachte nicht, was die Raben[697] oder Juden hierin teufeln. Hier antwortet der HERR Moses, als er seine Herrlichkeit sehen will, und sagt, das könne nicht sein. Aber dennoch verheißt er Moses, er wolle all sein Gutes vor ihm vorübergehen lassen. Das heißt: Eine Person, der Vater, redet von seinem Sohn (der all sein Gutes ist, durch den er alles gemacht hat). Ihn, (das ist) seine Herrschaft, sollen Mose und Volk Israel sehen, nicht in der Herrlichkeit, sondern in einem Vorübergang, hier im zeitlichen Leben. Denn Mose ist in diesen Geschichten und Visionen keine Privatperson, nicht der von seinem Vater Amram geborene Mose, sondern der berufene Prophet und das Haupt des Volks Israel, dem er das Gesetz gibt.

Kurze Zeit später spricht eine andere Person: »Und ich will vor dir predigen im Namen des HERRN.«[698] Hier hörst du, dass der HERR im Namen des HERRN vor Mose, das heißt vor dem Volk Israel, predigen will. Was soll das heißen: »Ich, der HERR, will im Namen des HERRN predigen«? Müssen es [dann] nicht zwei unterschiedliche Personen sein? Ein HERR, der predigt, und ein HERR, in dessen Namen der HERR predigt? Nun muss dieser Prediger, der ein HERR [ist], gewiss ein Mensch werden, wenn er vor Mose und Israel predigen soll. Denn das Predigtamt hat Gott den Menschen als Propheten und Aposteln befohlen, durch

697 So spricht Luther entwürdigend von den Rabbinen; zu seinem Sprachstil vgl. Ehmann, Luther, Türken und Islam, 110. Mit ähnlichem Spott hatte Reuchlin seine Kritiker aus dem Kölner Dominikanerorden »*calumnienses*« genannt – eine Sprachschöpfung, die das ciceronische *calumniator* (»Rechtsverdreher«) mit dem Adjektiv Coloniensis (»kölnisch«) verbindet (»Rechtsverdrölner«); Reuchlin, Sämtliche Werke, Band II, 1, 362–363). Zur Auslegung dieses Verses bei Reuchlin im dritten Buch von *De arte cabalistica* – dort mit Bezug auf den Kommentar des Nachmanides zu Exodus 33, 19–20 – vgl. a. a. O., 379.

698 Exodus 33, 19.

die er uns sein Wort verkündigt. Was aber die Predigt in des HERRN Namen sein soll, folgt: »Ich will gnädig sein, wem ich gnädig bin, und {79} mich erbarmen, dessen ich mich erbarme«.[699] Das heißt: »Ich will nicht predigen, wie du, Mose, predigen musst. Denn du musst das Gesetz so predigen: ›Ich gebiete //375// dir heute, dies und das zu tun und zu halten; wenn du es nicht tust, soll dir es nicht wohlergehen.‹[700] Ich will aber so predigen, dass vor Gott dem HERRN kein Mensch durch das [Tun des] Gesetzes fromm oder gerecht ist. Denn keiner hält es, wie er es soll und halten muss. Darum macht deine Predigt nur elende Leute. Sie zeigt ihnen ihre Sünde an, vor der sie das Gesetz nicht halten können. Darum nennt es der heilige Paulus in 2. Korinther 3, 6 und 9 und in Galater 1[701] ein Amt der Sünde und des Todes.«

Aber meine Predigt im Namen des HERRN lautet so: »Der HERR will es selber tun. Und der eigene Verdienst und die Gerechtigkeit sollen nichts gelten, sondern wer es haben wird, der wird es allein aus Gnaden und Barmherzigkeit haben. Wer Gnade und Barmherzigkeit ohne Verdienst sucht, der soll es haben.« Das heißt: »Wem ich gnädig bin, dem bin ich gnädig.«[702] Es heißt ja nicht: »Wer das Gesetz hat oder sich der Verdienste rühmen kann, dem bin ich gnädig.« Sondern: »Wer sich meiner Gnaden rühmt, dem bin ich ein gnädiger Gott.« Dieser Vers richtet sich also nicht in erster Linie, geradezu und treffend gegen die elenden Sünder, die vom Gesetz gefangen sind, sondern gegen den halsstarrigen, eisernen, ehernen Stolz der eigenen Gerechtigkeit. Siehe, das heißt im Namen des HERRN predigen. Das heißt: Gott will das tun, was Christus predigt. Der predigt aber nur die Gnade und sagt in Johannes 5: »Keiner von euch hält das Gesetz«.[703] Und in Johannes 7: »Wenn ihr nicht

699 Exodus 33, 19.

700 Vgl. z. B. Deuteronomium 11, 8–32.

701 Gemeint ist offenbar Galater 3, 19.

702 Exodus 33, 19.

703 Johannes 7, 19.

glaubt, dass ich es bin (das heißt, dass ich Jehova, der Erste, Gott selbst bin), so müsst ihr in euren Sünden sterben.«[704] Und in Johannes 1, 17: »Das Gesetz ist durch Mose gegeben, aber die Gnade und Wahrheit ist durch Jesus Christus geschehen.«

Nun halte diesen Sinn des Textes Moses an dieser Stelle neben das Neue Testament und sage mir, ob beides nicht ganz wunderbar, ungezwungen und gut zusammenpasst, sodass man kein Wort mit seltsamen →Glossen seiner natürlichen Deutung entgegen zu nötigen und zu martern braucht.[705] Wie die [Worte] in der hebräischen Sprache vielmehr lauten, so stimmen sie mit unserem christlichen Glauben überein, der uns im Neuen Testament lehrt, dass Jesus Christus Jehova Gott und Mensch ist und Prediger des Volkes //376// Israel war. Der heilige Paulus nennt ihn in Römer 15, 8 »einen Diener der →Beschneidung«[706], einen Prediger des beschnittenen Volkes Israel. Und er selbst sagt in Matthäus 15, 24: »Ich bin nur zu den verlorenen Schafen Israels gesandt.« [Er] verbot den Aposteln auch, unter die Heiden zu gehen.[707] Und hier spricht er zu Mose: »Ich will vor dir predigen«[708], als wollte er sagen: »Ich will persönlich allein in deinem Volk und für das beschnittene Israel Prediger sein, besonders für die Elenden, die du mit dem Gesetze gedemütigt hast«, wie Jesaja 61, 1 sagt: »Er hat mich gesandt, das Evangelium zu predigen den Elenden.«[709] Demnach ist das Evangelium nichts anderes als das Wort Christi, des Sohnes Gottes, in dem er uns im Namen Gottes des Vaters, der ihn dazu gesandt hat, nichts als Gnade und Barmherzigkeit {80} predigt, und alles selbst durch ihn in uns tut.

---

704 Johannes 8, 24.

705 Zu Luthers Redeweise von der →»Marterung« des Wortes vgl. das Glossar.

706 WA: Minister Circumcisionis

707 Matthäus 10, 5.

708 Exodus 33, 19.

709 WA: Isa. 60.

Das ist das Vorübergehen[710] vor Mose und seinem Volk, in dem er uns erkannt und uns alle Gottesgüte gezeigt hat. Und doch ist die Herrlichkeit seines göttlichen Wesens mit bloßen [Augen] nicht zu sehen und wird auch nicht gesehen. Denn das gehört nicht in dieses Leben, sondern wird geschehen, wenn wir gestorben sind, wie er sagt: »Kein lebendiger Mensch wird mich sehen.«[711] Das heißt nicht, dass kein Mensch Gott jemals sehen wird. Damit ist ja vielmehr die Auferstehung der Toten versprochen, wenn wir ihn sehen werden. Nur von diesem Leben heißt es: »Kein Mensch (spricht er) wird mich sehen und leben.« Das heißt: »Der Mensch mag mich wohl sehen, aber er darf dann nicht mehr leben.« [Er] muss zuvor sterben und in ein anderes Leben kommen. Dann soll es ihm nicht mehr verboten sein. Dann wird er verstehen, dass ich ihm gnädig bin, dem ich gnädig gewesen bin, und [andererseits] dass ich ihm gar nicht gnädig gewesen bin, weder aufgrund seiner [eigenen] Gerechtigkeit noch aufgrund der Werke des Gesetzes.

Ich weiß wohl: Dieses hebräische Wort »qara« [קרא][712], predigen, kann auch *rufen*, *nennen* [oder] *lesen* heißen, wie auch [Nikolaus von] →Lyra[713] und [Paul] von →Burgos[714] bezeugen. Demnach hat es so oder so einen anderen Buchstaben. Aber wenn es wie hier mit dem Wörtchen »in«[715] steht, heißt es gewöhnlich

710 WA: der Ubergang – Gemeint ist das »Vorübergehen« Gottes nach Exodus 33, 22.

711 Exodus 33, 20.

712 Vgl. Exodus 33, 19: »Ich will in des Herrn Namen *predigen*« (וקראתי בשם יהוה).

713 Vgl. Nikolaus von Lyra zu Exodus 33, 19: »*Dictio tamen Hebraica* קרא *chara vocare potius seu clamare significat*« (Biblia sacra cum glossis […] Nicolai Lyrani Postilla, Venedig 1588, Bd. 1, 203r).

714 Ebd.; im Sinne der christologischen Auslegung dieses Verses wird dort (203v) mit Verweis auf Römer 15, 8 (Christus als »Diener der Beschneidung«) auch betont, dass in Exodus 33, 19 eine aktive Verbform steht.

715 D. h. die hebräische Präpositionalrektion קרא ב – »predigen« (oder »rufen«) »in« dem Namen des Herrn.

predigen, wie in Genesis 4, 26[716]; 12, 8[717] [und] 13, 4.[718] Und mögen das auch die Rabbinen //377// oder die zänkischen Heb-

---

716 Nach Reuchlin lässt sich Genesis 4, 26 direkt auf den verheißenen Messias beziehen, dem er den hebräischen Namen »Jeschua« gibt; der hebräische Satz אז הוחל לקרוא בשם יהוה sei mithilfe der →Gematrie so zu deuten, dass es heißen müsse, אז הוחל לקרוא בשין מתוך יהוה – »man erwartete damals, dass man ihn mit [dem hebräischen Buchstaben] *Schin* in der Mitte von J, H, W, H rufen werde«. Aus dem Tetragramm wird so ein Pentagramm, das den Jesusnamen darstellen soll (Reuchlin, Bd. II/1, 92). In seiner Genesisvorlesung (1535/38) bewegt Luther sich in der Nähe dieser Auslegung Reuchlins, dessen buchstabenmystische Deutung der Reformator freilich nicht übernehmen kann. Bei Luther heißt es: »Die Anrufung des Namens Gottes schließt die Predigt des Wortes ein, den Glauben, das Vertrauen in Gott, das Bekenntnis, wie dies Paulus gelehrt in Römer 10 [Vers 13 f.] verbindet.« Der Name des Herrn, so Luther weiter, beziehe sich auf Christus; Inhalt der Predigt sei das →Protevangelium gewesen, d. h. der Same der Frau, die der Schlange den Kopf zertreten werde (WA 42, 241, 1–26). In einer Seitennotiz zu Luthers Bibelübersetzung von Genesis 4, 26 heißt es: »Nicht, dass zuvor nicht auch Gottes Name angerufen worden wäre; sondern nachdem durch Kains Bosheit der Gottesdienst gefallen war, wurde er zu dieser Zeit wieder aufgerichtet und irgendein Altärchen gebaut, an dem sie sich versammelten, um Gottes Wort zu hören und zu beten« (WADB 8, 48). Zugleich widerspricht Luther einer rabbinischen Auslegung, die diesen Vers umgekehrt auf den *Beginn des Götzendienstes* auf der Erde bezieht (→Raschi: »damals wurde angefangen, die Menschen und die Götzen mit dem Namen des Heiligen, gelobt sei Er, zu benennen, sie zu Abgöttern zu machen und sie Götter zu nennen«; Übersetzung S. Bamberger).

717 Auch in seiner Auslegung zu Genesis 12, 8 (WA 42, 467, 5–11) bezieht Luther sich auf die paulinische Predigt und betont, dass das Anrufen Gottes (»*invocatio*«) den in Römer 10, 14 (vgl. die vorherige Fußnote) genannten Glauben einschließt: Erneut geht es dabei um den verheißenen Samen, durch den der Zorn Gottes weggenommen und das durch die Sünde verloren gegangene Paradies wiederhergestellt wird (»*semen per quod ira tollatur et reddatur benedictio aeterna in paradiso per peccatum amissa*«).

718 Vgl. WA 42, 499, 19–120: »*invocare in nomine Domini proprie est praedicare, docere, legere*« (»die Anrufung des Namens Gottes bedeutet predigen, lehren, lesen«).

raisten nicht annehmen – mir liegt nicht viel daran. Mir ist es genug, wie ich oft gesagt habe, wenn das Wort des Mose sich nach der guten Art der hebräischen Sprache so leicht und gut von der aufgezwungenen Deutung der Rabbinen ablösen und mit dem Neuen Testament vereinbaren lässt, sodass jeder (Sprachkundige, auch wenn er kein Christ ist) sagen muss: Wohlan, wenn der Glaube der Christen recht ist, so hat Mose mit diesen Worten in der Tat ihre Auffassung[719] gehabt. Denn diese Worte passen zu nichts so gut und sicher wie zum Neuen Testament. Und auf diese Weise wollte ich gerne die ganze hebräische Bibel den Juden von ihren schändlichen, lästerlichen →Glossen wegnehmen. Aber es ist nicht die Arbeit eines [einzigen] Mannes. Es ist genug, anderen, die gelehrter sind als ich, ein Beispiel oder meinen guten Willen gezeigt zu haben, damit sie es mehr und besser machen.

Das aber steht danach an dieser Stelle: »Und der HERR sprach zu Mose: ›Siehe, es ist ein Raum bei mir, da sollst du auf dem Felsen stehen, und wenn meine Herrlichkeit vorübergehen wird, will ich dich in die Felskluft tun, und meine {81} Hand über dir halten, bis ich vorübergehe. Und wenn ich meine Hand von dir wegnehme, wirst du mein Hinterstes sehen, aber mein Angesicht kann man nicht sehen.‹«[720] Hier reden ebenfalls zwei Personen, [die beide] Jehova [heißen]. Eine spricht: »Wenn meine Herrlichkeit vorübergehen wird.«[721] Dies ist die Person des Vaters, der vom Vorübergehen[722] seiner Herrlichkeit redet, das heißt, [von der Herrlichkeit] seines Sohnes. Und er selbst, der Sohn, spricht, er sei es, der vorübergehe. Das ist alles von Christus gesagt, der, wie wir oben gehört haben, [als] Gott und Mensch hier auf Erden gegangen ist.

719 WA: warlich […] jren verstand
720 Exodus 33, 21–23.
721 Exodus 33, 21aα.
722 WA: ubergang

Zweitens sagt er: »Es ist ein Raum bei mir.«[723] Und was er von dem Felsen und seiner Hand über Mose redet, bis er vorübergeht, verstehe ich so: Gott hat das Volk des Gesetzes oder Israel um des künftigen Felsens Christi willen[724], dennoch unter seiner Geduld geschützt und erhalten, obwohl[725] sie das Gesetz nicht halten konnten. Paulus erklärt in Römer 3, 25 ja, dass die Sünde, die in göttlicher Geduld unter dem Gesetze blieb, zu dieser Zeit, als Christus mit seinem Über//378//gang kam[726], vergeben wurde usw. Aber nach diesem Übergang hat Gott die Hand dieser Geduld und den Schutz des Felsens weggetan. Denn das Gesetz ist aus und erfüllt worden. [Wir] brauchen [im Hinblick auf] einen künftigen Christus keine Geduld und keinen Schutz mehr. Ja verdammt ist der, der noch glaubt, dass Christus erst künftig [kommen soll] und weiterhin mit Mose im Felsen unter Gottes Hand stehen will.[727] Der Felsen und die Hand sind weg. Wir haben den HERRN und seinen Übergang, bis auf den der Schutz und die Geduld Gottes währen sollten. Wir sehen nun ihm hinterher, was er für uns getan hat, das heißt, was sein Hinterstes ist, was er für uns hinter sich gelassen hat, nämlich dass er als Gott und Mensch für uns gestorben und auferstanden ist. Nun könnte also seine menschliche Natur[728] sein Rücken oder sein Hinterstes heißen, an der wir ihn in diesem Leben erkennen, bis wir dorthin kommen, dass wir sein Angesicht und seine Herrlichkeit ebenfalls sehen werden.

Zu eben einem solchen Prediger macht Mose den HERRN im folgenden Kapitel [Exodus] 34, 5–7: »Und der HERR (Jesus Christus) fuhr in einer Wolke herunter und trat dort zu ihm (Mose) und predigte im Namen des HERRN, und der HERR ging vor ihm

723 Exodus 33, 21aβ.

724 Vgl. 1. Korinther 10, 41.

725 WA: weil

726 Offenbar bezieht Luther diesen »Übergang« auf das Kreuz und die Auferstehung Jesu.

727 Vgl. Markus 16, 16b.

728 WA: die Menscheit

vorüber und rief (predigte): ›HERR, HERR, Gott, barmherzig und gnädig, geduldig und von großer Güte und wahrhaftig, der seine Güte hält bis ins tausendste Geschlecht, der Sünde, Missetat und Übertretung vergibt, vor dem niemand unschuldig ist, der über die Kinder und Kindeskinder die Missetat der Väter heimsucht bis ins dritte und vierte Geschlecht.‹« Die lateinische Bibel ist hier ganz falsch, wer es auch getan hat. Die [Vulgata] setzt [als Subjekt] Moses, wo der HERR stehen sollte.[729] Vielleicht kam es dem Übersetzer unpassend vor[730], dass der HERR vom HERRN predigen oder rufen sollte, was besser Moses anstünde. [Die Deutung] des Paulus von →Burgos[731] gefällt mir auch gut. Er ist der Meinung, dass der Text im Hebräischen so im Akkusativ[732] dasteht: {82} »Und der HERR ging vor ihm vorüber und rief (oder predigte) den HERRN HERRN Gott, den Barmherzigen, den Gnädigen«, oder wie wir es auf Deutsch sagen: »Er predigte von dem HERRN HERRN Gott«. Doch es ist und bleibt [in beiden Fällen] eine Deutung. Denn im Deutschen bedeutet beides das Gleiche: *den* HERRN und *von dem* HERRN predigen. //379//

Wohlan, das ist ja auch ein klarer Text, dass der HERR ein Prediger ist und im Namen des HERRN predigt. Da sind zwei HERREN genannt, und es sind doch keine zwei Götter oder HERREN, ja der HERR (sagt er) predigt von dem HERRN, von dem HERRN, von Gott. Da steht zweimal HERR und noch einmal Gott, das

729 →Hieronymus wollte die Schwierigkeit, dass Gott hier offenbar in einer zusätzlichen Person auftritt, beseitigen und setzte in der zweiten Vershälfte (»und *er* trat dort zu ihm«) Mose als Subjekt ein (»cum descendisset Dominus per nubem, stetit Moyses cum eo, invocans nomen Domini«). Auch der Babylonische Talmud nahm an diesem Text Anstoß: »Wäre es nicht ein geschriebener Schriftvers, so dürfte man es gar nicht sagen: dies [Exodus 34, 6] lehrt nämlich, dass der Heilige, gepriesen sei er, sich wie ein Vorbeter [in den Gebetsmantel] hüllte und Mosche die Gebetsordnung zeigte [...]« (Traktat Rosch Ha-Schana 17b).

730 WA: Hat vieleicht solchen Meister unbillich gedaucht

731 Vgl. Paul von Burgos, Biblia sacra I, 877.

732 WA: in accusativo

sind drei. Dennoch dürfen es nicht drei Götter sein. Es ist oben gesagt worden, was es heißt: »Der HERR predigt im Namen des HERRN«, nämlich, dass Jesus Christus, Gott und Mensch, dieser Prediger ist. Im Namen seines Vaters, vom Vater gesandt und von seinem Vater, hat er Mose, das heißt, dem Volk Moses, nur von Gnade und Barmherzigkeit gepredigt, dass [nämlich] niemand durch das Gesetz gerecht werden kann, weil es niemand hält. Eben dieselbe Predigt hält er hier, [wenn] auch mit andern Worten, wenn er sagt: »Der HERR tritt zu Moses und predigt.«[733] Warum tritt er zu Mose und nicht über ihn oder fern von ihm? Die beiden Predigtämter, Gesetz und Evangelium, müssen beieinander sein, obwohl sie andere Funktionen haben.[734] Denn Mose predigt von den Sünden und tötet dadurch, Christus predigt von der Gnade und macht dadurch lebendig.[735] Doch kann die Gnade nichts bewirken, wenn durch das Gesetz nicht vorher die Sünde offenbart und erkannt wurde. Der HERR Christus sagt selbst in Matthäus 11, 5, er predige den Elenden das Evangelium und den verlorenen Schafen Israels, das heißt: Denen, die sich durch das Gesetz verloren fühlen.

Was predigt nun der HERR bei Mose und vor Mose? Er predigt (spricht er) vom HERRN HERRN Gott, vom Gnädigen und Barmherzigen usw. Das heißt, dass drei Personen ein Gott sind. Vor ihm gilt kein eigenes Verdienst aus [den Werken] des Gesetzes, die vor ihm und auch in Wahrheit gar nichts sind, sondern nur Gnade und Barmherzigkeit, Güte und Treue.[736] Er vergibt die Sünde, Übertretung [und] Missetat, und niemand ist unschuldig vor ihm. Willst du nun an Gott festhalten und ihn bei seinem rechten Namen nennen, wie hier geschrieben steht – er ist ja ein

733 Exodus 34, 5aβ.

734 WA: ob wol die gescheffte ungleich sind

735 Vgl. Johannes 1, 17; zum Thema des »tötenden Gesetzes« vgl. Römer 7, 4–6.

736 Dies ist eine der wenigen Stellen in den *Judenschriften*, die sich auf die →Rechtfertigungslehre beziehen; von Luthers eigener Logik her ist aber nicht klar, warum Gott gerade *den Juden* seine Vergebung verweigern sollte.

Vergeber der Sünden, gnädig und barmherzig, und niemand ist vor ihm unschuldig –, so darfst du dich nicht groß vor ihm rühmen, [selbst wenn] du Mose, Johannes oder wer du willst bist. Du musst vielmehr mit dem heiligen Paulus nach Römer 3, 23 //380// sagen: »Alle Welt ist vor Gott schuldig, und [alle] mangeln des Ruhmes vor Gott.« Oder [du musst sagen], dass sie nicht sagen dürfen, sie seien unschuldig und vor Gott gerecht. Andernfalls wird der zweite Teil des Verses [Exodus 34, 7] für sie gelten[737], wo er spricht: »Er sucht die Missetat der Väter heim bis ins vierte Glied«[738], wie Christus ebenfalls spricht: »Wer nicht glaubt, wird verdammt.«[739] {83}

Und es ist zu bemerken, dass hier nicht wie im ersten Gebot in Exodus 20, 6 steht: »Der Barmherzigkeit tut bis in tausendste Geschlecht denen, die mich lieben und meine Gebote halten«. Stattdessen steht dort vielmehr: »Es ist niemand unschuldig vor ihm.«[740] Das heißt: Niemand liebt ihn oder hält seine Gebote – nur die, die sich keines Verdienstes rühmen, sondern an den gnädigen und barmherzigen Gott glauben, die ihn einen Vergeber der Sünden nennen, sich selbst aber schuldig bekennen und im Vaterunser beten: »Vergib uns unsere Schuld wie wir vergeben unsern Schuldigern.«[741] Das heißt ja nichts anderes als nur die Gnade predigen, nicht was wir tun sollen, wie die Zehn Gebote fordern und wie es nicht geschieht, sondern was Gott mit Gnaden an uns tun will und getan hat, wie das Neue Testament uns lehrt und bezeugt. Da haben wir nun den Prediger, der sich Mose offenbart und weissagt, was er im Neuen Testament predigen will. Und wie er zuvor bei Mose geweissagt hat, so sehen wir es im Neuen Testament erfüllt, dass nämlich niemand

737 WA: werden sie dem letzten stuck unterworffen bleiben

738 Reuchlin (*De arte cabalistica* III [Reuchlin, Band II, 1, 463–465]) legt diesen Vers im Hinblick auf die Wirkmächtigkeit des vierbuchstabigen →Gottesnamens aus.

739 Markus 16, 16b.

740 Exodus 34, 7bα.

741 Matthäus 6, 12; Lukas 11, 4.

durch eigene Gerechtigkeit gerecht und selig sein soll, sondern nur durch Gottes Gnade, die uns durch diesen Prediger, seinen lieben Sohn, gepredigt wird.

Das hier nun weiter folgt, wie Mose bittet, dass der HERR ja mitziehen und sie nicht [allein] lassen solle, und der HERR darauf antwortet, er wolle mitziehen, große Wunder tun usw., [bedeutet], dass er wieder mit dem Volk versöhnt ist, den Bund erneuert, andere Tafeln schreibt und die Gebote, wie sie leben und tun sollen, und den Gottesdienst des Alten Testaments kurz zusammenfasst – aber von der Gnade und Vergebung, wie oben, steht hier nichts.[742] Und das bedeutet: Mose hat nun die tröstliche Verheißung des Neuen //381// Testaments, wenn der HERR selber predigen und regieren will. Weil ihm nun dieses Volk anbefohlen ist, es bis zur Zeit des Neuen Testament zu lehren und es zu regieren, bittet er darum, der HERR wolle bei und mit ihm sein. Denn was soll ich machen? »Es ist ein halsstarrig böses Volk.«[743] Wenn du nicht mit uns bist und die Sünde vergibst und geduldig trägst, bis du selber kommst und Prediger der Gnaden wirst, sind wir zu jeder Stunde verloren. Wir müssen deine göttliche Geduld und deinen Schutz in diesem Regiment haben, da wir dein Gesetz predigen sollen und doch nicht halten werden. Und das ist eben das, was in Exodus 33, 22 vom Schutz und von der Hand Gottes in der Felsenkluft gesagt ist.

Denn Gott antwortet und spricht: »Wohlan, ich will es tun und will einen Bund machen mit DEINEM ganzen Volk und Wunder tun, wie sie im ganzen Lande und unter allen Heiden nicht geschehen sind. Und das ganze Volk, unter dem du bist, soll das Werk des HERRN sehen, wie wunderbar es ist, das ich mit dir tun will. Siehe zu und halte, was ich dir heute gebiete usw.«[744] Hier ist überall vom Alten Testament und vom Volk des

742 Exodus 34, 8 ff.

743 Exodus 34, 9.

744 Exodus 34, 10–11a. Dieser Vers wird im Babylonischen Talmud (Traktat Rosch Ha-Schana 17b) als Belegstelle dafür zitiert, dass die Nennung der dreizehn Eigenschaften Gottes (die die rabbinische

Moses die Rede, wie es im Folgenden auch um das Vertreiben der Amoriter, Kanaaniter, Hethiter usw. geht, was im Alten Testament geschehen ist.[745] Und mit Absicht meidet er das Wort: »MEin {84} Volk«, sondern nennt es Moses Volk, »dein Volk[746], unter dem du bist. Doch will ich meine Hand über ihm halten, wie ich verheißen habe, [es] im Felsen schützen, dazu [will ich] große Wunder tun, die unter allen Heiden nie geschehen sind.« Und wahr ist es: Lies das Alte Testament ganz durch, so wirst du sehen, wie Gott manche großen Wunder in diesem Volk getan hat, von Mose an bis zu Christus, obwohl es nicht sein Volk, das heißt, nicht [das Volk] der Gnade, sondern das Volk des Gesetzes ist – ausgenommen die, die Mose verstanden und ihre Hoffnung auf Christus gesetzt haben. Der andere Haufen, [das] sind nur Werkheilige und halsstarrige, trotzige Gesetzesprediger[747] gewesen.

Bibelstellen mit zwei Gottesnamen im Alten Testament als Hinweis auf Christus

Merke aber, wie der Text klar sagt, dass der HERR, der mit Mose redet, Jesus Christus ist, der künftige Prediger des Neuen Testaments. Denn er redet hier auch unterschiedlich //382// von sich und vom Vater, wenn er sagt: »Dein ganzes Volk soll das Wunderwerk des HERRN sehen, das ich tun will.«[748] Siehe, es ist das Wunderwerk des HERRN, von dem er jetzt redet. Und er will

Tradition aus Exodus 34, 6 ableitet) im Gebet nicht wirkungslos bleibt. Der Kabbalist Joseph →Gikatilla bringt Exodus 34, 10 mit dem Wirken der sechsten Emanation Gottes (*Tif'eret* [תפארת/Schönheit]) in Verbindung, die mit dem Gottesnamen JHWH identifiziert wird (Gates of Light, 239).

745 Exodus 34, 11b.

746 *Von den Juden und ihren Lügen* hatte Luther mit einem Zitat aus Hosea 1, 9 begonnen: »Ihr seid nicht mein Volk« (WA 53, 418, 20–23 = JL, 5).

747 WA: halstarrige, rhumrettige Gesetz treiber

748 Exodus 34, 10.

ebenso gut tun, was der HERR tut, wie er auch in Johannes 5, 19 sagt: »Was der Vater tut, das tut auch der Sohn.« Ebenso in Johannes 5, 17: »Mein Vater wirkt bisher, und ich wirke auch.« Ebenso: »Wie der Vater die Toten auferweckt und lebendig macht, so macht auch der Sohn lebendig, wen er will.«[749] Das heißt wirklich, dass Johannes mit Mose und Mose mit Johannes übereinstimmen und [sie] fast wörtlich zusammenpassen. Hier sind ja zwei unterschiedliche Personen, Vater und Sohn (wie Johannes sagt), und der HERR, der vom HERRN redet und das Wunderwerk des HERRN tut (wie Mose sagt). Und es ist doch ein Werk, nicht zwei oder mehrere Werke. Darum darf es auch nicht mehr als ein einziger HERR und Gott sein.

Ebenso redet der HERR weiter am selben Ort mit Mose und sagt: »Dreimal im Jahr soll jeder Knabe vor dem HERRSCHER, dem HERRN, dem Gott Israels erscheinen.«[750] Hier redet erneut der HERR vom Herrscher, vom HERRN, dem Gott Israels.« Denn es sind nicht die Worte Moses, sondern des HERRN, der mit Mose redet, und ihm das Alte Testament befiehlt, das er schützen und mit Geduld tragen will bis auf sein künftiges eigenes Vorübergehen[751], wie oben genug gesagt ist. Ob nun die Raben[752] und Juden dies alles anders deuten und unser Verständnis verachten, das soll mir recht sein.[753] Gottes Feind soll Gottes Wort nicht sehen. Was sie aber hier über diesen Text speien[754], ist nicht wert, dass es eine Sau oder ein Esel lesen sollte, wenn sie

749 Johannes 5, 21.

750 Exodus 34, 23; vgl. auch Exodus 23, 14 und Deuteronomium 16, 16. – Die Tatsache, dass Gott hier von sich selbst in der dritten Person redet, wird von →Gikatilla (Gates of Light, 118 und 177) kabbalistisch auf die sechste Sefira bezogen, die den Namen JHWH trägt.

751 WA: ubergang – gemeint ist (wie oben Anm. 710) das Vorübergehen der »Herrlichkeit Gottes« (die Luther mit Christus identifiziert) nach Exodus 33, 22.

752 Luther spricht entwürdigend von den »Rabbinen«.

753 WA: Das ist recht

754 Zum Vorwurf, die Juden »verspeiten«, was Christen heilig ist, vgl. das Glossar (→Speien, Spucken).

denn lesen könnten. Moses Angesicht hat Hörner[755] {85} und glänzt zu hell, dass sie nicht drein sehen können.[756] Wir aber haben Mose so, dass seine Worte ungezwungen, sprachlich auf natürliche Weise, so wunderbar mit dem Neuen Testament übereinstimmen.[757] Und obwohl er das halsstarrige böse Volk seiner Zeit im Alten Testament regieren muss, weissagt er daneben doch gewaltig von Jesus Christus, unserm HERRN, dass er ein wahrhaftiger Mensch und mit dem Vater und dem Heiligen //383// Geist in unterschiedener Person ein einiger, wahrer Gott ist, der alles tut, was der HERR tut. Das ist uns genug. [Wir] wollen gern Narren und Ungelehrte in der Schrift genannt werden und den Juden und Türken ihre hohe Weisheit in ihrem Schlaraffenland[758] lassen.

---

755 Die Vorstellung vom »gehörnten« Mose fußt auf der lateinischen Übersetzung der hebräischen Verbform »qāran« (קרן/»strahlen«) in Exodus 34, 29, die die Vulgata mit *cornuta* (»gehörnt«) statt *coronata* (»strahlend«) wiedergibt: »*Cumque descenderet Moses de monte Sinai tenebat duas tabulas testimonii et ignorabat quod cornuta esset facies sua ex consortio sermonis Dei.*« Wie Luther in seiner eigenen Vulgata-Revision zu erkennen gibt, hatte er diese Fehlübersetzung durchaus durchschaut: Seiner lateinischen Korrektur (WADB 5, 118) »*quod cutis faciei suae radios acquisivisset*« entspricht in diesem Text der Nachsatz (WA: »und glentzet zu Helle«). Um die jüdische (!) Bibelauslegung zu verspotten, war das Bild vom »gehörnten Mose« ihm aber offenbar weiterhin gut genug. – Der hebräische Bibeltext will sagen, »dass Moses Angesicht strahlte« und dass dieses Zeichen der göttlichen Herrlichkeit den Israeliten Furcht einflößte.

756 Vgl. 2. Korinther 3, 7.

757 WA: herzlich und lieblich fein stimmen mit dem newen Testament

758 Zu diesem Begriff (»Schlauraffen lande«), der nicht nur ein »Land sorglosen Genusses« (so WA 53, 544, Anm. 1) oder eine »Einbildung« bezeichnet (WA 54, 85, Anm. 1), sondern von Luther immer wieder mit »Juden« und »Türken« verbunden wird und offenbar präzise religionsgeschichtliche Vorstellungen trägt, vgl. auch *Von den Juden und ihren Lügen* (WA 53, 544, 18 = JL, 234); *Vom Schem Hamephorasch* (WA 53, 602, 7 f. = LK, 56); WA 18, 137, 5; 38, 364, 1 sowie das Glossar (→Schlaraffenland, →Koran).

Wohlan, jeder glaube für sich, was er will: Ich glaube und weiß sicher, dass ich und alle Christen Mose für uns haben, und dass er ein wahrer Christ, ja ein Lehrer der Christen ist. Es schadet nicht, dass er damals noch wie ein frommer Mönch in der Kappe[759] steckte und alttestamentlich gekleidet einhergeht, als sei er [noch] kein Christ, wie der heilige Bernhard[760] als ein Mönch daherkommt, aber in seinem Glauben doch ein wahrer ernsthafter Christ ist, der nicht wie die große Mehrheit [der Mönche] auf seine Kleidung und Abzeichen[761] baut, pocht und trotzt, sondern allein auf die Gnade Jesu Christi, wie er selbst oft bezeugt. Also lässt Mose die große Mehrheit [der Juden] sich des Gesetzes und der →Beschneidung rühmen [und] geht [selbst] immer mit in einer solchen Kappe [der Mönche], aber sein Herz, sein Glauben und sein Bekenntnis ist Jesus Christus, Gottes Sohn usw. Haben wir nun Mose, das heißt, den Meister und Obersten, so werden seine Jünger, die Propheten, seinem Beispiel folgen und sich allesamt auf unsere Seite stellen.[762] Denn sie glauben, bekennen und lehren nichts anderes, als ihr Lehrer[763] Mose es tut. Aber wo wollen wir sie hinsetzen, die lieben

759 Gemeint ist die zum Habit der Mönche gehörende Kopfbedeckung (Kapuze). Vgl. Köpf, Luther als Mönch. Zu Luthers Auseinandersetzung mit den »Mönchskappen« vgl. auch WA 7, 565, 30. Der Vergleich des alttestamentlichen Glaubens mit dem vorreformatorischen Mönchstum macht deutlich, dass Luther das Judentum nicht als eine dem Christentum gegenüberstehende »andere Religion«, sondern als einen Zustand begriff, der einerseits ein »Christsein« ermöglichte (wie der Reformator es anachronistisch von Mose voraussetzte), andererseits aber auch eine Gefährdung durch den Teufel bezeichnete, wie Luther sie in seiner Zeit als Mönch aus eigener Erfahrung bezeugen konnte (dazu: Köpf, a. a. O., 81).

760 Zur Hochschätzung Bernhards von Clairvaux bei Luther vgl. *Vom Schem Hamephorasch* (WA 53, 643, 9 f. = LK, 159); Leppin, Luther, 131; 163; Arnold, Luther, 44, 72 und 566 (Anm. 44); Thönissen, Luthers Thesen, 95.

761 WA: nicht auff seine Kappen noch Orden wie der ander hauffe bawet

762 WA: mit hauffen jm nach zu uns fallen

763 WA: Preceptor

Gäste? Dieses Büchlein ist zu klein. [Ich] kann ihnen nicht allen Platz bieten, wenn schon Mose nicht ganz hereinkommen kann.

Weitere Propheten- und Psalmenstellen als Christuszeugnisse

So wollen wir es tun; wir wollen zu ihnen gehen und mit ihnen essen. Sie haben die Küchen und Keller besser bestellt als wir, und können uns vollauf vorsetzen und herrlich speisen. Das bedeutet: Jeder nehme sich die Propheten vor, lese fleißig darin und passe auf, wo der HERR Jehova, Jesus Christus, in besonderer Weise[764] redet, oder wo von ihm geredet wird. Denn du hast nun gehört, dass er es ist, der mit Mose auf dem Berge Sinai redet, der Mose und das Volk führt und Wunder tut. Und obwohl er es nicht allein tut, sondern der Vater und der Heilige Geist mit ihm [ist] und [sie] alles [als gemeinsames] Werk tun, offenbart er sich dennoch mit diesem Reden und Tun: Er ist eine vom Vater in dem einen göttlichen Wesen unterschiedene Person. //384// Wer so {86} viel in der Schrift versteht (was nicht auf jeden zutrifft), dass er bemerken kann, dass die eine Person von der anderen redet, so als wären mehr als eine [Person] da, der hat gleich die Unterschiede zwischen der Person des Vaters und des Sohnes verstanden. Hast du aber die Unterschiede zwischen dem Vater und dem Sohn [verstanden], so ist die besondere Person des Heiligen Geistes gleich auch mit da wie in Psalm 2, 7–8: »Der HERR sprach zu mir: Du bist mein Sohn, heute habe ich dich gezeugt.« Und hier bei Mose in Exodus 33, 19: »Der HERR predigt im Namen des HERRN.« In Genesis 19, 24: »Und der HERR ließ regnen Schwefel und Feuer vom HERRN.«[765] Hier siehst du sofort, dass der HERR, der regnen lässt, der Sohn ist – vom HERRN, das heißt, vom Vater, denn der Sohn ist vom Vater und

764 WA: unterschiedlich
765 WA: Genesis 11.

nicht umgekehrt.[766] In Hosea 1, 7 [heißt es]: »So spricht der HERR, Ich will mich des Hauses Juda erbarmen und ihnen helfen durch den HERRN, ihren Gott, und nicht durch Schwert und Bogen usw.« In Zefanja 3, 9 spricht der HERR: »Ich will den Völkern eine reine Lippe geben, dass sie alle rufen oder predigen sollen im Namen des HERRN und ihm einträchtig dienen.«[767] In Psalm 45, 8 und 12 [heißt es]: »Darum hat dich Gott, dein Gott mit Freudenöl gesalbt, und der König wird Lust an deiner Schönheit haben. Denn er ist dein Gott, und du sollst ihn anbeten.«[768] In Jeremia 23, 5–6 [heißt es]: »Zu der Zeit will ich David einen gerechten Spross erwecken, und das wird sein Name sein, mit dem man ihn nennen wird: HERR, der unsere Gerechtigkeit ist.«[769]

Wo die [göttliche] Person [Christi] sich aber nicht mit [von Gott dem Vater] unterschiedenen Reden offenbart, sodass es offenbar nur eine Person ist, kannst du dich an die oben gege-

---

766 In seiner Genesisvorlesung (1538/42) beruft Luther sich auf die trinitarische Auslegung dieses Textes bei →Hilarius (WA 43, 87, 31–33) und schreibt: *»hoc loco ponitur Dei nomen, quod vocant Tetragrammaton, et in Haebreo sonanter et significanter additur articulus quem vocant accusativum: Ergo cum bis Dominum vocat, ostendit duas divinitatis«* – »An dieser Stelle ist der →Gottesname gesetzt, den sie Tetragramm nennen und wohltönend und bedeutsam ist der Artikel hinzugesetzt, den sie Akkusativ nennen: Weil er daher zwei Mal Gott nennt, sind zwei [Personen] der Gottheit gemeint« (WA 43, 87, 28–30). Die von Luther als Artikel bezeichnete Partikel ist die *nota accusativi* »eth« [את]; vgl. dazu oben S. 196.

767 Luther kommt es an dieser Stelle erneut auf die Redewendung »rufen im Namen des HERRN« an, die er im Zusammenhang mit seiner Behandlung von Exodus 33, 19 ausgelegt hatte. An beiden Stellen geht es demnach auch um das Verständnis des Hebräischen »qara« (קרא) als »predigen«.

768 Vgl. die Auslegung dieses Psalms in WA 40 II, 536 f. und 583–585; in WA 40 II, 595, 30–33 legt Luther dar, dass der Gottesname in diesem Vers auf Christus zu beziehen sei (*»clare tribuitur hoc nomen Christo«*), ein Satz, der den Juden und der Vernunft unglaublich und absurd (*»incredibile et absurdum«*) erscheinen müsse.

769 Zur Auslegung dieses Textes in einer Predigt Luthers vom November 1526 vgl. Bultmann, Kontroversgespräch, 143–148.

bene Regel halten, dass du kein Unrecht tust, wenn du den Namen Jehova auf unsern HERRN, Jesus Christus, Gottes Sohn, deutest. Nimm dabei ein gutes Beispiel an Jesaja 50, 1: »So spricht der HERR: Wo ist der Scheidebrief eurer Mutter, mit dem ich sie entlassen habe?« Hier heißt HERR die Person des Sohnes, obwohl er [der Text] nicht besonders von seiner Person redet, wie das [Nikolaus von] →Lyra und andere auch auslegen. Und vor vielen Jahren hat es mir gut//385//gefallen, dass [Nikolaus von] →Lyra es so gut auf den Punkt bringt[770]: »So spricht der HERR«, das ist Jesus Christus.[771] Doch wenn man nach diesem Vers das ganze Kapitel liest (denn Jesaja [selbst] redet hier kein Wort, sondern alles [nur] der HERR), so findet es sich, dass hier die Person des Sohnes, Jesus Christus, redet, [und dies] nicht nur nach seiner göttlichen, sondern auch nach seiner menschlichen Natur. Denn er sagt in Jesaja 50, 6–7: »Meinen Rücken habe ich denen hingehalten, die mich schlugen, und meine Wangen denen, die mich rauften, und mein Angesicht verbarg ich nicht vor Schmach und Speichel, denn der HERR HERR hilft mir usw.« Lies das ganze Kapitel, so findest du, dass [es] Gott der HERR ist, der da leidet und vom HERRN HERRN Hilfe bekommt. Das heißt: Christus ist wahrer Gott und [wahrer] Mensch.

Ein solches Beispiel, bei dem [im Text] keine klare Unterscheidung zwischen den [göttlichen] Personen festgestellt werden kann, nimmt Hebräer 1, 6 und zitiert aus Psalm 97, 7: »Wenn er den Erstgeborenen {87} in die Welt einführt, spricht er: Und es sollen ihn alle Engel Gottes anbeten.« Hier sieht man kein besonderes Zeichen, dass dieser Psalm auf Jesus Christus, den Sohn Gottes, hindeutet, nur dass [der Psalm] im Anfang sagt: »Der HERR ist König geworden, des freut sich das Erdreich.«[772] Das würde doch ein Jude oder ein geistloser Mensch nicht von Christus gesagt sein lassen. Aber der Geist bekennt, dass keine

770 WA: so frey heraus feret

771 Vgl. Nikolaus von Lyra zu Jesaja 50, 1: »*›Haec dicit dominus‹, Salvator noster Iesus Christus, alloquens Iudaeos incredulos*« (Biblia sacra IV, 431).

772 Psalm 97, 1.

andere Person König geworden ist als der Sohn, wie Psalm 2, 6 bezeugt: »Ich habe meinen König eingesetzt auf meinem heiligen Berg Zion.« [In] 1. Chronik 17, 14 [heißt es]: »Ich will ihn auf ewig in mein Königreich setzen.« Dass er aber wahrer Gott ist, bezeugt dieser Psalm und spricht: »Alle Engel Gottes sollen ihn anbeten.« Hebräisch [heißt es] so: »Betet ihn an, alle Götter.«[773] [Das hebräische Wort] »Götter« [אלהים] kann hier nicht »Gott« heißen, der nicht viele [Götter], sondern nur ein einziger Gott ist. Darum deutet es [der Hebräerbrief] auf die Engel. Der, den sie anbeten, ist aber Gott, Jesus Christus, Gottes Sohn. Darum tun diejenigen, die diesen Psalm von Christus her verstehen, wie es der Brief [an die Hebräer] tut, nicht Unrecht, obwohl sie die Unterschiede der [göttlichen] Personen nicht sehen.

Ebenso, wenn dieser Brief Psalm 102, 26 f. zitiert: »Du hast im Anfang die Erde ge//386//gründet, und die Himmel sind deiner Hände Werk. Sie werden vergehen, aber du bleibst usw.«[774] Hier findet die →Vernunft ebenfalls kein Zeichen, dass dies in besonderer Weise auf Jesus Christus bezogen und zu verstehen ist, wie der Brief sagt. Und [man] hätte wohl andere klarere Verse im Psalter finden können. Aber er gibt uns (denke ich) diese Beispiele, damit wir Christus in der Schrift suchen, weil er mit dem Vater und dem Heiligen Geist gewiss Gott und Schöpfer ist. Niemand kann daher Unrecht daran tun, wer von ihm sagt, er sei es, der Himmel und Erde geschaffen hat. Aber doch sollen wir die besondere Offenbarung der Person des Sohnes fleißig suchen und die Worte [im Alten Testament] ansehen, die seine Person besonders angeben und offenbaren. Wer es nicht besser hat, der nehme dies an, dass Gott David nach 1. Chronik 17, 12 verheißen hat, dass sein Sohn, der Messias,

773 Psalm 97, 7; der hebräische Text (השתחוו־לו כל־אלהים) wird in der Vulgata mit »adorate eum omnes dii« wiedergegeben (»betet ihn an, alle Götter«).

774 Hebräer 1, 10 f. Joseph →Gikatilla (Gates Light, 87) findet in diesem Vers das Wirken der neunten Sefira (*Jesod* [יסוד/»Fundament«]).

Gott ein Haus bauen und ewig darin Herr und König sein soll. Davon sind viele Psalmen gemacht worden. Von diesem Haus und Bau weissagt dieser Psalm ebenfalls und bittet ängstlich, dass er kommen und Zion bauen wolle. Das kann nicht vom irdischen[775] Zion gesagt sein, der damals gebaut dastand [und] der auch nicht das Gotteshaus nach Zion war, das Davids Sohn bauen sollte, um König darin zu sein. So haben wir oben gehört, dass dieser Bauherr und Hausherr Gott und zugleich Davids Sohn sein muss. Darum bezieht der Brief diesen Psalm zu Recht auf die Person Jesu Christi, der wohl mit Gott dem Vater und dem Heiligen Geist ein Gott und Schöpfer ist, aber mit dem Bauen des Hauses und Königreiches Gottes in besonderer Weise als andere Person als der Vater offenbart wird. So ist auch das ein besonderes Zeichen, dass Christus, Gottes Sohn, der Same Abrahams ist, durch den alle Heiden gesegnet werden und dem sie gehorchen sollen, [wie es in] Genesis 22, 18[776] und 49, 10 [heißt]: »Dem Silo werden die Heiden gehorchen« und in Psalm 2, 8: »Bitte mich, so will ich dir die Heiden zum Erbe {88} geben.« Von diesem Reich unter den Heiden redet dieser Psalm auch und malt damit die Person des Sohnes usw.

Summa, es ist ein Gott, ein Herr, eine göttliche Majestät, eine Natur und ein Wesen aller drei Personen. Aber manchmal offen//387//bart sich die Person des Vaters, manchmal die des Sohnes, manchmal die des Heiligen Geistes. Welche [Person auch immer] sich nun offenbart, es ist der eine Gott in drei Personen, damit wir die göttliche Majestät recht erkennen und nicht wie Juden, Ketzer, Mohammed[777], ins Blaue hinein[778] glauben, Gott sei nichts mehr als eine einzige Person. Das will Gott nicht haben. Er will vielmehr erkannt sein, wie er sich uns offenbart, und besonders ist es Gott zu tun um die Offenbarung und Erkenntnis seines Sohnes. Durch die ganze Schrift des Alten

775 WA: leiblich

776 Vgl. oben S. 209.

777 Zu Luthers Bild des Propheten Mohammed vgl. das Glossar (→Koran).

778 WA: blindfeld

und Neuen Testaments läuft alles auf den Sohn hinaus. Denn die Schrift ist um des Messias oder um des Samens der Frau willen gegeben. Der soll alles wieder zurechtbringen, was die →Schlange verdorben hat, [der soll] die Sünde, den Tod, den Zorn wegnehmen, die Unschuld, das Leben, das Paradies und das Himmelreich wiederbringen. Und wie der Fall Adams geschah, indem er sich besonders am Sohn stieß und doch damit zugleich gegen alle drei Personen, gegen den einen Gott, sündigte, so hat Gott wiederum seinen Sohn allein und in besonderer Weise Mensch werden lassen, um Adam besonders durch den Sohn, an dem er sich gestoßen hatte und durch den er gefallen war, wieder aufzurichten. Und doch ist diese Aufrichtung oder Erlösung das gemeinsame Werk aller dreier Personen des einigen Gottes.

Sündenfall und Engelssturz

Denn als die Schlange, der Teufel, Adam fällen wollte, hetzte er ihn in besonderer Weise gegen den Sohn, als er sprach: »Ihr werdet Gott gleich werden«.[779] Das war eine Kränkung für den Sohn Gottes.[780] Und beide, der Teufel und Adam, wollten, dem Sohn seine Ehre rauben.[781] Denn nur der Sohn ist [Gott] gleich oder nach Kolosser 1, 15 »das Ebenbild des unsichtbaren Gottes« und »das Ebenbild seines göttlichen Wesens«, der dem Vater in einer [gemeinsamen] Gottheit gleich ist, [so in] Hebräer 1, 3. Und der Teufel hatte zuvor denselben Fall im Himmel

779 Genesis 3, 5. Diese Auslegung passt insofern zu Luthers Erklärung von Genesis 3, 5 in seiner Genesisvorlesung (1535/38), als der Reformator die Verführung durch die Schlange dort als Infragestellung des *Wortes* Gottes expliziert (WA 42, 117, 18–23); vgl. besonders Z. 22 f.: »*incipit cum summa temeritate simpliciter Dei verbum negare et Deum mendacii et crudelitatis arguere*« – »er [d. h. der Satan] fing mit größter Kühnheit an, einfach das Wort Gottes zu verleugnen und Gott der Lüge und der Grausamkeit zu beschuldigen.«

780 WA: war dem Son Gottes zu nahe

781 WA: den Son entsetzen seiner ehren

getan[782] und mit seinen Engeln eben am selben Ebenbild, dem Sohn Gottes, gelernt. Er hatte nicht genug daran, das allerschönste (freilich nicht von Ewigkeit geborene, sondern am Anfang geschaffene) Bild Gottes unter allen Engeln zu sein, sondern wollte, dem Sohn gleich, auch das inwendige natürliche Ebenbild Gottes sein. So legen die Väter den Vers Jesaja 14, 12 ff. //388// unter dem Namen des babylonischen Königs aus: »Wie bist du gefallen, du schöner Morgenstern, der du sprachst in deinem Herzen: Ich will in den Himmel und dem höchsten Gott gleich sein?« Darum ist die Person des Sohnes besonders offenbart und Mensch geworden, damit wir, die wir uns an seiner Gottheit gestoßen hatten und dadurch gefallen waren, an ihm [und] durch seine Menschheit wieder aufstünden. So geht nun in der ganzen Schrift, wie gesagt, alles nur um Christus, den Sohn Gottes und Marias. Alles hat mit dem Sohn zu tun, {89} damit wir ihn auf seine besondere Weise erkennen und so den Vater und den Heiligen Geist [als] einen Gott ewig sehen können. Wer den Sohn hat, dem steht die Schrift offen.[783] Und je größer und größer sein Glaube an Christus wird, desto heller scheint ihm die Schrift.[784]

Wenn du nun glaubst und verstehst, dass Christus wahrer Gott und [wahrer] Mensch ist, wie die Schrift uns lehrt, so siehe danach zu und lerne weiter, gewiss zu werden, dass du die Person Christi nicht trennst und die zwei Naturen oder das göttliche und menschliche Wesen nicht in ein Wesen vermischst, sondern hier die Naturen unterscheidest und die Person einig

782 Zum Thema des »Engelsturzes« in *Von den Juden und ihren Lügen* vgl. WA 53, 469, 5–7 (= JL, 94). Diese Spekulationen knüpfen an die rätselhaften Verse Genesis 6, 1–4 an; vgl. auch die neutestamentlichen Traditionen vom Engelsturz (oder »Fall der Engel«) in 2. Petrus 2, 4, Offenbarung 12, 9 und Judas 6. Ähnliche Vorstellungen vom Satan und den Dämonen als gefallenen Engeln finden sich auch in der rabbinischen Literatur: vgl. Babylonischer →Talmud, Traktat Joma 67b und Midrasch Deuteronomium Rabba 11.

783 Vgl. 1. Johannes 5, 12.

784 Vgl. Johannes 5, 39.

hältst. Denn hieran haben sich auch viele Klüglinge gestoßen, dass sie entweder aus [seiner] Gottheit und [seiner] Menschheit eine [einzige] Natur oder aber zwei Personen haben machen wollten wie Nestorius[785] und Eutyches[786] mit ihresgleichen.

Verspottung der Juden und Türken

Die Juden und Türken sind hier aber außerordentlich hochmütig[787] und halten uns Christen für große Narren. Ist er Gott (sagen sie), wie kann er [dann] als ein Mensch sterben? Denn Gott ist unsterblich. Ist er [aber] Mensch, wie kann er Gottes Sohn sein? Denn Gott hat keine Frau.[788] Hier geht es, wie man spricht: Geld hat Ehre, sprach der Frosch und saß auf einem Heller. Hier lehren uns die hoch-, hoch-, noch höher- und aller-

---

785 Auf dem dritten ökumenischen Konzil von Ephesus (431 n. Chr.) wurde der Patriarch von Konstantinopel Nestorius (381–451/453), der die Meinung vertrat, Maria sei nur Christusgebärerin, nicht aber Gottesgebärerin gewesen (Θεοτόκος/Theotókos, lateinisch *Dei Genitrix* oder *Mater Dei*), abgesetzt und als Häretiker verurteilt. Die Lehre von Maria als der Gottesgebärerin war theologischer Ausdruck der Zweinaturen-Lehre: Demnach war Jesus von Nazareth zugleich wahrer Gott und wahrer Mensch, eine Person in zwei Naturen. Diese Lehre wurde für die Reichskirche durch die christologischen Entscheidungen des Konzils von Chalzedon (451 n. Chr.) verbindlich. Die Reformation übernahm diese Lehre zusammen mit den anderen Entscheidungen der altkirchlichen Konzilien.

786 Nach der Lehre des byzantinischen Theologen Eutyches (ca. 378–454 n. Chr.) kam Jesus Christus nach seiner Menschwerdung nur noch die göttliche Natur zu (Monophysitismus). Auf der Synode von Konstantinopel (448 n. Chr.) und dem Konzil von Chalzedon (451 n. Chr.) wurde Eutyches als Irrlehrer verurteilt und aus der Kirche ausgeschlossen. Mit ihm setzt Luther sich auch in *Von den Konziliis und Kirchen* (WA 50, 605, 20) auseinander.

787 WA: trefflich hohes und uber hohes geistes hie sind – Vgl. ähnlich in Luthers Genesisvorlesung: »*tum Iudaei, tum Turcae nos rident*« – »bald lachen uns die Juden, bald die Türken aus« (WA 42, 44, 13–14).

788 Vgl. oben Anm. 506.

höchstverständigen Leute, die Türken und Juden, dass Gott nicht sterben und keine Ehefrau haben kann. Wie sollten oder könnten wir armen Christen solche hohen Dinge jemals wissen, wenn solche überaus überhohen Meister es uns tollen Gänsen und Enten nicht zeigten, dass Gott keine Frau hat und nicht sterben kann? Es wäre kein Wunder, dass, wo ein Jude oder Türke geht, die Erde unter ihm vor einem solch hohen Geist so //389// fröhlich würde, dass sie mit ihm über den Himmel spränge und der Himmel ebenso vor einer solchen großen Weisheit mit seinen Sternen, Sonnen und Monden herunterfiele, den Juden [und] Türken zu Füßen oder in den Abgrund der Hölle. Denn es ist fürwahr eine unbegreifliche Weisheit, dass Gott keine Frau hat und nicht sterben kann. O Herr Gott, davon wissen die Christen nichts! Wer wollte Gott eine Amme bestellen? Wo wollte er ein Kindermädchen herbekommen? Wer wollte ihn begraben? Wer wollte ihm zur Hochzeit pfeifen und tanzen? Wer wollte ihm die Seelenmesse lesen? Ei pfui den Christen, dass sie einen sterblichen Gott anbeten und einen Ehemann aus ihm machen. Selig, selig sind Mohammed und [die] Rabbinen, die uns viel Besseres lehren. Ei, pfui über dich unsinniger Mohammed, dass du ein Prophet genannt wirst, der du solch ein grober Tölpel und Esel bist.

Die *communicatio idiomatum* – oder von dem gekreuzigten Gott

Wohlan, lass diese elenden Narren fahren und sich klug dünken, bis sie es genug haben. Du aber halte am christlichen Glauben fest, der uns durch die {90} Schrift lehrt, dass Jesus Christus wahrer Gott und Gottes Sohn und zugleich wahrer Mensch ist, der Sohn Davids und Marias – doch nicht zwei Söhne, zwei Männer oder zwei Personen, sondern ein einziger Sohn, und eine einzige Person aus und in zwei unterschiedlichen Naturen, der Gottheit und der Menschheit. Denn ebenso wie du dich oben in dem Artikel von der Gottheit hüten musst, die drei Personen nicht in eine Person zu vermischen, zugleich aber das Wesen oder die Natur [der drei Personen] nicht auf drei Götter zu verteilen, sondern drei verschiedene Personen in *einem* göttlichen Wesen zu halten, so musst du dich hier auch hüten, die eine Person nicht zu teilen oder in zwei Personen zu trennen oder die zwei Naturen in eine Natur zu vermischen. Beide verschiedene Naturen sind vielmehr in einer einzigen Person zu halten, und wie die zwei Naturen sich in einer Person vereinigen, so vereinigen sich auch die Namen beider Naturen im Namen der einigen Person. Das nennt man im Lateinischen *Communicatio idiomatum vel proprietatum* [Austausch der Eigenschaften].[789] Das bedeutet: Der Mensch ist von der Jungfrau Maria geboren und von den Juden gekreuzigt worden und wird so genannt. Denselben Namen soll man auch dem //390// Sohn Gottes geben, und sagen: Gott ist von Maria geboren und von den Juden gekreuzigt worden. Denn Gott und Mensch sind eine Person und nicht zwei Söhne – ein Sohn Gottes und ein anderer Sohn der Maria –, sondern es ist ein einziger Sohn Gottes und der Maria.

Wenn du nun wie Nestorius sagen wolltest, nicht Gott oder Jesus, Gottes Sohn, sondern nur der Mensch, der Sohn der Maria, sei von Maria geboren und von den Juden gekreuzigt worden, so stellst du zwei Personen her und trennst die eine Person: Eine Person wurde geboren und gekreuzigt, und die andere Person wurde nicht geboren und gekreuzigt. Und so entstehen für jede Natur eine besondere Person und zwei unterschiedliche Söhne. Das bedeutet dann eben, dass Gott nicht Mensch geworden ist, sondern als eine vom Menschen abgesonderte Person für sich selbst Gott bleibt; und der Mensch bleibt eine für sich selbst von Gott abgesonderte Person. Das taugt nichts; das verträgt sich nicht mit der Schrift, in der es in Johannes 1, 14 heißt: »Und das Wort ist Fleisch geworden.« Und in Lukas 1, 35 [heißt es]: »Das [Heilige, das] in dir geboren wird,

789 Vgl. unten S. 288. – Zu diesem Lehrstück in Luthers Genesisvorlesung vgl. Asendorf, Lectura, 147.

soll Sohn des allerhöchsten Gottes heißen.« Und der Kinderglaube spricht [im Katechismus des Glaubensbekenntnisses]: »Ich glaube an Jesus Christus, Gottes Sohn, empfangen durch den Heiligen Geist, geboren von der Jungfrau Maria usw.« Er sagt nicht, dass Gottes Sohn ein anderer ist. Er ist vielmehr derselbe, der von Maria geboren und ihr Sohn wird.

Wenn du andererseits wie Eutyches sagen wolltest, dass der Mensch Jesus, der Sohn der Maria, nicht der Schöpfer des Himmels und der Erde und nicht Gottes Sohn ist, den man anbeten soll – siehe, hier wird die Person erneut zertrennt, und zwei Personen aus einer gemacht.[790] So nahm auch neulich ein verrückter Geist den Mund voll[791], wie gefährlich wir Christen lebten, dass wir eine Kreatur für Gott {91} anbeteten. Der unsinnige Narr liest weder die Schrift noch [andere] Bücher, sondern träumt aus seinem eigenen verrückten Kopf von solchen hohen Sachen und ist ein eigenmächtiger Neunmalkluger.[792]

Nestorius trennt die Personen so, dass er die Menschheit von der Gottheit reißt und jede Natur //391// zu einer besonderen Person macht, sodass nur der Mensch [Jesus, aber nicht der Gottessohn] besonders gekreuzigt wurde. Eutyches wiederum reißt die Gottheit von der Menschheit, sodass er ebenfalls jede Natur zu einer besonderen Person macht. Demnach soll Gott [der Sohn] als von der menschlichen [Natur Christi] abgesondert angebetet werden. Aber die Schrift und der Glaube sagen es so: Wenn wir den von Maria geborenen Menschen anbeten, beten wir keinen für sich selbst abgesonderten Menschen an, der ohne Gott und außerhalb von Gott eine besondere eigene Person wäre, sondern wir beten den einigen rechten Gott an, der mit

---

790 Zum besseren Verständnis wird WA 54, 91, 3–4 hierher gezogen.

791 WA: ein toller geist grosse grumpen fur gab – Gemeint ist offenbar die Schrift *Summarium etlicher Argumente, daß Christus nach der Menschheit heute keine Kreatur, sondern ganz unser Gott und Herr sei* (1539) des spiritualistischen Theologen Kaspar von Schwenckfeld (1490–1561); vgl. WA 53, 21 f.

792 WA: selbwachssender meister klugel

dem Vater und dem Heiligen Geist ein einiger Gott ist und mit der menschlichen [Natur Jesu] eine einige Person ist.

Wer nun dieses Verständnis nicht hat, der muss an der Schrift irrewerden und kann in ihr nirgendwo zurechtkommen. Denn in der Schrift heißt der Messias Gottes Knecht, [zum Beispiel] in Jesaja 42, 1: »Siehe, das ist mein Knecht, an dem ich Wohlgefallen habe.« Und in Jesaja 52, 13: »Siehe, meinem Knecht wird es gelingen.« Ja, er heißt »ein Wurm und nicht ein Mensch.«[793]. Und was wohl erschreckender[794] ist: In Psalm 41, 5 heißt er ein armer Sünder: »Ich sprach: HERR, sei mir gnädig, heile meine Seele. Denn ich habe an dir gesündigt.« In Psalm 69, 6: »Gott, du kennst meine Torheit, und meine Schuld ist dir nicht verborgen.« Ebenso: »Die Schmähungen derer, die dich schmähen, fallen auf mich.«[795] [In] Psalm 40, 13: »Es haben mich Leiden umgeben ohne Zahl, mich haben meine Sünden ergriffen, dass ich nicht sehen kann. Ihrer sind mehr als Haare auf meinem Haupt, und mein Herz hat mich verlassen.« Hier schreien die →Vernunft, der Jude und Mohammed über uns Christen: Wie kann das auf Gott bezogen sein? Wie kann Gott ein Knecht sein? Wie kann er ein elender Sünder sein? Hilf Gott, welche unsinnigen, verrückten, ungeheuren Leute sind wir Christen angesichts dieser hohen, weisen, heiligen Menschen, die keine Kreatur anbeten, sondern nur den einigen Gott.

Die »Judensau«

Wahr ist es: Die →Vernunft findet das nicht in ihrer Bibel, das ist im Rauchloch[796] oder im Schlaraffenlande. So finden es die

793 Psalm 22, 7.

794 WA: greulicher

795 Psalm 69, 10.

796 D. h. nirgends; zu diesem Ausdruck vgl. JL, 158 und LK, 141. Gemeint ist offenbar eine dunkle, keine Aufklärung gebende und daher unmögliche Stelle.

Juden in ihrer Bibel auch nicht, sondern im →Talmud[797], unter dem //392// Saupirtzel[798], in dem sie ihren Scham Haperes[799] studieren. So findet es Mohammed in seiner Bibel auch nicht, dafür aber[800] im Hurenbette, denn darin hat er am meisten studiert, wie der schändliche Unflat sich rühmt, {92} dass ihm Gott (der Teufel) so viel Leibesstärke gegeben habe, dass ihm vierzig Frauen im Bett nicht genug sein können.[801] Ja eben, wie

797 WA: das ist, im Thalmud

798 D. h. im Hinterteil der Sau; Luther spielt auf die Wittenberger →Judensau an – ein Bild, das er in *Vom Schem Hamephorasch* zur Beschimpfung der Juden verwandt hatte (WA 53, 600, 7–34 = LK, 53).

799 In seiner vorigen *Judenschrift* hatte Luther den vierbuchstabigen →Gottesnamen *Schem Hamephorasch* (שם המפורש) nach Levitikus 4, 11 ff. und 8, 17 in einem Wortspiel als *Scham Haperes* (etwa: »hier ist Mist«) verhöhnt; vgl. WA 53, 601, 6–17 (= LK, 54–55).

800 WA: das ist

801 Norman Daniel (Islam, 118) zitiert aus einer 1550 gedruckten lateinischen Quelle unbekannter Verfasserschaft aus dem Mittelalter unter dem Titel *quadruplex reprobatio* (»vierfache Widerlegung« [der islamischen Lehre]) den Satz, Mohammed habe die »*potestas seu virtus triginta virorum* […] *in coitu*« besessen [»die Manneskraft, dreißig Frauen zu befriedigen«]. Dieses Zitat beruft sich auf die (falsch zitierte) Hadithsammlung des islamischen Gelehrten Al-Bukhari (810–870): Bei Bukhari, Hadith Nr. 282, ist von *neun Frauen* – offenbar seinen Ehefrauen – die Rede, die der Prophet in einer Nacht befriedigen konnte; vgl. Daniel, a. a. O., 374 sowie http://ahadith.co.uk/hadithbynarrator.php?n=Anas+bin+Malik&bid=1&let=A [letzter Zugriff: 4. 9. 2018].) In der traditionellen islamischen Hadithwissenschaft wird diese Tradition als »schwach« und daher als möglicherweise weniger glaubwürdig eingestuft (Daniel, ebd.); nichtsdestotrotz hat die Tatsache, dass entsprechende Erzählungen über den islamischen Propheten in Umlauf waren, das christliche Mittelalter zutiefst schockiert und zu weiteren Ausschmückungen und auch Fantasiebildern Anlass gegeben. Dementsprechend wurde die Zahl dreißig bei anderen Tradenten auf vierzig erhöht (in der Formulierung »XL viros in coitu potentissimus fortitude libidinis adaequare«; vgl. Daniel, a. a. O., 119). Offenbar handelt es sich hier um die Tradition, aus der auch Luther schöpfte. – Zu den neun Ehefrauen, die der arabische Historiker Ibn Hischām (gest. 829 oder 834 in Altkairo) dem Propheten zuschrieb,

er in dieser Bibel, im Hurenfleisch[802], studiert hat, so raucht und schmeckt auch sein keusches Buch, der →Koran. Er hat den Geist seiner Prophetie am rechten Ort, im Venusberg[803], gesucht und gefunden. Wer nun in diesen Büchern studiert, was wun-

---

vgl. Nagel, Mohammed, 939. In der Liste Ibn Hischāms, der die als maßgeblich geltende Biographie des Propheten verfasste, sind seine erste Ehefrau Hadidscha, seine Sklavinnen und sonstige Beischläferinnen allerdings nicht enthalten; aufgenommen sind nur die vom Autor als »Mütter der Gläubigen« bezeichneten Frauen, die dem Propheten Kinder gebaren. – Davon abgesehen ist die Zahl vierzig natürlich eine geprägte Zahl: In dem antiislamischen Traktat *Liber denudationis sive ostensionis aut patefaciens* (vor 1219 in Spanien erschienen) ist von vierzig Jahren die Rede, die Mohammed dem Götzendienst gehuldigt habe (Di Cesare, Pseudo-Historical Image, 366); der franziskanische Theologe Raymundus Lullus (1235–1316) wollte dem Islam später nachweisen, dass ihm die vierzig Zeichen einer »wahren Religion« fehlten (a. a. O., 438). – Zu Luthers Polemik gegen die »Sinnenlust«, die er im Koran wahrnahm, vgl. Ehmann, Confutatio, 207 und 251 f. Besonders kritisierte der Reformator ein Eheverständnis, das dem Mann ermöglichte, eine bereits zweimal »verstoßene« Frau nach einer Karenzzeit ein drittes Mal zu heiraten, wobei er die Möglichkeit erörtert, dass die Frau zwischenzeitlich religionsrechtlich mit einem anderen Mann verheiratet gewesen sein muss. Luthers Kommentar dazu lautete: »Das ist hunde und saw hochzeit, keine Ehe« (WA 53, 320, 26–28 = Ehmann, Confutatio, 246). Zur antiislamischen Polemik im lateinischen Mittelalter vgl. auch Di Cesare, Constructing.

802 Vgl. dazu Ehmann (Confutatio, 319): »Wo Hure und Hurenwirt sich zusammentun, können nur Hurenkinder sein. Muslime sind Hurenkinder, wenn die Ehe gegen die Lehren der Vernunft, Mose und des Evangeliums so gering geachtet wird.« Dennoch gilt für Luther, dass die Zerstörung der Ehe durch den Zölibat des Papstes schwerer wiegt und ein schlimmeres Übel ist als die islamische Polygamie (a. a. O., 321).

803 Nach der mittelalterlichen Sage vom Venusberg hält Frau Venus mit ihren Nymphen und Nixen im Inneren des nach ihr benannten Bergs Hof und lockt Männer zu sich hinein, die dort der Sünde verfallen und schließlich zur Hölle verurteilt werden. In der Volksballade vom *Tannhauser*, die seit etwa 1500 belegt ist, wird dieses Motiv mit einer Kritik am Papst verbunden, der dem bußfertigen Sünder die Absolution verweigert hatte und dafür nun selbst verurteilt wird.

dert es, dass der nichts von Gott und nichts vom Messias weiß, so sie auch nicht wissen, was sie reden oder tun?

Die christliche Gewissheit

Wir Christen wissen (Gott sei Lob und Dank in Ewigkeit), dass der Messias Gottes einiger ewiger Sohn ist, den er in die Welt gesandt hat, um unsere Sünde auf sich zu nehmen, für uns zu sterben und den Tod für uns zu überwinden. Wie →Jesaja 53, 6 klar sagt: »Wir gingen alle in die Irre, Gott aber hat unser aller Sünde auf ihn gelegt, und er hat sein Leben zum Schuldopfer gegeben usw.« Daher singen und rühmen wir in aller Freude, dass Gottes Sohn, mit dem Vater und dem Heiligen Geist der rechte einige Gott, für uns Mensch, ein Knecht, ein Sünder, ein Wurm geworden ist. Gott ist gestorben, Gott trägt unsere Sünde am Kreuz, in seinem eigenen Leib, Gott hat uns durch sein eigenes Blut erlöst, denn Gott und Mensch sind eine Person. Was der Mensch hier tut, leidet und redet, das tut, leidet und redet Gott. Und was Gott tut und redet, das tut und redet der Mensch. Er ist zugleich Sohn Gottes und Sohn der Maria in einer unzertrennten Person und in zwei unterschiedlichen Naturen. Der Teufel und sein Hurenwirt und Hurenjäger Mohammed und seine Schamhaperisten, die Juden, mögen sich hieran ärgern, lästern, →fluchen (wer es nicht lassen kann). Aber alle sollen sie im Abgrund der Hölle ewig davor zittern, mit den Zähnen klappern und heulen, bis wohin es (wenn Gott will) nicht mehr lange dauern wird. Amen.

Hier will ich dieses Mal aufhören, von diesen hohen Artikeln aus dem Alten Testament zu reden. Denn ich hoffe, unsere →Hebraisten sind damit genug gemahnt[804], dass sie das //393//

804 In einer Tischrede im Winter 1542/43 (WATR 5, 212, 17–21) verglich Luther die christlichen Hebraisten, die den alttestamentlichen Text nur nach den Regeln der Grammatik verstehen wollten, mit Schulkindern, die daran scheitern, Terenz und Vergil zu übersetzen: »Sie

Alte Testament den Rabbinen wegnehmen, wo immer sie können, ohne Ansehen ihrer Deutung, ihrer →Glossen oder →Grammatiken. Denn die Rabbinen wissen hierin selbst oft nicht, woran sie sind[805] und wenden die Worte und Sätze auf ihre verrückte Deutung gern zweideutig an.[806] Dabei stimmt doch der Buchstabe gerne mit dem Neuen Testament überein, und es ist gewiss, dass Jesus Christus der HERR über alles ist. Ihm soll die Schrift Zeugnis geben, da sie allein um seinetwillen gegeben ist. Aus dem Neuen Testament habe ich dieses Mal nicht viel anführen wollen, weil das alles darin {93} klar und nachgewiesen ist (auch wenn es die Juden nicht annehmen). [Das] ist nun schon etwa 1500 Jahre so[807], und besonders im Evangelium des Johannes, in dem beinahe jedes zweite Wort (wie man so sagt) predigt, dass Jesus in einer Person Gott und Mensch ist. Derselbe Johannes und die anderen Apostel, Evangelisten und viele Tausend ihrer Jünger sind ihrer Abstammung nach auch Juden oder Israel und Abrahams Samen gewesen, ebenso und viel reiner und sicherer, als diese jetzigen Juden oder Israel sind, von denen niemand weiß, wer sie sind oder woher sie kommen.[808]

Wollen wir nun den Juden oder Israel glauben, so glauben wir lieber diesen Juden und Israel, die nun etwa schon 1500 Jahre lang öffentlich in aller Welt durch ihr Evangelium die Kirche

werden sich auch aus der bibel studiren, wie wir vorzeiten vns aus dem Virgilio vnd Terentio gestudirt haben. Wir hatten wol die wort, aber wir vorstunden nicht *sententiam*. Sie hengen schlecht in *verbis*; *non considerant figuras verborum, quae tamen in omni sermone non sunt negigligendae.*«

805 WA: die Rabinen selbs unternander offt hierin nicht wissen, wo sie daheimen sind

806 WA: die Vocabula und Sententz gerne Equivocirn auff jren tollen verstand

807 Zu den Spekulationen, die sich für Luther aus der Zahl 1500 ergaben, vgl. das Glossar (→Weltende).

808 Zur Infragestellung der jüdischen Identität vgl. oben Anm. 286.

regiert[809], den Teufel, den Tod und die Sünde überwunden, die Schrift der Propheten ausgelegt und immer wieder durch ihre Jünger Wunder getan haben. Lieber, sage ich, glauben wir solchen rechten bekannten Juden und Israeliten, als dass wir den falschen unbekannten Juden oder Israeliten glauben, die diese 1500 Jahre lang keine Wunder getan und keine Schrift der Propheten ausgelegt haben. [Sie haben vielmehr] alles umgedreht und nichts im Licht der Öffentlichkeit getan, sondern gegenüber den rechten Juden und [dem rechten] Israel (das heißt, gegenüber den Aposteln und Propheten) in ihrem Winkel aus dem Hinterhalt wie Kinder der Finsternis, das heißt wie Teufelskinder, nur gelästert, geflucht, gemordet und gelogen und tun dies noch täglich. Damit sind sie überführt, dass sie nicht Israel sind und nicht Abrahams Samen[810], sondern giftige, teuflische Feinde des rechten Israel und der Kinder Abrahams. Weiter sind sie Diebe, Räuber und Verkehrer der Heiligen Schrift. Darum soll man ihnen als //394// offensichtlichen Dieben die Schrift wieder wegnehmen, wo es die →Grammatik ungezwungen ergibt und [der Text] mit dem Neuen Testament übereinstimmt, wie die Apostel uns reichlich genug Beispiele geben.

Erneute Auslegung von 2. Samuel 23, 1–3

Ich will so wieder zu den letzten Worten Davids kommen, wie ich mit diesem Büchlein anfing und das Kränzlein mit Ende und Anfang zusammenbinden. Denn ich bin genug umhergeschweift. Andere können und werden es (hoffe ich) besser machen und den Herrn Christus im Alten hebräischen Testament fleißig suchen. Denn er lässt sich gern darin finden, besonders im Psalter und [in] Jesaja. Versuch es nach der oben gegebenen Regel, so wirst du mir wohl glauben und Gott danken. Nun habe ich

809 Vgl. das Glossar (→Weltende).

810 Zum Thema des »Samens Abrahams« vgl. *Dass Jesus Christus ein geborener Jude sei* (oben S. 3 ff.).

dies Büchlein so angefangen, dass Davids letzte Worte nach christlichem Verständnis übersetzt und verstanden werden sollten, [und zwar] auf diese Weise. {94}

»Es sprach David, der Sohn Isais, es sprach der Mann, der von dem Messias des Gottes Jakobs versichert ist, lieblich mit Psalmen Israels: Der Geist des Herrn hat durch mich geredet, und seine Rede ist durch meine Zunge geschehen. Es hat der Gott Israels zu mir gesprochen, der Fels Israels hat geredet, der gerechte Herrscher unter den Menschen, der Herrscher in der Furcht Gottes«.[811]

Drei Redner sind [es] hier (wie oben gesagt): der Geist des HERRN, der Gott Israels, der Fels Israels – und doch ist [es nur] ein einziger Redner. Aber bei dem dritten, das heißt bei dem Fels Israels, steht: Der Herrscher unter den Menschen, der Herrscher in der Furcht Gottes. Dieser Herrscher ist der Messias, wie auch der aramäische Text zeigt.[812] Nun hängt es im Hebräischen aneinander, nämlich der Fels Israels, der gerechte Herrscher, der Herrscher in der Furcht Gottes.[813] Gewiss ist es aber, dass [im Hebräischen] »ZUR Israel« [צור ישראל] *Fels Israels* heißt und Gott selbst ist. Und zugleich ist er doch auch der Messias, der Mensch und Herrscher in der Furcht Gottes. Herrscher ist hier hebräisch »Moschel« [מושל], das heißt nicht HERR, wie Gott HERR heißt [d. h. das Tetragramm, יהוה], sondern wie Menschen Herren sind und herrschen. Und wo Gott so genannt wird, kannst du kühnlich Jesus Christus da//395//selbst verstehen, wenn etwa Gideon spricht: »Ich will nicht euer Herr sein [אמשל/ ämschol], und mein Sohn soll auch nicht euer Herr sein [ימשל/jimschol], sondern der HERR soll euer Herr sein [ימשל/jimschol].«[814] [Oder in] Psalm 22, 29: »Der HERR hat ein Reich, und er herrscht [heb-

811 2. Samuel 23, 1–3.

812 In einer aramäischen Bibelübersetzung (Targum Pseudo-Jonathan) wird dieser »Fels« Israels als künftiger Messias (משיחא דעתיד) bezeichnet; vgl. Harrington/Saldarini, Targum Jonathan, 203.

813 Die drei Wendungen צור ישראל (Fels Israels), מושל באדם צדיק (gerechter Herrscher unter den Menschen) und מֹושֵׁל יִרְאַת אֱלֹהִים (Herrscher in der Furcht Gottes) folgen als Apposition direkt aufeinander.

814 Richter 8, 23; hier stehen jeweils von der von Luther genannten Vokabel *Moschel* abgeleitete Verbformen.

räisch: »moschel«] unter den Heiden.« [Oder in] Psalm 58: Der Gott Jakobs ist Herrscher [hebräisch: »moschel«] in aller Welt.«[815] Ebenso redet auch Psalm 8, 7 von Christus: »Du wirst ihn zum Herrscher machen [תמשילהו/tamschilehu] über deiner Hände Werk. Alles hast du unter seine Füße getan.« Das ist eben so viel, wie David hier sagt, er sei der Fels Israels (das ist [seine] göttliche [Natur]) und gerechter Herrscher über alles, was Gott gemacht hat (das ist [seine] menschliche [Natur]). Das heißt Gott gleich sein und zugleich auch Mensch sein.

Er nennt ihn einen gerechten Herrscher. Damit ist keine weltliche, zeitliche Gerechtigkeit gemeint, von der David einen anderen schönen Psalm gemacht hat, nämlich Psalm 101, 1: »Von Gnade und Recht will ich singen.«[816] [Gemeint ist vielmehr] die ewige Gerechtigkeit, die der Messias in die Welt gebracht hat, die uns von Sünden erlöst und gerecht gemacht hat. Denn (im Folgenden[817]) redet er von dem ewigen Bund, den Gott mit Davids Haus gestiftet hat, wie es Jesaja 55, 3 ebenfalls versteht: »Ich will euch die David verheißene Gnade treu halten« und in Psalm 89, 3: »Es wird eine ewige Gnade gebaut werden, und du wirst deine Wahrheit treulich halten im Himmel.«[818] Hierzu ist weltliche Gerechtigkeit, die, wo es (was selten geschieht) am besten um sie steht, mit Mühe den äußeren Frieden erhält und Mord, Raub, Ehebruch, Diebstahl usw. verhindert. {95} Denn damit ist man noch in keiner Weise vor Gott

815 WA: Psalm 58 (nach der Septuagintazählung). – Zur kabbalistischen Deutung, die diesen Vers auf die zehnte Sefira bezieht, vgl. →Gikatilla, Gates of Light, 35.

816 Luther nennt irrtümlich Psalm 83. – Zur kabbalistischen Deutung, die diesen Vers auf die fünfte Sefira bezieht, vgl. →Gikatilla, Gates of Light, 257.

817 Vgl. 2. Samuel 23, 5.

818 Nach den mittelalterlichen jüdischen Auslegern Ibn Esra (1092–1167) und →Raschi bezieht sich dieser Psalmvers auf das Königtum Davids. In kabbalistischer Interpretation lässt sich dieser Vers auf die vierte Sefira (חסד/»*Chesed*«) beziehen und mit einer aktiven Verbform übersetzen: »*Chesed* [d. h. Gnade] wird die Welt erbauen.«

gerecht, obwohl er sie zeitlich und mit Reichtum, Ehre, Gewalt, Glück usw. herrlich belohnt. Das ist vor Gott [aber] schlichte, geringe, vergängliche Bettelware[819], die er auch seinen Feinden reichlicher gibt als seinen lieben Kindern; die haben einen besseren Lohn zu erhoffen, von dem die Welt nichts weiß.

Darum ist die Auffassung der Rabbinen und ihrer Nachfolger nichtig, wenn sie meinen, es sei [in diesem Vers] von David gesagt, er solle gerecht sein und gottesfürchtig leben, weil er als König und Herrscher eingesetzt sei. Nein, er ist ein anderer Mann, dieser Herrscher in Gerechtigkeit und Gottesfurcht. David hat durch //396// seine Herrschaft nicht einen einzigen Menschen gerecht und gottesfürchtig gemacht, sich selbst auch nicht, Mose mit seinem Gesetz auch nicht, [wie Paulus in] Römer 3, 20 [sagt]. [Sie] werden vielmehr alle durch diesen Herrscher, den Messias und Fels Israels, Jesus Christus, gerecht und gottesfürchtig gemacht, wie auch Sacharja 9, 9 sagt: »Freue dich, du Tochter Zion. Siehe, dein König kommt zu dir sanftmütig, ein Gerechter und Heiland, und reitet auf einem Esel usw.« Und Paulus in 1. Korinther 1, 30: »Er ist uns von Gott gemacht zur Weisheit, Gerechtigkeit, Heiligung und Erlösung, damit (wie geschrieben steht[820]), wer sich rühmt, der soll sich des HERRN rühmen« und nicht unserer eigenen Gerechtigkeit, Weisheit usw. Denn das ist seine Herrschaft; dazu ist er zum HERRN eingesetzt, dass er solche Werke unter den Menschen tun soll: [Er soll] sie gerecht machen, und wieder zu Gottesfurcht, Unschuld und Gehorsam bringen, wovon wir im Paradies durch die List der →Schlange abgefallen sind. Von dieser Gerechtigkeit und Gottesfurcht brauchen wir hier nicht zu reden. Es ist unsere tägliche Predigt, wie wir in Christus allein aus lauter Gnade gerecht und selig werden.

819 WA: parteken

820 Jeremia 9, 22 f.

Gottes Haus und Bund nach 2. Samuel 23, 4–5: Der Frühling als Jahresbeginn und Zeit der Auferstehung

Es folgt [in den Worten Davids]: »*Und wie das Licht des Morgens [ist], wenn die Sonne aufgeht, am Morgen ohne Wolken, wenn vom Glanz nach dem Regen das Gras aus der Erde wächst.*«[821]

Er vergleicht die Herrschaft oder das Reich des Messias, der die Gerechtigkeit und Gottesfurcht wiederbringen und aufrichten soll, mit dem schönen lieblichen Wesen des Frühlings. Denn der Winter schließt die Erde mit Frost, Eis, Schnee usw. zu, weil die Sonne von uns wegzieht, sodass alle Bäume kahl werden, alles Gewächs matt ist und nichts grünt, blüht oder Frucht bringet und als tote Welt anzusehen ist. Wenn sich uns aber zum Sommer hin die liebe Sonne wieder naht, so tut sich die Erde auf, [sie] grünt, blüht, alles riecht schön, wird neu, und die Welt wird gleich wieder lebendig und fröhlich. Denn alle Menschen, auch die Heiden, halten den Frühling für die fröhlichste //397// {96} Jahreszeit, wie Virgil schreibt: »*Tunc formosissismus Annus*«.[822] Und er ist der Meinung, dass die Welt im Frühjahr angefangen hat, was mit der Heiligen Schrift übereinstimmt. Denn Mose setzte den April als ersten Monat des Jahres ein.[823] Demnach ist

821 2. Samuel 23, 4.

822 Vergil, 3. Ekloge, 57 (»jetzt die holdeste Jahreszeit«, bei Vergil: nunc formosissimus annus). – Eine Anspielung auf diesen Text findet sich auch in Luthers Vorlesung zu Genesis 7 (WA 42, 327, 21; vgl. dazu die folgende Fußnote). Vielleicht denkt Luther zugleich an die 4. Ekloge, die – anknüpfend an eine Prophetie aus den Sibyllinischen Büchern – die Geburt eines göttlichen Knaben ankündigt, der das goldene Zeitalter heraufführen und die Menschen in einen paradiesähnlichen Zustand führen werde. Seit der Spätantike wurde dieser Text als Voraussage Jesu Christi gedeutet.

823 Vgl. Exodus 12, 2 und WA 42, 327, 19. In seiner Genesisvorlesung weist Luther auch darauf hin, dass der Neujahrstermin nach dem Kalender des rabbinischen Judentums nicht im Frühjahr liegt, sondern in die Monate September oder Oktober fällt (demnach in die Nähe der herbstlichen Tagundnachtgleiche) – eine Setzung, die Luther als »unwissend« ablehnt. Zur Bestimmung des jüdischen

die Herrschaft und das Reich der Gnade auch eine fröhliche, lustbringende Zeit, in der der Messias uns gerecht und gottesfürchtig macht, damit wir grünen, blühen, gut riechen, wachsen und fruchtbar werden. Denn er ist die Sonne der Gerechtigkeit, die sich wieder zu uns naht, wie Maleachi 3, 20 sagt: »Es soll euch, die ihr meinen Namen fürchtet, die Sonne der Gerechtigkeit aufgehen, und Heil unter seinen Fittichen.« Darum wollte er auch leiblich im Frühjahr oder April, in der fröhlichen Zeit, von den Toten auferstehen und seine Herrschaft beginnen, obwohl er im Winter geboren wurde, das heißt, sich um unsertwillen unter die Sünde, in vielerlei Jammer und in den Tod Adams begab und so den harten Winter über 33 Jahre lang ausgestanden hat.[824]

Denn indem der Prophet David hier durch den Frühling die selige Zeit der Gnade andeutet, die uns durch den Messias, seinen Sohn, scheint, gibt er damit zu verstehen, dass durch den Winter das Gegenteil angedeutet ist, nämlich die Zeit der Ungnade unter der Erbsünde, die wir durch Adams Fall haben. Und so hat Gott uns in seiner Schöpfung bis zum Jüngsten Tag (dann wird es ja andere Jahre [und eine andere] Erde und [einen anderen] Himmel geben) zum ewigen Gedächtnis die Sünde und Gnade vorgebildet, damit sie uns täglich und jährlich, wenn wir Ohren zu hören und Augen zu sehen hätten, durch den Winter und den Sommer vorgepredigt werden. Nach dieser geistlichen Deutung lebte Adam [vor dem Fall] zuerst im schönen Frühling[825] (weil er auch leiblich im Frühjahr zu Beginn des Jahres erschaffen wurde[826]), durch die Sünde brachte er aber bald den

Neujahrsfestes vgl. Mischna, Traktat Rosch Ha-Schana (Neujahrsfest) 1, 1.

824 Zur jahreszeitlichen Festlegung von Tod und Auferstehung Jesu (»*in principio anni*«) bei Luther vgl. WA 53, 125.

825 WA: im schönen Lentzen erstlich gewest

826 Nach dem →Talmud wurde Adam aber im Herbst geschaffen (der Jahresbeginn mit Rosch Ha-Schana ist Weltschöpfungstag), sodass es in seinen ersten Lebenswochen immer dunkler wurde. Daraufhin sagte er: »Wehe mir, vielleicht wird nun die Welt, weil ich gesündigt

geistlichen Winter über sich. Diesen [Winter] hat Christus, die liebe Sonne, wieder vertrieben und den Frühling gebracht. Und nun geht es so: Wer im Frühjahr lebt, der stirbt nie mehr; wer im Winter stirbt, der lebt nie mehr. Das heißt: »Wer glaubt und getauft wird, der wird selig; wer nicht glaubt, wird verdammt.«[827] Denn dem [einen] fehlt die Sonne, dem [anderen] geht die Sonne auf, von der David hier weissagt. //398//

Nicht nur von Winter und Sommer spricht David, sondern viel mehr und eigentlicher von diesem Geheimnis, dass die Herrschaft des Messias nicht wie Moses Herrschaft sein soll. Moses Herrschaft ist die Herrschaft des Gesetzes, die die Sünde nicht nur nicht wegnimmt, sondern auch vermehrt. Das heißt: Sie offenbart, wie groß und grauenhaft sie ist, und bestraft sie, wodurch der Mensch erschreckt und (um es so zu sagen) zu einem Feind des Gerichtes Gottes und seines Gesetzes wird. Durch das [Gesetz] wird er in seiner Sünde verdammt und getötet, wie der heilige Paulus davon herrlich [in seinen Briefen] an die Römer und Galater disputiert.[828] Das ist der Berg Sinai, auf dem es donnert, blitzt, regnet, wo die Erde bebt, als wollten Himmel und Erde {97} vergehen.[829] Und obwohl es [die] Zeit des Frühlings ist, ist die Sonne viel tiefer hinter den finsteren

habe, verfinstert und wird zurück in Leere und Öde verwandelt; das ist also der Tod, der im Himmel über mich verhängt ist! Da stand er auf und verweilte acht Tage im Fasten. Als aber der Wendepunkt im [Monat] Tebeth eintrat und er die Tage fortschreitend zunehmen sah, sprach er: Das ist also der Lauf der Welt. Da ging er und machte acht Tage zu Festtagen.« Nachdem diese zwei Mal acht Tage von den Heiden missbraucht und zu Feiertagen des Götzendienstes gemacht worden waren, wurden beide Feste während der Hasmonäerzeit vereinigt und auf die Zeit der Wintersonnenwende verlegt; seitdem bilden sie das Chanukkafest (vgl. Babylonischer →Talmud, Traktat Avoda Sara 8a; Traktat Schabbat 21a und Maimonides, Mischne Tora, Hilkhot Qiddush Ha-Hodesch [religionsgesetzliche Bestimmungen zum Neumond] 9, 3).

827 Markus 16, 16.

828 Römer 3, Galater 3.

829 Vgl. Galater 4, 24 f.

Wolken verborgen als im Winter, wenn es zuweilen hell scheint, die Kraft der Sonne aber doch zu ferne von uns ist.[830] Denn die Heiden, die ohne das Gesetz in den unbekannten Sünden des Winters leben, sind viel sicherer als Gottes Volk, das auch zur Zeit des Frühlings das Donnern und Blitzen des Gesetzes erleiden muss. Denn wo die Sonne Christus nicht hell leuchtet, da ist auch der Frühling nicht fröhlich, sondern Mose macht es, [dass] mit dem Donner des Gesetzes alles erschreckt und wie tot ist. So sind die Wetter am Himmel auch ewige Propheten, dass auch uns zuweilen das Gesetz im Gewissen überrascht, die wir doch in der Zeit der Gnade sind.

Aber hier zur Zeit des Messias (spricht David), wenn der »Zur Israel« [צור ישראל][831] selbst mit [seiner] Gnade herrschen wird, um uns gerecht und selig zu machen, wird es so lieblich sein wie zu den besten Zeiten im Frühjahr, wenn es tags zuvor lieblich warm geregnet hat (das heißt, dass das tröstliche Evangelium gepredigt wurde), und flugs darauf die Sonne Christus durch den rechten Glauben in unserm Herzen aufgeht – ohne die Wolken und den Donner und die Blitze des Mose. Da wächst es, grünt es, blüht es eines nach dem andern und ist der Tag freudenreich und voller Frieden wie es das ganze Jahr nicht ist. Denn hier heißt es, dass der Winter, die Wolken, der Donner, die Sünde, der Tod und aller Schrecken überwunden sind, und [wir] einen schönen fröhlichen Ostertag halten bis in Ewigkeit. //399// Siehe, so vergleicht David die Herrschaft seines Sohnes, des Messias, mit einem Frühlingstag, wenn es früh regnet, dann die Sonne aufs Allerlieblichste aufgeht und alles grün, blühend, riechend und lebendig und fröhlich macht. Frage dich selbst, ob es nicht die beste und fröhlichste Zeit des Jahres ist.

830 Nach Exodus 19, 3 kamen die Israeliten im dritten Monat nach ihrem Auszug aus Ägypten am Sinai an.

831 2. Samuel 23, 3.

Gottes Haus und Bund nach 2. Samuel 23, 5

Es folgt: »*Denn mein Haus ist nicht so bei Gott. Denn er hat mir einen Bund gesetzt, der ewig und in allem wohl geordnet und gehalten ist.*«[832]

Oben ist zu 1. Chronik 17, 16 gesagt[833], dass diese Worte: »Mein Haus ist nicht so bei Gott« so viel heißen sollen wie: »Ach, was bin ich? Was ist mein Haus gegen Gott?« Es ist ja nicht ein solches Haus – von dem der Messias, der ›ZUR Israel‹, der Sohn Gottes, der gerechte Herrscher unter den Menschen, geboren werden soll –, das bei Gott solcher unaussprechlichen Ehren würdig wäre. Und David fällt hier in große Demut und Verwunderung, dass von seinem Fleisch und Blut solche großen Dinge kommen sollen. Den zweiten Versteil vom {98} ewigen Bunde und Hause Davids habe ich in dem Büchlein *Von den Juden [und ihren Lügen]* ziemlich genug behandelt[834] und damit anderen einen Anreiz gegeben, [dies] weiter und besser zu behandeln. Die beiden folgenden [hebräischen] Wörter *Arucha* [ערוכה] und *Schemura* [שמורה], wohl geordnet und gehalten, stehen hier mit Absicht zur Lehre und zum Trost. Denn wenn du die Geschichte anschaust, könntest du meinen, Gott habe seinen Bund vergessen und nicht gehalten – so gar wüst, unordentlich und seltsam geht es in Davids Haus und [unter seinen] Nachkommen zu. Dennoch hat es bis auf den Messias nicht nur gehalten, sondern ist gegen alle Teufel und Menschen alles in seiner Ordnung wohl und fein geblieben. Und niemand hat es ändern oder dämpfen können, sondern sie mussten ein Zepter Judas bis zur Zeit des Messias gehen und stehen lassen, wie es verheißen ist.[835]

Aber [auch] nach [der Ankunft] des Messias ist sein Reich, die Kirche, äußerlich gesehen, viel wüster und unordentlicher, sodass es keine zerrissenere, //400// elendere, nichtigere Ord-

832 2. Samuel 23, 5.

833 Vgl. oben S. 143.

834 Vgl. WA 53, 462, 16 – 476, 4 (= JL, 82–105).

835 Vgl. Luthers Auslegung zu Genesis 49, 10 in *Von den Juden und ihren Lügen* (WA 53, 450, 19 – 462, 15 = JL, 61–81).

nung[836] oder Herrschaft gibt als die christliche Kirche, Christi Herrschaft. Hier zerreißen es und verwüsten es die Tyrannen mit Feuer, Wasser, Schwert und aller Macht: Hier zerwühlen und verderben es die Rottengeister und die Ketzerei. Andererseits[837] machen es die falschen Christen mit ihrem bösen Leben auch so, als gebe es keine schändlichere, ungeordnetere Herrschaft auf Erden. Und diese alle, oder vielmehr der böse Geist durch sie, arbeiten daraufhin, dass die Herrschaft Christi nichts oder jedenfalls ein elendes unordentliches Ding sein soll. Und Christus gibt insgesamt den Anschein, als habe er seine Herrschaft vergessen und sei nirgends zu finden[838], sodass hier von der →Vernunft weder [etwas von der] *Arucha* [ערוכה/dem Geordnet-Sein] noch [der] *Schemura* [שמורה/dem Gehalten-Sein] gesehen wird. Dennoch heißt sie [die Kirche] *Arucha bekol* [ערוכה בכל] und *Schemura*, alles wohl geordnet und gehalten. Auch wenn wir es nicht sehen, so sieht er es, der in Hoheslied 8, 12 spricht: »Mein Weinberg ist vor mir.« [Und in] Matthäus 28, 20 [heißt es]: »Siehe, ich bin bei euch bis an der Welt Ende.« Und in Johannes 16, 33: »Seid getrost, ich habe die Welt überwunden.« Immerhin sehen wir, dass immer ein Volk, das den Namen Christi ehrt, sein Wort, seine Taufe, sein Sakrament, die Schlüssel [des Himmels][839] und [den] Geist hat, geblieben ist und bleibt – auch gegen alle Pforten der Hölle.

[In den Worten Davids] folgt [der Satz]: *»Denn alle mein Heil und Tun ist, dass nichts wächst.«*[840]

Er will sagen: Ich bin – vor allen von Gott eingesetzten[841] Königen – auch [selbst] ein König und Herr. Ich habe viele Kriege geführt, großes Glück gehabt, durch Gottes Hilfe und Wundertaten Sieg und Heil davon getragen, auch viel in meiner

836 WA: Regiment
837 WA: So
838 WA: sey nirgent heime
839 Vgl. Matthäus 16, 19.
840 2. Samuel 23, 5bβ.
841 WA: geordent

Regierung getan. [Ich habe] gut regiert, das Reich wohl begründet und gestellt, das Recht gehandhabt, deshalb auch viel erlitten. Aber dieses mein Reich – ja viel mehr die Reiche aller Könige auf Erden – sind gegenüber dieser Herrschaft meines Sohnes, des Messias, des »ZUR Israel«, nichts als ein dürrer Zweig, der niemals als gewachsen oder gegrünt {99} angesehen werden kann. Denn [weder] ich noch ein anderer König hat den Sieg gegen den Tod, die Sünde, die Hölle, den Teufel und die Welt erobert. So hat //401// auch keiner von uns in seinem Regiment das getan, dass er die Leute gerecht, gottesfürchtig und ewig selig machte. Wir sind arme, dürftige, dürre Herren in unserm Regiment. Aber mein Sohn, der Messias, der »ZUR Israel«, das ist der Mann, der hat den Sieg über die Sünde, den Tod, den Teufel, die Hölle, die Welt und alles erhalten. Der hat ein Regiment, das heißt ein [wirkliches] Regiment [in des Wortes vollster Bedeutung], in dem er das tut und anrichtet, dass er alle, die zu ihm gehören, auf ewig gerecht und selig macht: Das heißt gegrünt, geblüht, fruchtbar sein, und das kann nie mehr verdorren.

Ich habe das Wort *Hephetz* [חפץ] nach dem Beispiel Salomos in Prediger 3, 1 mit *Tun* übersetzt[842]: »Ein jedes hat seine Zeit, und alles Vornehmen (das heißt *Tun*) hat seine Stunde.« Denn so redet man deutsch. Du musst dir ja etwas vornehmen, damit du nicht müßiggehst, sondern etwas tust, um dich zu ernähren. *Tun* heißen demnach die unterschiedlichen Stände, in denen sich einer in diesem Leben übt. Und die Philosophen nennen es auch *Placita Proposita, Instituta* [das heißt Gefallen, Vorsatz, vorgenommene Sache]. Denn dem einen gefällt es, dies zu tun, dem andern gefällt es, jenes zu tun oder sich vorzunehmen. Denn [das hebräische Wort] *Hephetz* heißt eigentlich *einen Gefallen* oder *einen Wil-*

842 In der Vulgata heißt es: »salus mea et omnis voluntas nec est quicquam ex ea quod non germinet«. WADB 9 I (Deutsche Bibel 1524): »Denn das ist all meyn heyl, und alle lusst, das es wirt wachssen.« (Luther 2017: »all mein Heil und mein Begehren wird er gedeihen lassen.«)

len, eine Lust, eine Neigung zu einem Ding zu haben. Denn wer nicht den Willen zu etwas hat, der tut es nicht oder tut es so, dass es so gut wie ungetan ist.

»Aber Belial sind allesamt wie die ausgeworfenen Disteln, die man nicht mit Händen fassen kann, sondern wer sie angreifen soll, muss Eisen- und Spießstangen in der Hand haben, und [sie] werden mit Feuer verbrannt werden in der Wohnung.«[843]

Hier weissagt er von den Juden, die diesen HERRN und Messias nicht annehmen würden, und nennt sie [hebräisch] *Blijaal* [בליעל] oder, wie wir es gewohnt sind, *Belial*, das heißt auf Deutsch »unnütz« oder »schädlich«. Nach weltlichen Maßstäben[844] nennt man sie unnütze, böse Verbrecher[845], die gern Schaden anrichten. Aber David redet hier im Geist vom Reich Christi. Damit hat es auf sich, dass die, die Feinde des Reiches Christi sind, als Juden, Ketzer, Heiden für die allernützlichsten gehalten werden. Denn die Juden, Mohammed, der Papst und die Rottengeister denken auch jetzt noch, //402// es sei für sie nur ein Gottesdienst, wenn sie den rechten Christen schaden können. Sie wollen ja nicht *Blijaal* heißen, sondern nur die allernützlichsten sein. Ebenso sagt Jeremia 23, 32 von den falschen Propheten: »Sie sind diesem Volk mit ihrem Nutzen kein Nutz«, das heißt: Sie sind die Schädlichsten, eben wo sie die Nützlichsten sein wollen. Summa: [Demnach] sind die Christen *Belial* und Teufelskinder. Diese aber sind allein Gotteskinder. Was sie tun, das ist recht, bis sie Gott ausstößt und mit dem Feuer seines Zorns verbrennt, wie wir an den jetzigen Juden sehen, über die ein gräuliches Feuer göttlichen Zorns gekommen ist. {100}

Er vergleicht sie mit den Disteln im Korn auf dem Felde, das meines Erachtens Christus, der HERR, in Matthäus 13, 25 [auf Griechisch] *Zizania* [ζιζάνια] nennt, was wir mit »Unkraut« übersetzt haben. Der heilige Ambrosius sagt in seiner Schrift

843 2. Samuel 23, 6 f. Vgl. Luther 2017: »Aber die ruchlosen Leute sind allesamt wie verwehte Disteln.«

844 WA: Nach dem eusserlichen Regiment

845 WA: buben

über das Sechstagewerk: »aus einem Weizensamen in eine [andere], eigene Art degeneriert«.[846] Das nennen wir »Trespen«.[847] Aber Christus redet von einem Schlimmeren, das man in der Ernte vom Getreide aussondert und mit Feuer verbrennt. Und er gebraucht nahezu das gleiche Wort wie David, der seine Disteln auch aussondert und mit Feuer verbrennt. Darum wird *Zizania* hier sein, was David [in diesem Vers im Hebräischen] *Kotz* [קוץ] nennt, die großen, bösen, stachligen Disteln oder die andern Disteln, die unsere Bauern »Tollgraet«[848] nennen, die man mit Sensen, Sicheln und Harken oder Spießholz in der Ernte aussondert. Denn mit Händen kann sie alle beide niemand anfassen, und sie taugen nur für das Feuer. Aber Trespen braucht man für das Vieh. So sind die verstockten Juden solche bösen, stachligen Disteln[849] und Tollgraete, dass man sie mit keiner Wohltat oder mit keinem Wunder Gottes bekehren konnte und künftig bekehren kann. So wurden sie durch das Eisen und die Spieße der Römer ausgestoßen und mit ihrer Stadt in ihrer eigenen Wohnung verbrannt, auch mit leiblichem Feuer. Deshalb brennt es in

846 WA: Ex tritici semine degenerans in proprium genus – Luther zitiert Ambrosius (Exameron III, 10, 44 = PL I, 14, 186) frei und in eigenwilliger Deutung; beim Kirchenvater, der in seiner Auslegung der biblischen Schöpfungsgeschichte die *Unveränderlichkeit* der Pflanzenarten diskutiert (seiner Meinung nach sind Degenerationserscheinungen nur äußerlich und beruhen auf Zufall), heißt es gerade umgekehrt: *»non ex triticis semine in aliud genus seminis decolori mutatione translata«* – »nicht eine verkümmerte Natur, die sie angenommen haben, indem sie etwa, zum Schlechteren sich verändernd, aus Weizensamen in eine andere Samenart übergingen« (Niederhuber, Ambrosius, 106). Allerdings unterscheidet auch Ambrosius (wie Luther, beide im Anschluss an Matthäus 13, 25) zwischen dem »Samen Christi« (*semen Christi*) und dem »Samen des Teufels« (*semen diaboli*); unechte Pflanzenarten heißen *»adulteria semina«* (etwa »Samen des Ehebruchs«).

847 Zu dieser Pflanze vgl. auch WA 51, 263, 1.

848 Vgl. die handschriftlichen Einträge Luthers zu 2. Samuel 23 in: WADB 3, 413, 16.

849 Zum Bild des »Stachels« vgl. 1. Korinther 15, 55–56 und Luthers Rede von den »stachligen Schlangen« in *Vom Schem Hamephorasch* (WA 53, 610, 26; 612, 2–3; 622, 18 = LK, 76, 78, 106).

ihnen selbst noch jetzt mit dem geistlichen Feuer des göttlichen Zorns, während sie im Exil sind. So hat David diesem Volk seine Zerstörung und schließlich das Verderben angekündigt, weil sie diesen König nicht haben wollten, wie der HERR in Lukas 19, 41 ff. ebenfalls davon weissagt und in Daniel 9, 4 ff. und in Sacharja 14, 1 ff. //403//

3. Schluss

Hiermit will ich die letzten Worte Davids nach meinem eigenen Sinn übersetzt und ausgelegt haben. Gott gebe, dass unsere Theologen getrost hebräisch studieren und uns die Bibel von den mutwilligen Dieben wieder heimholen, und [dabei] alles besser machen, als ich es gemacht habe. Das heißt, dass sie sich den Rabbinen mit ihrer gemarterten →Grammatik und falschen Auslegung nicht gefangen geben, damit wir den lieben HERRN und Heiland hell und klar in der Schrift finden und erkennen. Ihm sei Lob und Ehre mit dem Vater und dem Heiligen Geist in Ewigkeit, Amen.[850]

850 Der Text endet wie die früheren *Judenschriften* Luthers mit einem »Amen« und der Gebetssprache entnommenen feierlichen Formulierungen; nicht zufällig steht das Amen hier (wie am Ende der Schrift *Vom Schem Hamephorasch*) mit einer doxologischen Formel zum Ruhm des dreieinigen Gottes (→Trinitätslehre); zu den liturgischen Schlüssen in den kontroverstheologischen Schriften Luthers vgl. Ehmann, Confutatio, 322.

Eine Vermahnung wider die Juden

1. Historische Einführung

Am 23. Januar 1546 brach Martin Luther von Wittenberg auf zu seiner letzten Reise ins Mansfelder Land. Dort wollte er den Mansfelder Grafen, welche die Verantwortung für ihr Territorium untereinander aufgeteilt hatten und nun in heftigem Streit über die Verwaltung der Kupfer- und Silberhütten lebten, bei ihren Vergleichsverhandlungen beistehen[851]. Auf dem Weg in seine Geburtsstadt Eisleben ging es durch ein Dorf, in dem Juden lebten – offenbar hatten die Mansfelder einer Anzahl Juden, die aus dem Erzstift Magdeburg vertrieben worden waren, auf ihrem Territorium Schutz gewährt.[852] Wie er am 1. Februar 1546 seiner Frau Katharina schrieb, verdächtigte er die Juden, für seine gesundheitlichen Probleme, seine »Schwäche«, verantwortlich zu sein. Jedenfalls hatten sie ihn unterwegs »hart angeblasen«: »So sind hier in der Stadt Eisleben jetzt diese Stunde über fünfzig Juden wohnhaft. Und wahr ist's, als ich bei dem Dorf fuhr, ging mir ein solcher kalter Wind hinten zum Wagen ein auf meinen Kopf, durchs Barett, als wollte er mir das Hirn zu Eis machen. Solches mag mir zum Schwindel etwas geholfen haben.«[853]

Dieses »Judenproblem«, so Luther weiter an seine Frau, wolle er nach Regelung des Mansfelder Streits alsbald angehen (»so muss ich mich daran legen, die Juden zu vertreiben«). Graf Albrecht (1480–1560) sei den Juden zwar feind und habe sie schon »preis gegeben« (für vogelfrei erklärt), aber einstweilen tue ihnen niemand etwas, weshalb er selbst »auff der Cantzel Graf

851 Vgl. Leppin, Martin Luther, 344–346; Roper, Der Mensch Martin Luther, 506–508. Zu einer ausführlichen Schilderung der letzten Reise Luthers vgl. Bauer, Seine letzte Reise.

852 Von der Osten-Sacken, Martin Luther, 155.

853 WABR 11, (Brief Nr. 4195) 275,7–276,2; zur neuhochdeutschen Fassung vgl. Von der Osten-Sacken, Martin Luther, 155. Leppin (a. a. O., 344) kommentiert: »Juden als Krankmacher, auch das gehörte zum Arsenal antijudaistischer Vorurteile im Mittelalter.«

Albrechten helffen und sie auch preisgeben wolle«. Einstweilen trinke er Naumburgisch Bier.[854]

Während seines Aufenthaltes in Eisleben predigte der Reformator viermal in der dortigen Andreaskirche. Bei seiner letzten Predigt, die er am 14. oder 15. Februar 1546 hielt, sprach er die Angelegenheit, die »Judenfrage« erneut an. Diese letzte Predigt über Matthäus 11, 25–30 (»kommet her zu mir alle, die ihr mühselig und beladen seid«) musste aufgrund eines Schwächeanfalls aber vorzeitig abgebrochen werden. An die Stelle des regulären Predigtendes stellte Luther als Kanzelabkündigung eine »Vermahnung gegen die Juden«, die den Grafen dazu bewegen sollte, die Juden auch tatsächlich zu vertreiben. Dies war Luthers letztes Wort zur »Judenfrage«, gesprochen drei Tage vor seinem Tod am 18. Februar 1546.[855]

Diese »Vermahnung« fasst die Vorwürfe, die der Reformator in seinen späten Schriften – vor allem in *Von den Juden und ihren Lügen* (1543) – gegen die Juden gerichtet hatte, noch einmal zusammen und gibt ihnen einen auf die Vertreibung der Juden gerichteten Sinn. Alle judenfeindlichen Motive sind hier noch

---

854 Vgl. WABR 11, 276, 16–20. Merkwürdig ist, dass Luther am Anfang seines Briefes seine Schwäche erwähnt, um damit offenbar anzudeuten, dass er seine Frau nicht mehr »ehemännlich befriedigen« könne (so die Erklärung in WABR 11, 276, Anm. 2). Im Anschluss an die Klage über die Juden heißt es dann (Z. 12–15): »aber itzt bin ich Gott lob wol geschickt, ausgenomen, das die schonen Frawen mich so hart anfechten, das ich wider sorge noch furcht habe fur aller unkeuschheit.« War die von den Juden ausgehende Anfechtung für Luther sexuell konnotiert und zugleich mit der Furcht vor Impotenz verbunden?

855 Vgl. Arnold, Martin Luther, 526–527. Nach neueren Forschungen spricht vieles dafür, dass Luther seine »Vermahnung« bereits am 7. Februar hielt und dieser Text nur redaktionell der vierten Eislebener Predigt zugeordnet wurde; möglicherweise wurde der Text auch nicht von der Kanzel verlesen, sondern von Luther direkt dem Grafen oder anderen Vertretern der Obrigkeit vorgetragen; vgl. Lehmann, Reformation auf der Kanzel, 449–453. Mein Dank an Roland Lehmann und Jonathan Reinert für diesen Hinweis.

einmal versammelt. Luther nennt die Juden »Wucherer« und stützt sich auf Deuteronomium 23, 21 (»von einem Ausländer darfst du Zinsen nehmen«); erwähnt aber nicht, dass das nachbiblische Recht seit dem Talmud eindeutig die Übervorteilung von Nichtjuden verboten hatte.[856] Jüdischen Ärzten warf er, wie es auch aus einer Tischrede des Reformators vom Frühjahr 1543 bezeugt ist, Giftmischerei und Zauberei vor und beschuldigte sie, mit dem →Teufel im Bunde zu sein. Der Teufel war auch bei dem aus Sicht des Kanzelredners und seiner Zuhörer wohl schlimmsten Vorwurf im Spiel: Dass die Juden »entartet« waren (»ein verböster Jude«), bedeutete, dass sie sich ganz und gar mit dem »Bösen« eingelassen hatten. Luther nahm wörtlich, was er in Johannes 8, 44 von »den Juden« als »Teufelskindern« las und rechnete allen Ernstes mit der Möglichkeit eines Beischlafs mit dem Satan.[857]

Im Hinblick auf die Furcht vor dämonischen Schädigungen der Leibesfrucht oder auch davor, dass der Teufel oder eine Hexe einer Wöchnerin nach der Geburt im Austausch gegen das eigene Kind ein anderes Geschöpf unterschiebt (»Wechselbälger«), war Luther noch ganz im Aberglauben des Mittelalters befangen. Ängste im Hinblick auf dämonisch gefährdete und »unreine« Schwangerschaften gab es auch im Judentum, wo sie sich mit dem biblischen (und im Talmud verschärften) Verbot des Bei-

856 Vgl. Hoffmann, Schulchan Aruch, 33–34; 76–77; 86; zum Vorwurf des Wuchers vgl. oben S. 52 und 262.

857 Diese Vorstellung lässt sich nur zum Teil als Replik auf Verunglimpfungen deuten, denen Luther selbst ausgesetzt war. Dem als »Luder« und »Ungeheuer« diffamierten Reformator war von (innerchristlichen) Gegnern selbst eine »unreine« Abstammung vorgeworfen worden: Der Theologe Johannes Cochläus (1479–1552), einer der wichtigsten Gegner des Reformators auf römisch-katholischer Seite, hatte Luther als »Wechselbalg« und Teufelsbrut beschimpft und ihn als »illegitimes Kind« einer »Bademagd«, also Prostituierten, bezeichnet. (Öffentliche Bäder wurden offenbar als Orte der Ausschweifung und Unmoral imaginiert.) Vgl. WATR 3, 293,19–20) und JL, 172–173 und 299–300.

schlafs mit einer Menstruierenden verbanden (Levitikus 15, 19–24). In der mittelalterlichen *Toledot Jeschu*-Tradition, war dementsprechend von Jesus als einem verbotenerweise »in Unreinheit« gezeugten Bastard die Rede gewesen[858] – ein Motiv, das Luther ebenso verbitterte wie jüdische Beschimpfungen Marias als »Hure«. Diese und andere Verunglimpfungen Jesu und seiner »lieben Mutter«, so Luther, sprächen und wiederholten die Juden täglich in ihren Gebeten und Segenssprüchen (→Benediktionen), die in Wirklichkeit Fluchsprüche seien. Dieses angebliche »Schänden« und »Lästern« in jüdischen Gebeten leitete Luther aus zahlenmystischen und magischen Kombinationen der →Buchstaben des hebräischen Alphabets ab. Es handelte sich hier um Textdeutungen, die Luther für fehlgeleitet hielt und zutiefst verabscheute, die er – eigentlich ein Widerspruch – aber doch für bare Münze nahm, weil er hinter ihnen eine satanische Wirklichkeit sah.[859] Die hier zum Ausdruck kommende Auseinandersetzung deutete Luther im Lichte des →Protevangeliums von Genesis 3, 15: Feindschaft soll herrschen zwischen dem »Samen der Schlange« und dem »Samen des Weibes«.[860] Demnach waren es im *incubus* gezeugte entartete Wesen, die gegen den »Samen« Marias, der neuen Eva, vorgingen, indem sie die legitime Geburt des von der Jungfrau geborenen Kindes infrage stellten und sich weigerten, Jesus als rechtmäßigen messianischen Erben Davids und seines Königshauses anzuerkennen.

Die Behauptungen Luthers, der keinen direkten Zugang zu den Quellen hatte – er stützte sich auf lateinische Schriften jüdischer Konvertiten wie Paul von → Burgos (1351–1435) oder aber auf Antonius Margaritha (1492–1542)[861] – waren abwegig und

---

858 Vgl. Schäfer, Meerson, Deutsch (Hg.), Toledot Yeshu Revisited; Schäfer, Meerson (Hg.), Life Story of Jesus. In seiner Schrift *Vom Schem Hamephorasch und vom Geschlecht Christi* hatte Luther sich detailliert mit dieser Tradition auseinandergesetzt; vgl. LK, 3–22.

859 Zu Luthers Zerrbild von der jüdischen Mystik vgl. LK, 34–52.

860 Vgl. LK, 116.

861 Vgl. Von der Osten-Sacken, Martin Luther.

grotesk; dies nicht nur, weil die Abwehr des christlichen Glaubens keineswegs im Zentrum des jüdischen Gottesdienstes steht, sondern vor allem, weil die Vorstellungen der *Toledot Jeschu*-Tradition alles andere als, wie Luther unterstellte, eine Art »jüdischer Katechismus« waren. Es handelte sich vielmehr um legendarische und abergläubische Erzählungen am Rande der Literatur eines Volkes, das im christlichen Abendland seit Jahrhunderten Verfolgungen und Vertreibungen zu erdulden hatte.[862] Diesen (freilich unsympathischen und ressentimentgeladenen) Abwehrgeschichten einer leidenden Minderheit sollte nach Luther nun mit den Machtmitteln des frühneuzeitlichen Staates begegnet werden – der Reformator merkte nicht, wie unchristlich bereits dieses Ansinnen war. Ziel der Vertreibungsaktionen aber sollte sein, zu verhindern, dass die Christen des betreffenden Gebietes mitschuldig am teuflischen Zauber würden. Hier war die Teufels- und Judenangst Luthers unmittelbar mit seinem innersten theologischen Anliegen verknüpft, mit der Frage nach dem Umgang mit menschlicher Schuld und Sünde und der Suche nach Vergebung. Vor Gottes Zorn wollte der bereits todkranke Prediger bei seiner »Gluckhenne« Jesus Christus Zuflucht nehmen – ein bewegendes und ursprünglich eigentlich jüdisches Bild, das an die Flügel der göttlichen Gegenwart (Schechina)

862 Nach Yassif, Folk-Narrative, handelte es sich um Volksliteratur, wobei Motive jüdischer Selbstkritik nicht zu übersehen sind. Die Autoren dieser Erzählung erkannten den jüdischen Ursprung des Christentums durchaus an und setzten sich mit dem offenbar auch für sie unglücklichen Geschehen des »parting of the ways« auseinander. (Nach dem Buchtitel eines berühmten Sammelbandes, den 1992 der englische Gelehrte James D. G. Dunn herausgab, wird das »Auseinandergehen« von Juden und Christen in der Spätantike seither als »Parting of the Ways« bezeichnet.) Im Babylonischen Talmud, einer der Quellen der *Toledot Jeschu*-Tradition, findet sich auch die (historisch natürlich abwegige, für das Verständnis des Christentumsbildes der Rabbinen in der Spätantike aber bezeichnende) Vorstellung, die Rabbinen hätten die Anhänger Jesu voreilig und zu hartherzig zurückgestoßen, als diese bußfertig zum Judentum hätten »zurückkehren« wollen (Traktat Sanhedrin 107b).

erinnert, unter denen jüdische Beter sich bergen.[863] Von der Kanzel aus »warnte« er aber zugleich seine Zuhörer und forderte die Obrigkeit zum gewaltsamen Handeln auf. Das war sein Vermächtnis an die Predigtgemeinde seiner Geburtsstadt. Von einer »Einladung« an die Juden und einer »versöhnlicheren Haltung« Luthers am Ende seines Lebens, wie Walther Bienert noch 1982 geschrieben hat[864], kann keine Rede sein. In biographischer wie theologischer Hinsicht macht dieser Text deutlich, wie schwer es ist, Luthers Judenfeindschaft und Teufelsangst von seinem zentralen Anliegen, der Suche nach einem »gnädigen Gott«, zu trennen.[865] Der hier in neuhochdeutscher Fassung folgende Text war Luthers letztes Wort zum Thema der Juden.

863 Zu diesem Bild vgl. Ruth 2,12; Psalm 17, 8 sowie Goldberg, Schekhinah, Berlin, 1969.

864 Vgl. Bienert, Luther und die Juden, 177. Bienerts Darstellung ist auf durchsichtige Weise apologetisch: bezeichnenderweise fehlt in seiner Übertragung von Luthers letzter »Vermahnung« (ohne jede Erläuterung!) der wohl im Sinne einer Vorform des Rassismus zu interpretierende Satz, in dem vom »wässerig und wild gewordenen« Blut der Juden die Rede ist. Im Sinne einer Verteidigung Luthers äußert sich auch Maurer, Zeit der Reformation, 428.

865 Vgl. in diesem Sinn bereits Oberman, Wurzeln des Antisemitismus, 55; Leppin, Martin Luther, 342–343 und Markschies, Reformationsjubiläum.

2. Luthers »Vermahnung«

Nachdem ich nun eine Zeitlang hier gewesen bin und euch gepredigt habe und nun auch heimmuss und euch vielleicht nicht mehr predigen möchte, will ich euch hiermit gesegnet und gebeten haben, fleißig bei dem Wort zu bleiben, das euch eure Prediger und Pfarrherren von der Gnade Gottes getreulich lehren. Und ihr sollt auch gewöhnt sein zu beten, dass Gott euch vor allen Weisen und Klüglingen behüten wolle[866], die die Lehre des Evangeliums verachten; denn sie haben oft großen Schaden angerichtet und können dies weiterhin tun.

Zudem habt ihr auch noch die Juden im Lande, die großen Schaden anrichten. Nun wollen wir christlich mit ihnen umgehen und bieten ihnen zunächst den christlichen Glauben an, damit sie den Messias annehmen, der doch ihr Vetter ist.[867] Er ist auch aus ihrem Fleisch und Blut geboren und ein rechter Same Abrahams[868], dessen sie sich rühmen.[869] Obwohl

866 Vielleicht eine Anspielung auf die Warnung vor der »Weisheit« nach 1. Korinther 1, 2 oder 3,18–19. Möglicherweise sind auch (hier ungenannt bleibende) Vertreter einer Position gemeint, die sich für den Verbleib der Juden in Mansfeld und anderen Territorien eingesetzt hatten (in einem weiteren Brief an seine Frau vom 7. Februar nennt Luther die »Gräfin zu Mansfeld, Witwe von Solmis« als mögliche Schutzherrin der Juden: WABR 11, Brief Nr. 4201, 286–287, zitiert nach: Von der Osten-Sacken, Martin Luther, 155). Vielleicht sind aber auch christliche Gelehrte gemeint, die »hebraisierten« und »judenzten« und sich in ihrer Bibelauslegung zu sehr von rabbinischen Kommentaren beeinflussen ließen; vgl. JL, 262 f.

867 Zur Bezeichnung des Messias als »Vetter und Blutfreund« der Juden vgl. oben S. 7 und 266.

868 Zum Thema der Abrahamssohnschaft Jesu in *Dass Jesus Christus ein geborener Jude sei* (WA 11,314–336) vgl. oben S. 3 ff. sowie Von der Osten-Sacken, Martin Luther, 90–94; Bienert, Martin Luther, 73–82 und JL, 9–19.

869 Luther nimmt hier das Motiv der Abrahamskindschaft erneut auf (Johannes 8, 37–39). Die Jesus in den Mund gelegte Anklage gegen »die Juden« in Vers 44 (»euer Vater ist der Teufel […], der Teufel ist ein Lügner und Vater der Lüge«) war im Titel des judenfeindlichen Traktats von 1543 aufgenommen worden.

ich Sorge habe, dass das jüdische Blut inzwischen wässerig und wild geworden ist[870], sollt ihr ihnen zunächst anbieten, dass sie sich zum Messias bekehren wollen und sich taufen lassen, damit man sehen kann, dass es ihnen ernst sei.[871] Wo sie das nicht tun, wollen wir sie nicht dulden. Denn Christus gebietet uns, dass wir uns taufen lassen und an ihn glauben sollen. Obwohl wir nun nicht so stark glauben können, wie wir sollten, hat Gott dennoch Geduld mit uns.

Nun verhält es sich mit den Juden so, dass sie unseren Herrn Jesus Christus täglich nur lästern und schänden.[872] Weil sie das tun und wir wissen es, sollen wir es nicht dulden. Denn wenn ich den bei mir dulde, der meinen Herrn Christus schändet, lästert und verflucht, dann nehme ich Anteil an fremden Sünden, obwohl ich doch genügend eigene Sünden habe.[873] Darum sollt

870 In *Vom Schem hamephoras und vom Geschlecht Christi* (1543) findet sich ein ähnlicher Ausdruck: »das Israelitische blut« sei »gar vermischt, wesserich und wilde worden« (WA 53, 615, 24–25 = LK, 87 f.). An anderer Stelle zieht Luther die Identität der zeitgenössischen Juden in Zweifel. Diese hätten sich die Jahrhunderte hindurch wohl mit »Zigeunern« und »Tattern« vermischt (WA 53, 613, 21 = LK, 82). Zu dem Ausdruck »Tattern« oder »Tartaren« vgl. auch das Glossar (→Gog und Magog).

871 In *Dass Jesus Christus ein geborener Jude sei* hatte Luther noch die Hoffnung geäußert, dass die Juden nun, nachdem das Evangelium wieder entdeckt worden war, sich zu Christus bekehren würden, sofern man sie nur freundlich behandele (vgl. oben S. 52–54). In *Von den Juden und ihren Lügen* (1543) hatte er diese Hoffnung aufgegeben. Peter von der Osten-Sacken nennt diesen Satz in Luthers *Vermahnung* daher eine »Pflichtübung«: das »bestimmende Ziel« des Predigers sei nun von Anfang an »die Vertreibung der Juden« gewesen, »bei der Luther der Obrigkeit Kanzelhilfe leisten will« (Von der Osten-Sacken, Martin Luther, 156).

872 Vgl. das Glossar (→Fluchen).

873 Luther spricht hier, wie er im Brief an seine Frau angekündigt hatte, den Grafen Albrecht von Mansfeld direkt an. – In seinen Schriften des Jahres 1543 hatte er seine Angst davor zum Ausdruck gebracht, die Christen könnten im bevorstehenden Jüngsten Gericht dafür bestraft werden, dass sie die »gotteslästerlichen Juden« unter sich geduldet hätten, da die jüdische »Schuld« dann *ihnen* als »fremde

ihr Herren[874] sie nicht dulden, sondern vertreiben. Wenn sie sich aber bekehren, ihren Wucher[875] lassen und Christus annehmen, wollen wir sie gern wie unsere Brüder halten.

Anders wird nichts daraus, denn sie treiben es doch zu arg. Sie sind öffentlich unsere Feinde, sie hören nicht auf, unseren Herrn Christus zu verlästern, sie nennen die Jungfrau Maria eine Hure und Christus ein Hurenkind.[876] Uns nennen sie Wechselbälge und Mahlkälber[877], und wenn sie uns alle töten könnten, täten sie es gern.

Sünde« angerechnet würde (vgl. dazu Schubert, Fremde Sünde sowie WA 53,536,19–21 (= JL, 221). Der Vertreibungsforderung lag also Luthers Furcht vor einem strafenden Gott zugrunde. Schubert (Fremde Sünde, 263) betont, dass Luthers Furcht vor der »Mitschuld an fremder Sünde« dem zeitgenössischen juristischen Denken entspringe und sich nur »auf die Sünde der *öffentlichen Gotteslästerung*« beziehe.

874 Zur Verantwortung der weltlichen Obrigkeit nach Luther vgl. JL, 229–230.

875 In seiner Auslegung des Buches Deuteronomium (1525) hatte Luther seine Vorstellung von »den Juden« als Wucherern« erstmals entfaltet; dort galt der Geldhandel aber als ein von Gott in seinem Zorn verhängtes Strafgebot, dem die Juden zu folgen hätten: »*Si ergo in vindictam gentium Deus voluerit eas per usuram et foenus punire et id Iudaeis mandet, ut faciunt, bene faciunt Iudaei, quod obedientes sese Deo instrumentum praebent, et iram eius foenore et usura in gentibus implent*« (WA 14,656, 4–7); zum Thema des »Wuchers« vgl. auch Bienert, Luther und die Juden, 171–172 und JL, 304–305.

876 Luther bezieht sich auf die *Toledot Jeschu*–Tradition (hebräisch etwa: Überlieferung von der »Geschlechterfolge Jesu«), eine Tradition, mit der er sich ausführlich in *Vom Schem Hamephorasch und vom Geschlecht Christi* auseinandersetzt; vgl. WA 53, 581–587 (= LK, 8–22).

877 Nach mittelalterlichen Vorstellungen konnte der Geschlechtsverkehr während der »Unreinheit« desaströse Folgen im Hinblick auf ein so gezeugtes Kind haben – dieses konnte mit Missbildungen zur Welt kommen oder ein Monster sein. Die *Baraïta de-Nidda*, ein pseudo-talmudischer mittelalterlich-jüdischer Text spricht in einem solchen Fall von Kindern, die »wie ein Hund« oder »wie ein Esel« aussehen; vgl. Marienberg, Baraïta, 80. Seinen Tischgesprächen zufolge teilte Luther diese Vorstellungen und verband sie mit dem Schreckensbild der »Wechselbälger«.

Und sie tun es auch oft, besonders diejenigen, die sich als Ärzte ausgeben[878], obgleich sie manchmal auch helfen. Denn der Teufel hilft es doch zuletzt [zu] versiegeln.[879] So kennen sie auch die Arznei, die man im Welschland kennt: wenn man einem anderen Menschen ein Gift einflößt, von dem er in einer Stunde, in einem Monat, in einem Jahr, ja in zehn oder zwanzig Jahren sterben muss; diese Kunst können sie.

Darum lasst euch nicht beirren von denen, die bei euch nichts anderes tun, als dass sie unseren lieben Herrn Jesus Christus gräulich verlästern und uns nach Leib, Leben, Ehre und Gut trachten. Noch wollen wir die christliche Liebe an ihnen üben und für sie bitten, dass sie sich bekehren, den Herrn annehmen, den sie eigentlich vor uns hätten ehren sollen. Wer das nicht tun will, da ziehe nicht in Zweifel, dass der ein entarteter Jude ist, der nicht davon ablassen wird, Christus zu verlästern, dich auszusaugen und dich zu töten, wo er nur kann.

Darum bitte ich, dass ihr keinen Anteil nehmt an fremder Sünde. Ihr habt genug daran, Gott zu bitten, dass er euch gnädig sei und euer Regiment erhalte, wie ich noch täglich bete und mich unter dem Schirm des Sohnes Gottes berge. Den halte und ehre ich als meinen Herrn, zu dem muss ich laufen und fliehen, wenn mich der Teufel, die Sünde oder ein anderes Unglück anficht. Denn er ist mein Schirm[880], so weit Himmel und Erde sind, und meine Gluckhenne[881], unter die ich vor Gottes Zorn krieche. Darum kann ich mit den verstockten Lästerern und

878 Zu den Vorurteilen gegenüber jüdischen Ärzten im Mittelalter in Deutschland vgl. Theilhaber, Artikel »Mediziner, jüdische«; Von der Osten-Sacken, Martin Luther, 154, Anm. 762. Man warf diesen Ärzten vor allem vor, Zauberei zu praktizieren. In *Vom Schem Hamephorasch* hatte Luther ihnen auch vorgeworfen, falsche Amulette zu gebrauchen (WA 53,613 = LK, 83–84).

879 Gemeint ist wohl, dass nach einer solchen Behandlung zwangsläufig der Tod folgt.

880 Die Wortwahl lässt an Psalm 91, 1 denken.

881 Vgl. Psalm 17, 8; 57,2 und 91, 1–2.

Schändern dieses lieben Heilands keine Gemeinschaft oder Geduld haben.

Das habe ich euch als Landeskind zur Warnung sagen wollen, damit ihr keinen Anteil nehmt an fremder Sünde.[882] Denn ich meine es ja gut und treulich mit uns beiden, mit dem Landesherrn und den Untertanen. Wollen sich die Juden zu uns bekehren und mit ihrer Lästerung und was sie uns sonst getan haben aufhören, so wollen wir es ihnen gern vergeben. Wo aber nicht, so sollen wir sie auch bei uns nicht dulden und nicht leiden.[883]

882 Vgl. Levitikus 19, 17 (»du sollst deinen Nächsten zurechtweisen, damit du nicht seinetwegen Schuld auf dich ladest.«)

883 Vgl. die (lückenhafte und insofern irreführende) Übertragung bei Bienert, Martin Luther, 174–177, die von Von der Osten-Sacken (Martin Luther, 154–155) unkorrigiert rezipiert wird. Zur historisch ungeklärten Frage, ob und inwieweit Luthers *Vermahnung* in Eisleben Konsequenzen hatte (und die Juden aus dem Mansfelder Territorium vertrieben wurden oder bleiben durften), vgl. Von der Osten-Sacken, a. a. O., 156, Anm. 722.

Nachwort zu den »Judenschriften« Martin Luthers

1. Die Zusammengehörigkeit der Judenschriften

Luthers judenfeindlicher Traktat *Von den Juden und ihren Lügen*, die bekannteste und berüchtigtste seiner späten Judenschriften, erschien zu Beginn des Jahres 1543 – der Druck lag am 17. Januar 1543 vor. Ende März desselben Jahres ließ der Reformator unter dem Titel *Vom Schem Hamephorasch und vom Geschlecht Christi* einen weiteren antijüdischen Text folgen, der den ersten in seiner äußerst vulgären Rhetorik an einigen Stellen noch übertraf. Die dritte Judenschrift vom August des Jahres 1543 *Von den letzten Worten Davids* gilt als etwas weniger aggressiv und milder im Ton. Bei näherer Betrachtung enthält sie aber in gleicher Weise wie die beiden vorangegangenen Pamphlete eine grundsätzlich polemische Auseinandersetzung mit seinen Gegnern, vor allem mit der jüdischen Bibelauslegung. Zugleich nimmt sie auf das für Juden wohl beleidigendste Bild der mittelalterlichen Judenfeindschaft Bezug – die »→Judensau«, die aufgrund der Skulptur an der Wittenberger Stadtkirche in besonderer Weise zu einem Realsymbol kirchlicher Judenfeindschaft geworden ist.[884] Am Ende von *Vom Schem Hamephorasch* hatte Luther diese weitere Abhandlung angekündigt, eine an eine Interpretation der Abschiedsworte des Königs David im 2. Samuelbuch angehängte Erörterung grundsätzlicher Auslegungsfragen des Alten Testaments aus christlich-dogmatischer Perspektive. In ihr wollte er seinen Lesern die eigene Abkehr von früheren, angeblich unter »jüdischem Einfluss« stehenden Bibelauslegungen demonstrieren. Auf den mittleren seiner antijüdischen Texte *Wider die Sabbater* (1538) – diese Schrift wird hier gemeinsam mit *Von den letzten Worten Davids* erstmals in einer judaistisch kommentierten neuhochdeutschen Übertragung vorgelegt – hatte der Reformator bereits in *Von den Juden und ihren Lügen* hingewiesen.[885] Der interne Verweisungszusammenhang macht eine Kette von vier aufein-

884 Vgl. oben S. 238 ff.
885 Vgl. WA 53, 434, 25 f. (= JL, 33).

anderfolgenden, inhaltlich zusammengehörigen und auch vom Autor als Einheit verstandenen Schriften sichtbar.

Dieser Sachverhalt rechtfertigt es, die vier genannten Texte in einer gesonderten Edition zusammenhängend zu kommentieren. Damit wird nicht der in den vergangenen Jahren immer wieder vorgetragenen Beobachtung widersprochen, dass die Judenfeindschaft Luthers in seinem *ganzen Werk* Spuren hinterlassen hat und sich insofern nicht in den umfangsmäßig doch weniger bedeutenden *Judenschriften* isolieren lässt. Mit Recht weist der Göttinger Kirchengeschichtler Thomas Kaufmann darauf hin, dass »die Beschäftigung mit dem Judentum als theologischer und historischer bzw. der Judenheit als zeitgeschichtlicher Größe [...] Luthers gesamte literarische Produktion« umspannt.[886] Sie reicht von seiner ersten exegetischen Vorlesung über die Psalmen (*Dictata super Psalterium* 1513/14) und den Römerbrief (1515/16) über seine reformatorischen Hauptschriften bis zu seiner großen *Genesisvorlesung* (1535–1545) – dieser Text weist thematisch besonders viele Berührungspunkte mit seinen *Judenschriften* auf – und seiner *Vermahnung wider die Juden*, die auf der letzten Reise Luthers vor seinem Tod am 14. oder 15. Februar 1546 von der Kanzel der Andreaskirche in Eisleben verlesen wurde.[887]

Neben die allgemeine Frage der Verankerung der Judenthematik im Gesamtœuvre des Reformators tritt ein Thema, das in den vergangenen Jahrzehnten unter unterschiedlichen Blickwinkeln debattiert wurde: Die Frage, ob und inwiefern im Hinblick auf sein Verhältnis zum Judentum und zu den Juden von einer »Wende« in der Biographie des Reformators zu sprechen ist, unter welchen Umständen diese »Wende« gegebenenfalls erfolgte und wie sie historisch und auch theologisch zu bewerten ist.[888]

886 Kaufmann, »Judenschriften«, 6.

887 Vgl. Morgenstern, Luthers letzte Tage, 448–458; vgl. aber oben S. 262, Anm. 855.

888 Die Diskussion über diese »Wende« füllt inzwischen ganze Bibliotheken; genannt seien hier nur einige neuere Titel in alphabetischer

Will man in dieser Streitfrage zu einem Urteil kommen, so rückt Luthers erste *Judenschrift* in den Blick, sein 1523 geschriebener Text *Dass Jesus Christus ein geborener Jude sei*. Dieser Text wurde von den Zeitgenossen, aber auch von der Nachwelt, fast ausschließlich als *judenfreundlich* wahrgenommen.[889] Bemerkenswert ist, dass dieses Urteil von Freunden wie Gegnern Luthers geteilt wurde. Auch Juden waren der Ansicht, hier einer grundsätzlich ins Positive gewendeten christlichen Sicht zu begegnen.[890] Der Kontrast zwischen dem »judenfreundlichen« Luther der frühen Jahre und den antijüdischen Ausbrüchen des alten Mannes zwanzig Jahre später hat in der Forschung immer wieder nach Erklärungen verlangt. Es ist nicht verwunderlich, dass es dabei zu unterschiedlichen biographischen Hypothesen oder auch Versuchen der theologischen Rechtfertigung oder »Rettung« des Reformators gekommen ist.[891] Der dritte Band dieser Edition der *Judenschriften* Luthers stellt die »positive« Schrift des Reformators aus dem Jahre 1523 an den Anfang und tritt damit – in der hier gebotenen Kürze – in die Diskussion über die Deutung des Zusammenhangs zwischen diesen in einem Abstand von gut zwei Jahrzehnten entstandenen Texten ein.

In diesem Nachwort soll zunächst dargelegt werden, dass und wie die erste *Judenschrift* und die vier späteren antijüdischen Tiraden thematisch-inhaltlich zusammengehören (1). Dabei wird auch die Frage zu klären sein, inwieweit die zusammen-

Reihenfolge: Bultmann, Kontroversgespräch; Heckel, Reformation und das Recht, 699–716; Kaufmann, »Judenschriften«, 13–29; Leppin, Martin Luther, 340–342; Pangritz, Theologie und Antisemitismus, vor allem 278–281; Wendebourg, Ein Lehrer, 1042 f.

889 Zur frühen Wirkungsgeschichte des Textes vgl. Kaufmann, »Judenschriften«, 42–80; Lapide, Stimmen; zur Interpretation: Von der Osten-Sacken, Luther, 90–94; Pangritz, Theologie und Antisemitismus, 270–279.

890 Morgenstern, Luther »lo tahor«, 233–237; kritische Stimmen werden notiert bei Pangritz, a. a. O., 278.

891 Vgl. die kritischen Bemerkungen zu D. Wendebourg bei Pangritz, Theologie und Antisemitismus, 170–176.

fassende Bezeichnung *Judenschriften* zu rechtfertigen ist. Die genaue Analyse ergibt dabei – das sei hier vorweggenommen –, dass von einer engeren Zusammengehörigkeit der Texte auszugehen ist, als häufig vermutet wird. Ein weiteres Ergebnis der Klärung ist, dass die in den *Judenschriften* Luthers sichtbar werdenden Kontinuitätslinien (von anderen Einsichten zu seiner Biographie und seinem Œuvre einmal abgesehen) es sehr schwer machen, von einer veritablen »Wende« im Leben des Reformators in seiner Haltung dem Judentum gegenüber zu sprechen; bei Licht betrachtet und zugespitzt formuliert, kann von einer veritablen »Wende« keine Rede sein.

In einem weiteren Schritt (2.) soll nach den Gründen von Luthers Judenfeindschaft gefragt werden. Vordergründig hatte der freundlich-werbende Ton der Schrift von 1523 mit der Hoffnung zu tun, nun, da das Evangelium in der Reformation neu entdeckt worden war, möglichst viele Juden für die eigene Sache gewinnen zu können. In dieser Hinsicht stellte Luther seine freundlichen Aussagen (man solle »das Gesetz christlicher Liebe« an ihnen üben »und sie freundlich annehmen«) unter den Vorbehalt, dass er – wie er abschließend schrieb – erst einmal den Erfolg seiner Worte abwarten wollte.[892]

Der Rückfall in alte judenfeindliche Muster in den späteren Texten fußte aber nicht allein auf der Enttäuschung, dass die hochfahrenden Erwartungen nicht realisiert wurden und die Juden sich als »halsstarrig« erwiesen hatten. Bereits im Text des Jahres 1523 waren vielmehr Themen und Motive angelegt, deren Weiterentwicklung zwanzig Jahre später ein beträchtliches Maß an Aggressivität zutage treten lassen sollte. Die Zusammenschau aller fünf *Judenschriften* macht in dieser Hinsicht eine Konstanz biblischer (vor allem alttestamentlicher) Topoi sichtbar, die es ermöglicht, vom ersten bis zum letzten Text Kontinuitätslinien zu ziehen. Wenn die Saat der später nur offener zutage tretenden Ablehnung des Judentums bereits früher gesät war,

892 Zur Frage nach etwaigen judenmissionarischen Hoffnungen Luthers vgl. unten S. 279.

so hängt dies mit dem gleichbleibenden biblischen Ausgangspunkt und dem bibelhermeneutischen Fundament aller Äußerungen Luthers zu den Juden und zum Judentum zusammen. Seine bibeltheologische Grundierung in dieser Frage ist eine Erkenntnis, die bereits bei der Kommentierung der späten Texte des Jahres 1543 *Von den Juden und ihren Lügen* und *Vom Schem Hamephorasch* zu gewinnen war.[893] Bei dem Versuch, das Rätsel dieser aggressiven und zutiefst abstoßenden späteren Texte zu ergründen, war immer wieder irritierend aufgefallen, dass es sich hier über weite Strecken um nichts anderes als um *Bibelauslegung*, genauer: eine äußerst polemische und aggressive Auseinandersetzung mit der jüdischen Bibelauslegung handelt. Liest man die Texte in ihrem Zusammenhang, so stehen Auslegungsfragen des Alten Testaments ganz im Zentrum. Hier ist die Wurzel der Judenfeindschaft des Reformators zu suchen – nicht in der →Rechtfertigungslehre, die in Luthers *Judenschriften* im Grunde keine Rolle spielt.[894]

---

893 Vgl. JL, 256–260 und 269–272 sowie auch LK, 183–187 (zu Luthers Ablehnung des Midrasch und zahlenmystischer Bibelauslegungen) und 194–196 (zu seiner Kritik an der hebräischen Philologie). Besonders auffallend ist die stete Präsenz von Texten der Genesis. Bedenkt man, dass Luther diesem biblischen Buch zehn Jahre seiner Auslegungstätigkeit an der Universität Wittenberg widmete (die Jahre 1535–1545), kann dies nicht überraschen. Die großen Linien dieser in der WA Band 42–44 edierten Vorlesung und der *Judenschriften* sind dieselben: ein Grund mehr, weshalb die *Judenschriften* nicht von seinem sonstigen Werk isoliert werden können.

894 Vgl. Wendebourg, Ein Lehrer, 1037 f.; Anders Pangritz, Theologie und Antisemitismus. Dass die lutherische →Rechtfertigungslehre in ihrer Konsequenz nicht zwangsläufig zu judenfeindlichen Haltungen und Stereotypen führt, zeigt bereits das Beispiel des Nürnberger Reformators Andreas Osiander: In seiner Schrift zur Verteidigung der Juden angesichts der Ritualmordanklage erhält der zentrale Glaubenssatz der Reformation im Gegenüber zum Judentum eine *positive* Wendung: Gerade weil Juden nicht an die Rechtfertigung des Menschen »ohne die Werke des Gesetzes« glauben (der größte Vorwurf, den man ihnen aus lutherischer Sicht machen kann), ist nach Osiander anzunehmen, dass sie solche Verbrechen *nicht* begehen, weil sie

Gemeinsames Merkmal aller hier betrachteten Texte – diese Frage ist in einem letzten Schritt zu bearbeiten (3.) – ist schließlich Luthers Verständnis (oder besser Missverständnis) des »Jüdischen«, das in seiner Konstruktion der »Sabbater« und seiner Furcht vor dem angeblichen jüdischen →Proselytismus zum Ausdruck kommt. Neuere Forschungen, die vor allem Quellen zu den unterschiedlichen messianischen Aufbrüchen im Judentum zu Beginn des 16. Jahrhunderts Raum geben, sind hier der Anlass zu Korrekturen an einigen Facetten des Bildes, das in den vergangenen Jahrzehnten von Luthers *Judenschriften* üblich geworden ist.

Der Sitz im Leben der *Judenschriften*

Thomas Kaufmann hat in seiner Analyse der *Judenschriften* versucht, den »›Sitz im Leben‹ von Luthers Auseinandersetzungen mit dem Judentum« präzise zu bestimmen und Konsequenzen im Hinblick auf die zusammenfassende Bezeichnung dieser Texte angedeutet.[895] Grundlegend ist zunächst die Beobachtung, dass der Reformator in diesen Schriften nicht *mit* den Juden oder auch nur *zu* ihnen, sondern *über* sie sprach und dass es ihm dabei immer in erster Linie um Auseinandersetzungen im innerchristlichen Bereich ging, für die der Autor sich des Judenthemas als Instrument bediente.[896] Der »Sitz im Leben« der *Juden-*

zur Erlangung des Heils ja auf *Werke* angewiesen sind und sich nicht auf den Glauben verlassen können. Vgl. Morgenstern, Noblesse-Rocher, Osiander, 66–68.

895 Kaufmann, »Judenschriften«, 6–12.

896 Zur Frage nach der Funktion und Bedeutung des Themas der »Judenmission« bei Luther – Kaufmann (»Judenschriften«, 10) räumt ihr eine untergeordnete Stelle in seinem Lebenswerk ein – vgl. unten. Bei der Erörterung dieser Frage darf man freilich nicht ein Verständnis von »Judenmission« zugrunde legen, wie es historisch erst im Pietismus entstand. Für Luther waren Juden nicht Anhänger einer anderen »Religion«, die man durch spezifische Anstrengungen zum

schriften sei daher der »Kampf eines christlichen Theologieprofessors um die ›Wahrheit‹ des Evangeliums und die ›Reinheit‹ der angefochtenen Kirche, die der Verteidigung gegen die Feinde Christi in den Wehen der Endzeit bedurfte«.[897] Obwohl Kaufmann den Begriff der *Judenschriften* – in Anführungszeichen – selbst weiter verwendet, ergibt sich aus dieser Bestimmung für ihn doch eine Infragestellung der in der Forschung üblich gewordenen »Gattungsbezeichnung«: Mit Kaufmann kann in der Tat gefragt werden, inwiefern dieser Begriff die Gefahr mit sich bringt, »die literarischen, kontextuellen und sonstigen Besonderheiten dieser Texte« zu nivellieren.[898] Wer diesen Begriff weiterhin verwenden möchte, tut daher gut daran, den Sprachgebrauch zu reflektieren und, wenn möglich, im Hinblick auf die Entstehungskontexte und den Inhalt dieser Schriften zu begründen.

»Übertritt« zum Christentum hätte bewegen können oder sollen; sie waren »Vettern und Brüder« Jesu, die – nachdem sie ihn zu Unrecht verstoßen hatten – nun wieder zu ihm »zurückkehren« sollten; vgl. WA 56, 437, 27–438, 1. Die Anerkennung des Evangeliums durch einen Juden unterschied sich für ihn in dieser Hinsicht wenig von der eines zuvor altgläubigen (d. h. der Papstkirche zugehörigen) Zeitgenossen. Zudem wollte der Reformator den Juden zunächst »Milch« geben und ihnen die altkirchlichen Dogmen ersparen (s. dazu oben S. 51 und weiter unten S. 287). Diese Einsicht hat Konsequenzen für die Klärung der Frage, wie die Furcht Luthers vor einer jüdischen »Mission«, die Christen dazu verführt haben soll, sich beschneiden zu lassen und den Sabbat einzuhalten, historisch-sachlich einzuschätzen ist; vgl. dazu unten.

897 Kaufmann, »Judenschriften«, 10.

898 So Kaufmann, »Judenschriften«, 11. Diese Bezeichnung hat sich seit der Edition der beiden ersten Texte des Jahres 1543 in der Weimarer Ausgabe (1920) eingebürgert. Kaufmann weist aber darauf hin, dass bereits das Register der Wittenberger Lutherausgabe des Jahres 1556 eine Rubrik »Wider die Juden« aufweist, in die auch die Schrift des Jahres 1523 *Dass Jesus Christus ein geborener Jude sei* eingegliedert wurde.

Luthers Selbstverteidigung gegen den Häresievorwurf Ferdinands I.

»Eine neue Lüge ist wieder über mich verbreitet worden« – bereits der Eingangssatz der ersten *Judenschrift* gibt zu erkennen, dass der Reformator sich hier in der Tat in einer intern-christlichen Angelegenheit verteidigen wollte. Anlass der Schrift *Dass Jesus Christus ein geborener Jude sei*, so ist einem Brief Luthers vom 22. Januar 1523 an seinen Freund Spalatin zu entnehmen, war der Vorwurf, er vertrete eine neue Häresie. Diese Anschuldigung, von der Luther durch Fürst Johann von Anhalt (1504–1551) erfahren hatte, wurde von Erzherzog Ferdinand I. von Österreich (1505–1564), dem Bruder Karls V., erhoben. Sie war daher auch politisch in hohem Maße relevant. Luther, so heißt es, lehre, Jesus sei (allein) der *Same Abrahams* und stelle insofern die Geburt des Erlösers von der Jungfrau Maria infrage. Die Formulierung, mit der der Text zu Beginn auf diesen Vorwurf eingeht, war verkürzt und missverständlich; sie wurde auch nicht von allen Zeitgenossen verstanden. Dies zeigen die Basler Nachdrucke des Jahres 1523 von Adam Petri und Valentin Curio, die den Satz dahingehend verbessern, Luther glaube, »das Christus nit [nicht] Abrahams samen sey«.[899] Wenn der Reformator auf den Vorwurf dieser »Ketzerei« einging, so war damit offenbar die Vorstellung einer männlichen Vaterschaft über die im Matthäus- und Lukasevangelium (Matthäus 1, 1–17; Lukas 3, 23–38) nachgezeichnete Linie gemeint. Im geistlichen Sinne – unter der Voraussetzung der für die kirchliche Lehre so wichtigen Jungfrauengeburt – war Jesus für den Autor natürlich als »Abrahamskind« zu bezeichnen.

Hintergrund der undeutlichen Ausdrucksweise in der ersten *Judenschrift* wie auch der nachfolgenden Verständnisprobleme war demnach eine sachlich-theologische Schwierigkeit, die Luther zwei Jahrzehnte später erneut beunruhigen sollte. Die neutesta-

899 Vgl. dazu auch die Einführung WA 11, 307.

mentlichen Überlieferungen vom Stammbaum Jesu, und zwar sowohl bei Matthäus als auch bei Lukas, lassen im letzten Glied der genealogischen Kette die dogmatisch gewünschte Konsequenz vermissen. Indem sie die abrahamisch-davidische Linie auf Josef, den Verlobten der Maria – eben nicht auf die Gottesmutter selbst –, zuführen, verfehlen sie, diese Meinung lag im Diskursumfeld Luthers nahe, ihr eigentliches Ziel: den Nachweis der Jungfrauengeburt Jesu. Wie war dieses für das Christentum so zentrale dogmatische Lehrstück demnach zu verteidigen? Luther berief sich in seiner Theologie ja allein auf die Schrift (*sola scriptura*) und lehnte die Verbindlichkeit kirchlicher Traditionen und Lehrsätze ab! Auch jüdische Gelehrte griffen für ihre Bemühungen, den christlichen Ansprüchen zu begegnen, offenbar auf diese exegetische Schwierigkeit zurück[900] – von der *Toledot Jeschu*-Tradition, die diese Unstimmigkeiten zu einer satirischen Spottgeschichte verarbeiteten, ganz zu schweigen – dieses Sujet sollte Luther ja in seiner obszönen Kampfschrift *Vom Schem Hamephorasch* beschäftigen.

Luther glaubte sich hier jedenfalls gegen eine Beschuldigung zur Wehr setzen zu müssen, die auch aus politischen Gründen nicht ungefährlich war. Immerhin wurde die Verdächtigung im Umkreis des regierenden Hauses Habsburg erhoben. Karl V. und sein Bruder waren in diesen Jahren aber in einen Abwehrkampf gegen die von Südosten nach Mitteleuropa vorstoßenden Türken verwickelt.[901] Ob und inwieweit in diesem Zusammenhang auch eine »Judengefahr« zu beachten war – die Juden konnten, je nach Kontext, entweder als eine Art »fünfte Kolonne« der Türken oder als Bundesgenossen der Habsburger wahrgenommen

900 Vgl. WA 53, 610, 18–23 (= LK, 75) und dazu Kaufmann, »Judenschriften«, 114 f.

901 Auf diesen Sachverhalt, der für das Überleben der Reformation von Belang war (Karl V. musste auf den sächsischen Kurfürsten, den Beschützer Luthers, Rücksicht nehmen), spielt Luther in *Dass Jesus Christus ein geborener Jude sei* am Ende des ersten Absatzes an (»die ›allerchristlichsten Leute‹, die den Türken fressen«).

werden[902] –, unterlag dabei durchaus unterschiedlichen Interpretationen.

Wie der Reformator sich 1523 gegen eine etwas undeutlich formulierte Verketzerung zur Wehr setzte, so reagierte er in den späteren Texten auf ihm von dritter Seite aus zugetragene Nachrichten und Gerüchte. Er wies (wie er es auffasste) jüdische Verleumdungen Christi zurück und widersprach »falschen«, auf »jüdische Einflüsse« zurückgehenden Bibelauslegungen. Anfangs ging es ihm um den Selbstschutz; spätere Ziele waren die Verteidigung der Christenheit gegen wie auch immer imaginierte und aufgebauschte Gefährdungen und Feinde: das angebliche Übel jüdischer Missionsbestrebungen (in *Wider die Sabbater*)[903], der göttliche Zorn, der Christen im bevorstehenden Weltgericht als Strafe für ihre vorgebliche Duldung »jüdischer Gotteslästerungen« bevorstand (in *Von den Juden und ihren Lügen* und *Vom Schem Hamephorasch*), und angebliche Gefahren, die der reinen Lehre und einzig heilsamen christologischen Exegese vonseiten der jüdischen Bibelauslegung und christlicher »Judaisierer« drohten (in *Von den letzten Worten Davids*).

---

902 Vgl. dazu Voß, Umstrittene Erlöser, 153 ff.

903 Sollten mit diesen Beschuldigungen radikale Täufer in Mähren gemeint sein, die die Sabbatobservanz propagierten (dies ist aber alles andere als sicher; s. dazu unten), so wäre von diesen Gerüchten ein Land betroffen, das ebenfalls von Ferdinand I. regiert wurde. Vielleicht ist es kein Zufall, dass die zweite und dritte *Judenschrift* (*Wider die Sabbater* und *Von den Juden und ihren Lügen*), von Luthers sächsischer Heimat aus gesehen, nach Süden gerichtet war. Adressat der Texte war (so jedenfalls die vorherrschende Auffassung) der böhmische Graf Wolf Schlick zu Falkenau – ein Adliger, dessen Engagement für die Reformation offenbar im Zusammenhang mit seinen Bestrebungen zu verstehen ist, seinen politischen Spielraum gegenüber den Habsburgern zu vergrößern; vgl. Kaufmann, »Judenschriften«, 170–172; zu Kaufmanns abweichender Beantwortung der Frage nach der Identität des in *Wider die Sabbater* genannten »guten Freundes« vgl. a. a. O., 88.

Ein christliches Selbstgespräch – dennoch reales Judentum

Um die auf das Judentum bezogenen Inhalte darstellen zu können, bezog Luther Informationen aus den lateinischen Übersetzungen jüdischer Bibelkommentare, wie er sie bei Nicolaus von Lyra (1270–1340/1349) und Paul von Burgos (1351–1435) fand. Häufig zitierte er auch aus dem judenfeindlichen Enthüllungsbuch des Konvertiten Antonius Margaritha *Der gantze jüdische Glaub* (1530) oder ging auf ungenannt bleibende jüdische (oder christliche, angeblich »judaisierende«) Gegner ein.[904] Zu beachten ist auch eine Dialogschrift des Basler Gelehrten Sebastian Münster (1488–1552) aus dem Jahre 1529/39, die zahlreiche Zitate aus der mittelalterlichen jüdischen Literatur enthält – unter anderem Zusammenfassungen zweier mittelalterlicher Disputationen, die den Juden von der christlichen Obrigkeit aufgezwungen worden waren (Rabbi Yehiels Bericht von der Pariser Zwangsdisputation des Jahres 1240, Nachmanides' Text über die Disputation von Barcelona von 1263), Saadja Gaons Traktat über die jüdischen Glaubenslehren und Meinungen (*Emunot we-Deot*), Rabbi David Kimchis (1160–1235) Bibelkommentare, Maimonides' Messiastraktat in seinem Werk *Mischne Tora* (*Hilkhot Melakhim*, Kap. 11–12) und das von einem getauften Juden verfasste *Buch des Glaubens* (*Sefer Amana*), das 1542 erstmals gedruckt wurde, von dem Münster aber eine handschriftliche Kopie besaß.[905] Sebastian Münsters *Messiasdialog*, der in hebräischer Sprache publiziert wurde und das Zwiegespräch eines »Nazarener« (הנוצרי) genannten christlichen Gelehrten mit einem »Juden« (היהודי) enthält, nahm Luther offenbar mit Empörung zur Kenntnis, weil der jüdische Gesprächspartner darin recht ausführlich zu Wort kommt und der Autor ihm die Freiheit lässt, seine Position in aller Ausführlichkeit und ohne Widerlegung zu entfalten.[906] Wenn Kaufmanns Annahme richtig ist, dass es dieser Text war, auf den

904 Kaufmann, »Judenschriften«, 114 f.

905 Vgl. Burnett, Einleitung, 17 f.

906 Vgl. WA 53, 552, 29–31 (= JL, 247); vgl. auch JL, 262 f.

Luther in *Von den Juden und ihren Lügen* reagiert[907], so kann man die Kenntnis des Inhalts bei ihm voraussetzen. Luthers judenfeindlicher Traktat muss daher, jedenfalls in Teilen, auch als Antwort auf Münsters »Juden« und die bei ihm zu Wort kommenden realen jüdischen Autoren gelten – auch in dieser Hinsicht geht Luther faktisch über ein reines innerchristliches Gespräch hinaus.[908]

Bemerkenswert ist schließlich noch ein weiterer jüdischer Text: ein in der Schrift *Victoria adversus impios Hebraeos* (»Sieg über die gottlosen Juden«) des Genuenser Kartäusers Purchetus Salvagus in lateinischer Sprache überlieferter Abschnitt aus der *Toledot Jeschu*-Tradition, den Luther in *Vom Schem Hamephorasch* erstmals ins Deutsche übersetzte. Obwohl der Reformator diese Passage zum Anlass einer äußerst polemischen Auseinandersetzung mit dem Judentum nahm, ist doch zu konstatieren, dass seine Schrift, die zudem Informationen zur jüdischen Zahlenmystik (Gematrie) und zur kabbalistischen Sefirotlehre enthält, durch diese erstmalige Verdeutschung eines *jüdischen Traditionsstücks* zu einem Teil der recht komplizierten Geschichte eben einer *jüdischen* Überlieferung geworden ist.[909]

---

907 Kaufmann, »Judenschriften«, 96–110.

908 Es ist ratsam, sich nicht mit der auf der Hand liegenden Auskunft zu begnügen, dass Luther hier »keine explizite Auseinandersetzung mit Münsters Buch« führt (Kaufmann, Judenschriften, 105; ähnlich Burnett, Einleitung, 23); vielleicht liegen vielmehr *implizite* Bezüge vor? Die Suche nach solchen Bezügen könnte dort fruchtbar sein, wo man auf Motive stößt, die anders als durch die Annahme eines Dialogs zwischen beiden Autoren schwer erklärbar sind. So fällt auf, dass die Vorstellung eines durch Beischlaf mit Dämonen gezeugten Kindes (succubus) – die Voraussetzung von Luthers Motiv der Juden als »Teufelskinder« – bei Münster gleich zu Beginn erörtert wird. Von diesem Themenkomplex hat Burnett zu Unrecht angenommen, dass er mit dem Messianismus nichts zu tun habe. In den Schriften des Jahres 1543, in denen Luther immer wieder um die Frage der Genealogie Jesu und der Jungfrauengeburt kreist, wird der Bezug auf höchst polemische Weise hergestellt.

909 Vgl. Deutsch, The Second Life of the Life of Jesus, 289.

Rabbi Jakob Gipher – der getaufte Jude Bernhard

Die erste der *Judenschriften* weist nun über diese Bezugspunkte zum Judentum hinaus einen Entstehungskontext mit einer »jüdischen Komponente« auf, der wirkungsgeschichtlich auch später prägend war. Zu Beginn der 1520er-Jahre spielte nämlich der aus Göppingen stammende ehemalige Rabbiner Jakob Gipher, der nach seiner Taufe den Namen Bernhard annahm, im Umkreis des Reformators eine gewisse Rolle. Anfang März 1523 besuchte Luther Bernhard, der in der Zwischenzeit mit dem hebräischen Sprachunterricht in Wittenberg betraut worden war, in der nahegelegenen Ortschaft Schweinitz, um an einer Feier anlässlich der Taufe seines Sohnes teilzunehmen. Möglicherweise wurde dieser Feier, der Taufe des Kindes eines Konvertiten, »eine besondere ›religionspolitische‹ Bedeutung« zugeschrieben, zumal Luther an »Bernhards intensiver, über die im Taufakt vollzogene äußerliche Christianisierung hinausgehender ›Bekehrung zum Christentum‹« in besonderer Weise mitgewirkt hatte.[910] Dem Briefwechsel des Reformators mit Spalatin ist zu entnehmen, dass Luther zur gleichen Zeit mit den auf dem Nürnberger Reichstag gegen ihn aufgekommenen Vorwürfen beschäftigt war, die schließlich zur Veröffentlichung seiner ersten *Judenschrift* führten. Thomas Kaufmann vermutet, dass ihm die Beziehung zu Bernhard den Anstoß dazu gab, die gegen ihn vorgebrachten Vorwürfe auf eine Art und Weise zu beantworten, die auch für weitere »Judenbekehrungen« nützlich sein sollte.[911] Dokumentiert ist dieser biographische und entstehungsgeschichtliche Zusammenhang von *Dass Jesus Christus ein geborener Jude sei* durch einen Brief Luthers an Bernhard, der in der von Justus Jonas gefertigten lateinischen Übersetzung mitgedruckt wurde.[912] Sollte dem Lesepublikum durch diese Beifügung das bis zu diesem Zeitpunkt pro-

910 Kaufmann, »Judenschriften«, 39.

911 Kaufmann, »Judenschriften«, 40.

912 Vgl. Kaufmann, »Judenschriften«, 40 f.; vgl. auch WA 11, 310 und WABR 3, Nr. 629, 101–104.

minenteste Beispiel einer erfolgreichen protestantischen →Judenmission vor Augen geführt werden? Kam dadurch zugleich die Hoffnung und Erwartung zum Ausdruck, dass möglichst bald viele Juden den gleichen Weg wie Bernhard gehen würden?

Die Frage, ob und in welchem Maße Luther in seinen frühen Jahren judenmissionarischen Hoffnungen anhing, ist in der Forschung strittig und nicht leicht zu beantworten.[913] Zum einen ist zu beachten, dass Luther selbst in seiner »judenfreundlichsten« Schrift davon absah, sich direkt an die Juden selbst zu wenden. Auch sonst sind eigene judenmissionarische Aktivitäten von ihm nicht überliefert. Zum andern ist es angesichts des Schlusses von *Dass Jesus Christus ein geborener Jude sei* durchaus unsicher, ob und inwieweit der Erfolg an der Zahl getaufter Juden gemessen werden sollte. Wenn der Reformator in *Vom Schem Hamephorasch* den Realitätsgehalt aller judenmissionarischen Hoffnungen abstreitet[914] und damit wohl auch leugnet, jemals selbst solche Erwartungen gehegt zu haben, ist doch zu fragen, ob er mit dieser Aussage schlechterdings nur die Unwahrheit sagt. Gewiss widerspricht er damit eigenen Erkenntnissen, die er etwa in seiner Römerbriefvorlesung (1515/16) vorgetragen hatte.[915] Vielleicht

913 Vgl. z. B. Wendebourg, Ein Lehrer, 1040–1042; anders Bultmann, Kontroversgespräch, 157 f. (Mit weiteren Literaturbelegen).

914 Bereits 1526 äußerte sich Luther erstmals ablehnend gegenüber allen Bekehrungshoffnungen im Hinblick auf die Juden, da der »Satan« zu »yhrer rechten« stünde: WA 19, 599, 6–11 (zitiert nach: Kaufmann, Luthers Juden, 99); zu diesem Thema in *Wider die Sabbater*: WA 50, 335, 21–29. Andererseits rechnete Luther zu diesem Zeitpunkt immer noch mit der Möglichkeit einiger weniger Judenbekehrungen (WA 50, 318, 27–28; 322, 35; 314, 17–21). Auch in seinem Brief an Josel von Rosheim vom 11. Juni 1537 (WABR 8, Nr. 3157, 90, 15–17) erwähnt er diese Hoffnung, aber auch die Möglichkeit, dass die Juden durch seine »Gunst« (gemeint ist wohl die Schrift des Jahres 1523) »in ihrem Irrthumb gestärkt« worden sein könnten. Will man überhaupt einen »Wendepunkt« in Luthers Verhältnis zum Judentum sprechen, so wird an diesen Briefwechsel mit Josel von Rosheim zu denken sein; vgl. dazu Kaufmann, »Judenschriften«, 82–83 und besonders Anm. 5.

915 Weitere Stellen bei Wendebourg, Ein Lehrer, 1053.

kann man die lapidare Art und Weise, in der der Reformator 1543 die bei Paulus in Römer 11 doch offensichtliche Hoffnung für das Volk Israel als »Wahn« abtut[916], auch so erklären, dass er sich aufgrund fehlgeschlagener eigener (hier nicht spezifizierter!) Hoffnungen als bloßgestellt empfand. Andererseits ist die spätere kategorische Absage an die →Judenmission aber nicht unbedingt als Selbstverleugnung zu sehen. Denn 1523 hatte Luther den Juden ja zunächst einmal »Milch« geben und auf das Angebot von »Wein« verzichten wollen. Dies bedeutete, dass die Juden von den christologischen und trinitarischen Dogmen zunächst einmal »verschont« werden und Jesus einstweilen nur als ihren legitimen davidischen König anerkennen sollten.[917]

Luther äußerte sich nicht dazu, was dies konkret bedeuten mochte. Eine klassische »Bekehrung« mit anschließender Taufe (die Spendung des Sakraments ohne die Formel vom dreieinigen Gott war undenkbar) konnte jedenfalls nicht gemeint sein. Die Vorstellung einer zweigestuften Soteriologie, die den Eindruck vermittelt, man könne Christus sozusagen auch »halb haben«, passt ansonsten schwer zu Luthers theologischer Konzeption. Sie wird in *Von den letzten Worten Davids* auch ausdrücklich widerrufen, wenn dort mit Bezug auf den traditionellen Lehrsatz der *communicatio idiomatum* unterstrichen wird, dass die menschliche und die göttliche Natur Jesu Christi jeweils »unvermischt«, »unverwandelt«, »ungetrennt« und »unzerteilt« Anteil an den Eigenschaften der jeweils anderen Natur haben. Hier schärft der späte Luther auffallend und immer wieder mit Bezug auf alttestamentliche Texte ein, dass jede Anerkennung Christi immer den ganzen Christus einschließen müsse.[918] Die dogma-

916 WA 53, 580, 8 (= LK, 6); zur Auslegung von Römer 11 bei den reformierten Theologen Ulrich Zwingli und Heinrich Bullinger vgl. Detmers, Reformation und Judentum, 159 und 174 f.

917 Vgl. WA 11, 336, 14–21; vgl. oben S. 51.

918 Hier lässt sich ein polemischer Bezug auf die christliche Kabbala Reuchlins vermuten, der eben dieses Ziel (in *De arte cabbalistica*, 1517) durch seinen Rekurs auf Texte der jüdischen Mystik erreichen wollte.

tisch abgemilderte Erwartungshaltung des frühen Luther lässt sich am ehesten deuten, wenn man von einem politischen Sinn (oder Hintersinn) der frühen *Judenschrift* ausgeht. In diesem Sinne lässt sich das angestrebte Ziel vielleicht am ehesten mit Volker Leppins Formel von der »christliche[n] Homogenisierung der Territorien« umschreiben[919] – einer weniger kirchlich als vielmehr politisch-gesellschaftlich vorgestellten Einebnung, Angleichung und Verwandlung des Judentums in eine Art »Vorhof der Kirche.« In dieser Hinsicht trug Luthers frühe Schrift dazu bei, einen – auch durch das Wissen um das vermeintliche nahe Ende der Welt bestimmten – Erwartungsdruck aufzubauen. An diesem Ziel hielt der Reformator immer fest. Da jüdischerseits aber auch die unterhalb der Schwelle der Taufe angesiedelte Selbstangleichung ausblieb, fühlte er sich an seinem Lebensende enttäuscht und wollte sein Ziel nun durch die Austreibung der Juden erreichen. Immerhin sah er zu diesem Zeitpunkt vermehrten Anlass zu der Befürchtung, dass Christen, die »halsstarrige« Juden in ihrer Mitte duldeten, von Gottes endzeitlicher Strafe mitbetroffen sein würden.

Die lateinische Übersetzung von *Dass Jesus Christus ein geborener Jude sei*, die 1524 erschien, ist noch in einer weiteren Hinsicht aufschlussreich. Justus Jonas spielt in seiner Vorrede auf ein bei Luther ausführlich behandeltes Thema an – den berühmten Segensspruch des Erzvaters Jakob über seinen Sohn Juda in Genesis 49, 10, in dem es heißt, »das Zepter solle nicht von Juda weichen, bis dass der Silo kommt«. Diese in der christlichen Tradition messianisch gedeutete Stelle (»Silo« wird mit dem verheißenen Messias identifiziert) hatte der Reformator so ausgelegt, dass das jüdische Königreich vor 1500 Jahren zerstört worden sei und die Juden seitdem nie wieder ein Königtum besessen hätten.[920] Aus diesem Grunde müssten sie zugeben, dass »Silo«, also Jesus Christus, bereits vor der Zerstörung Jerusalems

919 Leppin, Martin Luther, 342; Bultmann, Kontroversgespräch, 194.

920 Zu diesem Text in Luthers Genesisvorlesung vgl. Asendorf, Lectura, 68.

durch die Römer gekommen sei. In der Vorrede ist nun die Rede von einer jüdischen Tradition, nach der eine Art jüdischer Herrschaft in Babylon bis in die Gegenwart fortbestehe. Jonas schenkt dieser Überlieferung keinen Glauben, hält sie aber für erwähnenswert. (Im Lateinischen heißt es: »*Fingunt Rabini* [...] *in Babylon durare sceptrum et Rempublicam Iudaeorum.*«[921]) Offenbar ging er dabei von einem aktuellen Kontext aus, von dem wir heute wissen, dass er nicht ohne politische Brisanz war. Denn seit dem Herbst 1523 machte der aus dem Orient angereiste jüdische Messiasprätendent David Re'uveni von sich reden.[922] Nachdem Re'uveni 1524 sogar vom Papst empfangen worden war, bemühte er sich – später auch gemeinsam mit seinem Gefährten Salomo Molcho – um eine Begegnung mit Kaiser Karl V., dem Bruder des österreichischen Erzherzogs Ferdinand I.[923] Beiden wollte er eine politisch-militärische Allianz der Christenheit mit der angeblichen Armee der zehn verschollenen jüdischen Stämme im Osten

921 Zitiert nach Gow, Red Jews, 349 (englische Übersetzung: 155–156).

922 Auch wenn unsicher ist, ob die Nachricht vom Auftreten Re'uvenis zu dem Zeitpunkt, als die lateinische Übersetzung entstand, schon nach Wittenberg gelangt sein konnte, bleibt dieses Zusammentreffen auffällig; möglicherweise hat Jonas sein Vorwort auch später verfasst und seiner Übersetzung vorangestellt. Leser seines Textes konnten die Bemerkung jedenfalls gut als Anspielung auf Re'uveni verstehen. Zur Möglichkeit, die messianischen Erwartungen etwas früher zu datieren, vgl. Schubert, Täufertum, 344 (Anm. 67). – Man muss sich vor Augen halten, dass der Besitz eines Zepters im 16. Jahrhundert einen realen Machtanspruch symbolisierte. In diesem Sinne muss es verstanden worden sein, dass sich der täuferische Messiasprätendent Augustin Bader 1529 als eine Art prophetischer Zeichenhandlung ein Zepter zulegte, vgl. Schubert, Täufertum, 154 und 292. Baders Messianologie speiste sich, wie Schubert gezeigt hat (a. a. O., 257–306), aus durch Reuchlins *De arte cabalistica* (Von der Kunst der Kabbala, Hagenau 1517) vermittelten kabbalistischen Quellen.

923 Molcho wurde auf dem Reichstag zu Regensburg (1532) eine Audienz beim Kaiser gewährt; bei Re'uveni ist ungeklärt, ob er bei dieser Unterredung zugegen war; vgl. Voß, Umstrittene Erlöser, 171. Molcho wurde 1532 in Mantua auf dem Scheiterhaufen als Ketzer verbrannt.

anbieten.[924] Wie Rebekka Voß gezeigt hat, wurden Molcho und Re'uveni als Gesprächspartner europäischer Fürsten akzeptiert, weil diese ihrer Behauptung, Vertreter eines im Osten existierenden jüdischen Staates zu sein, zumindest zeitweise Glauben schenkten. In einer Zeit, in der spektakuläre geographische Neuentdeckungen von sich reden machten, galt ein solcher messianischer Anspruch, der sich zudem als Zeichen des nahen Weltendes deuten ließ, nicht von vornherein als unglaubwürdig.[925] Erst später wurde Re'uveni der »Lüge« überführt, nach Spanien verschleppt und dort 1538 auf dem Scheiterhaufen hingerichtet.[926] Wenn Luther in seinen exegetischen Ausführungen zeigen wollte, dass die Juden keinen Anlass mehr hätten, auf die Ankunft ihres Messias zu warten, so widerlegte er in diesem Kontext nicht nur aus christlicher Sicht »falsche« jüdische Bibelauslegungen und Lehrmeinungen; er widersprach auch einer gerade wieder aktuell gewordenen Hoffnung. Es ist offenbar kein Zufall, dass er auf die Frage der Auslegung von Genesis 49, 10 in seinen späteren Judenschriften immer wieder zurückkommt.[927]

---

924 Vgl. Schliwski, Italienische Juden. Zu Beginn der Autobiographie Re'uvenis heißt es: »Ich bin David, der Sohn des Königs Salomon, ein Gerechter seligen Angedenkens, und mein Bruder, der König Josef ist älter als ich, und er sitzt auf dem Thron seiner Königsherrschaft in der Wüste Habor und herrscht über dreißig Tausendschaften, über die Söhne Gads und die Söhne Rubens und den Halbstamm Menasseh. Ich reiste vom Angesicht des Königs, meines Bruders, und seiner Ratgeber, siebzig Älteste. Sie hatten mir befohlen, zuerst nach Rom zu gehen vor den Papst, möge sein Ruhm erhaben sein.« (Aescoly, Re'uveni, 7; Übersetzung: Schliwski, a. a. O., 99).

925 Voß, Umstrittene Erlöser, 129.

926 Voß, Umstrittene Erlöser, 184.

927 Vgl. *Von den Juden und ihren Lügen*, WA 53, 450, 17 ff. (= JL, 61 ff.); *Vom Schem Hamephorasch*, WA 53, 10 ff. (= LK, 77 f.); *Von den letzten Worten Davids*: WA 54, 38, 30–33 (hier S. 123 f., 136, 231 und 252). Vgl. die Genesisvorlesung Luthers (WA 42, 450, 33–35): »In diesem Irrtum sind heute alle Juden befangen: Sie erwarten einen Messias, der alle Heiden zerschlägt und den Juden ein leibliches Königreich über alle Völker (*corporale regnum in omnes gentes*) wieder aufrichtet.«

Davididen und Habsburger – der politische Sinn der *Judenschriften*

Auch das für seine *Judenschriften* zentrale Thema des Stammbaumes Jesu hatte für Luther nicht nur einen *theologischen*, sondern auch einen *politischen* Sinn. Es ging, mit anderen Worten, nicht nur um spitzfindige Auslegungsfragen im Zusammenhang mit einer Frage der theologischen Dogmatik (die Jungfrauengeburt), sondern um den legitimen Herrscher der davidischen Dynastie.[928] Luther diskutierte dieses Thema unter dem Blickwinkel der monarchischen Legitimität. Nicht zufällig findet sich in *Von den Juden und ihren Lügen* ein Vergleich des Hauses David mit der im 16. Jahrhundert regierenden kaiserlichen Familie.[929] In diesem Zusammenhang ist daran zu erinnern, dass die ersten wirklich scharf antijüdischen Wendungen Luthers – im Kontext seiner Auslegung des 109. Psalms – sich in einer Schrift finden, die 1526 an Königin Maria, die Schwester König Ferdinands I. von Österreich und Kaiser Karls V., adressiert war.[930] Vor allem aber passt die politische (oder religionspolitische) Deutung dieser Texte zu seiner Schrift *Unterrichtung, wie sich die Christen in Mosen sollen schicken* (1527). In diesem Text lässt sich der Reformator einerseits mit einem scharfen Nein zu Mose vernehmen: »Mose ist tod, sein regiment ist aus gewesen, da Christus kam, er dienet weiter hieher nicht [...] Ich bin kein Jüde, las mich unverworren mit Mose«.[931] Andererseits ließ er im Blick auf seine *Zwei-Reiche-Lehre* eine bemerkenswerte Ausnahme gelten und erkannte eine Art theologisch legitimes »Zwischenreich« an: »Zwischen denen beyden reichen ist noch ein ander reich ynn die mitte gesetzt, halb geistlich und halb weltlich, das fasset die

928 Bultmanns spöttische Bemerkung (Kontroversgespräch, 168), das Thema der Jungfrauengeburt signalisiere »nicht gerade die Eröffnung eines staatsphilosophischen Traktats«, geht teilweise an der Sache vorbei.

929 Vgl. WA 53, 487, 36–38 (= JL, 124).

930 Bultmann, Kontroversgespräch, 153.

931 WA 24, 7, 5–6. 34.

Jüden mit gepotten und eusserlichen Ceremonien, wie sie sich halten sollen gegen Gott und den Menschen für der welt ynn eusserlichem wesen«.[932] Während es Luther an dieser Stelle darauf ankommt, »das Gesetz als durch Christus an sein Ende gebracht und damit auch für die Juden *post Christum natum* außer Kraft gesetzt zu deklarieren«[933], haben wir es im Schlussabschnitt von *Dass Jesus Christus ein geborener Jude sei* mit der *positiven* Vision von einer Art »Zwischenreich« zu tun, das durch die Anerkennung Jesu von Nazareth als »legitimer davidischer König« ermöglicht würde. Zu dieser Anerkennungsforderung passt, dass dieses Verlangen nicht im Stil einer Bekehrungspredigt ergeht, sondern sich auf Vernunftgründe verlässt. Diese Argumentation fällt umso mehr auf, als der Reformator von der Vernunft – in einer Predigt des Jahres 1546 nennt er sie »die hochste hur, die der Teuffel hat«[934] – in theologischen Zusammenhängen sonst wenig hält.[935] Den Juden warf er aber das »Vernunftwidrige« ihrer Schriftauslegung und Theologie vor. Es fehlt dabei jeder Hinweis darauf, wie sich dieser Vorwurf mit seiner Überzeugung verband, dass für die Gottesbeziehung allein der *Glaube* entscheidend ist, den nur Gottes Geist wirken kann. Anhand der Bibel und mit Verweis auf die geschichtliche Erfahrung und die Vernunft wollte er den Juden Jesus Christus als ihren legitimen messianischen König andemonstrieren. Seine Wut war groß, als diese Strategie nicht verfing.[936]

932 WA 24, 6, 4–7; vgl. Marquardt, Versuch, 37.

933 So zu Recht Pangritz, Theologie und Antisemitismus, 467.

934 Vgl. WA 51, 126, 9–10.

935 Vgl. JL, 303 und LK, 261; zu unterschiedlichen Bekehrungskonzepten im 16. Jahrhundert vgl. Kaufmann, Beobachtungen, 60 f.

936 Vgl. Kaufmann, Luthers Juden, 104: »Was war das für ein ›Glaube‹, der aus der Schrift und dem Geschichtsverlauf, aus der Faktizität des jüdischen Elends, ›bewiesen‹ wurde? Wo blieb das Moment des wagenden Vertrauens des einzelnen Glaubenden, wenn die demonstrierbare heilsgeschichtliche Notwendigkeit, der ›Schriftbeweis‹, so stark betont wurde?« In gewisser Hinsicht kann man Luther keine Inkonsequenz vorwerfen: Von Juden forderte er ja keinen »Glauben«; er verlangte, sie sollten seinen (Luthers) Vernunftgründen folgen.

2. Die Bibelhermeneutik Luthers als Wurzel seiner Judenfeindschaft

Luther hatte den Wittenberger Lehrstuhl für Bibelwissenschaften inne; er wäre aber, wie Heinrich Bornkamm einmal bemerkt hat, nach heutigem Sprachgebrauch eher Professor für Altes Testament als für Neues Testament zu nennen gewesen.[937] Jedenfalls fühlte er sich auf dem Gebiet der Bibel des Alten Israel besonders in seinem Element. So machte er die Bibel zum bevorzugten Medium seiner Auseinandersetzung mit den Juden. Die Beschäftigung mit der Bibel durchzog sein gesamtes Leben und Werk. Dem entsprach seine Liebe zur hebräischen Sprache und – wenngleich hier Abstriche zu machen sind (s. dazu unten) – zu den Hilfsmitteln für das Erlernen dieser Sprache, vor allem zur →Grammatik. Daraus ergab sich für ihn die entschlossene Hinwendung zum Wortsinn der Schrift unter Abkehr von allegorischen Aus- und Weiterdeutungen, aber auch die ausgesprochene Skepsis den nachbiblischen Traditionen des Judentums gegenüber, die in die offene und zunehmend hasserfüllte Ablehnung der jüdischen Bibelkommentare (→Glossen) und schließlich die Bekämpfung jüdischer »Lügen« mündete. Bei alldem zeigt sich, dass sich in der Biographie des Reformators Züge der Nähe zum »Jüdischen« mit denen der Ferne, der Abwehr und schließlich des Hasses eigentümlich ineinander verschränken.

Luthers Liebe zum Hebräischen

In Luthers Schrift *An die Rathherren aller Städte deutsches Lands daß sie christliche Schulen aufrichten und halten sollen* (1524) heißt es:

»Denn Gott hat seyne schrifft nicht umb sonst alleyn ynn die zwo sprachen schreiben lassen, das allte testament ynn die

937 Bornkamm, Luther und das Alte Testament, 6; Wendebourg, Ein Lehrer, 1043.

Ebreische, das new ynn die Kriechischen. Welche nu Gott nicht veracht, sondern zu seynem wort erwelet hat fur allen andern, sollen auch wyr die selben fur allen andern ehren.«[938]

Aus diesem Grund nannte der Reformator die »Ebreische sprach heylig«.[939] Um »die schrifft aus zulegen«, sei das Erlernen der Sprachen und die Einrichtung von Schulen unabdingbar.[940] Besonders deutlich kommt das Lob des Hebräischen in den Tischreden des Wittenbergers zum Ausdruck, in denen er die Schönheit dieser Sprache hervorhob[941] und ihre »Eigentümlichkeiten und Feinheiten«[942] pries:

»Die ebräische Sprache ist die allerbeste und reichste in Worten, und rein, bettelt nicht, hat ihr eigene Farbe. [...] Wenn ich jünger wäre, so wollte ich diese Sprache lernen, denn ohne sie kann man die h. Schrift nimmermehr recht verstehen. Denn das neue Testament, obs wol griechisch geschrieben ist, doch ist es voll von Ebraismis und ebräischer Art zu reden. Darum haben sie recht gesagt: Die Ebräer trinken aus der Bornquelle; die Griechen aber aus den Wässerlin, die aus der Quelle fließen; die Lateinischen aber aus der Pfützen.«[943]

Schon während seiner Zeit als Mönch hatte sich Luther für das Hebräische interessiert. Bereits kurz nach Erscheinen besorgte er sich das 1506 von Johannes Reuchlin verfasste grundlegende Werk *De rudimentis hebraicis*, das eine Grammatik mit einem Wörterbuch verband und für das Selbststudium geeignet war. Dieses Buch arbeitete er im Folgenden systematisch durch. Als ihm sein Ordensbruder Johannes Lang eine Ausgabe des hebräischen Psalters schenkte, nahm Luther dies zum Anlass, sich noch eingehender und systematischer mit der Sprache der Bibel

938 WA 15, 37, 18–22.
939 Ebd., 38, 1.
940 Ebd., 40, 18 f.
941 WA TR 1, 203, 17 ff. (Nr. 467).
942 Bornkamm, Luther, 33.
943 WATR 1, 524, 21 f., 525, 15–20 (Nr. 1040); vgl. auch WATR 6, 202–203 (Nr. 6805).

zu befassen – vor allem die Zeit auf der Wartburg 1521/1522 bot Gelegenheit dazu.[944] Die genannte Psalmenausgabe war im November 1516 von dem elsässischen Humanisten Konrad Pellikan (1478–1556) in Basel besorgt worden; dieser Schrift war außerdem die hebräische Grammatik *Institutiuncula in Hebraeam* des Straßburger Gelehrten Wolfgang Capito (1478–1541) beigedruckt. Es waren Philologen wie Pellikan und Capito, denen Luther den sprachlichen Zugang zum Alten Testament verdankte. Überhaupt waren die elsässischen und oberrheinischen Gelehrten den Wittenberger Reformatoren in der Übung des Umgangs mit dem Hebräischen um Jahrzehnte voraus. Später war es umgekehrt kein Zufall, dass der Reformator sich gerade gegen die von der hebräischen →Grammatik beeinflusste Bibelauslegung aus dem Südwesten (und darüber hinaus auch gegen die Konzeptionen einer christlichen Kabbala) wandte, weil er sie nun als »judaisierend«, als theologisch störend empfand.

Im Rahmen der Wittenberger Universitätsreform ab 1517 setzte Luther sich dafür ein, an der Universität einen Hebräischlehrer anzustellen. Im Oktober 1518 nahm Johann Böschenstein, der zuvor in Ingolstadt unterrichtet hatte und der Hebräischlehrer Andreas Osianders gewesen war, auf seine Empfehlung hin diese Position ein.[945] Böschenstein geriet aber schnell in einen Konflikt mit Luther über theologische Fragen. Im Januar 1519 verließ er Wittenberg bereits wieder.[946] Auch sein Nachfolger konnte sich nicht lange halten: Ende 1519 hatte sich der

944 Schreiner, Was Luther vom Judentum wissen konnte?, 63.

945 WABR 1, 210, 46 ff. Carlebach, Divided Souls, 162. Vgl. Lewin, Luthers Stellung, 51–61.

946 Einerseits wurden Böschensteins Sprachkenntnisse anerkannt, andererseits wurde ihm nicht nur vorgeworfen, langweilig und vor allem an trockener Philologie interessiert zu sein, sondern auch »wie ein Jude« zu lehren – so Luther in einem Brief vom 13. April 1519: »*ille noster Bossenstein, nomine christianus, re vera iudaeissimus*« – »unser Bossenstein ist zwar dem Namen nach Christ, in Wahrheit aber noch ganz jüdisch« (WABR 1, 368, [*Briefe von Luther an Johannes Lang, Nr. 167*]). Vgl. Hägler, »Judenfrage«, 220, Anmerkung 54.

zum Christentum konvertierte spanische Jude Matthäus Adriani beworben, der bis dahin in Louvain gewirkt hatte. Adriani wurde zum 30. April 1520 eingestellt.[947] Doch schon im Herbst 1520 kritisierte der Hebräischlehrer Luthers Verständnis des Evangeliums und wurde entlassen. In einem Brief Luthers an Spalatin vom 4. November 1520 heißt es: »Aber er wurde mir auch aus dem Grund zum Feind, weil ich gelehrt hatte, die guten Werke seien nichts wert, sondern allein der Glaube.«[948] Erst mit Matthäus Aurogallus (Goldhahn) gelang eine dauerhafte Besetzung der Stelle; dieser Hebräischlehrer wirkte von 1521 bis 1543 an der Seite Luthers und wurde ihm bei seinen Übersetzungen ein unverzichtbarer Ratgeber.

Aus Luthers Übersetzungsarbeit und dem überragenden Interesse an der Bibel, im Besonderen am Alten Testament, folgte ein anhaltendes philologisches Engagement. Neben der erwähnten Grammatik besaß er noch zwei weitere hebräische Lehrbücher: die von Sebastian Münster ins Lateinische übersetzte Grammatik des jüdischen Sprachgelehrten und Exegeten Moses Kimchi (gest. 1190) und die *Hebraicae Institutiones* Wolfgang Capitos aus dem Jahre 1518. Da er aufgrund seines weitgehend autodidaktischen Studiums Defizite empfand, hatte er den Wunsch, noch zusätzlichen Unterricht in der hebräischen Sprache zu erhalten.[949] Seine Hochschätzung der philologischen Vorgehensweise bringt er in der zweiten Psalmen-Vorlesung (1519/21) auf den Punkt, wenn er schreibt: »*Sed primo grammatica videamus, verum ea Theologica.*« – »Zuerst wollen wir das Philologische betrachten, dieses ist das wahrlich Theologische«.[950]

947 WABR 1, 551, 4–9 und Schreiner, Was Luther vom Judentum wissen konnte, 64–69.

948 WABR 2, 211, 52 f. (»Sed mihi factus est hostis, causans, quod docuerim opera bona nihil valere, sed solam fidem«) ; vgl. auch ebd., 192, 41–44.

949 Schreiner, Was Luther vom Judentum wissen konnte?, 64 und Lewin, Luthers Stellung, 10.

950 WA 5, 27, 8.

Gerade dieses Ineinander von →Grammatik und Theologie führte aber dazu, dass Luther dazu fähig war, seinen Äußerungen zur hebräischen Sprache eine polemische Note zu geben. Wie die Hervorhebung der epochalen Bedeutung der Neuentdeckung des Hebräischen für die Kirche und Kultur der eigenen Zeit mit einer Spitze gegen die kirchliche Tradition verbunden war, die die sprachlichen Grundlagen der Bibelwissenschaft vernachlässigt hatte[951], so führte die Beschäftigung mit den Einzelheiten der hebräischen Philologie zu an die Adresse der Rabbinen gerichteten Anklagen.

Vom vierfachen Schriftsinn zum »Literalsinn«: Luthers »Midrasch«

Luthers Wertschätzung des Hebräischen stand im Einklang mit seiner allmählichen Abkehr von der aus dem Mittelalter überkommenen Annahme eines vierfachen Schriftsinnes. Der traditionelle vierfache Schriftsinn, der ein Nebeneinander der wörtlich-geschichtlichen, dogmatisch-theologischen, moralischen und endzeitlich-eschatologischen Auslegung ermöglichte, wurde bei Luther allmählich durch einen einzigen Schriftsinn, den wörtlichen oder Literalsinn (*sensus literalis*), ersetzt.

Diese Tendenz führte – anders als häufig angenommen wird – aber keinesfalls zu einer größeren Nähe zu jüdischen Zugängen zur Schrift. Die Lehre vom vierfachen Schriftsinn wurde im Mittelalter ja vom Judentum geteilt. Überhaupt sieht die jüdische Tradition die vielfache Deutbarkeit von biblischen Aussagen nicht als Nachteil, sondern gerade als Vorteil.[952] Hinzu kommt,

---

951 Vgl. z. B. WA 54, 45, 8 (*Von den letzten Worten Davids*, in dieser Ausgabe S. 145): »Die hebräische Sprache ist nach der Apostel Zeit wenig und schlecht bekannt gewesen. Es haben sich die lieben Väter und Lehrer am Neuen Testament genügen lassen, darin sie solches und alles reichlich und überflüssig haben.«

952 Vgl. Scholem, Sinn der Tora, 85.

dass der Reformator die Pointe des Literalsinnes gerade in seinem *christologischen* Sinn sah. Das Alte Testament war für ihn ein Buch des Zeugnisses von und für Jesus Christus – der Gegensatz zur jüdischen Auslegung war hier vorprogrammiert.

Ein Aufsatz des jüdischen Philosophen Franz Rosenzweig aus dem Jahre 1926 macht aber deutlich, dass selbst in dieser Frage, die an sich ein Thema betrifft, bei dem der jüdisch-christliche Gegensatz als eindeutig gelten kann, im Laufe der Geschichte unterschiedliche Wahrnehmungen möglich waren. Unter der Überschrift *Die Schrift und Luther* stellt Rosenzweig nämlich Betrachtungen über die Übersetzungsweise des Reformators an und gibt dabei die Beobachtung wieder, dass der Wittenberger sich gerade da *am meisten* auf das Hebräische einließ, wo es um sein eigenes, *auf Christus* bezogenes Glaubensanliegen ging.[953] Verdeutlicht wird dies anhand von Luthers Übersetzung und Erklärung von Psalm 68, 19. Dort wird die hebräische *figura etymologica*, also die im Deutschen stilistisch meist unmögliche Wortwiederholung (שבית שבי – wörtlich etwa: »du hast die Gefangenschaft gefangen«), in ungewohnter Weise imitiert: »Du bist in die Höhe gefahren und hast das Gefängnis gefangen«. Zur Erklärung heißt es, wie Rosenzweig bemerkt, bei Luther: »Hier wäre es wohl gut deutsch gewesen: Du hast die Gefangenen erlöset. Aber es ist zu schwach, und gibt nicht den feinen reichen Sinn, welcher in dem Hebräischen ist, da es sagt: Du hast das Gefängnis gefangen, welches nicht allein zu verstehen gibt, daß Christus die Gefangenen erledigt hat, sondern auch das Gefängnis also weggeführt und gefangen, daß es uns nimmermehr wiederum fangen kann noch soll, und ist so viel als eine ewige Erlösung.«[954]

Diese Auslegung erinnert an eine hermeneutische Debatte über die Schriftauslegung im rabbinischen Judentum des frühen zweiten nachchristlichen Jahrhunderts. Rabbi Jischmael war der Meinung, die Tora »spreche in der Sprache der Men-

953 Vgl. Rosenzweig, Schrift und Luther, 18.

954 Ebd.; zu diesem Text vgl. auch Brumlik, Dialog, 68–69.

schen« (דיברה תורה כלשון בני אדם) – dementsprechend seien Bibeltexte im Hinblick auf die in ihnen zum Ausdruck kommende Idiomatik auszulegen. Rabbi Akiba wollte demgegenüber aus jeder sprachlichen Eigenart (wie der im Hebräischen üblichen *figura etymologica*) und sogar aus jedem Häkchen des geschriebenen Gesetzes »Berge von Halachot« (religionsgesetzlichen Weisungen) herausdeuten (Babylonischer Talmud, Traktat Menachot 29b). Die Auslegungsmethode Rabbi Akibas, die sich im rabbinischen Schrifttum weitgehend durchgesetzt hat, wurde zur Grundlage des Midrasch und der Schriftauslegung im Talmud. Paradoxerweise wollte Rosenzweig die Psalmenauslegung des Reformators demnach als eine Art »christlichen Midrasch« verstehen.[955] Es handelt sich hier um eine Deutung, der, legt man (wie der Fußnotenkommentar dieser Edition es versucht) die rabbinischen Auslegungen, die Luther über Nikolaus von →Lyra kennengelernt hatte, und die Interpretationen des Reformators nebeneinander, mit der gebotenen Zurückhaltung auch heute noch fast etwas abzugewinnen wäre – wenn eben (und davon lässt sich heute nicht mehr absehen) die unsägliche Gewaltrhetorik und die unappetitliche skatologische Sprache des Reformators nicht wäre.

Einwände gegen die jüdischen »Glossen«

Die Nähe zur jüdischen Auslegungstradition, die Rosenzweig hier wahrnahm, konnte in anderer Hinsicht natürlich den Gegensatz des Reformators zu den Rabbinen nur verstärken. Es war ja gerade sein zentrales Auslegungsinteresse, das ihn zunehmend dazu trieb, die Rabbinen zu beschuldigen. Seine Vorwürfe gingen in zwei Richtungen. Einerseits beklagte er sich darü-

955 In einem Brief Rosenzweigs an Martin Buber vom 19. Juni 1925 heißt es zur Charakterisierung »des Jüdischen« beim Reformator gar, Luther sei, verglichen mit der eigenen »Verdeutschung« (Rosenzweigs und Bubers) »fast jiddisch«; vgl. Schaeder, Briefwechsel, 224.

ber, dass die rabbinischen Exegeten Ausflüchte suchten und mit ihren Kommentaren (»Glossen«) eindeutige Aussagen des Wortes Gottes entstellten. Luther hatte keine klare Vorstellung vom Offenbarungsbegriff des nachbiblischen Judentums, das neben der *schriftlichen Tora* (dem Pentateuch) auch die im Talmud niedergelegte *mündliche Lehre* für »sinaitisch« und damit inspiriert und geoffenbart hält; seine Kritik an den jüdischen »Glossen« bezieht sich daher offenbar auf die in den 1517/18 und 1524/1525 in Venedig publizierten Rabbinerbibeln, in denen die wichtigsten mittelalterlichen Kommentare als Marginalglossen mitgedruckt wurden (und bis heute mitgedruckt werden). Da diese Kommentare, in erster Linie Raschi (1040–1105), häufig Bezug auf die spätantike Überlieferung aus Talmud und Midrasch nehmen, war diese auf der jüdischen Lehre der »doppelten Tora« beruhende Auslegungstradition also in die Bibeldrucke integriert.

Luther argumentierte in dieser Hinsicht streng biblisch. Will man seine *exegetischen* Argumente nachzeichnen, so fällt immer wieder auf, dass der Reformator, »biblisch« gesehen, den jüdischen Auslegern gegenüber in einer ganzen Reihe von Einzelheiten gewissermaßen relativ »im Recht« war. Das hängt damit zusammen, dass die Auslegungen des Talmuds, von denen wir heute wissen, dass sie historisch in manchen Fällen auf die christliche Herausforderung reagieren, in der Tat als eine Art »Ausrede« (hebr. תירוץ) erscheinen – was aus jüdischer Sicht freilich alles andere als ein Nachteil ist.[956] In vielen Auslegungen

956 Ein bekanntes Beispiel ist die rabbinische Erklärung von Jesaja 9, 5–6 (»uns ist ein Kind geboren«), mit der Luther sich in *Von den Juden und ihren Lügen* (WA 53, 470, 14–19 = JL, 96) und *Von Schem Hamephorasch und vom Geschlecht Christi* auseinandersetzt (WA 53, 646, 32–647, 9 = LK, 168–169). Die jüdische Lesung (nach der Vokalisierung des masoretischen Textes), die die messianische Interpretation erschwert (demnach soll es heißen: »Der ›Wunderbar‹, ›Rat‹, ›Gott‹, ›Held‹, ›Ewig-Vater‹ wird den Messias Friedefürst nennen«), lässt sich in der Tat am besten als Reaktion auf die christologische Interpretation verstehen. Der Babylonische Talmud (Traktat Sanhedrin 94a) deutet den

prophetischer Stellen waren die Rabbinen, gemessen am Wortsinn des Alten Testaments, nicht nur nicht »näher am Text« als ihre christlichen Gegner. Sie waren (nicht nur nach damaligen, sondern auch nach heutigen Maßstäben) »weiter davon entfernt« – jedenfalls dann, wenn der Ausleger sich auf die Philologie des Literalsinns konzentriert und den Abstand zu midraschischen, talmudischen und kabbalistischen Erklärungen ernst nimmt.[957] Luther musste fremd bleiben, dass die jüdische Schriftauslegung, der es entscheidend auf das Zusammenspiel von mündlicher und schriftlicher Tora ankommt, hier gerade nicht »biblisch« (oder biblizistisch) sein will; das real existierende nachbiblische Judentum, mit dem er es zu tun hatte, ist in diesem Sinn eben keine »biblische Religion«. Die aggressiven Ausbrüche in seinen späten Texten rühren gerade daher, dass der Reformator die Juden mit ihnen in dieser Hinsicht fremden Maßstäben maß. Aus diesen Erwägungen ergaben sich für ihn auch vielfältige Einwände gegen die Kabbala mit ihren buchstaben- und zahlenmystischen Spekulationen und ihrer auf die Spitze getriebene Kunstfertigkeit, für die in der Auslegung kein →Buchstabe unnötig und selbst die graphische Form der Lettern einer Deutung zugänglich ist. An dieser Stelle erreichte Luthers Beschimpfung der Rabbinen ihren Höhepunkt, indem er nämlich behauptete, die Juden hätten die Vokalisationspunkte verfälscht und nach Belieben gegen das Neue Testament gerichtete Doppeldeutigkeiten in den Text eingetragen.[958] Ursprünglich, so Luther, habe das Alte Testament noch klarere Hinweise auf Christus enthalten; diese seien von den Juden aber durch ihre →Glossen und Manipulationen an der →Grammatik unsichtbar gemacht worden. Wenn Luther so argumentierte,

dort falsch gesetzten Buchstaben (das Mem finalis in Jesaja 9, 6: םרבה) ganz offen als Warnung vor einer messianischen Inanspruchnahme des Textes.

957 Vgl. die Kritik der jüdischen Deutungen von Genesis 49, 10 in *Von den Juden und ihren Lügen* (WA 53, 450, 19–462, 15 = JL, 61–82).

958 Vgl. WA 53, 647, 35–648,5 (*Vom Schem Hamephorasch* = LK, 172–173).

war er sich offenbar nicht im Klaren darüber, dass diese Hermeneutik des Verdachts dem überlieferten Text gegenüber mehr Gemeinsamkeiten mit esoterischen Bibelerklärungen hatte, als ihm lieb sein konnte. Wie jüdische Mystiker musste Luther sich nun darauf konzentrieren, verborgene Sinnschichten (waren es bei den Kabbalisten göttliche Emanationen, so war es bei ihm der christologische Textsinn) wiederzufinden und ihnen notfalls gegen den Literalsinn zu ihrem Recht zu verhelfen.[959]

Luthers Intuition, dass Teile des rabbinischen Midrasch und vollends spätere jüdische Auslegungen christliche Deutungen zurückweisen wollen, ist durch die moderne Forschung prinzipiell bestätigt worden.[960] Das heute wahrzunehmen, heißt natürlich nicht, Luthers aggressive Polemik zu rechtfertigen. Die hier zutage tretende Konstellation gibt vielmehr gerade die Widersprüche zu erkennen, in die der Reformator sich verwickelte. Luther nahm die kabbalistischen und bis ins Magische gehenden Spekulationen immerhin so ernst, dass er glaubte, die christliche Lehre gegen sie verteidigen und bei der Auswahl seiner Mittel bis in die letzte brutale Konsequenz gehen zu müssen. Er insistierte auf einem für jedermann verständlichen Sprachgebrauch (*usus loquendi*)[961] – ein aus seinem Kampf gegen die römische Theologie vertrautes Motiv. In dieser Hinsicht vertrat er mit Bezug auf die Bibel eine Hermeneutik, die jede Geheimlehre ablehnte. Seine Leser begegnen hier einer Abwehr des »Obskurantismus«, die im Hinblick auf ihre Aggressivität zu fast »jako-

959 Luthers eigene mystischen Anteile (vgl. Leppin, Die fremde Reformation) waren mit der jüdischen Mystik jedenfalls in keiner Hinsicht kompatibel.

960 Bezogen auf den Midrasch *Genesis Rabba* vgl. etwa Neusner, Interpretation, 30–45; vgl. ferner Boyarin, Dying for God; ders., Border Lines. Wenn Juden die theologische Bedeutung hebräischer →Buchstaben hervorhoben, ging es ihnen um die grundsätzliche Unübersetzbarkeit der Tora; zudem wollten sie den Einfluss des Griechischen und der von Christen verwendeten griechischen Übersetzung des Alten Testaments (Septuaginta) zurückdrängen.

961 Vgl. Hägglund, Martin Luther über die Sprache, 4.

binisch« und terroristisch anmutenden Mitteln griff. Durch die Beschimpfung seiner Gegner, die ihre Spitze in finstersten dämonologischen Verdächtigungen erreichte, wurde der Reformator selbst zu einem »Dunkelmann«.

Zugleich – hier liegt eine gewisse Spannung zum oben referierten Kritikpunkt – warf Luther den jüdischen Auslegern vor, die grammatischen Regeln der hebräischen Sprache *zu genau* zu nehmen. In jüdischer Auslegung werde die →Grammatik zu einem Vorwand, vom eigentlichen Anliegen der Bibel abzulenken.[962] In dieser Hinsicht sei zu betonen, dass die Anwendung philologischer Regeln gegenüber dem lebendigen Gebrauch der Sprache in konkreten Lebenssituationen zweitrangig bleiben müsse. Diesen Grundsatz befolgte der Reformator auch bei seiner Bibelübersetzung und in der Konfrontation mit der Theologie der römischen Kirche. In seinem *Sendbrief vom Dolmetschen* (1530) fasste er sein Verständnis des Übersetzungsvorgangs zusammen und enthüllte damit ein Verständnis menschlicher Kommunikation, das für ihn auch im Hinblick auf die Erklärung der Bibel selbst leitend war: »[...] man mus nicht die buchstaben inn der lateinischen sprache fragen, wie man sol Deutsch reden, wie diese esel [d. h. die römischen Theologen] thun, sondern man mus die mutter im hause, die kinder auff der gassen, den gemeinen man auf dem marckt drumb fragen, und den selbigen auff das maul sehen, wie sie reden, und darnach dolmetschen, so verstehen sie es den und merken, das man Deutsch mit jn redet.«[963]

962 Ironischerweise entspricht diese Distanz Luthers gegenüber grammatischen Prinzipien der Skepsis, mit der orthodoxe Talmudgelehrte seit dem 16. Jahrhundert das Studium der hebräischen →Grammatik bekämpften, um die »aus jedem Häkchen« gedeuteten traditionellen Midrasch-Auslegungen vor den Anfechtungen der Sprachwissenschaft zu schützen; auch im Judentum gab es also einen Gegensatz zwischen theologischem Interesse und Philologie; vgl. Schatz, Sprache, 75–90.

963 WA 30/2, 637, 17–22.

Erläutern lässt sich Luthers Strategie besonders deutlich anhand des in allen *Judenschriften* zentralen Motivs der »Lügen« und der Abwehr von »Lügen«. Die Bedeutung dieses Stichworts – bereits im ersten Satz von *Dass Jesus Christus ein geborener Jude sei* – erhellt sich für Luther aus einem Satz, der vielleicht als sein Lieblingssatz gelten kann: »Gott ist kein Lügner, dass er lüge« (Numeri 23, 19).[964] Für den Reformator ergab sich aus diesem Satz eine theologisch-moralische Aufladung von biblischen Auslegungsfragen und ein Imperativ, der auf die Eindeutigkeit und Widerspruchsfreiheit biblischer Texte abzielte. All dies kulminierte 1543 in seinem Hass-Traktat *Von den Juden und ihren Lügen*. Im Gegenüber zum Judentum ging es ihm zunehmend darum, die mithilfe der eigenen Auslegung erhobenen Wahrheiten abzusichern. Das hohe theologische Pathos ließ jeden Widerspruch als satanisch erscheinen.

Der Stammbaum Jesu

Bezogen auf die Luther immer wieder beschäftigende Frage der Jungfrauengeburt und des Stammbaumes Jesu hieß der Lehrsatz, dass Gott und sein Wort nicht lügen *konnten*, dass Widerspruchsfreiheit mit allen Mitteln hergestellt werden musste. Den Nachweis, dass eine solche Übereinstimmung möglich war, erbrachte er im zweiten Teil seiner Schrift *Vom Schem Hamephorasch*; aber bereits in *Dass Jesus Christus ein geborener Jude sei* warf dieses Anliegen seinen Schatten voraus. Zusätzlich musste die Jungfrauengeburt durch die traditionellen Messias-Stellen des Alten Testaments abgestützt werden; Luther bewegte sich hier auf den Spuren der gängigen Kontroversliteratur des Mittelalters. Andererseits ist seiner Behandlung traditioneller christlich-messianischer Belegstellen aus dem Alten Testament wie des Verses Jesaja 7, 14 (»eine Jungfrau wird schwanger werden«) bereits 1523 eine Dringlichkeit ab-

964 Klappert, Erwählung, 370.

zuspüren, die sich zwanzig Jahre später in einer Polemik und Aggressivität entlud, die den mittelalterlichen Rahmen sprengte.

Auch wenn dies in der ersten *Judenschrift* noch nicht explizit wird, mündete die Alternative *Wahrheit oder Lüge* doch mit einer gewissen Konsequenz in die Zuschreibung der Lüge an den *Satan*. Die Anlehnung an das Johannesevangelium, in dem in einem Atemzug vom Teufel als dem »Vater der Lüge« und den Juden als »Teufelskindern« die Rede ist (Johannes 8, 44), ergibt sich in dieser Perspektive für die späteren *Texte* beinahe von selbst. Dies gilt umso mehr, als die Frage der Abstammung und Zeugung Jesu, also seiner Gotteskindschaft, von Anfang an *thema probandum* der *Judenschriften* war. Je mehr Luther sich in dieser Frage in die Konfrontation mit seinen (wie auch immer imaginierten) Gegnern hineinsteigerte, umso klarer wurde ihm die Konsequenz: Wer die biblisch bezeugte Gottessohnschaft Jesu bestritt, musste selbst ein Kind des Satans sein.

Die erste Freudenbotschaft der Bibel, das *Protevangelium*

Von dieser Schlussfolgerung ausgehend, zeichnete Luther das Bild eines die gesamte menschliche Geschichte umgreifenden Gegensatzes von Gottes- und Teufelskindern. Das →*Protevangelium* von Genesis 3, 15, das diesen heilsgeschichtlichen Gegensatz als Kampf zwischen dem »Samen der Frau« (d. h. Evas) und dem »Samen der Schlange« begreift – ein beliebter Topos bei den Kirchenvätern, die »die Frau« als Maria deuteten – ist ein Text, der in unterschiedlicher Ausführlichkeit in drei der *Judenschriften* behandelt wird.[965] Damit war ein Motiv angesprochen, das das Grundthema der »Zeugungen« in der Genesis berührt. Das Neue Testament griff dieses Thema gleich im ersten Kapitel des Mat-

965 *Dass Jesus Christus ein geborener Jude sei*: WA 11, 316, 5–317, 29 (vgl. oben S. 9 ff.); *Von den Juden und ihren Lügen*: WA 53, 482, 24 und 484, 10–12 (= JL, 116 und 118); *Vom Schem Hamephorasch*: WA 638, 29–639, 24 (= LK, 145–147).

thäusevangeliums auf. Aufmerksamen Lesern war dort immer die prominente Rolle verschiedener »problematischer Frauen« der biblischen Geschichte im Stammbaum Jesu aufgefallen. Tamar – sie tritt als Prostituierte auf –, die »Hure« Rahab aus dem Josuabuch und die Moabiterin Ruth stehen als Ahnfrauen Jesu hier neben der nach Ehebruch und dem Mord an ihrem vorigen Ehemann zur Gemahlin Davids aufgestiegenen Bathseba, der Mutter des Königs Salomo.[966] Antichristliche Traditionen der jüdischen Populärliteratur hatten diese etwas zweifelhaften Motive in den *Toledot Jeschu* zu einem grotesken und spöttischen Gegenevangelium (»Maria als Hure«) weitergesponnen. In *Vom Schem Hamephorasch und vom Geschlecht Christi* ist der zweite Teil des Titels als deutsche Übersetzung des hebräischen Terminus *Toledot* (»Zeugungen«, »Genealogien«) zu deuten. Auch sonst ließ der Reformator sich durch naheliegende Motivverschränkungen anregen. Dass er dabei seine überbordenden und unappetitlichen Fantasien aus dem Sexual- und Fäkalbereich zu Papier brachte, ist auch als Reaktion auf die Beleidigung Marias als »Hure« zu deuten.[967]

Adam als »Christ« – die Universalität des Evangeliums

Die Einzelheiten des Stammbaumes waren für den Reformator nicht nur deshalb von Belang, weil die Abfolge der menschli-

966 Vgl. Matthäus 1, 3.5 f. mit Verweis auf Genesis 38, das Buch Ruth und 2. Samuel 11–12.

967 Man sollte daran erinnern, dass die *Toledot Jeschu* (neben dem *Sefer Nizzahon vetus*, einer scharf antichristlichen Polemik aus dem späten 13. oder frühen 14. Jahrhundert) auch nach dem Urteil Johannes Reuchlins einen so gotteslästerlichen Inhalt hatten, dass sie verbrannt werden sollten: Vgl. Reuchlin, Schriften zum Bücherstreit, 54. Das anonym verfasste »alte« *Sefer Nizzahon vetus* (hebräisch: »Buch des Sieges« [über das Christentum]) ist von dem *Sefer Nizzahon* zu unterscheiden, das ca. 1401–1405 von dem jüdischen Gelehrten Jomtov Lipmann Mühlhausen aus Prag verfasst wurde und ebenfalls eine energische Verteidigung des jüdischen Glaubens enthält.

chen Geschlechter von Adam bis Christus die Universalität der Heilsbotschaft des Evangeliums garantierte. Auf dem Spiel stand für ihn auch die Zusammengehörigkeit, ja Einheit von Altem und Neuem Testament. Nach seiner Überzeugung war diese Einheit nicht nur aus der Komplementarität der alt- und neutestamentlichen Texte herzuleiten; sie ergab sich vor allem aus der Tatsache, dass beide Teile der Bibel ein und denselben dreieinigen Gott bezeugen. Die Spuren dieses Gottes will Luthers Schrift *Von den letzten Worten Davids* sichtbar machen.[968] Da der erste Mensch an eben diesen Gott »glaubte« und sogar von ihm »predigte«, war er bereits ein »Christ«. Adam als Urvater aller Menschen und zugleich als Ausgangspunkt einer Linie, die bis zum Messias führt – dieses Thema ist in allen *Judenschriften* Luthers präsent.

Der Vorwurf der »Teufelskindschaft« als Antwort auf Sebastian Münsters *Messiasdialog*

Von der theologischen Bedeutung Adams aus wird auch der Bezug der Hetzschrift *Von den Juden und ihren Lügen* auf Sebastian Münsters *Messiasdialog* verständlich – ein Text, der mit Ausführungen über Gefahren beginnt, die von Begegnungen mit Lilith, der zur Dämonin gewordenen ersten Frau Adams, ausgehen.[969] Es ist kein Zufall, dass die »Zeugungen Adams« mit Lilith – nach dem Talmud kamen auf diese Weise Dämonen, Geister und »Nächtlinge« (שדין רוחין ולילין) zur Welt[970] – im Kontroversgespräch eines Christen *mit einem Juden* zum Thema werden. Auf

968 Vgl. oben S. 113 ff.

969 Münster, Messias-Dialog, 39 f. Burnett, Dialogue, 167, urteilt, diese Passagen hätten »almost nothing to do with the messiah«. Er verkennt dabei die messianische Bedeutung des Themas der »Zeugungen Adams« für die jüdische, aber auch christliche Theologie. Auf das Thema der Zeugung von Dämonen durch Adam geht auch Reuchlin im ersten Buch von *De arte cabalistca* ein (Sämtliche Werke, Band II, 1, 91).

970 Babylonischer Talmud, Traktat Eruvin 18b und Sohar I, 19b.

solche oder ähnliche Weise stellte sich der vulgäre judenfeindliche Volksglaube die satanische Beteiligung bei der Entstehung jüdischer »Teufelskinder« vor. Der jüdische Gesprächspartner in Münsters Dialog malt diese obskure Lehre der talmudischen Embryologie und Teratologie (der Lehre von der Entstehung menschlicher Missbildungen) noch weiter aus: Die Beschaffenheit und das Aussehen der gezeugten Kinder hängen demnach vom züchtigen oder unzüchtigen Verhalten der Eltern beim ehelichen Verkehr und insbesondere von der Beachtung der Reinheitsgebote ab.[971] In *Von den Juden und ihren Lügen* tut Luther entsprechende Behauptungen, die seiner Darstellung nach von Juden mit Bezug auf Jesus in die Welt gesetzt worden seien (vgl. z. B. WA 45, 544, 22–24), nicht etwa als lächerlich ab. Er hält sie für schmerzhafte Beleidigungen. Noch seine Abschiedspredigt in Eisleben vom Februar 1546, sein letzter Auftritt auf einer Kanzel vor seinem Tod am 18. Februar 1546, spielt auf solche Vorstellungen an und nimmt sie zum Anlass, die Vertreibung der Juden zu fordern.[972]

---

971 Vgl. Münster, Messias-Dialog, 38. Dort wird die besondere Schönheit jüdischer Frauen damit erklärt, dass diese die Reinheitsgebote beachteten und auf Sexualverkehr während der Zeit ihrer Menses verzichteten. Getadelt wird auch der »schamlose« Vollzug des ehelichen Verkehrs »am Tage« (bei Licht). Der ganze Abschnitt spielt auf entsprechende Spekulationen im Babylonischen Talmud an. Dort ist im Traktat Nedarim 20a aus dem Munde des Rabbi Jochanan ben Dehava'i von göttlichen Strafen die Rede, die sexuelles Fehlverhalten betreffen: »Lahm sind [Kinder] deshalb, weil [die Eltern] ihren Tisch umdrehen«, d. h. den Beischlaf in umgekehrter Lage vollziehen; vgl. Goldschmidt, Talmud, Band 5, 406; weitere Spekulationen, die der rabbinische Sprecher von den Dienstengeln gelernt haben will, betreffen das Betrachten oder Küssen der Schamteile (das Kind wird stumm oder blind) sowie Unterhaltungen während des Beischlafes (mit der Folge, dass das Neugeborene taub sein wird).

972 Vgl. Morgenstern, Luthers letzte Tage, 448–458 und oben S. 269.

3. Wahrnehmungen des »Jüdischen« im 16. Jahrhundert

Thomas Kaufmann hat das Judenbild Luthers als »Konglomerat diffuser Ängste, kalkulierter publizistischer Aktivitäten, spezifisch aktivierter biblischer Traditionsbestände, auch des Ressentiments, des kulturellen Herkommens, der Phantasie« bezeichnet und von einem »Phantom« gesprochen.[973] Im Hinblick darauf, dass Juden in der Tat nur »an den Rändern von Luthers Lebenswelt«[974] vorkamen und der Reformator zeit seines Lebens mit wenigen (zudem häufig konvertierten) Juden real Kontakt hatte, natürlich auch hinsichtlich der geschilderten dämonologischen Ableitungen und abergläubischen Konstruktionen, wird man dieses Urteil nur bekräftigen können. Will man die Sicht des Reformators auf das Judentum in ganzem Umfang in den Blick nehmen, reicht diese Beschreibung aber vielleicht nicht aus. Dies wird bei der Interpretation der Schrift des Jahres 1538 *Wider die Sabbater* deutlich. Inwieweit waren die vom Reformator attackierten Konvertiten zum Judentum wirklich nur »Produkt der Phantasie«, ein »aus der Angst vor jüdischer Proselytenmacherei genährter Popanz«?[975] Die Frage nach der Berechtigung der ja nicht ohne moralische Entrüstung vorgetragenen Abqualifizierung der Wahrnehmungs- und Darstellungsweise Luthers berührt die Frage, wie im deutschsprachigen Raum des 16. Jahrhunderts überhaupt Juden wahrgenommen werden konnten und tatsächlich wahrgenommen wurden – und dies nicht nur von Christen, sondern auch, wie sie sich selbst wahrnahmen.

973 Kaufmann, Luthers Juden, 16.

974 So ist das zweite Kapitel von Kaufmanns *Luthers Juden* überschrieben (a. a. O., 18–47).

975 Kaufmann, Luthers Juden, 102; ders., »Judenschriften«, 89.

Die »Sabbater«

Als geschichtlicher Hintergrund der Vorwürfe Luthers gegen »die Juden«, sie würden Mission betreiben, galt in der Forschung lange Zeit das Auftreten kleiner chiliastischer Gruppen in Mähren im frühen 16. Jahrhundert, die eine Art christlicher Sabbatheiligung eingeführt hätten und von Luther deshalb »Sabbater« genannt würden.[976] Freilich werden in *Wider die Sabbater* weder die Region Mähren noch täuferische Gruppen selbst genannt. Anhaltspunkt dieser Hypothese sind vielmehr zwei Tischreden des Reformators aus dem Frühjahr 1537[977] und vom Februar 1538[978], in denen davon die Rede ist, dass die »Sabbati« mit ihrem Aberglauben Christen in Böhmen abspenstig machten und zur →Beschneidung überredeten. Hinzu kommt die Tatsache, dass Luther bereits 1532 von dem nordböhmischen Grafen Wolf Schlick auf Falkenau die Nachricht von angeblich erfolgreichen jüdischen Missionsbestrebungen in Mähren erhalten hatte.[979] Von daher wird angenommen, dass es sich bei Graf Wolf Schlick, dem Luther fünf Jahre später auch seine als Brief stilisierte Schrift *Von den Juden und ihren Lügen* widmen sollte (WA 53, 417–552 = JL, 3), um den »guten Freund« handelte, dem der Reformator auch seine Schrift des Jahres 1538 zusandte.[980]

---

976 Vgl. WA 50, 310; zum Hintergrund vgl. Rothkegel, Sabbater, 59–76; ders., Sabbatarismus, 114–115.

977 WATR 3, Nr. 3597, 442.

978 WATR 4, Nr. 3768, 599 f.; zu beiden Tischreden: Kaufmann, Luthers »Judenschriften«, 84.

979 WA 50, 309; vgl. auch Kaufmann, »Judenschriften«, 87, Anm. 26 und WATR 1, Nr. 356, 149, 4–6.

980 Kaufmann (»Judenschriften«, 88) plädiert dafür, diese »in der Forschung zumeist als Faktum behandelte Identifikation« fallen zu lassen (mit etwas anderer Tendenz, a. a. O., 171). In der Tat geht die Information über den Empfänger des Textes – abgesehen von einer Stelle in Luthers Tischreden (WATR 4, Nr. 4795, 517, 8–10) – nur auf Johannes Mathesius zurück, den frühesten Biographen Luthers (vgl. WA 50, 310; zur Möglichkeit eines Missverständnisses aufseiten des Lutherbiographen vgl. Kaufmann, ebd., Anm. 26).

Vor diesem Hintergrund widmete sich die Forschung der vergangenen Jahrzehnte der Frage, wie die genannten mährischen Gruppen und ihr möglicher Einfluss zu beurteilen sind. Bei Kaufmann ist von täuferischen »Kleinstgruppen im Umkreis des Chiliasten Oswald Glaidt« die Rede.[981] Bei dem baptistischen Kirchengeschichtler Martin Rothkegel, der neben den südmährischen sabbatarischen Täufergemeinden auch entsprechende Gemeinden in Böhmen nennt, wird das Phänomen aber in etwas größeren Dimensionen geschildert. Rothkegel konstatiert, dass nach 1531 ein erheblicher Teil der Bevölkerung der Stadt Nikolsburg die Sabbatobservanz angenommen habe.[982] Im Übrigen sei von einem »Anspruch der Nikolsburger Reformation« auszugehen, »nach dem Vorbild von Wittenberg und Zürich ein eigenständiges Zentrum reformatorischer Praxis und Lehre« auszubilden.[983] Insgesamt wird man vermutlich von einer Entwicklung ausgehen können, die Luther nach seinen Erfahrungen u. a. mit Thomas Müntzer durchaus für bedrohlich halten konnte. Im Hinblick auf die Beobachtung, dass ein jüdischer Einfluss in den genannten Täufergemeinden nicht feststellbar sei, stimmen beide Autoren aber überein.[984] Die Existenz dieser Gruppen kann demnach wohl nicht eine in welcher Form auch immer wirksame jüdische »Mission« belegen.

Aus der Feststellung, dass das mährische Täufertum nicht zu den von Luther angesprochenen Phänomenen passt, ist aber

981 Kaufmann, »Judenschriften«, 87.

982 Rothkegel, Sabbatarismus, 127–129.

983 Rothkegel, a. a. O., 130.

984 Rothkegel, Sabbater, 75; ders., Sabbatarismus, 145. Es gibt freilich Überlegungen, die Verbindungen zwischen Vertretern des »linken« Flügels der Reformation mit Juden auf anderem Wege glaubhaft zu machen. Demnach soll es in Prag Sabbatarier gegeben haben, die in enger Verbindung zu Juden standen; auch soll die Prager jüdische Familie Horowitz Sympathien für den Messiasprätendenten Salomo Molcho gehabt haben; vgl. Kaufmann, »Judenschriften«, 87; Fraenkel-Goldschmidt, Josel von Rosheim, 204 ff.: Hĕrman, Conflict, 39–54.

nicht zu folgern, dass *in dieser Hinsicht* ein »Popanz«[985] aufgebaut wurde. Denn der Reformator – die Argumentation folgt hier einem Zirkelschluss – hatte die böhmisch-mährischen Täufer in seinem Text ja gar nicht erwähnt. Auch die zweite Voraussetzung der üblichen Argumentation, die Annahme, Luther habe die aktive Rolle von jüdischen Missionspredigern und darüber hinaus reale Konversionen zum rabbinischen Judentum im Auge gehabt, ist infrage zu stellen. An keiner Stelle gibt *Wider die Sabbater* eine Kenntnis der rituellen Vorgänge, die mit einem Übertritt zum rabbinischen Judentum (Giur) verbunden waren (und sind), etwa der Konversionstaufe, zu erkennen oder spielt auf sie an.[986]

Das Judentum – keine »Religion« zum Übertreten

Thema dieser Schrift ist vielmehr erneut die *Schriftauslegung*. Es ist nun methodisch ratsam, sich nicht mit der Auskunft zufriedenzugeben, Luther habe in seinem Text über die »Sabbater« selbst keine Angaben gemacht. Als fruchtbarer wird die Annahme gelten können, dass das »falsche« Schriftverständnis, das der Reformator in seinem Text beschreibt und bekämpft, nach seinem Urteil eben die »Irrlehre« der Sabbater ist.[987] Will man in dieser Angelegenheit zu einem Urteil kommen, darf man bei der Beurteilung des Sachverhaltes zudem nicht in anachronistischer Wei-

985 Kaufmann, Luthers Juden, 102; ders, »Judenschriften«, 89.

986 In *Von den Juden und ihren Lügen* berichtet Luther von Einzelheiten des rabbinischen Beschneidungsvorganges, wie er sie der 1530 erschienenen Schrift *Der gantz Jüdisch Glaub* des Konvertiten Antonius Margaritha entnommen hatte. Insbesondere die sogenannte Peri'a, das Einreißen der inneren Hautschicht der Vorhaut, hielt er mit Blick auf die schreienden »Knäblein« für grausam (WA 53, 430 = JL, 25–26); von tatsächlich beschnittenen Konvertiten ist im Kontext aber nirgendwo die Rede.

987 Nach Kaufmann (»Judenschriften«, 87) erfährt man von den Sabbatern »in Luthers Schrift eigentlich nichts«.

se erst seit der Aufklärung übliche Religionsbegriffe zugrunde legen. Die Vorstellung, dass ein Christ, der sich beschneiden (oder ein Jude, der sich taufen) ließ, zu einer »anderen Religion« übertrat, war dem 16. Jahrhundert fremd. Wir haben gesehen, dass Luther in *Von den letzten Worten Davids* ausführlich darlegt, dass schon die Frommen des Alten Bundes an den dreieinigen Gott glaubten und daher »Christen« waren. Nach Luther waren die Juden, die Jesus von Nazareth nicht als ihren Messias anerkannt hatten, von ihrem wahren Glauben »abgefallen«. In spiegelbildlicher Weise hieß es daher von Zeitgenossen, die »judaisierten«, d. h. die »falsche« jüdische Lehre übernahmen, sie seien zu »Juden« geworden. Ein »Jude« zu werden, hieß in den späten *Judenschriften*, die in diesen Texten angegriffene Position zu beziehen. In diesem Sinne erzählte der Reformator, dereinst hätten ihn einmal drei Juden in Wittenberg in der Hoffnung besucht, »sie würden einen newen Juden an mir finden, weil wir hie zu Witenberg Ebraisch anfiengen zu lesen«.[988] Schon weil ein solches Unterfangen für jeden, der es versuchte, lebensgefährlich war, kann Luther an dieser Stelle nicht meinen, die ihn besuchenden Juden hätten allen Ernstes versucht, ihn einem regelrechten rabbinischen Konversionsverfahren (Giur) zu unterziehen. Ein ähnliches Verständnis des »Judeseins« ist gemeint, wenn Luther in *Dass Jesus Christus ein geborener Jude sei* davon schreibt, die »Papisten« hätten angefangen, ihn »eyn Juden zu schelten«.[989] Dabei ist in Rechnung zu stellen, dass der Vorwurf des Judaisierens – auch die Unterstellung, der jeweilige Gegner habe jüdische Vorfahren und sei im Grunde ein Jude[990] – eine gängige und gefürchtete Münze in der konfessionellen Auseinandersetzung des 16. Jahrhunderts war. In diesem Sinne hielt Luther Sebastian Münster für einen »Judaisierer«; in ähnlicher Weise

988 WA 53, 461, 20 f. = JL 81.

989 WA 11, 316, 3.

990 So wurden etwa der Nürnberger Reformator Osiander und der zeitweilige Wittenberger Hebräischlehrer Böschenstein »verdächtigt«, Juden zu sein; vgl. Morgenstern, Noblesse-Rocher, Osiander, 19–20.

war später bei Lutheranern auch von einem »Calvinus Iudaizans« die Rede.[991] Spiegelbildlich galten für die »Altgläubigen« Luther und seine Anhänger als Judenfreunde und Judaisierer.[992] Besondere Beachtung verdient, dass der Jerusalemer Kabbalist Abraham ben-Eliezer Ha-Levi (etwa 1460–1530/35), der in den 1520er-Jahren unter dem Eindruck der positiven Auswirkungen der Reformation für die Juden stand – möglicherweise hatte er *Dass Jesus Christus ein geborener Jude sei* zwar nicht selbst gelesen, aber doch von dieser Schrift gehört –, die Ereignisse in Europa als Zeichen des baldigen Eintreffens der Erlösung deutete. Dabei hielt er Luther selbst für eine Art Kryptojuden, der darauf hinwirke, dass am Ende der Zeiten dereinst aus Heiden Juden würden.[993] Zur Konfusion mag beigetragen haben, dass auch die das Reich von Südosteuropa aus bedrohenden Türken mit den Juden in Verbindung gebracht wurden. Nach einer sagenhaften Überlieferung im apokryphen 4. Esrabuch galten sie als Abkömmlinge der zehn verlorenen Stämme Israels, die zur Zeit des Propheten Hosea in ein fremdes Land gezogen seien, von wo sie am Ende der Zeiten heimkehren würden.[994] Die Tradition von den »roten Juden« – so wurden sie im deutschsprachigen Raum genannt – erhielt weiter Nahrung durch die Tatsache, dass das Osmanische Reich nach den Vertreibungen der Juden von der Iberischen Halbinsel um die Jahrhundertwende viele jüdische Flüchtlinge aufgenommen hatte. Diese Identifizierung, die Vorstellung einer

991 Vgl. Kaufmann, »Judenschriften«, 172–174 und 178–179 (zum »judaisierenden« Calvin); Pak, Judaizing Calvin; Burnett, Christian Hebraism, 118 f. Zur Einebnung der Unterschiede zwischen Juden und »Ketzern« bei Luther: Bultmann, Kontroversgespräch, 146–148 und 153.

992 Vgl. Kaufmann, »Judenschriften«, 161–163; zu den Vorwürfen Johannes Ecks gegenüber Luther und seinen Anhängern vgl. Morgenstern, Noblesse-Rocher, Osiander, 35. Zum gegenseitigen Vorwurf des »Judaisierens«: Schneider-Ludorff, Die Reformatoren und die Juden, 92–95.

993 Vgl. Morgenstern, Luther – »lo tahor«, 233–246.

994 Vgl. 4. Esra 13, 29–52.

nicht nur metaphorischen, sondern realen Verwandtschaft der Juden mit den Türken, wurde von Luther geteilt, der seine Sicht der Dinge 1530 in seiner Schrift über die biblische →Gog- und Magog-Prophetie darlegte.[995] Die politische Brisanz dieser Konstruktion für die europäischen Juden, die in dieser Konstellation dann als eine Art Vettern ihrer orientalischen Brüder zu gelten hatten, lag auf der Hand.[996]

Argumentationsnöte Luthers und der Reformatoren

Zur Schärfe des Tones in Luthers späten *Texten* mag die Tatsache beigetragen haben, dass es hier um eine Thematik ging, bei der der Reformator eine Art offener Flanke empfand. Bereits 1524 hatte der altgläubige Theologe Johannes Cochläus in seiner Schrift *De authoritate ecclesiae et scripturae adversus Lutheranos* darauf hingewiesen, dass die Ersetzung des Sabbats durch den Sonntag auf einer kirchlichen Setzung beruhe und biblisch nicht zu begründen sei. Melanchthon berichtete später darüber, von altgläubiger Seite sei, um das evangelische *sola scriptura* ad absurdum zu führen, »kein exempel so hoch getrieben« worden wie die Verlegung des Ruhetags auf den Sonntag.[997] Auch die Evangelischen müssten daher die Autorität der Kirche anerkennen.[998] Mit einer gewissen Folgerichtigkeit kam das Thema der Sabbatobservanz auch in einer Aufstellung der reformatorischen Lehrmeinungen vor, die Johannes Eck 1530 dem Reichstag in Augsburg vorleg-

995 WA 30/2, 224, 10; vgl. Gow, Red Jews, 157 und 179; Schubert, Täufertum, 150 f.; zu den Informationen über die »roten Juden« bei Victor von Carben vgl. Schulze, Judenfeindschaft, 25 f.

996 Voß, Umstrittene Erlöser, 149.

997 Rothkegel, Sabbatarismus, 137; ders., Sabbater, 73; in Artikel 28 der 1530 verabschiedeten *Augsburgischen Konfession* wird (unter Bezug auf die Diskussion um den Sabbat) Bischöfen die Vollmacht, aus eigener Machtvollkommenheit kirchliche Feiertage für verbindlich zu erklären, ausdrücklich bestritten.

998 Rothkegel, Sabbater, 73; Kaiser, Ruhe der Seele, 136–141.

te.[999] Dazu passte, dass der täuferische Theologe Andreas Fischer anhand von alt- und neutestamentlichen Bibelstellen den Nachweis führen wollte, dass Christus, die Apostel und die frühen Kirchenväter den siebenten Tag, also den Sabbat, geheiligt hätten; dieser sei der gewöhnliche Versammlungstag der frühen Christen gewesen. Erst Papst Viktor und nach ihm Kaiser Konstantin hätten die Sonntagsruhe zum Gesetz gemacht. Aus Sicht der Wittenberger Reformation handelte es sich bei diesen Argumenten allesamt um »jüdische« Herausforderungen und Versuchungen.[1000] In ähnlicher Weise wurde das Anliegen Luthers durch den 1527 von Petrus Sylvius erhobenen Vorwurf in Verlegenheit gebracht, seine abwartende Haltung gegenüber den Türken, die auf den Verzicht auf militärische Abwehr abzielte, begünstige die Feinde des Reichs, und Luther fördere daher die »Unterdrückung« der Christen durch die »Juden«.[1001] Dass ein Teil der Täufergemeinden unwillig war, sich an der Türkensteuer zu beteiligen – diese Haltung war, anders als Luthers Position in der Türkenfrage, in einem sich auf die Bergpredigt berufenden Pazifismus begründet –, ist ein weiteres Beispiel dafür, dass und wie das Geltend-Machen bibeltheologischer Einsichten im 16. Jahrhundert politische Relevanz haben konnte.[1002]

999 Rothkegel, Sabbater, 64.

1000 Rothkegel, Sabbater, 67. Bei Fischer hieß es: »Glauben wir doch mit den Juden, das ein einiger Gott sey, und das hail ist uns von inen komen, und sein dannoch nit Juden, warumb sollten wir nit mit inen den sabbat halten mögen?« Vgl. auch Rothkegel, Sabbater, 76 und Kaiser, Ruhe der Seele, 282.

1001 Kaufmann, »Judenschriften«, 162 f.

1002 Rothkegel, Sabbater, 62. Dass seit etwa 1529/30 gerade diejenigen Täufer »Sabbater« genannt wurden, die den radikalen Pazifismus ablehnten und deshalb auch unter dem Namen »Schwertler« bekannt wurden – nämlich die von Balthasar Hubmaier in Nikolsburg gegründete Gruppe –, muss aus der Perspektive Luthers, für den die Täufer allesamt unter die Rubrik des judaisierenden Schwärmertums fielen, nicht ins Gewicht fallen; Rothkegel, a. a. O., 63.

Jüdisch-messianische Bewegungen im frühen 16. Jahrhundert

Möglicherweise lässt sich noch ein anderer Gesichtspunkt namhaft machen, um Luthers Wahrnehmung einer »jüdischen Gefahr« zu erklären, die zu seinem Pamphlet gegen die »Sabbater« führte. Die genauere Untersuchung des biographischen Kontextes, in dem der Reformator *Wider die Sabbater* verfasste, macht einen Zusammenhang mit einem Briefwechsel wahrscheinlich, den Luther im Sommer 1537 mit Josel von Rosheim führte, dem Vertreter der Judenschaft im Heiligen Römischen Reich Deutscher Nation.[1003] Josel hatte sich zuvor an Luther gewandt, da Kurfürst Johann Friedrich von Sachsen 1536 die Juden aus seinem Herrschaftsbereich vertrieben hatte. Mit einem Empfehlungsbrief der Straßburger Reformatoren Martin Bucer und Wolfgang Capito ausgestattet, bat Josel in Wittenberg um Fürsprache und Vermittlung mit dem Ziel, den Juden wenigstens ein Durchzugsrecht durch das Kurfürstentum zu verschaffen. Luthers ablehnende Antwort vom 11. Juni 1537 ließ in der Sache an Klarheit nichts zu wünschen übrig: Der Wittenberger weigerte sich sogar, Josel zu treffen, der an der Grenze des Kurfürstentums auf ihn wartete. Vergleicht man den Ton des Briefes – vor allem die Anrede (»meinem guten Freunde«) – mit Luthers späteren wüsten Beschimpfungen, so hat man allerdings den Eindruck, dass dieser Text in gewisser Weise noch an die *Judenschrift* des Jahres 1523 anknüpfte. Luther beteuerte, er befürworte immer noch, »daß man die Jüden sollt freundlich halten, der Meinung, ob Gott sie dermaleins wollte gnädiglich ansehen und zu ihrem Messia bringen.«[1004] Zu diesem Zweck wolle er demnächst ein »Büchlein« schreiben, um »etliche [...] aus Eurem väterlichen Stammen der heiligen Patriarchen und Propheten [zu] gewinnen und zu Eurem verheißenen Messia [zu]

1003 Kaufmann, »Judenschriften«, 88 und 84 (Anm. 9–11).
1004 WABR 8, Nr. 3157, 89, 9–11.

bringen.«[1005] Für den Zusammenhang der »Sabbater«-Problematik mit der zwischen Luther und dem »Befehlshaber der Juden« verhandelten Angelegenheit spricht auch eine offenbar Anfang Juni 1537 gehaltene Tischrede des Wittenbergers. In ihr werden einige Motive genannt, die den Reformator dazu veranlassten, Josel seine Unterstützung gegenüber dem Kurfürsten zu verweigern. Es heißt dort, in Böhmen seien Christen beschnitten worden, die sich nun »Sabbater« nennten. Auch sonst würden zahlreiche Christen durch abergläubische Praktiken der Juden von ihrem Glauben abspenstig gemacht (»*superstitionibus multos christianos avocarent*«). Überhaupt gelte, dass dort, wo Protagonisten des Evangeliums vertrieben würden, die Juden die Überhand bekämen. Aus diesem Grunde sei die restriktive kursächsische Judenpolitik zu befürworten.[1006]

Wie ist *Wider die Sabbater* nun konkret in diesen Kontext einzuordnen? Handelt es sich, wie Wilhelm Martin Leberecht de Wette, der Herausgeber der Briefe Luthers, offenbar meinte, um das Josel gegenüber angekündigte »Büchlein«?[1007] Dagegen spricht, dass dieser Text – wie die auf ihn folgenden *Judenschriften* – sich nicht direkt an jüdische Adressaten, sondern an eine *christliche* Leserschaft wendet; diese wollte der Reformator vor jüdischer Proselytenmacherei warnen und in Schutz nehmen. Angesichts der Schwierigkeiten, den Anlass und Inhalt der Schrift *Wider die Sabbater* historisch einzuordnen, greift die Auskunft, dass Luther das angekündigte Buch »nie geschrieben«[1008] habe, aber vielleicht zu kurz. Naheliegender scheint die Annahme zu sein, dass Luther seinen früheren Plan nicht aufgab, sondern modifizierte.

1005 WABR 8, Nr. 3157, 90, 15–17 (zitiert nach: Kaufmann, Luthers »Judenschriften«, 83).

1006 WATR 3, Nr. 3578, 442, 4–7. Die Frage nach einem empirisch nachweisbaren Verhältnis von Protestantenvertreibungen und realen Konversionen zum Judentum (Kaufmann, »Judenschriften«, 84, Anm. 11, kann dies in Böhmen nicht verifizieren) wird der Textintention nach dem oben Gesagten nur teilweise gerecht.

1007 Vgl. WA 50, 310.

1008 Kaufmann, »Judenschriften«, 83.

Aus dem »lieben Freund«, dem er offenbar nicht mehr schreiben wollte, wurde so schließlich der ungenannt bleibende (vielleicht fiktive) Briefpartner. Von ihm teilt der Absender nur mit, dass er (der Adressat) ihm (Luther) durch einen Gesandten eine Schrift habe zukommen lassen, aus der hervorgehe, dass Juden Christen dazu verführten, sich beschneiden zu lassen und zu glauben, der Messias sei noch nicht gekommen und die jüdischen Gesetze seien auf ewig zu halten.[1009]

Für diese Deutung spricht, dass Luthers Brief an Josel vom Sommer 1537 und seine Schrift ein Jahr später eine gewisse Spannung teilen: noch verbleibenden etwas diffusen Hoffnungen in Bezug auf die Juden (Gott möge sie »zu ihrem Messia bringen« – von einer regelrechten »Bekehrung« und darauffolgenden Taufe ist freilich nicht die Rede!) steht eine tiefe Verärgerung über die Juden gegenüber. Ausschlaggebend scheint dabei der Verdacht Luthers zu sein, dass die Juden die ihnen entgegengebrachte Duldung »missbrauchten«, um blasphemische Zeremonien auszuüben, die Christen auszurauben und gegen sie zu agitieren. Dieses Motiv hatte Luther wahrscheinlich der 1530 erschienenen Schrift des Antonius Margaritha *Der gantz jüdisch glaub* entnommen, in der davon die Rede ist, die gegenwärtige Toleranz den Juden gegenüber werde von diesen als Zeichen der bevorstehenden messianischen Zeit gedeutet, in der die Christen endlich für ihre Missetaten bestraft werden würden.[1010]

Wenn es Luther in seiner Schrift nicht – oder nur am Rande – um formelle Konversionen zum Judentum ging und auch das Phänomen der südmährischen Täufer als Anlass nicht infrage kommt, so kann die vom Reformator als »jüdisch« identifizierte »Gefahr« aber in einen Zusammenhang mit Josel gebracht werden. Ihm hatte Luther ja bereits öfter geschrieben; die Anre-

1009 Zu der Schrift, die Graf von Schlick Luther zugesandt haben soll, vgl. »Judenschriften«, 171. Es kann nur spekuliert werden, was es mit dieser Schrift auf sich hat.

1010 Kaufmann, »Judenschriften«, 175.

de »meinem lieben Freunde« lässt dies vermuten.[1011] Offenbar wusste er auch mehr vom »Befehlshaber der Juden«, als der erhaltene kurze Briefwechsel zu erkennen gibt. Josel war ein jüdischer Realpolitiker, der sich unter pragmatischen Gesichtspunkten vor Kaiser und Reich für die überall bedrohten Judengemeinden einsetzte; als solcher trat er Luther in der kursächsischen Judenpolitik entgegen. Vor dem Hintergrund der Gefahren, die ein Scheitern messianischer Aspirationen mit sich bringen würde, lag es in seinem Interesse, die oben erwähnten Unternehmungen David Re'uvenis und Salomo Molchos herunterzuspielen.[1012]

Rebekka Voß und Anselm Schubert haben in diesem Zusammenhang auf eine weitere messianische Episode im jüdisch-christlichen Kontext des frühen 16. Jahrhunderts aufmerksam gemacht, bei deren Bewältigung Josel eine nicht unwichtige Rolle spielte und die Luther unmöglich entgangen sein kann – die Affäre um den charismatischen Täufertheologen Augustin Bader. Der radikale Täufer Bader wurde 1530 von der vorderösterreichischen Regierung verhaftet und angeklagt, das Volk zu einem Aufstand gegen die legitime politische Ordnung aufhetzen zu wollen. Zu einem Politikum mit hoher Brisanz wurde die Angelegenheit, weil die protestantischen Territorialherren zu dieser Zeit in geheimen Bündnisverhandlungen standen, um den 1520 verbannten Herzog Ulrich von Württemberg, dessen Land an Ferdinand I. gefallen war, wieder in seine angestammten Rechte einzusetzen. Als die Habsburger von diesem Vorhaben erfuhren, lag aus ihrer Sicht der Verdacht nahe, dass der Anführer der Täufersekte, der in der Nähe von Ulm, also auf württembergischen Boden, verhaftet worden war, mit den lutherischen Fürsten gemeinsame Sache machen wollte; diese verfolgten angeblich den Plan, einen Bauernaufstand im Süden

1011 Kaufmann, »Judenschriften«, 82, Anm. 5.

1012 Vgl. Fraenkel-Goldschmidt, Josel von Rosheim; Jacobs, David Ha-Re'uveni.

anzuzetteln, um so eine zweite Front gegen die Habsburger zu schaffen.[1013]

Besonders alarmiert war die Obrigkeit aufgrund der angeblich geplanten Beteiligung von Juden und Türken an dem angeblichen Aufstand. Dabei wurden die Juden als treibende Kraft hinter den chiliastischen Täufern vermutet.[1014] Anselm Schubert hat nachgewiesen, dass die Täufergruppe in der Tat Kontakte mit Juden hatte und der wichtigste Lehrer Baders, der Bauernkriegsprediger Oswald Leber, 1524 und 1525 in Worms Hebräisch und Kabbala studiert und in diesem Zusammenhang auch Informationen über aktuelle jüdische Endzeitberechnungen erhalten hatte.[1015] Leber unterrichtete Bader nicht nur über Einzelheiten der jüdischen Mystik, die er Reuchlins *De arte cabalistica* entnommen hatte, sondern führte ihn anhand von Maimonides Mischnakommentar auch in die rabbinische Lehre vom messianischen Königtum ein. Es ist möglich, dass bei dieser Informationsvermittlung auch Sebastian Münsters *Messiasdialog* eine Rolle spielte, in dem diese Vorstellungen erläutert werden.[1016] Das Besondere an der messianischen Konzeption Baders war, dass er unter Berufung auf Römer 11, 21 (»hat Gott die natürlichen Zweige nicht verschont, wird er dich doch wohl auch nicht verschonen«) eine positive Rolle für (nicht konvertierte) Juden und sogar Türken und Heiden im künftigen messianischen Reich vorhersah.[1017] Daher ließ er sich mit seinen Anhängern in der Nähe jüdischer Ansiedlungen nieder und suchte den Kontakt zu Juden.[1018] Dass er möglicherweise von Juden auch finanziell unterstützt wurde, lässt sich am ehesten so erklären, dass der täuferische Endzeitdiskurs hier auf ähnlich gelagerte jüdische

1013 Voß, Umstrittene Erlöser, 139.

1014 Ebd.

1015 Schubert, Täufertum, 78 ff.; Schubert hält es für möglich, dass es zu einer persönlichen Begegnung Baders mit Josel kam (a. a. O., 152, Anm. 636).

1016 Schubert, Täufertum, 302–304.

1017 Voß, Umstrittene Erlöser, 145.

1018 A. a. O., 146 f.

Erwartungen traf, die sich zudem mit der Hoffnung auf die in naher Zukunft aus dem Osten eintreffenden »roten Juden« verbanden. Es handelte sich hier um eine Vorstellung, die darauf aufbaute, dass Juden im Osmanischen Reich prinzipiell willkommen waren und dort zumeist unter günstigeren Bedingungen lebten als im Abendland. Häufig wurden die »Juden« nicht nur grundsätzlich mit den »Türken« zusammen genannt, sondern regelrecht mit ihnen identifiziert.

Von Luther, der sich just im Jahr der Verhaftung Baders (1530) im Zusammenhang seines Kommentars zum 38. Kapitel des Buches Ezechiel zu den »roten Juden« äußerte (»Gog und Magog«), wurde diese Vorstellung geteilt.[1019] Von Bader konnte er auch über Antonius Margaritha gehört haben. Margaritha lebte in Augsburg, wo Josel ihm auf dem Reichstag entgegentrat. In seiner 1530 in zweifacher Auflage erschienenen Schrift *Der gantz Jüdisch glaub,* auf die der Reformator sich in seinen *Judenschriften* mehrfach berief, spielte Margaritha auf die Enthüllungen des gegen den Täufermessias geführten Prozesses an und warf den Juden angesichts der christlichen Niederlagen in den Balkankriegen Schadenfreude vor. Wenn er im gleichen Atemzug die jüdische Hoffnung erwähnte, »das scepter der Christen solt hingenommen worden sein«[1020], rief er ein exegetisches Streitthema in Erinnerung: die Auslegung des Jakobssegens aus Genesis 49, 10, dem Luther in *Von den Juden und ihren Lügen* eine zentrale Stellung einräumen sollte. Bereits Justus Jonas hatte dieses The-

1019 WA 30/2, 224, 10. Gow, Red Jews, 158. Dass entsprechende Vorstellungen im näheren Umfeld Luthers lebendig waren, zeigt eine im Herbst 1523 veröffentlichte Dialogflugschrift des Pfarrers Michael Kramer aus der in der Nähe von Jena gelegenen Ortschaft Kunitz, in der die »roten Juden« freilich nicht mit den Türken identifiziert werden. Kramer hat vielmehr die Vorstellung, dass die zehn verlorenen Stämme sich im Sommer 1523 aus dem Osten aufgemacht hätten und nach Palästina marschiert wären, um den Türken das Heiligen Land gewaltsam zu entreißen; vgl. dazu Kaufmann, »Judenschriften«, 65–66 und Gow, Red Jews, 141 f. und 155 f.

1020 Zitiert nach Voß, Umstrittene Erlöser, 150.

ma, wie wir gesehen haben, in seiner Vorrede zur lateinischen Übersetzung von *Dass Jesus Christus ein geborener Jude sei* (1524) erwähnt und ihm eine politisch-aktuelle Deutung gegeben.[1021]

Dass die »geheimnisvolle, bedrohliche Macht« des Judentums, die »so exotisch und fremd« war »wie das unwirtliche, wilde Afrika«, für die Konzeption Luthers »keine Rolle« gespielt habe[1022], wird man vor diesem Hintergrund nicht so apodiktisch behaupten können. Das Beispiel Baders zeigt, dass man aus Wittenberger Sicht keinen realen jüdischen →Proselytismus wahrnehmen musste, um ein gefährliches Zusammenwirken von täuferischen Chiliasten und Juden konstatieren zu können. Die hier angesprochenen Fragen gewinnen vielmehr einen Rang, der entschieden über die Dimensionen der »kleinräumig-mikrokommunikativen Überzeugungsarbeit« hinausgeht, die Kaufmann Luther mit Bezug auf sein auf die Juden gerichtetes Wirken zuschreibt.[1023]

In der Angelegenheit Baders, die katastrophale Folgen für die verbliebenen Judengemeinden im Reich zu haben drohte, spielte Josel die Rolle eines rationalen Gegners mystisch-messianischer Hoffnungen, der den Kaiser in einer Rechtfertigungsschrift schließlich von der Haltlosigkeit der gegen die Juden gerichteten Beschuldigungen überzeugen konnte. In anderen Zusammenhängen konnte Josel, wie die neuere Forschung herausgestellt hat, aber durchaus mit einer apokalyptischen Geschichtsschau hervortreten und eine messianische Naherwartung propagieren. Sein Wirken auf den Reichstagen und vor dem Kaiser konnte in diesem Kontext und in einer bestimmten Optik daher durchaus als bedrohlich wahrgenommen werden. Rebekka Voß hat die Hypothese geäußert, dass sich auch hinter seiner Distanzierung von der Täufergruppe im Jahre 1530 in

1021 Voß, Umstrittene Erlöser, 129; Gow, Red Jews, 349; zu Justus Jonas' Haltung gegenüber den Juden vgl. Kaufmann, »Judenschriften«, 159 f.

1022 So Kaufmann, Luthers »Judenschriften«, 64.

1023 Ebd.

Wirklichkeit eine »messianische Politik« verborgen haben könnte – eine Endzeiterwartung, die sich in diesem Fall in *positiver Weise* mit dem Haus Habsburg, näherhin mit Kaiser Karl V., verband. Ihn hielt Josel offenbar für den letzten »guten« Herrscher vor dem endgültigen Hereinbrechen der messianischen Zeit.[1024] In seinem *Sefer Ha-Miqna* (Buch des Erwerbs, 1546) kommt diese Geschichtsdeutung Josels vor allem in seinen Reflektionen über den von der protestantischen Seite verlorenen *Schmalkaldischen Krieg* des Jahres 1546 zum Ausdruck. Es handelte sich um ein aus Josels Sicht wundersames Ereignis, das als Eingreifen Gottes zugunsten seines Volkes Israel zu interpretieren und zu begrüßen war. Luther hingegen rückte für den »Befehlshaber der Juden« in die Rolle des gottwidrigen Bösewichts: nach einem hebräischen Wortspiel auf den Namen Luther (לוטר לא טהור) war er ein »unreiner Mann«, der alle Juden »vom Knaben bis zum Greis, vernichten und töten« wollte, dessen Plan aber Gott selbst zunichtegemacht hatte.[1025]

Luthers *Judenschriften* scheinen demnach auch Elemente einer Antwort auf zeitgenössische Bestrebungen des jüdischen Messianismus zu enthalten. Dazu passt die Tatsache, dass wichtige Charakteristika der mystischen Tradition, die bei den jüdischen »Frommen« im mittelalterlichen Deutschland (*Chassidei Aschkenas*) mit messianischen Erwartungen verbunden waren und diesen Erwartungen Nahrung gaben, in diesen Texten erwähnt und polemisch reflektiert werden. In erster Linie sind hier die auf spätantiker Grundlage weiterentwickelte Theosophie und die auf →Buchstaben- bzw. Zahlensymbolik beruhende Gebetsmystik zu nennen. Beide Themen sind zentrale Bestandteile von *Vom Schem Hamephorasch*. Die bekannteste messianische Figur im aschkenasischen Judentum des frühen 16. Jahrhunderts, der aus Reutlingen stammende, aber in Norditalien wirkende Kabbalist Ascher Lemlein, war ein exponierter Vertreter dieser theologi-

1024 Voß, Umstrittene Erlöser, 153.

1025 Vgl. Voß, Umstrittene Erlöser, 161; Morgenstern, Luther – »lo tahor«.

schen Traditionen. Die Resonanz, die Lemlein fand, stand offenbar damit in Verbindung, dass der jüdische Gelehrte Isaac ben Jehuda Abravanel (1437–1508) in seinem 1496/97 geschriebenen Danielkommentar unter dem Titel *Quellen des Heils* (מעיני הישוע) die Ankunft des Messias auf das Jahr 1503 berechnet hatte.[1026] Christen im sechzehnten Jahrhundert hatten mitunter lebhaftes Interesse an theosophischen Praktiken und den mit ihnen verbundenen messianischen Hoffnungen.[1027] In einem Bericht des christlichen Kabbalisten Agostino Giustiniani heißt es, auch christliche Gelehrte seien unter den Besuchern Lemleins gewesen. Giustiniani nennt den Humanisten Paride da Ceresara aus Mantua, der den Lehrveranstaltungen dieses Messias aus Interesse an Magie und exotischen Alphabeten beigewohnt habe und Zeuge einer Zeremonie gewesen sei, bei der die heiligen Gottesnamen »in perfekter Aussprache« verlesen worden seien.[1028] Theosophisch-kabbalistische Spekulationen unter radikalen Täufern lassen sich auch in den späten 1520er Jahren für die Stadt Straßburg nachweisen und sind zudem für den Täufermessias Augustin Bader wahrscheinlich zu machen.[1029] Anselm Schubert hat vermutet, dass Buchstaben- und Zahlenspekulationen, vor allem zu aus den Versen Exodus 14, 19–21 herausgelesenen 72 Engeln, 1529 zur Anerkennung des Charismatikers Bader als kabbalistischer Messias führten.[1030] Vor diesem Hinter-

1026 Vgl. Voß, Umstrittene Erlöser, 54.

1027 Voß, Umstrittene Erlöser, 62.

1028 Campanini, Neglected Source, 101. Zu magischen Praktiken in Zusammenhang mit dem hebräischen Alphabet vgl. das Glossar (→Buchstaben).

1029 Schubert, Täufertum, 94–98, mit Ausführungen zu einem 1529 in Straßburg veröffentlichten Flugblatt, das eine graphische Darstellung des vierbuchstabigen →Gottesnamens und verschiedene, wahrscheinlich gematrisch zu deutende Spekulationen über Ableitungen des Tetragramms enthält. Bereits 1518 hatte der Wittenberger Hebräischlehrer Böschenstein einen Einblattdruck mit einer christlich-kabbalistischen Erklärung des Tetragramms veranlasst; vgl. Schubert, Wittenberger Kabbala.

1030 Schubert, Täufertum, 282–284.

grund erscheint Luthers rabiate und ausführliche Abrechnung mit dieser Auslegungsmethode in *Vom Schem Hamephorasch* in einem anderen Licht.[1031] Die messianischen Weissagungen des Jerusalemer Kabbalisten Abraham ben Eliezer Ha-Levi, von denen der täuferische Theologe Oswald Leber offenbar während seines Aufenthaltes in Worms erfuhr, wo er im Hebräischen unterrichtet wurde, wurden über Augustin Bader, einen Schüler Lebers, in Vorderösterreich wirksam. Besonders interessant ist, dass der Jerusalemer Kabbalist das Auftreten Luthers mit dem von ihm für die nahe Zukunft erwarteten Zerfall der Christenheit in Verbindung brachte und theologisch positiv deutete.[1032]

Ein anderes, durch messianische Hoffnungen aufgeladenes Thema war die radikale Bußdisziplin, die ebenfalls im Umkreis Lemleins praktiziert wurde. Es handelte sich hier um die Erwartung, durch sühnendes Fasten und Selbstkasteiungen die Ankunft des Messias beschleunigen zu können.[1033] Es spricht viel dafür, dieses Thema in *Wider die Sabbater* im Gewand der polemischen Diskussion Luthers über die »Sünden« der Juden verhandelt zu finden. In der Tat fällt in diesem Text die merkwürdige Stoßrichtung der Argumentation auf: Luther macht den Juden ihr penibles Aufspüren eigener Sünden mitsamt den anschließenden Bußübungen zum Vorwurf und nimmt sie – in seinem insgesamt judenfeindlichen Kontext! – zunächst einmal gegen Sündenvorwürfe *in Schutz*! Entgegen ihren eigenen Beteuerungen, so der Reformator, könnten die Juden keine eigenen Sünden namhaft machen, die der Realisierung des endzeitlichen Heils angeblich im Wege stünden. Natürlich zielte Luther darauf ab, die jüdische »Schuld« der Ablehnung ihres Erlösers und Messias am Ende umso verwerflicher erscheinen zu lassen. Dennoch ist in seiner etwas umständlich und langwierig vorgetragenen Argumentation vielleicht eine Polemik gegen aktuelle jüdische

1031 WA 53, 595, 23–600, 6 (= LK, 42–52).

1032 Vgl. Morgenstern, Luther – »lo tahor«; Schubert, Täufertum, 83.

1033 Necker, Brennende Landschaften, 48. Vgl. auch Voß, Umstrittene Erlöser, 52–87.

Bußpraktiken verborgen, die auf die Vorbereitung der messianischen Zeit gerichtet waren und die Luther möglicherweise kannte.

Als *Wider die Sabbater* erschien, war der Gegensatz zwischen Luther und Josel noch nicht in letzter Schärfe zu spüren. Insofern waren die »Sabbater« für ihn gewiss *auch* ein »Popanz«. Sie waren darüber hinaus aber auch Chiffre für eine von ihm als »jüdisch« angenommene »Gefahr«. Bei der Wahrnehmung dieser »Gefahr« mischten sich imaginäre Charakteristika mit solchen, die insofern »real« waren, als viele (oder gar die meisten) Beobachter des 16. Jahrhunderts Luthers Beurteilung zugestimmt hätten.

Die Perspektive der neueren judaistischen Forschung hat sich davon verabschiedet, die Juden in ihrer Geschichte immer nur als »Opfer« zu sehen. Stattdessen betont sie mit erneuertem Selbstbewusstsein ihre aktive Rolle. Dem entspricht das Résumé bei Rebekka Voß, das in gewisser Weise auch für Luthers *Judenschriften* gelten mag: »Der jüdische Messianismus stellte aufgrund seiner politischen ›tagesaktuellen‹ Dimension nicht nur ein theologisches Problem für die christliche Gesellschaft dar. Er konnte nicht lapidar als Torheit verspottet werden, sondern wurde als aktuelle Gefahr, als ein handfester Angriff auf die gottgewollte Ordnung empfunden.«[1034] Nimmt man die Juden im 16. Jahrhundert als eigenständige Subjekte ihrer Geschichte wahr, so wird zu den Konsequenzen gehören, die Texte aller beteiligten Akteure auch in dieser Hinsicht noch differenzierter zu betrachten und zu »historisieren«. Was Martin Luther anbelangt, so ist die Schlussfolgerung wohl eindeutig: Je entschlossener man dazu übergeht, ihn mit seinen *Judenschriften* und seiner judenfeindlichen Theologie als Kind seiner Zeit zu betrachten, umso schwerer wird es zugleich fallen, den Reformator – wie dies in den vergangenen Jahren (mit durchaus zweifelhaftem Erfolg) immer wieder versucht wurde – zum Ausgangspunkt

1034 Voß, Umstrittene Erlöser, 39.

unterschiedlicher Erneuerungsbemühungen für Theologie und Kirche nehmen zu wollen.[1035]

1035 Zu neueren Versuchen vgl. etwa Heckel, Kampmann, Leppin, Schwöbel, Luther heute (2017). Ein etwas weiter zurückliegender Entwurf ist der von Ulrich Asendorf, der 1998 Luthers Genesisvorlesung untersucht hat. Asendorf will ausgerechnet *an diesem Text* (dessen enger Bezug zu den *Judenschriften* des Reformators in unserem Kommentar an vielen Stellen nachgewiesen wurde) die »beispielhafte und ökumenisch inspirierende Kraft der Theologie Luthers« (Lectura in Biblia, 16) aufzeigen – ohne die durch die Verwobenheit dieses Textes mit Luthers Judenhass aufgegebene Problematik aber hinreichend zu bedenken. Die nachhaltige Erneuerung von Theologie und Kirche gerade auch mit Blick auf das Verhältnis zum Judentum wird wohl nur durch den Rückgriff auf andere geschichtliche Ressourcen des Protestantismus gelingen können, etwa die des Pietismus. Dies darzulegen und zu begründen, ist hier freilich nicht der Ort.

Glossar

Abgötterei
In den Erzählungen vom Auszug der Israeliten aus Ägypten wird vom Ungehorsam des Volkes Gott gegenüber berichtet, der während des Aufenthaltes am Sinai in der Herstellung und Verehrung des »Goldenen Kalbs« zum Höhepunkt kam. Im Anschluss daran zeichnen die biblischen Geschichtsbücher ein Bild von der israelitischen Königszeit, das ganz vom Vorwurf des permanenten »Götzendienstes« geprägt ist. Luther übertrug diese Anschuldigungen auf das zeitgenössische Judentum und hielt insbesondere den kabbalistischen Umgang mit dem →Gottesnamen (→Schem Hamephorasch) für götzendienerisch. Auch die buchstabenmystische Auslegung biblischer Texte führe dazu, dass die Juden in Wahrheit nicht einen Gott, sondern viele Götter anbeteten. Auch Mohammed und die Muslime machten sich nach Luther der Abgötterei schuldig, da sie die christologische Bedeutung des ersten Gebotes nicht erkennten.

Ba'al Schem, plural: Ba'alei Schemot
Hebräisch »Meister (oder Herr) des (göttlichen) Namens«. Ba'alei Schemot greifen auf mystische und magische Traditionen des Judentums zurück, nach denen Gottes Macht in seinem eigenen (hebräischen) Namen (→Gottesnamen) oder in den Namen der Engel präsent ist. Durch ihr Wissen hinsichtlich dieser Namen verfügen sie über besondere Autorität, Kenntnisse und Fertigkeiten. Sie schreiben Amulette, die vor äußeren und inneren Gefahren schützen sollen, und können Wunder, insbesondere auch Heilungen, vollbringen.

Benediktion, Beracha, jidd. Broche
Eine Benediktion, ein Segensspruch (hebräisch ברכה/beracha), ist eine mit den Worten »gesegnet (oder »gepriesen«) seist Du Gott, König der Welt« beginnende Segens- oder Dankesformel,

die z. B. vor dem Vollzug eines Gebotes der Tora (z. B. des rituellen Waschens der Hände) oder vor einer Mahlzeit (als »Tischgebet«) gesprochen wird. Luther verdächtigte die Juden – und auch die Muslime (»Türken«) –, anstelle von Segenssprüchen Fluch- oder Zauberformeln zu verwenden.

Beschneidung

In *Von den Juden und ihren Lügen* (WA 53, 427–439 = JL, 21–43) setzt Luther sich mit der jüdischen Beschneidungspraxis auseinander und wirft den Juden in diesem Zusammenhang Selbstgerechtigkeit und hochmütiges »Pochen« auf ihre Erwählung vor. Auch weist er darauf hin, dass das im nachbiblischen Judentum geltende Ritual sich nur teilweise biblisch begründen lässt. Über die zeremoniellen Einzelheiten des Beschneidungsvorgangs hatte sich Luther in der 1530 erschienenen Schrift *Der gantz Jüdisch Glaub* des Antonius Margaritha (ca. 1492–1542) informiert, der 1521/1522 zum Christentum übergetreten war.

Buchstaben, Buchstabenmystik

Die rabbinische Literatur und die Kabbala kennen die Vorstellung der besonderen kosmologischen Bedeutung der hebräischen Buchstaben, die Gott als Werkzeuge der Schöpfung dienten. Vor diesem Hintergrund bildeten sich Auslegungsmethoden aus, mit deren Hilfe hebräische Texte auf in ihnen verborgene Geheimnisse befragt werden können: Während in der →*Gematrie* der Zahlenwert eines Wortes oder eines Satzes erhoben wird (→Zahlbuchstaben), deutet die Technik des *Notarikons* einzelne Buchstaben als Abkürzungen für weitere (im biblischen Text eigentlich nicht enthaltene) Begriffe. Die Lehre von den *Permutationen* der Buchstaben (*Temura*) stellt Techniken zur Vertauschung der hebräischen Buchstaben bereit. Der Mystiker Josef ben Abraham Gikatilla, der in Reuchlins *De arte cabalistica* (Von der Kunst der Kabbala, Hagenau 1517) ausführlich zitiert wird (Reuchlin, Bd. II, 1, 392, 456 und 500–506), gab der Tatsache, dass das hebräische Alphabet aus 22 Buchstaben gebildet wird, einen eigenen kosmologischen Sinn. Bei ihm werden die Anfangsbuchstaben der drei hebräischen Bezeichnungen für die genannten Auslegungstechniken zu dem Wort *Ginat* (Garten) zusammengestellt, eine Anspielung auf den »Nußgarten« (Ginat Egos) in Hoheslied 6, 11. In seinem gleichnamigen kabbalistischen Werk (1274) werden diese Techniken ausführlich dargestellt und als Merkmale des im Paradiesgarten wiederzufindenden göttlichen Reichtums und Überflusses gedeutet. Luther hielt den Gebrauch dieser exegetischen Techniken, die er in seiner Schrift *Vom Schem Hamephorasch* verspottete (WA 53, 594–598 = LK, 42–49, vgl. auch LK, 215, 217 und 265), für vernunftwidrig, abergläubisch oder gar dämonisch. Indem er sich an dem Pauluswort in 2. Korinther 3, 6 (»der Buchstabe tötet, der Geist macht lebendig«) orientierte, warf er den Juden vor, sie stützen sich auf »leere, tote, elende Buchstaben«. Dabei bestritt er besonders die Annahme, der biblische Text könne sinnvoll nur in hebräischer Sprache gelesen und verstanden und daher eigentlich nicht übersetzt werden.

Burgos, Paul von

Paulus Burgensis (1351–1435), genannt auch Paul de Santa Maria oder Paulus von Burgos, ein konvertierter Jude, Doktor der Theologie, Bischof von Cartagena und 1415 schließlich Erzbischof von Burgos, verfasste Hinzufügungen (*Additiones*) zu den *Postillae* des Nikolaus von →Lyra und äußerte sich wie eine Reihe anderer Konvertiten im Spätmittelalter in seinen Schriften judenfeindlich.

Exil, Exilsdeutung

In *Von den Juden und ihren Lügen* gibt Luther die Auffassung zu erkennen, die Juden seien im ersten Jahrhundert nach ihrem gescheiterten Aufstand gegen die Römer kollektiv aus Palästina vertrieben worden. Damit habe sie Gott nach Deuteronomium 4, 27 für die Kreuzigung Jesu strafen wollen (vgl. Matthäus 27, 25: »Sein Blut komme über uns und unsere Kinder«). Dieses

Geschichtsverständnis erinnert an die Deutung des Exils in der jüdischen Tradition: Das Alte Testament erklärte das Babylonische Exil zur Strafe für die Sünde des Götzendienstes in der israelitischen Königszeit; im Talmud und im jüdischen Gebetbuch wird auch das zweite (»römische«) Exil nach der Zerstörung des Jerusalemer Tempels im Jahre 70 n. Chr. als Gottesstrafe bezeichnet (*Mussafgebet* für den Versöhnungstag); als Sünde namhaft gemacht wird hier aber natürlich nicht die Kreuzigung Jesu, sondern der »grundlose Hass« der Juden untereinander (der Babylonische Talmud, Traktat Joma 9a, meint damit den jüdischen Bürgerkrieg innerhalb der belagerten Stadt Jerusalem während des Krieges gegen die Römer). Die Vorstellung von einer Vertreibung der Juden aus ihrem Land im 1. Jahrhundert ist aber historisch nicht zu belegen, da seitens der Römer zu diesem Zeitpunkt kein generelles Ausweisungsdekret bekannt ist. Erst nach dem gescheiterten Bar Kochba-Aufstand (132–135 n. Chr.) verhängte Kaiser Hadrian ein Verbot des Zutritts für Juden, das aber nur für Jerusalem galt. Noch in der Spätantike ist eine starke jüdische Präsenz im Heiligen Land, vor allem in Galiläa, bezeugt. Dort wurde am Ende des 2. Jahrhunderts die Mischna redigiert, und es entstanden zwei Jahrhunderte später der Jerusalemer Talmud und wichtige Midraschtexte. Wenn Luther von 1500 jüdischen Exilsjahren spricht, ist diese Zahl für ihn mit Spekulationen über das bevorstehende →Weltende verbunden.

Fluchen, Fluchjuden

Mittelalterlichen jüdischen Texten ist zu entnehmen, dass die hebräische Fluchformel ימח שמו (»sein Name werde getilgt«), die nach einer Tradition im Anschluss an die Erwähnung von Feinden des jüdischen Volkes wie Amalek gesprochen wurde, auch für Jesus Verwendung gefunden haben soll: Der hebräische Name Jeschu (ישו) wird hier als *Akronym* (aus →Buchstaben des Textes zusammengesetztes Kunstwort) dieses Fluches gedeutet. Wenn Luther in *Von den letzten Worten Davids* sarkastisch von den »verfluchten →Gojim« spricht, steht die Vorstellung im Hintergrund, die Juden schlössen alle Christen in den so angenommenen Fluch ein (vgl. JL, 284).

Gematrie, Gematria

Als Gematrie wird eine Methode der Textinterpretation bezeichnet, die Beziehungen und Bedeutungen von hebräischen Wörtern, Wendungen oder auch Sätzen zahlenmäßig wiedergibt. In der Kabbala wird das Ergebnis dieser Überlegungen und Berechnungen mystisch interpretiert. Diese Methode fußt auf der Tatsache, dass die hebräischen →Buchstaben als Zahlzeichen verwandt werden können. Die Auslegungsmethode der Gematrie widersprach nicht nur Luthers Bibelverständnis; er hielt sie auch für abergläubisch oder gar dämonisch, vor allem, wenn die so gewonnenen Erkenntnisse als Wahrsagungen verstanden oder für magische Zwecke eingesetzt wurden.

Gikatilla, Josef ben Abraham

Josef ben Abraham Gikatilla (1248–1325) wurde von den christlichen Kabbalisten der Renaissance immer wieder zitiert und beeinflusste auch Johannes Reuchlin. Sein wichtigstes Werk, die *Tore des Lichts* (שערי אורה) wurde erst 1561 gedruckt (Idel, Gates of Light, XXXI). Durch die lateinische Übersetzung des Konvertiten Paolo Ricci (*Portae Lucis*, Augsburg 1516) und Zitate in Johannes Reuchlins *De arte cabalistica* (1517) war die Gedankenwelt Gikatillas aber bereits früher zugänglich. Paolo Ricci (Paulus Ricius) machte in Gikatillas Lehre von den göttlichen Emanationen (Sefirot) ein verborgenes Wissen über das christliche Trinitätsdogma ausfindig.

Glossen, Glossieren

Im Mittelalter bezeichnet der Ausdruck »Glosse« Worterklärungen und Kommentierungen zu einem Text. Dabei wird zwischen an den Rand geschriebenen, oft längeren *Marginalglossen* und zwischen die Zeilen geschriebenen, kürzeren *Interlinearglossen* unterschieden. Die ersten Drucke der Rabbinerbibel von Daniel

Bomberg (1517/1518 und 1524/1525 in Venedig) erschienen als mit Marginalglossen versehene Bibeltexte. Die bis in die Gegenwart erscheinenden Rabbinerbibeln und auch der mit Marginalkommentaren versehene Talmud setzen demnach eine Kommentartradition fort, die im Mittelalter Juden und Christen gemeinsam war. Die wichtigste der von Luther attackierten jüdischen »Glossen« ist der Bibelkommentar →Raschis, den Luther in der lateinischen Übersetzung des Nikolaus von →Lyra zur Kenntnis nahm.

Gog und Magog

Die Vorstellung von den endzeitlichen Völkern Gog und Magog, die am Ende der Zeit mithilfe des Teufels in den Krieg ziehen, danach aber von Christus besiegt werden (Offenbarung 20, 8), war im Mittelalter ein beliebtes Deutungsmuster zur Bewältigung von Erfahrungen mit Fremden und wurde zu einem weitverbreiteten apokalyptischen Motiv. Erstmals erwähnt wird »Gog« im Buch des Propheten Ezechiel (Kapitel 38 und 39), wo von einem »Fürsten von Rosch, Mesech und Thubal« die Rede ist, der im Lande Magog wohnte. Luther verband das *Gog und Magog*-Motiv mit der Tradition von den »roten Juden«, den zehn verschollenen Stämmen Israels, die er in einer Vorlesung des Jahres 1530 mit den Türken in Verbindung brachte und zugleich mit *Gog und Magog* identifizierte (WA 30/2, 224, 10). Im gleichen Atemzug nannte er die »Tattern« (d. h. Tataren) und das Land in dem »der grosse Cam [d. h. Dschingis Khan] könig ist« – ein Nachhall des als Vorzeichen des bevorstehenden Weltuntergangs gedeuteten Mongolensturms im 13. Jahrhundert. Offenbar will Luther auch andeuten, die Juden könnten sich auf ihrer Wanderschaft in ihrer Zerstreuung mit den Tataren vermischt haben, deren negative Eigenschaften sie dabei angenommen hätten.

Goj (Singular), Gojim (Plural)

Luther verwendet das hebräische Wort »Goj« (גוי), das die hebräische Bibel zur Bezeichnung nichtjüdischer Völker gebraucht, das jedoch manchmal (z. B. Exodus 19, 6) auch für Israel selbst steht. Im nachbiblischen Judentum wird die Bezeichnung »Goj« häufig zu einem Schimpfnamen für Nichtjuden. Luther weist auf diesen Gebrauch sarkastisch hin, um die Juden der Feindschaft gegenüber allen Nichtjuden zu bezichtigen.

Gottesname, Gottesnamen

Das Alte Testament verwendet unterschiedliche Gottesnamen und Gottesbezeichnungen, unter denen das Tetragramm (יהוה) als der heiligste gilt. Luther machte den Juden zum Vorwurf, diesen vierbuchstabigen Gottesnamen zu abergläubischen Zwecken zu missbrauchen und mithilfe der Zahlenmystik (→Gematrie) für ihre Zauberei zu benutzen. Um die Absurdität dieses Gebrauchs nachzuweisen (und wohl auch, um ihm durch eine Art Entsakralisierung die Kraft zu nehmen), verspottete Luther diesen »ausgesprochenen Namen« Gottes, hebräisch *Schem Hamephorasch*, in einer Art Spottmidrasch (nach Levitikus 4, 11 und 8, 17) mit einer etwas anderen Vokalisierung als Schamhaperes (etwa: »hier ist Dreck«).

Grammatik, Grammatiker, Grammatiken

Nachdem Luther in seiner Jugend gründlich die hebräische Grammatik studierte hatte (autodidaktisch, u. a. anhand der von Reuchlin herausgegebenen Edition der sieben Bußpsalmen), geriet er in seinen späteren Jahren immer mehr in einen Gegensatz zu jüdischen Auslegern, aber auch zu christlichen →Hebraisten, denen er vorwarf, grammatische Regeln und Vorschriften zum Vorwand zu nehmen, um vom eigentlichen Anliegen der Bibel abzulenken. Im Mittelpunkt stand seine theologische Überzeugung, dass gerade auch alttestamentliche Texte von Christus reden und auf ihn vorausdeuten. Für wichtiger als die Befolgung philologischer Regeln hielt er nun den lebendigen Gebrauch der Sprache. Vgl. WATR 1. 525, 21–22 (erste Hälfte der 1530er-Jahre): »Ich bin kein Ebräer nach der Grammatica und Regeln, denn ich lasse mich nirgenan binden, sondern gehe frei hindurch.«

Hebraisten, Hebraistik, Hebräischlehrer

Als Begründer der Hebraistik im christlichen Europa gilt der deutsche Humanist Johannes Reuchlin (1455–1522). Im Rahmen der Wittenberger Universitätsreform ab 1517 sorgte Luther dafür, dass auch an seiner Heimatuniversität Hebräischlehrer angestellt wurden. Nach Konflikten über theologische Fragen – u. a. über das richtige Verständnis der Rechtfertigungslehre – mit den ersten Wittenberger Hebräischlehrern, den Konvertiten Johann Böschenstein und Matthäus Adriani, wurde die Stelle 1521 von Matthäus Aurogallus (Goldhahn) besetzt, der bis 1543 an der Seite Luthers wirkte und ihm bei seinen Übersetzungen half. Die Anfangserfahrungen mit der Wittenberger Hebraistik und Meinungsverschiedenheiten mit dem Basler Hebraisten Sebastian Münster (1488–1552) trugen aber dazu bei, dass Luther später eine gewisse Distanz der Hebraistik gegenüber wahrte, die er der theologischen Unzuverlässigkeit bezichtigte und verdächtigte, grammatische Prinzipien über die Erkenntnis des Evangeliums zu stellen. Da Luther in seinen Polemiken gegen die Hebraisten Reuchlin nie ausdrücklich nennt, kann man nur Vermutungen darüber anstellen, inwieweit sein erster Hebräischlehrer mitgemeint ist.

Hieronymus

Der lateinische Kirchenvater (347–420 n. Chr.) begegnete Luther als Übersetzer der Heiligen Schrift, der seit dem Spätmittelalter maßgeblichen und im römischen Katholizismus bis heute autoritativen *Vulgata*, und als Kenner der hebräischen Sprache. Wenn er zudem als Theologe und Philologe der *hebraica veritas* bezeichnet wird, steht dahinter die Annahme, dass nur im *hebräischen* Text des Alten Testaments der ganze Deutungshorizont der Schrift herauszulesen sei. Hieronymus galt auch als Vermittler jüdisch-exegetischer Traditionen, mit denen er während der Zeit seines mehr als drei Jahrzehnte dauernden Aufenthaltes in Bethlehem in Berührung gekommen war. Luther sah in Hieronymus einen wichtigen Gewährsmann. Andererseits hatten nach Luther die Sprachkenntnisse des Kirchenvaters darunter gelitten, dass das ursprüngliche und authentische Hebräisch nach dem Babylonischen →Exil allmählich durch Entstellungen verdorben worden sei. Ursprünglich habe das Alte Testament noch klarere Hinweise auf Christus enthalten, diese seien von den Juden aber durch ihre →Glossen und Manipulationen an der →Grammatik unsichtbar gemacht worden.

Hilarius

Der Kirchenlehrer Hilarius von Poitiers (315–367) schrieb während der Jahre seiner Verbannung in Phrygien (nach 356 n. Chr.), wo er nähere Bekanntschaft mit der griechischen Theologie schloss, ein Werk in zwölf Kapiteln über die Trinitätslehre (*»De Trinitate«*), das Hieronymus *Contra Arianos* betitelte. In seinen trinitätstheologischen Ausführungen in seiner großen Genesisvorlesung (1535–1545) bezieht Luther sich mehrfach auf Hilarius (Wolff, Vorlesungen, 322; Lietzmann, Hilarius, 1601–1604; Asendorf, *Lectura*, 217–222).

Judenmission

Am Ende seiner frühen »Judenschrift« *Dass Jesus Christus ein geborener Jude sei* (1523) gab Luther der Erwartung Ausdruck, das in der Reformation neu ans Licht getretene Evangelium werde auch viele Juden zu Jesus Christus führen. Dabei ging es ihm aber zunächst nur darum, dass die Juden in dem Nazarener ihren legitimen davidischen König anerkennen sollten – die Annahme der hohen christologischen und trinitarischen Dogmen wollte er ihnen zunächst ersparen. Die entsprechenden Formulierungen geben zu erkennen, dass Luther von den Juden offenbar nicht unbedingt einen »Glauben« im paulinischen Sinne mit anschließender Taufe erwartete, sondern für sie einen besonderen »Zwischenbereich« ins Auge fasste. Dem entspricht der in seinen *Judenschriften* vorherrschende Appell an die →Vernunft der Leser und auch der Juden, die durch vernunftgeleitete Gründe der Schriftauslegung zu überzeugen waren. Diesem Ziel diente in *Vom Schem Hamephorasch und vom Geschlecht Christi* der ausführliche Nachweis der Herkunft Christi aus der Dynastie Davids. In seinen Spätschriften gab Luther aber jede Hoffnung auf, die Juden in irgendeiner Weise zu erreichen oder überzeugen zu können.

Judensau
Vgl. →Sau.

Koran
1542 befasste Luther sich anlässlich seiner Übersetzung der Schrift *Confutatio Alcorani seu legis Saracenorum, ex graeco nuper in latinum traducta* des Dominikanermönchs →Ricoldus de Montecrucis (WA 53, 272–396) näher mit dem Koran. Dabei setzte er sich u. a. kritisch mit dem Propheten Mohammed auseinander, dem er ein ungezügeltes Geschlechtsleben vorwarf. Auch trat er den sinnlichen Bildern entgegen, die der Koran (etwa in Sure 55) vom Paradies zeichnet (WA 53, 322, 10–11: »sie werden besitzen wasserreiche Garten und frawen und nebenfrawen«) und bezeichnete das islamische Paradies abwertend als →Schlaraffenland (Schlauraffenland). Im Zusammenhang mit der von ihm konstatierten Gewaltverherrlichung des Korans erwähnt Luther auch die Tataren und vergleicht sie mit den Juden (WA 53, 613, 21 = LK, 82). In *Vom Schem Hamephorasch und vom Geschlecht Christi* ist (in dem von Luther übersetzten Traditionsstück aus der *Toledot Jeschu*-Literatur) auch eine Passage enthalten, die sich ähnlich auch im Koran findet (die Erzählung vom Jesuskind, das Vögel aus Ton zum Fliegen bringt; vgl. LK, 17 und Sure 5, 110).

Lyra, Nikolaus von
Nikolaus von Lyra (1270–1340/1349), von Luther einfach »Lyra« genannt, macht in seinem exegetischen Werk *Postillae perpetuae* ausgiebig Gebrauch von dem hebräischen Bibelkommentar →Raschis (Rabbi Salomon ben Isaak, 1040–1105). Luther übernahm vor allem die von Lyra vertretene Theorie einer biblisch vorhergesagten Strafexistenz der Juden: die Länge des jüdischen

→Exils galt als Beweis für Israels Verwerfung durch Gott und das nahe →Weltende.

Marterung des Gotteswortes

Wenn Luther die Juden beschuldigt, durch ihre Auslegungen die Bibel (und damit Gottes Wort) zu »martern« und zu »kreuzigen«, setzt er diese Praxis »mit der Marterung und Kreuzigung Gottes in seinem Sohn gleich« (so bereits 2010 in: Schubert, Fremde Sünde, 255). Das hängt damit zusammen, dass die Misshandlung der Bibel für den Reformator einen Stellenwert hatte, der mit der Beschuldigung des Hostienfrevels in der vorreformatorischen Kirche vergleichbar ist. Bei dieser Beschuldigung ging es um die »Schändung« des Altarsakraments und damit um die »Folterung« der in der Hostie verborgenen leiblichen Präsenz Christi – ein Vorwurf, der im Kontext der Reformation aufgrund des nunmehr geänderten Verständnisses des Abendmahls seinen Sinn verloren hatte. Heiko Obermans Behauptung (Wurzeln des Antisemitismus, 135), bei Luther spiele der gegen die Juden gerichtete Vorwurf des »Christusmords« keine Rolle, muss angesichts des Vorwurfs der »Marterung des Gotteswortes« aber bestritten werden. In *Von den letzten Worten Davids* lässt der Reformator sich von seinen trinitätstheologischen Überlegungen darüber hinaus auch zu der ausdrücklichen Beschuldigung hinreißen, die Juden seien »Gotteskreuziger« (vgl. oben S. 201).

Proselytismus (jüdischer)

In *Wider die Sabbater*, *Von den Juden und ihren Lügen* und *Vom Schem Hamephorasch* nimmt Luther auf angebliche jüdische Versuche Bezug, Christen zum Halten jüdischer Bräuche und zur »Rückkehr« zum Judentum zu bewegen. Thomas Kaufmann beurteilt diese Proselytenfurcht als historisch haltlose Konstruktion und »Popanz« (Luthers Juden, 102). Abgesehen von der Tatsache, dass Übertritte zum Judentum im christlichen Abendland aufgrund der rechtlichen und strafrechtlichen Bestimmungen nur schwer möglich (Goldmann, Proselyt, 1149 f.), wenn nicht ganz verboten waren, hielt Luther das Judentum aber nicht für eine »andere Religion« im neuzeitlichen Sinne, zu der man gegebenenfalls »übertreten« konnte. In *Von den letzten Worten Davids* vergleicht er es vielmehr mit dem vorreformatorischen Mönchtum, das zwar vom Papst regiert wurde, unter dessen »Kappe« ein Theologe wie Bernhard von Clairvaux aber durchaus ein rechter »Christ« sein konnte. Dementsprechend können nach Luther auch die alttestamentlichen Gottesmänner wie Mose und Jesaja, ja selbst Adam, bereits als »Christen« gelten, da sie an den dreieinigen Gott geglaubt hätten. Wer als rabbinischer Jude zum Christusglauben findet, wechselt nach Luther daher nicht die »Religion«, sondern findet zum »wahren biblischen Glauben« zurück. Umgekehrt steht jeder in der Gefahr, ein »Jude« zu werden, der sich des »Judaisierens« schuldig macht. Auf einem anderen Blatt steht, dass in der Reformationszeit unter den Täufern in der Tat Gruppen auftraten, die sich auf ein wörtliches Verständnis des Alten Testaments beriefen und für das Halten des Sabbats eintraten.

Protevangelium (Protoevangelium)
Nach altchristlicher Lehre ist der Vers Genesis 3,15 (»Ich will Feindschaft setzen zwischen dir und dem Weibe und zwischen deinem Nachkommen und ihrem Nachkommen; der soll dir den Kopf zertreten und du wirst ihn in die Ferse stechen«) als frühe Andeutung des endzeitlichen Kampfes zwischen dem »Samen« Marias und dem der →Schlange auszulegen. Luther nimmt diese Tradition in seiner Genesisvorlesung (1535–1545) auf, wo sie als »Summe« seiner Theologie verstanden werden kann (Asendorf, *Lectura in Biblia*, 20). Demnach ist Maria, die Mutter Jesu, als »neue Eva« (*nova Euva*) zu verstehen (WA 42, 643, 28 f.), die »nicht sündig war, sondern heilig« (*non sit peccatrix, sed sancta*). Ihr »Same« steht von Anbeginn der Welt an in einem Kampf mit den Kindern des →Teufels, die Luther in seinen späten *Judenschriften* mit den Juden identifiziert. In diesen letzteren Texten steht dieses Motiv vielleicht in kritischem Bezug zu

Reuchlins Vorstellung einer »allerersten Kabbala«, die Adam vom Engel Rasiel (der Name bedeutet etwa »Geheimnis Gottes«) empfangen haben soll (Reuchlin, *De arte cabalistica*, Band II/1, 87). Die Pointe des *Protevangeliums* in diesem Kontext wäre dann, dass das Evangelium nach Luther von Anfang an keine Geheimoffenbarung war, sondern frei und öffentlich verkündigt wurde.

Raschi

Akronym von (hebräisch) »Rabbi Schelomo ben Isaak« (1040–1105). Raschi gründete in Troyes (Champagne) die bedeutendste Jeschiwa (Talmudhochschule) seiner Zeit. In seinen Bibelkommentaren, die u. a. den christlichen Exegeten Hugo von St. Victor beeinflussten und die Luther vermittelt durch Nikolaus von →Lyra kennenlernte, verarbeitete er Traditionen und Motive aus dem Talmud und den wichtigsten spätantiken Midraschim; zugleich trat er für die Orientierung des Textverständnisses am Literalsinn (פשט/peschat) ein und beeinflusste dadurch indirekt auch die Entwicklung der Exegese im christlichen Bereich.

Literatur: Hailperin, Rashi and the Christian Scholars.

Rechtfertigung, Rechtsfertigungslehre

Die Lehre von der Rechtfertigung des Menschen vor Gott allein durch den Glauben ist nach Luther der Glaubensartikel, mit dem die Kirche steht oder fällt (*articulus stantis et cadentis ecclesiae*). Diese reformatorische Überzeugung hatte von Anfang an eine polemische Spitze gegen die römisch-katholische Theologie und vor allem gegen die vorreformatorische Bußpraxis. Der zunächst gegen die Papstkirche gerichtete Vorwurf der »Werkgerechtigkeit« (die Vorstellung, Menschen könnten aus eigener Anstrengung etwas vor Gott erreichen) wurde in der späteren Polemik der Lutheraner auch antijüdisch verwendet. Es hieß nun, auch die Juden pochten auf ihre eigene Gerechtigkeit und seien somit »selbstgerecht«. In der kritischen Reflexion der neueren Theologie über die antijüdischen Traditionen des Christentums ist der Antijudaismus daher als eine Art »Schatten« der Rechtfertigungslehre bezeichnet worden (vgl. dazu Pangritz). Zu diesem Urteil passt nicht, dass das Lehrstück der Rechtfertigung allein aus Glauben mitsamt dem Vorwort der Werkgerechtigkeit in Luthers *Judenschriften* nur am Rande vorkommt. Dass die lutherische Rechtfertigungslehre nicht zwangsläufig zu einer judenfeindlichen Argumentation führen muss, zeigt das Beispiel des Nürnberger Reformators Andreas Osiander, in dessen Schrift zur Verteidigung der Juden gegen die Ritualmordanklage die Rechtfertigungslehre zur *Verteidigung* der Juden aufgeboten wird. Die Juden, so heißt es dort, glaubten nicht an ihre Rechtfertigung allein aus Glauben und müssten daher gute Werke tun. Schon aus diesem Grund, so Osiander, müsse es als unwahrscheinlich erscheinen, dass sie solche abscheulichen Verbrechen wie das Töten unschuldiger Kinder begingen (Morgenstern, Noblesse-Rocher [Hg.], Andreas Osiander, Ob es wahr und glaublich sei, 66–68).

Sau, Judensau

Da das Schwein dem mosaischen Gesetz (Levitikus 11,7–8) als unreines Tier gilt, war die Assoziierung von Juden mit der »Judensau« besonders beleidigend und erniedrigend. Nach Yuval (Zwei Völker, 135) handelt es sich bei dem Motiv der Judensau um »eine herabwürdigende Verzerrung« des Esels als des Reittiers des messianischen Erlösers. In seiner Schrift *Vom Schem Hamephorasch und vom Geschlecht Christi* erwähnt Luther die Plastik einer Judensau an der Schlosskirche zu Wittenberg und kommt in *Von den letzten Worten Davids* erneut auf dieses Motiv zu sprechen. Die Wittenberger »Judensau« kam 2018 in die öffentliche Diskussion, nachdem der britische Theologe Richard Harvey eine Unterschriftensammlung initiiert hatte, die forderte, diese von der Kirche zu entfernen und in ein Museum zu stellen (Harvey, Luther, 131–133; Klatt, Eine Sau als Schande). Zu dieser Petition im Internet vgl.: https://www.change.org/p/relocate-the-wittenberg-judensau (letzter Zugriff: 4. 9. 2018).

Schem (Ha)mephorasch

Der *Schem (Ha)mephorasch* (korrekt שם מפורש oder השם המפורש, Schem mephorasch oder Ha-Schem Ha-mephorasch), der »ausgeführte Name«, bezeichnet den bereits zur Zeit von Talmud und Midrasch als wundertätig bekannten vierbuchstabigen →Gottesnamen JHWH der Hebräischen Bibel, mit dessen Hilfe Gott nicht nur den Kosmos erschaffen haben soll, sondern mit dem er selbst identisch ist: »Er ist Sein Name, und Sein Name ist Er. Er ist in Sich, und Sein Name ist in Seinem Namen« (Grözinger, Wundermann, Helfer und Fürsprecher, 172). Dieses Tetragramm darf im rabbinischen Judentum geschrieben, aber nicht ausgesprochen werden und wird mündlich durch Gottesbezeichnungen wie *Adonai* (wörtlich eigentlich »meine Herren«), »Der Name« (השם), »Der Ort« (המקום) oder *Schechina* (שכינה, die göttliche »Einwohnung«) ersetzt. In Luthers Bibelübersetzung ist der vierbuchstabige Gottesname durch ein in Kapitälchen gesetztes HERR wiedergegeben. Neben dem Tetragramm kennt das nachbiblische Judentum Traditionen von zwölf-, zweiundvierzig- oder auch zweiundsiebzig-buchstabigen Gottesnamen. Luther erhob den Vorwurf, die Juden (gemeint sind »Meister des Gottesnamens«, →Ba'alei Schem) handhabten diesen Gottesnamen mithilfe von →Gematrie zu abergläubischen Zwecken und benutzten ihn für ihre Zauberei.

Schlange, Schlangenbrut

Wenn Luther in seinen *Judenschriften* von »Schlangen« oder »der Schlange« spricht, ist an die Schlange der Paradieserzählung und des →Protevangeliums (Genesis 3) zu denken, nach dem der Nachkomme (= Same) der Frau (nach altchristlicher Deutung: Maria und ihr Kind Jesus) dem Nachkommen der Schlange den Kopf zertreten werde. In den Nachkommen der Schlange findet Luther die Juden wieder, wobei er Johannes dem Täufer folgt, der von »Otterngezücht« (bzw. »Schlangenbrut«) sprach (vgl. Matthäus 3, 7).

Schlaraffenland

Zur Zeit Luthers gab es Vorstellungen eines irdischen Paradieses, das auch auf zeitgenössischen Landkarten zu finden war. Diese Vorstellungen hingen mit den geographischen Entdeckungen seit Ende des 15. Jahrhunderts zusammen, die mit neuen Erkenntnissen über ferne Länder und Menschen verbunden waren und die Fantasie anregten. Zugleich spielten auch mythologische Vorstellungen eine Rolle, etwa im Zusammenhang mit dem Motiv von den Zehn verlorenen israelitischen Stämmen, die irgendwo im Osten in einem geheimnisvollen Land lebten und deren Auftauchen für die Endzeit erwartet wurde. Justus Jonas, der lateinische Übersetzer Luthers, spielt in seiner Vorrede zum lateinischen Text von *Dass Jesus Christus ein geborener Jude sei* (1524) auf solche Vorstellungen an, die er freilich für abwegig hält (Voß, Erlöser, 129; Gow, Red Jews, 155 f., 349).

Speien, Spucken

Der Vorwurf, die Juden »spuckten« an, was den Christen heilig ist, bezieht sich auf die in einigen Fassungen des synagogalen *Aleinu*-Gebetes enthaltene Wendung »Nichtiges und Leeres (הבל וריק »leerer Hauch« (bei Luther in *Von den Juden und ihren Lügen* »Hebelvorik«), die teilweise von der jüdischen Selbstzensur entfernt wurde. Der Zahlenwert des hebräischen Wortes »leer«, so der Vorwurf, wurde nach Antonius Margaritha in seiner Schrift *Der ganz jüdisch glaub* als Entsprechung zum Zahlenwert (316) des hebräischen Namens Jesu (»Jeschu«) gedeutet (→Gematrie). Da die hebräische Wortwurzel »req/riq« zugleich das »Speien« oder »Spucken« bezeichnet, hätten die Juden bei der Rezitation dieses Wortes dreimal ausgespuckt. Johannes Reuchlin trat dieser Deutung des Aleinu-Gebetes in seinem *Augenspiegel* (1511) entgegen.

Tataren, Tartaren, Tattern

→Gog und Magog

Teufel, Teufelskinder, Teufelskindschaft

Im 16. Jahrhundert war die an das Jesuswort Johannes 8, 44 (»ihr habt den Teufel zum Vater«) anknüpfende Vorstellung, die Juden seien »Kinder des Teufels«, verbreitet. Luther malte es sich konkret aus, wie dämonische Mächte wie die »Nixen im Wasser« »sich in einer Frauen und Mannes Gestalt verkehren« und mit einem menschlichen Partner sexuellen Umgang haben können. Das Ergebnis des unnatürlichen Beischlafs sollten dämonische Mischwesen sein. Diese Vorstellung erscheint bei Luther als Gegenstück zu seinen genealogischen Interessen im Hinblick auf die biblische Lehre von der Abstammung Jesu: Jesus war demnach ein legitimer Spross der davidischen Dynastie; »die Juden« stehen demgegenüber unter dem Verdacht einer unrechtmäßigen oder sogar widernatürlichen Abstammung.

Trinität, Trinitätslehre, Trinitätstheologie

Die Lehre der Trinität (Dreieinigkeit oder Dreifaltigkeit) bezeichnet in der christlichen Theologie die Einheit des Wesens Gottes in drei Personen oder Hypostasen als »Vater«, »Sohn« (Jesus Christus) und »Heiliger Geist«. Am Ende seiner Schrift *Dass Jesus Christus ein geborener Jude sei* plädierte Luther dafür, die Juden von der Verpflichtung der Erkenntnis der Gottessohnschaft Christi (womit offenbar auch die Trinitätslehre gemeint war) zunächst freizustellen. In *Von den letzten Worten Davids* nahm der Reformator dieses Zugeständnis aber wieder zurück. Indem er in dieser späten Schrift des Jahres 1543 die Trinitätslehre ausführlich aus dem Alten Testament begründete, trat er offenbar zugleich den Vorstellungen der christlichen Kabbala (namentlich Reuchlins) entgegen. Diese hatte versucht, die Trinitätstheologie mithilfe der Vorstellung von den göttlichen Emanationen (*Sefirot*) in der jüdischen Mystik in Verbindung zu bringen und zugleich zu bestätigen (vgl. Reuchlin, *De arte cabalistica*, Bd. II, 1, 435, 449).

Türken

Im Herbst 1529 belagerten osmanische Truppen unter Sultan Süleyman I. dem Prächtigen im Zuge ihrer Balkanoffensive Wien, die damalige Hauptstadt des Habsburger-Reiches, und lösten in ganz Westeuropa Panik aus. Luther verstand die türkische Invasion als strafende Reaktion Gottes auf den Glaubensabfall und die Korruption der Papstkirche. Die Türken waren für ihn zugleich Agenten des Teufels, die gemeinsam mit dem Papst, dem Antichristen im Herzen der katholischen Christenheit, zu den Vorzeichen der Apokalypse und der baldigen Wiederkunft Christi gehörten.

Vernunft

Luthers *Judenschriften* geben den doppelten Vernunftbegriff des Reformators zu erkennen. In religiöser Hinsicht warnt er regelmäßig vor einer Überschätzung der Vernunft – sie ist für ihn die »höchste Hure, die der Teufel hat« (WA 51, 126) – und setzt den Glauben an ihre Stelle. In weltlichen Dingen versteht er die Vernunft andererseits als von Gott dem Menschen (als *animal rationale*) gegebenes natürliches Urteilsvermögen, das nicht hoch genug einzuschätzen sei. Vor diesem Hintergrund fällt auf, dass Luther den Juden in seinen frühen *Judenschriften* nicht den fehlenden *Glauben*, sondern ihre Weigerung vorwirft, aus der geschichtlichen Erfahrung ihres langjährigen Exils und vernunftgemäßen exegetischen Darlegungen die richtigen Schlüsse zu ziehen. Aus der vermeintlichen *Vernunftwidrigkeit* ihrer Annahmen und Textdeutungen und ihrem Widerstand gegen das Urteil des *common sense* leitet er hier die härtesten Urteile über die Juden ab, die so weit gehen, ihr Menschsein in Zweifel zu ziehen. Es handelt sich hier um Anklagen, die schlecht zu der Annahme passen, der Reformator habe in diesem Stadium seines Diskurses über die Juden die Hoffnung gehegt, die Juden würden massenweise zum Christusglauben kommen und sich taufen lassen (→Judenmission). Erst in der letzten seiner *Judenschriften*, in *Von den letzten Worten Davids*, kommt die Sprache auf Glaubenswahrheiten, die nach reformatorischer Auffassung von der menschlichen Vernunft nicht zu fassen sind wie die Lehre von der Gottessohnschaft Christi und die Dreieinigkeitslehre. Umso schwerer verständlich ist hier der Modus der judenfeindlichen Anklage, da der seligmachende Glaube ja nach Luthers eigener Auffassung nicht selbst erarbeitet werden kann, sondern ein unverdientes Geschenk des Heiligen Geistes ist. Vor dem Hintergrund seiner eigenen Gnadenlehre (*sola gratia*) erscheint es auch als inkonsequent, dass Luther in dieser Spätphase alle judenmissionarischen Hoffnungen öffentlich und geradezu brutal dementiert und damit dem Wirken Gottes an seinem Bundesvolk (aus Luthers Perspektive gesehen) keinen Raum mehr einräumen will. Eine ähnliche Spannung des Vernunftbegriffs lässt sich in den *Türkenschriften* Luthers beobachten (vgl. Ehmann, *Confutatio*, 314).

Weltende, Weltgericht

Luther erwartete wie viele seiner Zeitgenossen das baldige Weltende, wobei die Hoffnung auf das endzeitliche Eingreifen Gottes ihn nicht etwa ängstigte, sondern vielmehr tröstete und stärkte. Obwohl er es vermied, sich im Hinblick auf konkrete Jahreszahlen festzulegen, finden sich in seinen Texten doch spekulative Berechnungen des Weltendes, die er biblischen Angaben entnehmen wollte. Die in allen *Judenschriften* immer wieder anzutreffende Nennung von 1500 Jahren des →Exils der Juden hängt offenbar damit zusammen, dass Luther das Jahr 1540 für das Jahr 5500 nach Erschaffung der Welt hielt und für die Mitte des sechsten Jahrtausends mit dem Ende der Zeit rechnete.

Literatur

(Nicht eigens nachgewiesen werden Texte der Kritischen Gesamtausgabe Luthers/Weimarer Ausgabe, der Münchner Ausgabe der Lutherschriften und mittelalterlich-jüdische Autoren der Rabbinerbibel/Mikraot Gedolot; benutzt wurde die Ausgabe Ha-Keter, Ramat 1992 ff.)

Adamietz, Joachim [Hg.]: Juvenal, Satiren. Lateinisch – deutsch, München 1993.

Ambrosius: Des heiligen Kirchenlehrers Ambrosius von Mailand Exameron. Erstmals übersetzt von Dr. Johannes Evangelist Niederhuber [...] Nebst einer allgemeinen Einleitung über des hl. Ambrosius Leben, Schriften u. Theologie, Kempten-München 1914.

Arnold, Matthieu: Martin Luther, Paris 2017.

Asendorf, Ulrich: Lectura in Biblia, Luthers Genesisvorlesung (1535–1545), Göttingen 1998.

Augustinus: Aurelii Augustini Opera, Bd. 13, 2: De Fide Rerum Invisibilium. Enchiridion Ad Laurentium de Fide et Caritate. De Catechizandis Rudibus. Sermo ad Catechumenos de Symbolo. Sermo de Disciplina Christiana. Sermo de Utilitate Ieiunii. Sermo de Excidio Urbis Romae. De Haeresibus, Turnhout 1969.

Augustinus: Vier Bücher über die christliche Lehre (De doctrina christiana), in: Des heiligen Kirchenvaters Aurelius Augustinus ausgewählte Schriften. Aus dem Lateinischen übersetzt, Bd. 8; Bibliothek der Kirchenväter, 1. Reihe, Band 49, Kempten; München 1925.

Babylonischer Talmud: Talmud Bavli [Schottenstein Edition, Nachdruck der klassischen Wilna-Ausgabe mit Kommentaren von Raschi und der Tosafot und englischer Übersetzung], Brooklyn 1990–1997.

Babylonischer Talmud: Der Babylonische Talmud [Übersetzung ins Deutsche durch Lazarus Goldschmidt], 12 Bände, Frankfurt a. M. 1996.

Bamberger, Seligmann: Sidur Sefat Emet, Basel 1982.

Bauckham, Richard: Jude and the Relatives of Jesus in the Early Church, Edinburgh 1990.

Bauer, Joachim: Martin Luther. Seine letzte Reise, Rudolstadt 1996.

Bekenntnisschriften der Evangelisch-Lutherischen Kirche, Bd. 1 [Hg. Irene Dinge], Göttingen 2014.

Bereschit Rabba: Der Midrasch Bereschit Rabba. Das ist die haggadische Auslegung der Genesis. Zum ersten Mal ins Deutsche übertragen von August Wünsche [Hg. Schulze, Otto], Leipzig 1881.

Bienert, Walther: Martin Luther und die Juden, Frankfurt am Main 1982.

Bonnell, John K.: The Source in Art of the So-Called Prophets Play in the Hegge Collection, in: PMLA 29 (1914), Nr. 3, 327–340 (http://www.jstor.org/stable/456925). (zuletzt aufgerufen am 4. 9. 2018)

Bornkamm, Heinrich: Luther und das Alte Testament, Stuttgart 1948.

Boyarin, Daniel: Dying for God. Martyrdom and the Making of Christianity and Judaism, Stanford 1999.

Boyarin, Daniel: Border Lines. The Partition of Judaeo-Christianity, Philadelphia 2004.

Brosseder, Johannes: Luthers Stellung zu den Juden im Spiegel seiner Interpreten. Interpretation und Rezeption von Luthers Schriften und Äußerungen zum Judentum im 19. und 20. Jahrhundert vor allem im deutschsprachigen Raum, München 1972.

Brumlik, Micha: Dialog zwischen Übersetzern. Franz Rosenzweigs Aufsatz »Die Schrift und Luther«, in: Ders. (Hg.): Luther, Rosenzweig und die Schrift: Ein deutsch-jüdischer Dialog, Hamburg 2017, 61–82.

Bucer, Martin: Brief an einen »guten Freund«, in: Stupperich, Robert et. al. (Hg.): Martin Bucers Deutsche Schriften, Bd. 7. Schriften der Jahre 1538–1539, Gütersloh 1964, 362–376.

Bultmann, Christoph: Das Wittenberger christlich-jüdische Kontroversgespräch 1526 und Luthers Betrachtung der Juden. Bemerkungen im Anschluss an die Orientierung zum Reformationsjubiläum »Die Reformation und die Juden« (2014), in: Michael Gabel/Jamal Malik/Justyna Okolowicz (Hg.), Religionen in Bewegung. Interreligiöse Beziehungen im Wandel der Zeit. Vorlesungen des Interdisziplinären Forums Religion der Universität Erfurt, Münster 2016, 143–195.

Burnett, Stephen G.: A Dialogue of the Deaf. Hebrew Pedagogy and Anti-Jewish Polemic in Sebastian Münster's Messiahs of the Christians and the Jews (1529/39), in: Archiv für Reformationsgeschichte 91 (2000), 168–188.

Burnett, Stephen G.: Reassessing the »Basel-Wittenberg Conflict«, in: Coudert, Allison P./ Shoulson, Jeffrey S. (Hg.): Hebraica Veritas? Christian Hebraists and the Study of Judaism in Early Modern Europe, Philadelphia 2004, 181–201.

Burnett, Stephen G.: Christian Hebraism in the Reformation Era (1500–1660). Authors, Books, and the Transmission of Jewish Learning, Leiden 2012.

Burnett, Stephen G.: Einleitung zu Sebastian Münster, Der Messias der Christen und Juden (1539), in: Münster, Sebastian: Der Messias-Dialog. Der hebräische Text von 1539 in deutscher Übersetzung. Herausgegeben von Alfred Bodenheimer, Basel 2017, 15–24.

Campanini, Saverio: A Neglected Source Concerning Asher Lemmlein and Paride da Ceresara. Agostino Giustiniani, in: European Journal of Jewish Studies 2.1 (2008), 89–110.

Carlebach, Elisheva: Divided Souls. Converts from Judaism in Germany, 1500–1750, New Haven-London 2001.

Clot, André: Soliman le Magnifique, Paris 1983.

Colpe, Carsten: Das Siegel der Propheten. Historische Beziehungen zwischen Judentum, Judenchristentum, Heidentum und frühem Islam (Arbeiten zur neutestamentlichen Theologie und Zeitgeschichte), Berlin 1990.

Daniel, Norman: Islam and the West, Oxford 1997.

Detmers, Achim: Reformation und Judentum. Israel-Lehren und Einstellungen zum Judentum von Luther bis zum frühen Calvin, Stuttgart 2001.

Deuteronomium Rabba: Der Midrasch Deuteronomium Rabba Par. IX und XI, 2–10. Über den Tod Moses verglichen mit der Assumptio Mosis, kritisch behandelt, übersetzt und erklärt. Mit einem Anhang über den Tod Moses in der hebräischen Poesie des Mittelalters [Hg. Rosenfeld, Moritz], Berlin 1899.

Deutsch, Yaacov: The Second Life of the Life of Jesus: Christian Reception, in: Schäfer, Peter/Meerson, Michael/Deutsch, Yaacov (Hg.): Toledot Yeshu (»The Life Story of Jesus«) Revisited, Tübingen 2011.

Deines, Roland: Jakobus. Im Schatten des Größeren, Leipzig 2017.

Di Cesare, Michelina: The Pseudo-Historical Image of the Prophet Mohammed in Medieval Latin Literature, Berlin 2012.

Di Cesare, Michelina: Constructing the Image of Mohammed in Europe, Berlin 2013.

Diogenes Laertius: De Vitis, Dogmatibus et Apophthegmatibus Clarorum Philosophorum. Liber Decimus [griechisch-lateinische Ausgabe, Hg. Nürnberger, Carl], Nürnberg [2]1808.

Dorn-Haag, Verena J.: Hexerei und Magie im Strafrecht. Historische und dogmatische Aspekte (Studien und Beiträge zum Strafrecht 4), Tübingen 2016.

Dunn, James D. G.: Jews and Christians. The Parting of the Ways. A. D. 70 to A. D. 135, The Second Durham Tübingen Research Symposium on Earliest Christianity and Judaism, Tübingen 1992.

Dürrenmatt, Friedrich: Theater. Essays und Reden. Werkausgabe in 30 Bänden, Band 24, Zürich 1985.

Eck, Johannes: Ains Judenbüechlins verlegung: darin ain Christ / gantzer Christenhait zu schmach / will es geschehe den Juden unrecht in bezichtigung der Christen kinder mordt, Ingolstadt 1541.

Ehmann, Johannes: Ricoldus de Montecrucis, Confutatio Alcorani (1300). Martin Luther, Verlegung des Koran (1542). Würzburg-Altenberge 1999.

Ehmann, Johannes: Luther, Türken und Islam. Eine Untersuchung zum Türken- und Islambild Martin Luthers (1515–1546) (Quellen und Forschungen zur Reformationsgeschichte 80), Gütersloh 2008.

Evangelisches Gesangbuch, Ausgabe für die Evangelische Landeskirche in Württemberg, Stuttgart 1996.

Étaix, Raymond/Blanc, G./Judic, Bruno (Hg.): Homélies sur l'Évangile de Grégoire le Grand (Sources Chrétiennes 522), Paris 2008.

Fraenkel-Goldschmidt, Hava: Joseph of Rosheim, Jerusalem 1996.

Freimann, Jakob: Artikel »Alscheich«, Mose ben Chajim, in: Jüdisches Lexikon, Band I, Berlin 1927, Sp. 247.

Fürst, Alfons: Kürbis oder Efeu? Biblische Notizen 72 (1994), 12–19.

Gellius, Aulus: Les Nuits Attiques, Tome I: Livres I–IV. Traduit par René Marache [lateinisches Original und französische Übersetzung], Paris 1967.

Gese, Hartmut: Natus ex Virgine, in: ders.: Vom Sinai zum Zion. Alttestamentliche Beiträge zur biblischen Theologie (BEvTh 64), München 1974, 130–146.

Gesenius, Wilhelm: Hebräisches und aramäisches Handwörterbuch über das Alte Testament, Leipzig ^{12}1895.

Gikatilla, Joseph: Gates of Light (Translated with an Introduction by Avi Weinstein), London 1994.

Gilman, Sander: The Jew's Body, New York 1991.

Goldberg, Arnold Maria: Untersuchungen über die Vorstellung von der Schekhinah in der frühen rabbinischen Literatur, Berlin, 1969.

Goldmann, Felix: Artikel »Proselyt«, in: Jüdisches Lexikon, Berlin 1927, Band IV/1, 1146–1151.

Gow, Andrew: The Red Jews. Antisemitism in an Apocalyptic Age 1200–1600, Leiden-New York-Köln 1995.

Grass, Karl: Das Adamsspiel. Anglonormannisches Mysterium des 12. Jahrhunderts, Villingen-Schwenningen 2015.

Hägler, Brigitte: Die Christen und die »Judenfrage« am Beispiel der Schriften Osianders und Ecks zum Ritualmordvorwurf, Erlangen 1992.

Hägglund, Bengt: Martin Luther über die Sprache, in: Neue Zeitschrift für Systematische Theologie 26 (1984), S. 1–12.

Hailperin, Herman: Rashi and the Christian Scholars, Pittsburgh 1963.

Harl, Marguerite: La Bible d'Alexandrie. Tome I: La Genèse, Paris 1986.

Harrington, Daniel J./Saldarini, Anthony J.: Targum Jonathan of the Former Prophets. Introduction, Translation and Notes (The Aramaic Bible 10), Edinburgh 1987.

Harvey, Richard: Luther and the Jews. Putting Right the Lies, Eugene 2017.

Hasselhoff, Görge K.: *Iudei Moderni* in the *Pugio Fidei*. With an Edition of Texts Quoted from Jonah Ibn Janah, David Kimhi, Rabbi Rahmon, and Moses Nahmanides, in: Görge K. Hasselhoff, Alexander Fidora (Hg.), Ramon Martí's *Pugio Fidei*. Studies and Texts, Santa Coloma de Queralt 2017, 175–208.

Heckel, Martin: Martin Luthers Reformation und das Recht (Jus Ecclesiasticum. Beiträge zum evangelischen Kirchenrecht und zum Staatskirchenrecht 114), Tübingen 2016.

Heckel, Ulrich/Kampmann, Jürgen/Leppin, Volker/Schwöbel, Christoph (Hg.), Luther heute. Ausstrahlungen der Wittenberger Reformation, Tübingen 2017.

Hĕrman, Jan: The Conflict between Jewish and Non-Jewish Population in Bohemia before the 1541 Banishment, in: Judaica Bohemiae 6 (1970), 39–54.

Herodot: Historien. Buch 1–5 [griechisch-deutsche Ausgabe, Hg. Feix, Josef], München 1977.

Hirsch, Samson Raphael: Chorew. Versuch über Jisraels Pflichten in der Zerstreuung, Zürich-Basel 1992.

Hoffmann, David: Der Schulchan Aruch und die Rabbinen über das Verhältniß der Juden zu Andersgläubigen, Berlin 1885.

Holtz, Gudrun: Jungfrauengeburt und Greisinnengeburt. Zur Rezeptionsgeschichte von Gen 21, 1f im antiken Judentum und im frühen Christentum, Göttingen 2017.

Hotopp-Riecke, Mieste: Der stigmatisierte ›Andere‹ in Sekundärstereotypen – ›Tatarennachricht‹ und ›Hackfleisch Tartar‹ als deutsche Erinnerungsorte, in: Theilig, Stephan (Hg.): Historische Konzeptionen von Körperlichkeit. Interdisziplinäre Zugänge zu Transformationsprozessen in der Geschichte, Berlin 2011, 107–136.

Jacobs, Martin: David Ha-Re'uveni – ein »zionistisches Experiment« im Kontext der europäischen Expansion des 16. Jahrhunderts?, in: Giuseppe Veltri, Annette Winkelmann (Hg.), An der Schwelle zur Moderne. Juden in der Renaissance, London-Boston 2003, 191–206.

Jaffé, Dan: Les Sages du Talmud et l'Évangile selon Matthieu. Dans quelle mesure l'Évangile selon Matthieu était-il connu des Tannaim, in: Revue de l'histoire des religions 2009, No. 4, 583–611.

Jerusalemer Talmud: Der Jerusalemer Talmud in deutscher Übersetzung, Bd. 3, 3: Ketubbot – Eheverträge [Übersetzung von Matthias Morgenstern, Hg. Hengel, Martin], Tübingen 2009.

Josephus, Flavius: De Bello Judaico. Herausgegeben und mit einer Einleitung sowie mit Anmerkungen versehen von Otto Michel und Otto Bauernfeind, Bd. 2.2: Buch 6–7, Darmstadt 1969.

Justin: Apologie pour les Chrétiens. Introduction, Texte Critique, Traduction et Notes par Charles Munier [griechischer Text mit französischer Übersetzung], Paris 2006.

Justin: Iustini Martyris Dialogus cum Tryphone [Hg. Marcovich, Miroslav], Berlin-New-York 1997.

Kaiser, Jürgen: Ruhe der Seele und Siegel der Hoffnung. Die Deutungen des Sabbats in der Reformation (Forschungen zur Kirchen- und Dogmengeschichte 65), Göttingen 1996.

Kammerling, Joy Margaret: Andreas Osiander and the Jews of Nuremberg. A Reformation Pastor and Jewish Toleration in Sixteenth-Century Germany, Ann Arbor 1998.

Kaufmann, Thomas: »Türckenbüchlein«. Zur christlichen Wahrnehmung »türkischer Religion« in Spätmittelalter und Reformation (Forschungen zur Kirchen- und Dogmengeschichte 97), Göttingen 2008.

Kaufmann, Thomas: Luthers »Judenschriften«, Tübingen 2013.

Kaufmann, Thomas: Luthers Juden, Stuttgart 2014.

Kaufmann, Thomas: Beobachtungen zum Judenbild deutscher Humanisten, in: Wendebourg, Dorothea/Stegmann, Andreas/Ohst, Martin (Hg.): Protestantismus, Antijudaismus, Antisemitismus. Konvergenzen und Konfrontationen in ihren Kontexten, Tübingen 2017, 55–77.

Klappert, Bertold: Erwählung und Rechtfertigung, in: Kremers, Heinz (Hg.), Die Juden und Martin Luther – Martin Luther und die Juden, Neukirchen-Vluyn 1985, 368–410.

Klatt, Thomas: Eine Sau als Schande für die Kirche, in: Zeitzeichen 1/2018, 12–14.

Knierim, Rolf: Artikel »חטא sich verfehlen«, in: Jenni, Ernst/Westermann, Claus (Hg.), Theologisches Wörterbuch zum Alten Testament, München-Zürich 1984, 541–549.

Koch, Klaus: Das Buch Daniel, Darmstadt 1980.

Köpf, Ulrich: Luther als Mönch, in: Luther. Zeitschrift der Luthergesellschaft 55 (1984), 68–84.

Krauss, Samuel: Artikel »Purpur«, in: Jüdisches Lexikon. Ein enzyklopädisches Handbuch des jüdischen Wissens, Berlin 1927 (= Nachdruck Frankfurt am Main 1987), Band IV/1, 1190 f.

Krupp, Michael: Deutsch-Hebräische Ausgabe: Der Midrasch Bereschit Rabba. Das ist die haggadische Auslegung der Genesis. Zum ersten Male ins Deutsche übertragen von Lic. Dr. August Wünsche, Jerusalem 2010, 2 Bände (Nachdruck der Ausgabe Leipzig 1881), Band 1, 1.

Lapide, Pinchas: Stimmen jüdischer Zeitgenossen zu Martin Luther, in: Heinz Kremers (Hg.), Die Juden und Martin

Luther. Martin Luther und die Juden. Geschichte – Wirkungsgeschichte – Herausforderung, Neukirchen 1985, 171–185.

Lehmann, Roland M.: Reformation auf der Kanzel. Studien zu Luthers Predigten außerhalb Wittenbergs, Habil. (masch.), Jena 2018.

Leppin, Volker: Die fremde Reformation. Luthers mystische Wurzeln, München 2016.

Leppin, Volker: Martin Luther, Darmstadt 2017.

Ders.: Pfefferkorn, Reuchlin und Luther. Luthers Schrift »Dass Jesus Christus ein geborener Jude sei« im Kontext der Debatten über das Judentum Anfang des 16. Jahrhunderts, in: Ulrich A. Wien (Hg.), Judentum und Antisemitismus in Europa, Tübingen 2017, 87–135.

Lewin, Reinhold: Luthers Stellung zu den Juden. Ein Beitrag zur Geschichte der Juden in Deutschland während des Reformationszeitalters, Berlin 1911.

Lietzmann, Hans: Artikel »Hilarius«, in: Paulys Realencyclopädie der classischen Altertumswissenschaft Band VIII/2, Stuttgart 1913, Sp. 1601–1604.

Limor, Ora/Stroumsa, Guy G. (Hg.): Contra Iudaeos. Ancient and Medieval Polemics between Christians and Jews, Tübingen 1996.

Limor, Ora: The Epistle of Rabbi Samuel of Morocco, in: Limor, Ora/Stroumsa, Guy G. (Hg.), Contra Iudaeos, 177–194.

Maher, Michael: The Aramaic Bible. Volume 1B. Targum Pseudo-Jonathan: Genesis. Translated, with Introduction and Notes, Edinburgh 1992.

Maimonides, Moses: Mishneh Torah [hebräisch-englische Ausgabe, Hg. Touger, Eliyahu u. a.], 29 Bde, New York: 1986–2005.

Marienberg, Evyatar: Le Baraïta de Nidda. Un texte juif pseudo-talmudique sur les lois religieuses relatives à la menstruation, Turnhout, 2012.

Markschies, Christoph: Reformationsjubiläum 2017 und der jüdisch-christliche Dialog, Leipzig 2017.

Marquardt, Friedrich-Wilhelm: Versuch, mit Luther drei kleine Schritte voranzukommen, in: Bünker, Michael/ Krobath, Thomas (Hg.), Kirche: Lernfähig in die Zukunft? Festschrift für Johannes Dantine zum 60. Geburtstag, Innsbruck-Wien 1998, 28–48.

Maurer, Wilhelm: Die Zeit der Reformation, in: Rengstorf, Karl-Heinrich/Von Kortzfleisch, Siegfried (Hg.), Kirche und Synagoge. Handbuch zur Geschichte von Juden und Christen, Bd. I, Stuttgart 1968, 363–452.

Migne, Jacques Paul: Patrologia Latina [elektronische Ausgabe auf 5 CD-ROMs], Alexandria (USA) 1995 [zitiert: PL].

Mischna: The Mishnah [Hebräische Ausgabe aller sechs Ordnungen. Albeck, Hanoch (Hg. und Kommentar)], Jerusalem [8]2008.

Morgenstern, Matthias: Beobachtungen zur Neukonfiguration der Erzvätergeschichte im rabbinischen Midrasch. Die gebärmutterlose Geburt Rebekkas – oder: Warum Jakob Abraham errettete, in: Judaica 64 (2008), 37–53.

Morgenstern, Matthias: The Image of Edom in Midrash Bereshit Rabbah, in: Revue de l'histoire des religions 233 (2016), 193–222.

Morgenstern, Matthias: Martin Luther. Von den Juden und ihren Lügen. Neu bearbeitet und kommentiert, Wiesbaden 2016.

Morgenstern, Matthias: Luthers letzte Tage in Eisleben und seine »Vermahnung wider die Juden« – Judenhass, Teufelsfurcht, Impotenz und Angst vor dem Jüngsten Gericht, in: Judaica 73 (2017), 448–458.

Morgenstern, Matthias: Luther – »lo tahor«. Reinheit und Ritual in der Polemik zwischen Juden und dem Reformator, in: Theologische Beiträge 48 (2017), 233–246.

Morgenstern, Matthias: Martin Luther und die Kabbala. Vom Schem Hamephorasch und vom Geschlecht Christi. Bearbeitet und kommentiert von Matthias Morgenstern, Wiesbaden 2017.

Morgenstern, Matthias: Martin Luther – Hébraïsant et Araméisant. Considérations Philologiques et Herméneutiques à la

Lumiére de sa Traduction de la Bible, in: Dahan, Gilbert/ Noblesese-Rocher, Annie (Hg.): La Bible de 1500 à 1535 (Bibliothèque de l'école des Hautes Études. Sciences Religieuses, Vol 181), Turnhout 2018, 13–28.

Münster, Sebastian: Der Messias-Dialog. Der hebräische Text von 1539 in deutscher Übersetzung, hg. von Alfred Bodenheimer, Basel 2017.

Nagel, Tilman: Mohammed. Leben und Legende, München 2008.

Necker, Gerold: »Brennende Landschaften der Erlösung«: Jüdische Mystik und Messiashoffnung in Mitteleuropa (1200–1500), in: Eveline Brugger, Martha Keil (Hg.), »Die Wehen des Messias«. Zeitenwenden in der jüdischen Geschichte, Berlin/Wien 2001, 47–66.

Neusner, Jacob: Judaism and the Interpretation of Scripture. Introduction to the Rabbinic Midrash, Peabody 2004.

Niederhuber, Johannes Evangelist: Des Heiligen Kirchenlehrers Ambrosius von Mailand Exameron, Bibliothek der Kirchenväter, Band 17, Kempten-München 1914.

Oberman, Heiko Augustinus: Wurzeln des Antisemitismus. Christenangst und Judenplage im Zeitalter von Humanismus und Reformation, Berlin 1981.

Osiander, Andreas: Ob es wahr und glaublich sei. Eine Widerlegung der judenfeindlichen Ritualmordbeschuldigung, hg. von Matthias Morgenstern und Annie Noblesse-Rocher (Studien zu Kirche und Israel. Kleine Reihe 2), Leipzig 2018.

Oswald, Wolfgang/Tilly, Michael: Geschichte Israels, Stuttgart 2016.

Pak, G. Sujin: The Judaizing Calvin Sixteenth Century Debates over the Messianic Psalms, Oxford 2010.

Pangritz, Andreas: Theologie und Antisemitismus. Das Beispiel Martin Luthers, Frankfurt am Main u. a. 2017.

Poznanski, Adolf: Schiloh. Ein Beitrag zur Geschichte der Messiaslehre. Erster Teil. Die Auslegung von Gen. 49, 10 im Altertum bis zum Ende des Mittelalters, Leipzig 1904.

Qur-an: Der Heilige Qur-an. Arabisch und Deutsch [Hg. Hazrat Mirza Bashir-ud-din Mahmud Ahmad], Zürich ²1959.

Rabbi Schlomo ben Jizchak (Raschi): Judaica Books of the Prophets. A New Translation of the Text and Rashi [hebräisch-englische Ausgabe, Hg. der Bde 2–23: Rosenberg, Rabbi A. J., Hg. Bd. 1: Hoenig, Sidney B.], 23 Bände, New York 1989–1992.

Raeder, Siegfried: Grammatica Theologica. Studien zu Luthers Operationes in Psalmos (Beiträge zur historischen Theologie 51), Tübingen 1977, 59–80.

Reuchlin, Johannes: Sämtliche Werke; hg. von Widu-Wolfgang Ehlers, Hans-Gert Roloff und Peter Schäfer, Band II,1: De arte cabalistica libri tres, Stuttgart-Bad Cannstatt 2010.

Reuchlin, Johannes: Sämtliche Werke; hg. von Widu-Wolfgang Ehlers, Hans-Gert Roloff und Peter Schäfer, Band IV: Schriften zum Bücherstreit, Teil: Reuchlins Schriften, Stuttgart-Bad Cannstatt 1999.

Rietschel, Georg: Lehrbuch der Liturgik. 1. Band: Die Lehre vom Gemeindegottesdienst, Berlin 1900.

Ritter, Adolf Martin: Judentum und Christentum zwischen Konfrontation und Faszination. Das Zeugnis des Johannes Chrysostomus und Augustins, in: Wien, Ulrich A. (Hg.), Judentum und Antisemitismus in Europa, Tübingen 2017, 25–56.

Roper, Lyndal: Der Mensch Martin Luther. Die Biographie, Frankfurt am Main 2016.

Rosen, Klaus: Augustinus. Genie und Heiliger, Darmstadt 2015.

Rosenzweig, Franz: Die Schrift und Luther, in: Brumlik, Micha (Hg.), Luther, Rosenzweig und die Schrift. Ein deutsch-jüdischer Dialog, Hamburg 2017, 15–47.

Rothkegel, Martin: Die Sabbater. Materialien und Überlegungen zur Sabbatobservanz im mährischen Täufertum, in: Decot, Rolf und Arnold, Matthieu (Hg.): Christen und Juden im Reformationszeitalter, Mainz 2006, 59–76.

Rothkegel, Martin: Die Sabbater. Täuferischer Sabbatarismus in Mähren im 16. Jahrhundert, in: Schubert, Anselm (Hg.): Sabbat und Sabbatarismus in der Frühen Neuzeit (Schriften des Vereins für Reformationsgeschichte 217), Gütersloh 2015, 114–145.

Rupert von Deutz: Commentaria in Canticum Canticorum. Kommentar zum Hohenlied. Lateinisch-Deutsch, 2 Bände, Turnhout 2005.

Schaeder, Grete (Hg.): Martin Buber, Briefwechsel aus sieben Jahrzehnten. Band II: 1918–1938, Heidelberg 1973.

Schäfer, Ernst: Luther als Kirchenhistoriker, Gütersloh 1897.

Schäfer, Peter: Jesus im Talmud, Tübingen 2007.

Schäfer, Peter/Meerson, Michael/Deutsch, Yaacov (Hg.): Toledot Yeshu (»The Life Story of Jesus«) Revisited, Tübingen 2011.

Schäfer, Peter/Meerson, Michael (Hg.), Toledot Yeshu: The Life Story of Jesus. Bd. I–II, Tübingen, 2014.

Schatz, Andrea: Sprache in der Zerstreuung. Die Säkularisierung des Hebräischen im 18. Jahrhundert, Göttingen 2009.

Schilling, Johannes: Musik, in: Beutel, Albrecht (Hg.), Luther Handbuch, Tübingen 2010, 236–244.

Schliwski, Carsten: Italienische Juden im Zeitalter der Entdeckungen. David Re'uveni und die Spekulationen über seine Herkunft, in: Judaica 65 (2009), 97–111.

Schneider-Ludorff, Gury: Die Reformatoren und die Juden, in: Tilly, Michael/Triebel, Lothar (Hg.), Notwendige Begegnungen. Judentum und Christentum von der Antike bis zur Gegenwart, Darmstadt 2016, 92–98.

Scholem, Gershom: Der Sinn der Tora in der jüdischen Mystik, in: Ders.: Zur Kabbala und ihrer Symbolik, Frankfurt am Main 1973, 49–116.

Schreiner, Stefan: Was Luther vom Judentum wissen konnte?, in: Kremers, Heinz/Siegele-Wenschkewitz, Hannelore (Hg.), Die Juden und Martin Luther – Martin Luther und die Juden, Neukirchen-Vluyn 1985, 58–71.

Schreckenberg, Heinz: Die christlichen Adversus-Judaeos-Texte und ihr literarisches und historisches Umfeld (1.–11. Jh.), Frankfurt am Main ^{4}1999.

Schubert, Anselm: Täufertum und Kabbalah. Augustin Bader und die Grenzen der Radikalen Reformation, Heidelberg 2008.

Schubert, Anselm: Fremde Sünde. Zur Theologie von Luthers späten Judenschriften, in: Dietrich Korsch/Volker Leppin (Hg.): Martin Luther. Biographie und Theologie, Tübingen 2010, 243–263.

Schubert, Anselm: Die Wittenberger Reformation und die christliche Kabbala (1516–1524), in: Matthias Dall'Asta (Hg.), Anwälte der Freiheit. Humanisten und Reformatoren im Dialog. Begleitband zur Ausstellung im Reuchlinhaus Pforzheim, 20. September bis 8. November 2015, Heidelberg 2015, 167–180.

Schulze, Manfred: Im Konsens mit der Tradition: Judenfeindschaft bei Johannes Eck, in: Wendebourg, Dorothea/Stegmann, Andreas/Ohst, Martin (Hg.): Protestantismus, Antijudaismus, Antisemitismus, Tübingen 2017, 25–53.

Secret, François: Les Kabbalistes Chrétiens de la Renaissance, Paris 1964.

Spira, Gabriele: Paradies und Sündenfall. Stoffe und Motive der Genesis 3-Rezeption von Tertullian bis Ambrosius, Frankfurt am Main 2015.

Steiger, Johann Anselm: Bibelauslegung durch Bilder. Zur sakralen Intermedialität im 16. bis 18. Jahrhundert (Kunst und Konfession in der Frühen Neuzeit 2), Regensburg 2018.

Stemberger, Günter: Mekhilta de-Rabbi Jishma'el. Ein früher Midrasch zum Buch Exodus, Berlin 2010.

Strack, Hermann/Billerbeck, Paul: Kommentar zum Neuen Testament aus Talmud und Midrasch, 6 Bände, München 1994.

Stupperich, Martin: Osiander in Preußen 1549–1552, Berlin 1973.

Teugels, Lieve M.: Bible and Midrash. The Story of ›The Wooing of Rebekah‹ (Gen. 24) (Contributions to Biblical Exegesis & Theology), Louvain 2005.

Theilhaber, Felix Aron: Artikel »Mediziner, jüdische«, in: Jüdisches Lexikon. Ein enzyklopädisches Handbuch des jüdischen Wissens in vier Bänden, Berlin 1927, Band IV/1, Berlin, Jüdischer Verlag 1927, Sp. 34–35.

Thönissen, Wolfgang: Luthers 95 Thesen gegen den Ablass (1517). Ihre Bedeutung für die Durchsetzung und Wirkung der Reformation, in: Dingel, Irene/Jürgens, Henning P. (Hg.): Meilensteine der Reformation, Gütersloh 2014, 89–99.

Troki, Isaac ben Abraham: Munimentum Fidei [Hebr.: Hizzuq Emunah], Amsterdam 1705.

Tosefta: Die Tosefta, Seder III: Naschim. Übersetzt und erklärt von Daniel Schumann, Stuttgart 2014.

Tov, Emanuel: Der Text der hebräischen Bibel. Handbuch der Textkritik, Stuttgart-Berlin-Köln 1997.

Vergil: Eclogae sive bucolica. Hirtengedichte, übersetzt und erläutert von F. Klingner, München 1977.

Von der Osten-Sacken, Peter: Martin Luther und die Juden. Neu untersucht anhand von Anton Margarithas »Der gantz Jüdisch glaub« (1530/31), Stuttgart 2002.

Voß, Rebekka: Umstrittene Erlöser. Politik, Ideologie und jüdisch-christlicher Messianismus in Deutschland, 1500–1600, Göttingen 2011.

Weiss, Fritz: Aulus Gellius: Die Attischen Nächte. Zum ersten Male vollständig übersetzt, 1. Band: I.–VIII. Buch, Darmstadt 1965.

Wendebourg, Dorothea: Ein Lehrer, der Unterscheidung verlangt. Martin Luthers Haltung zu den Juden im Zusammenhang seiner Theologie, in: Theologische Literaturzeitung 140 (2015), 1034–1059.

Wendebourg, Dorothea/Stegmann, Andreas/Ohst, Martin (Hg.): Protestantismus, Antijudaismus, Antisemitismus. Konvergenzen und Konfrontationen in ihren Kontexten, Tübingen 2017.

Wien, Ulrich A. (Hg.), Judentum und Antisemitismus in Europa, Tübingen 2017.

Wolff, Jens: Vorlesungen, in: Albrecht Beutel (Hg.), Luther Handbuch, Tübingen [2]2010, 322–328.

Wright, Thomas (ed.): The Chester Plays: A Collection of Mysteries Founded Upon Scriptural Subjects, London 1843.

Yassif, Eli: Toledot Yeshu: Folk-Narrative as Polemics and Self-Criticism, in: Michael Meerson/Peter Schäfer (Hg.): Toledot Yeshu: The Life Story of Jesus. Band I, Tübingen, 101–135.

Yisraeli, Yosi: Abraham Ibn Ezra in the *Pugio Fidei*. Compilations. Variations, and Interpolations, in: Görge K. Hasselhoff, Alexander Fidora (Hg.), Ramon Martí's *Pugio Fidei*. Studies and Texts, Santa Coloma de Queralt 2017, 209–240.

Yuval, Israel: Zwei Völker in deinem Leib. Gegenseitige Wahrnehmung von Juden und Christen, Göttingen 2007.

Zivier, Ezechiel: Jüdische Bekehrungsversuche im 16. Jahrhundert, in: Beiträge zur Geschichte der deutschen Juden. Festschrift zum 70. Geburtstag Martin Philippsons, hg. vom Vorstand der Gesellschaft zur Förderung der Wissenschaft des Judentums, Leipzig 1916, 96–113.

Register

Personen

Altes Testament

Levitikus

Neues Testament

Apokryphen und Pseudepigraphen

Rabbinische Literatur

Koran und Hadithe

Mittelalterliche Literatur

Bibliografische Information der Deutschen Nationalbibliothek
Die Deutsche Nationalbibliothek verzeichnet diese Publikation in der Deutschen Nationalbibliografie; detaillierte bibliografische Daten sind im Internet über http://dnb.d-nb.de abrufbar.

Lektorat: Stefan Gücklhorn
Covergestaltung: Karina Bertagnolli
Bildnachweis: Ausschnitt eines Titelholzschnittes (Martin Luther: Ein christenliche vnnd vast wolgegründete beweysung von dem Jüngsten tage / vnnd von seinen zeychen / das er auch nit ferr meher sein magk), Augsburg, G. Nadler, 1522, © akg-images
Satz und Bearbeitung: SATZstudio Josef Pieper, Bedburg-Hau
Der Titel wurde in der Joanna MT Pro gesetzt.
Gesamtherstellung: CPI books GmbH, Leck – Germany

ISBN: 978-3-7374-1330-5

Mehr über Ideen, Autoren und Programm des Verlags finden Sie auf www.verlagshausroemerweg.de und in Ihrer Buchhandlung.